FIRST BLOW WINS

一　　辩

击　　中

刑事律师如何辩护

陈洪兵 —— 著

北京大学出版社
PEKING UNIVERSITY PRESS

图书在版编目（CIP）数据

一辩击中：刑事律师如何辩护／陈洪兵著.
北京：北京大学出版社，2025. 8. — ISBN 978-7-301
-36319-5

Ⅰ. D925. 210. 4
中国国家版本馆 CIP 数据核字第 2025LN7878 号

书　　　　名	一辩击中：刑事律师如何辩护	
	YI BIAN JIZHONG：XINGSHI LÜSHI RUHE BIANHU	
著作责任者	陈洪兵　著	
责 任 编 辑	徐　音	
标 准 书 号	ISBN 978-7-301-36319-5	
出 版 发 行	北京大学出版社	
地　　　　址	北京市海淀区成府路 205 号　　100871	
网　　　　址	http：//www. pup. cn　　新浪微博：@北京大学出版社	
电 子 邮 箱	zpup@ pup. cn	
电　　　　话	邮购部 010-62752015　发行部 010-62750672　编辑部 021-62071998	
印 刷 者	北京鑫海金澳胶印有限公司	
经 销 者	新华书店	
	730 毫米×1020 毫米　16 开本　23.25 印张　467 千字	
	2025 年 8 月第 1 版　2025 年 8 月第 1 次印刷	
定　　　　价	88.00 元	

前　言

美国第二任总统约翰·亚当斯（John Adams）曾言："没有律师，被告人如同在黑暗中摸索。"现代刑事法治精神追求公平正义，其核心是保障人权与尊严，而辩护权则是维护公平正义、保障人权的基石，但辩护权能否充分实现，有赖于刑事律师如何展开辩护以及辩护是否有效。对刑事司法者来说，办的不是案子，是别人的人生；对律师而言，辩护的同样不是案子，而是别人的人生，这背后是沉甸甸的社会责任。

为系统而透彻地条分缕析刑事律师如何实现有效的实体辩护，本书精心选取了立法目的、罪刑相适应、区分预备行为与实行行为、重刑化与轻刑化并存等二十三个辩护重点，每一章即为一个辩护重点，每一个辩护重点不仅是一个独特的辩护视角，更是一种科学的辩护思路。在二十三个辩护重点中，既有十分熟悉却无从下手的基础理论：所有刑事律师都不可能不知道"刑法的目的是保护法益，犯罪的本质是侵害法益"，也完全理解何谓罪刑相适应、禁止重复评价的刑法原则，更知晓责任形式、区分行政违法与刑事犯罪的重要性，却一直不知如何将其有效运用于实体辩护之中；也有常常被律师乃至法检人员所忽视的问题：如何实质性地把握犯罪的实行行为，在重刑化与轻刑化并存以及自然犯与法定犯一体化的立法例下如何寻求妥适的解释结论，对加重犯的解释应当采取何种态度，如何准确理解并贯彻共犯论中的片面对向犯、中立的帮助行为、共犯的脱离与承继的共犯等理论，决定着罪与非罪、此罪与彼罪、轻罪与重罪的认定，对刑事律师来讲能够以此拓宽辩护空间；还有理论中前沿的研究成果：加重情节的作用变更原理为限定加重犯的处罚范围提供有力依据，数字化时代下中立的帮助行为理论能为网络犯罪共犯的出罪提供充分的理论支撑，准确区分继续犯与即成犯、状态犯影响着追诉时效、溯及力、故意、责任能力、承继共犯、案件管辖、结果加重犯、正当防卫等问题的处理，合理区分加重构成与量刑规则对罪与非罪、既遂与未遂的认定具有重要意义，等等。可以说，本书涵括了刑事辩护最重要的重点问题和疑难问题，几乎能够适用于绝大多数刑事案件的辩护，是律师进行实体辩护不可多得的"宝典"。

本书总共二十三章，每章分为要旨、辩点分析、疑难问题三大板块。其中，要旨是对该章内容的高度总结凝练，直击实体辩护的核心思维和底层逻辑；辩点分析是辩护重点的具体展开，按照辩护重点的内容或者犯罪的类型，系统梳理并详细阐释对实体辩护具有重要价值的辩点；疑难问题是选取与该章有关罪名进行的举例性说明，以增强辩护重点的应用性，但所举之例不限于该章聚焦的辩护重点。

本书主要有三大特色：一是观点上与时俱进。本书结合现行有效的刑事法律规范和司法解释，对刑事辩护的核心要点与基本策略进行了深入剖析，紧扣当前刑事司法实践中的热点和难点问题，为读者提供了丰富的辩护经验和思考视角。二是内容上理论与实践深度融合。本书突出理论和实践的结合，每一章针对一个辩护重点进行系统性探讨，既详细阐释刑法基本原理，又全面评析刑事司法实务中的典型案例，帮助读者深入理解并掌握辩护策略；在分析具体刑法规范及司法解释时，引入大量参考案例，便于读者将理论知识应用于实际案例中，体现了理论与实践相辅相成的特点。三是语言表达上通俗易懂。本书的语言表达严谨、准确，文字简明扼要，内容具有极强的可读性，针对刑事辩护领域的特点，以深入浅出的方式阐述复杂的法律问题，解析全面透彻，使读者能够轻松掌握实体辩护的精髓。

没有不能辩护的案件，只有不会辩护的律师！只要深入理解并灵活应用本书的二十三个辩护重点，就会发现实务中的所有刑事案件均或多或少存在辩护空间。愿本书能够为刑事律师的辩护提供源头活水，成为推动刑事辩护发展的一块跳板，让切实保障人权不至于沦为一句耳熟能详的口号！

目 录
CONTENTS

立法目的

--- 要 旨 ---

目的是全部法律的创造者，每条法律规则的产生都源自一种目的。刑法的目的是保护法益，犯罪的本质是侵害法益。具体犯罪的保护法益，也是刑法分则具体法条的立法目的。可以说，刑法分则的每个罪刑规范都是为了保护某种法益，要以保护法益为指导解释所有的犯罪构成。如果对具体犯罪的保护法益理解不同，对构成要件的解释就会不同，对具体案件的处理也就不同。刑辩律师只有准确把握每一个刑法分则条文的立法目的、每一个罪名的保护法益，才能进行有效的实体辩护。

--- 辩 点 分 析 ---

刑法上的法益，是指根据宪法的基本原则，由刑法所保护的、客观上可能受到侵害或者威胁的人的生活利益。

（一）具体犯罪保护法益的确定依据①

1. 法条的体系地位是确定具体犯罪保护法益最为重要的依据，是判断个罪法益的决定性因素

对于规定在《刑法》分则第四章"侵犯公民人身权利、民主权利罪"和第五

---

① 参见张明楷：《具体犯罪保护法益的确定依据》，载《法律科学（西北政法大学学报）》2023年第6期。

章"侵犯财产罪"的犯罪，只要与构成要件内容没有明显冲突，就不能将其中具体犯罪的保护法益确定为公共法益（即社会法益和国家法益）。例如，故意伤害罪和诬告陷害罪规定在《刑法》分则第四章，故互殴致轻伤的，不应以故意伤害罪追究刑事责任；"自我诬告""承诺诬告"以及"诬告虚无人"的，即便行为妨害了司法，但没有侵害他人的人身权利，因而不能成立诬告陷害罪。

规定在《刑法》分则第六章"妨害社会管理秩序罪"的犯罪，原则上都是侵害公共法益的犯罪。所以，两帮人在珠穆朗玛峰顶上聚众斗殴的，即便进行了现场直播，也因为没有扰乱公共秩序，不能以聚众斗殴罪追究其刑事责任；成人间基于同意秘密进行的聚众淫乱活动，也因为没有扰乱公共秩序而不构成聚众淫乱罪，但司法实践中有案例将此种情形定性为聚众淫乱，笔者认为这是错误的。

强迫交易罪系《刑法》分则第三章"破坏社会主义市场经济秩序罪"第八节"扰乱市场秩序罪"的罪名，其所侵犯的法益是自愿、平等、公平、诚信的市场经济交易规则与秩序。该罪系法定犯，其前置法是《消费者权益保护法》和《反不正当竞争法》。从《消费者权益保护法》第4条、第9条和《反不正当竞争法》第2条的规定可以看出，只有本来就从事经营活动的市场主体"强买强卖商品""强迫他人提供或者接受服务""强迫他人参与或者退出投标、拍卖""强迫他人转让或者收购公司、企业的股份、债券或者其他资产""强迫他人参与或者退出特定的经营活动"的，才能构成强迫交易罪。实践中，将强迫交易罪等同于"强制罪"，认为物业公司强行提供所谓"上料服务"而成立强迫交易罪，① 属于对本罪的误解。因为物业公司的经营范围不包括提供所谓"上料服务"，物业公司并非经营者，提供"上料服务"也不属于经营活动。

虽然确定具体犯罪的保护法益必须从法条的体系地位出发，但并非没有例外。当法条在体系地位上出现归类错误时，就应进行补正解释。例如，虽然重婚罪被规定在《刑法》分则第四章"侵犯公民人身权利、民主权利罪"一章，但应认为其侵害的不是个人可以承诺放弃的个人法益，而是所谓"一夫一妻制的婚姻关系"这一社会法益，因而即便配偶同意对方重婚，也不妨碍重婚罪的成立。又如，虽然侵犯知识产权罪被规定在《刑法》分则第三章"破坏社会主义市场经济秩序罪"，也应认为其所侵犯的商标权、专利权、著作权、商业秘密权，都是个人可以承诺放弃的个人法益，而非市场经济秩序这一公共法益。再如，虽然强迫他人吸毒罪、欺骗他人吸毒罪、强迫卖淫罪、引诱幼女卖淫罪、引诱未成年人聚众淫乱罪被规定在《刑法》分则第六章"妨害社会管理秩序罪"之中，但应认为这些犯罪所侵害的是作为个人法益的人身权利，而非作为公共法益的所谓社会管理秩序。

① 参见山西省临县人民法院（2024）晋1124刑初15号刑事判决书。

　　法益概念虽然是规范性的，但不是静止的，其对历史的变迁和经验知识的进步呈现开放的姿态。一种法益是否值得刑法保护，是随着社会生活事实的变化而变化的。例如，《刑法》第336条第2款非法进行节育手术罪，原本旨在实现控制人口过快增长，而不是为了保护胎儿的生命。但是，随着社会的发展与人口政策的变化，控制人口过快增长不再是国家的目的，相反，鼓励生育成为国家政策。在《刑法》第336条第2款未作修改的情况下，妥当的做法或许是对本罪的保护法益作出与以往完全相反的解释，即本罪的保护法益应是胎儿的生命与母亲的生命健康。据此，未取得医生执业资格的人擅自为他人进行终止妊娠手术，情节严重的，可以按非法进行节育手术罪追究刑事责任。至于未取得医生执业资格的人擅自为他人进行节育复通手术、假节育手术或者摘取宫内节育器的行为，虽然也可能对他人的生命健康产生抽象危险，但不宜作为本罪处理；如果造成伤害或者死亡的，完全可以根据其他罪刑规范追究行为人的刑事责任。

　　2. 构成要件的内容是确定保护法益的重要依据

　　构成要件中的行为对象是确定具体犯罪保护法益的一个依据，或者说至少是一个判断资料。例如，只有根据对象的不同分别确定具体走私犯罪的保护法益，才能表明具体犯罪保护法益的特定性或专属性。认为走私武器、弹药罪的保护法益是对外贸易管制与公共安全，走私假币罪的保护法益是对外贸易管制与货币的公共信用，才能分别说明个罪的不法程度以及个罪与其他走私犯罪的区别。构成要件行为是侵害或者威胁法益的行为，所以，构成要件的内容当然成为确定具体犯罪保护法益的重要依据。例如，考虑到其他方法包括使用麻醉手段和抢劫手段所起的作用在于压制被害人反抗进而取得财物，就只能将被害人的财产和意志自由作为抢劫罪的保护法益。如果将刑法中的结果定义为对法益的侵害或者威胁，那么，结果的反面就是保护法益。因此，应当根据刑法规定的结果确定具体犯罪保护法益的内容。

　　3. 法条的相互关系也是确定具体犯罪保护法益的重要依据

　　法条的相互关系，其实也是犯罪之间的相互关系。具体犯罪保护法益的确定，无疑要考虑法条的相互关系。只有这样，才有利于分析刑法分则的保护法益是否存在重合与遗漏，有利于使犯罪之间形成协调关系，从而实现刑法的公平正义。由于权利人的同意或者承诺能够阻却犯罪的成立，所以侵犯知识产权罪只能是对个人法益的犯罪。考虑到金融诈骗罪与诈骗罪的关系，也必须认为金融诈骗罪是侵害个人法益的犯罪。贪污罪与贿赂罪虽然均属于贪污贿赂罪，但应认为保护法益并不相同：贪污罪所保护的法益是公共财产，而受贿罪所保护的法益是职务行为的不可收买性。

（二）具体犯罪保护法益的确定标准①

法益的要保护性、法益的特定性、法益的融洽性和法益的可判断性，是确定具体犯罪保护法益的四个重要标准。

所谓法益的要保护性，是指由刑法对法益进行保护的必要性。如果一种利益不值得动用刑法来保护，就不能确定为具体犯罪的保护法益。将什么行为作为禁止对象，是由以什么为目的而禁止决定的。对具体法条的目的或任务的理解，就是对该法条规定的具体犯罪的实质违法性的理解，因而也是对该具体犯罪的保护法益的理解。法益的要保护性是确定具体犯罪保护法益的核心标准。例如，禁忌本身不能作为保护法益，至于违反禁忌的行为是否侵犯了法益则是另外一回事；安全感不能作为具体犯罪的保护法益；高空抛物罪的保护法益是公民的生命、身体、财产的安全；意志活动自由可以作为刑法的保护法益。

法益的特定性，也可谓法益的专属性，是指每个具体犯罪的保护法益都应当具有特定的内容，而不与其他犯罪的保护法益相混同。例如，故意杀人罪与故意伤害罪的保护法益应当有所区别，不能用"人身权利"来表述这两个罪的保护法益。又如，虽然非法拘禁罪，绑架罪，拐卖妇女、儿童罪，收买被拐卖的妇女、儿童罪，以及拐骗儿童罪都是侵害人身自由的犯罪，但由于各自的构成要件和法定刑的差异，还是应当准确厘定各自的保护法益，以便指导具体犯罪构成要件的解释。

法益的融洽性，是指对具体犯罪所确定的保护法益，能够与具体犯罪的构成要件、不法程度相融洽，从而使保护法益与构成要件保持协调一致，而不存在任何冲突与矛盾。由于构成要件是违法类型，违法的实质是侵犯法益，所以，对保护法益的确定必须与法条描述的构成要件相融洽。保护法益与构成要件融洽的基本标准是，理论上能够对所有的构成要件要素作出妥当的解释，实践中所有符合构成要件且不具备违法阻却事由的行为都毫无例外地侵犯了该保护法益。例如，只有将负有照护职责人员性侵罪的保护法益界定为少女免受具有保护责任者性侵扰的性健全发展权，才能说明本罪是抽象危险犯，即成立本罪既不需要具体判断行为是否违反了少女意志，也不要求行为人利用其身份优势，同时这也能为本罪与强奸罪之间法定刑的差别提供合理解释。不可否认的是，法益的融洽性要求，实际上在保护法益（法条目的）与构成要件之间形成了一种循环，但这一循环并不异常。因为正确的解释必须同时符合法律的文义与法律的目的，仅仅满足其中

---

① 参见张明楷：《具体犯罪保护法益的确定标准》，载《法学》2023 年第 12 期。

一个标准显然是不够的。要满足法律的文义与法律的目的，意味着二者必然具有内在的一致性。

法益必须具有可判断性。法益概念的属性强调经验的实在性以及对人的有用性。要使法益具有可判断性，前提是只能将具有经验的实在性的利益与状态作为保护法益。如果不是人们能够感觉出来的客观存在，就不能作为具体犯罪的保护法益。应当注意，法益内容不宜过于抽象化，而应相对具体；法益内容不应是模糊的，而必须相对清晰；法益内容应尽量避免综合性或混合性；法益内容不能随意添加或者减少。例如，与其认为滥用职权罪的保护法益是"国家机关的正常管理活动"，不如将其表述为"职务行为的合法性与公正性"。又如，与其认为强迫交易罪的保护法益是"公平自由竞争的市场秩序"，不如认为是"他人是否从事交易活动的意志自由"。

（三）具体犯罪保护法益的确定方法[①]

法益对构成要件的解释起着重要的指导作用，对法益的理解不同，对构成要件的解释就不同。我国刑法理论关于具体犯罪的保护法益存在许多争议，一个重要的原因可能是因为对确定具体犯罪保护法益的基本方法存在分歧。

1. 应区分基本犯与加重犯的保护法益

在通常情况下，具体犯罪的保护法益，是指刑法分则条文规定的基本犯的保护法益。只有确定了基本犯的保护法益，才能指导基本犯构成要件的解释，并在此基础上解释加重构成要件。加重犯的保护法益是否与基本犯的保护法益相同，取决于刑法分则条文规定的加重内容或根据。从刑法分则的规定来看，大体分为以下三种情形：

第一种情形是加重犯只是不法程度的增加（不法的量的增加），故加重犯与基本犯的保护法益相同。严格地说，这种情形的加重犯的成立条件并不是加重构成要件，而只是加重的量刑规则。例如，职务侵占数额巨大与特别巨大，也可谓职务侵占罪的加重犯，但法定刑的提升只是基于不法的量的增加，而不是因为行为另外侵犯了其他法益。在这种情形下，基本犯的保护法益与加重犯的保护法益完全相同，解释者是仅按基本犯确定法益，还是同时考虑加重犯确定保护法益，不会得出不同结论。

第二种情形是从立法论上说，有些犯罪应当以行为侵犯了另一法益为根据提升法定刑，但刑法分则并没有描述侵犯另一法益的行为，只是表述为情节严重或

---

① 参见张明楷：《具体犯罪保护法益的确定方法》，载《现代法学》2024年第1期。

者情节特别严重。在司法实践中，情节严重或者情节特别严重的内容包含了对另一法益的侵害。例如，由于司法实践中不乏抢夺行为致人伤亡的案件，所以应当认为作为抢夺罪加重犯的"数额巨大或者有其他严重情节""数额特别巨大或者有其他特别严重情节"的保护法益包括财产与他人的生命、身体健康。

第三种情形是加重犯的根据不是不法的量的增加，而是行为侵犯了其他法益。在这种情形下，加重犯的保护法益显然多于基本犯的保护法益。因此，不能按罪名确定法益，而应分别确定基本犯与加重犯的保护法益。例如，虽然可以认为故意伤害罪的基本犯的保护法益是人的身体健康，但作为故意伤害罪加重犯的故意伤害致死的保护法益，就不只是人的身体健康，还包括人的生命。又如，虽然可以认为强奸罪的基本犯的保护法益是妇女的性自主权，但作为强奸罪加重犯的强奸致人重伤、死亡的保护法益，则除了性自主权之外，还包括妇女的身体健康与生命。再如，对抢劫罪的基本犯的保护法益是他人的意志自由与财产安全，至于抢劫罪加重犯的保护法益，则应按八种情形分别表述，而且只有分别表述，才能发挥对加重犯构成要件解释的指导作用。以持枪抢劫为例，对公共安全形成抽象危险才是持枪抢劫的加重理由。如果承认这一点，就不会将使用假枪抢劫的行为认定为持枪抢劫。

总之，在确定具体犯罪的保护法益时，要区分基本犯的保护法益与加重犯的保护法益，尤其是存在加重构成要件的场合，必须根据刑法分则的不同规定分别确定其保护法益。唯有如此，才能避免不必要的争议，也有利于基本犯与加重犯的认定。

2. 应区分基本罪名与拟制罪名的保护法益

刑法分则规定了一些拟制罪名，其中有的是刑法分则条文明文规定的拟制罪名，有的是原本可以确定为独立罪名，但司法解释仍然将其确定为拟制罪名。前者如《刑法》第 269 条规定的事后抢劫，后者如《刑法》第 388 条规定的斡旋受贿。

从保护法益来说，拟制罪名与基本罪名的保护法益既可能相同，也可能不相同或有所同有所不同。如果二者的保护法益相同，当然不需要区分二者的保护法益。例如，大体可以认为事后抢劫的保护法益与普通抢劫的保护法益相同，都是被害人的意志自由与财产安全。有些拟制罪名的保护法益与基本罪名的保护法益并不完全相同。例如，将奸淫幼女行为认定为强奸罪，具有拟制罪名的性质。虽然普通强奸罪的保护法益是性自主权，但奸淫幼女的保护法益是幼女的性的不可侵犯权或者性的完整无损性。又如，普通受贿罪的保护法益是国家工作人员职务行为的不可收买性以及国民对职务行为不可收买性的信赖，而斡旋受贿犯罪的保护法益是被斡旋的国家工作人员职务行为的公正性，以及国家工作人员的职权或地位形成的便利条件的不可收买性。

3. 应区分阻挡层与背后层的保护法益

在刑法分则中大量存在为了保护 A 法益（背后层）而保护 B 法益（阻挡层）的立法现象。例如，要保护国民的生命、身体，首先必须对弱者的生命、身体进行特殊保护，于是刑法设立遗弃罪，遗弃罪就是对他人生命、身体造成危险的犯罪。又如，要保护居民在住宅内部的各种利益，就必须确保居民的住宅安宁，保护居民享有是否同意他人进入自己住宅的权利，于是刑法设立非法侵入住宅罪。这便是各国刑法中普遍存在的"阻挡层法益构造"。

不过，除了真正的复合法益（复杂客体）外，对具体犯罪只需要表述出一个揭示犯罪本质、能够指导构成要件解释的法益；如果阻挡层法益是值得刑法保护的法益，背后层法益并不能也不应当对构成要件的解释起指导作用，就不应表述出背后层法益。只有在阻挡层利益不值得刑法保护时，才可能将背后层的利益作为保护法益。例如，对于盗窃他人非法持有的枪支，由于他人对枪支的非法占有本身不值得刑法保护，所以，刑法理论只能将背后层的保护法益即公共安全作为保护法益。又如，毒品犯罪的非任意流通性，并不是值得刑法保护的法益，其背后的公众健康才是值得刑法保护的法益。

如果对具体犯罪的保护法益都追溯到背后层的法益，则绝大部分犯罪都将成为抽象危险犯。例如，如若认为受贿罪的保护法益是职务行为的公正性，本罪就是典型的抽象危险犯；如若采取公职的不可谋私利性说，同时认为本罪是具体危险犯，那么就必然导致索取或者收受他人财物但没有为他人谋取不正当利益的行为不成立受贿罪，这显然不合适。倘若将公正性背后的每个人公平地获得应有的利益作为保护法益，则受贿罪将成为更加难以捉摸的抽象危险犯。所以，只有将受贿罪的保护法益确定为职务行为的不可收买性，才能有效保护法益并合理确定受贿罪的处罚范围。

4. 应区分个人法益与公共法益

第一，对于侵犯个人专属法益的犯罪，不得确定为侵犯公共法益的犯罪，也不应添加公共法益的内容。例如，不能认为故意杀人罪、故意伤害罪的保护法益除了生命、身体健康之外，还包括社会秩序或者公民的安全感。又如，不能认为非法拘禁罪、非法侵入住宅罪的保护法益除了公民的身体活动自由与住宅权或者住宅安宁外，还包括社会秩序。对侵犯个人法益的犯罪添加公共秩序的内容，会导致将个人法益当作手段，使个人法益是否受侵犯成为社会秩序是否受侵犯的判断资料，从而仅将维护社会秩序当作目的，这不符合以人民为中心的基本观念。

第二，凡是被害人的同意或者承诺阻却构成要件符合性或者违法性的犯罪，都是侵犯个人法益的犯罪，不得确定为对公共法益的犯罪，也不应添加公共法益的内容。只有当被害人对自己享有处分权限的法益予以同意或者承诺时，该同意或承诺才是有效的。反过来说，同意或承诺有效，不仅表明加害人的行为不成立犯罪，而且意味着被害人处分的是其拥有处分权限的个人法益，社会法益并不能得到有效同意或承诺。所以，就侵犯个人法益的犯罪而言，在个人法益之外添加公共法益的内容是没有意义的。例如，凡是权利人同意的行为，都不可能成立侵犯知识产权罪，所以侵犯知识产权罪就是对个人法益的犯罪，而不是对公共法益的犯罪。就侵犯知识产权罪的保护法益而言，在知识产权之外添加市场竞争秩序，没有任何实际意义。又如，得到公民同意的行为，不可能成立侵犯公民个人信息罪，可见侵犯公民个人信息罪是侵犯公民个人信息权益的犯罪，而不是侵犯公共法益的犯罪。

第三，在法益主体是个人的情形下，即使同意或者承诺无效，但如果无效的原因是基于有限的家长主义或者其他原因，也应当将侵犯该法益的犯罪确定为对个人法益的犯罪，不应添加公共法益的内容。例如，对儿童的犯罪都是对个人法益的犯罪，不管儿童的同意或者承诺是否有效，对量刑是否产生影响，都应当认为，奸淫儿童、猥亵儿童、引诱幼女卖淫、引诱未成年人聚众淫乱均属于对个人法益的犯罪。又如，组织出卖人体器官罪直接侵害了被害人的身体健康乃至生命，生命、身体法益是个人专属法益，法益主体只能是个人。

第四，只有在行为仅侵犯了个人法益并不成立犯罪，同时侵犯了公共法益才构成犯罪的情况下，该犯罪的保护法益才属于个人法益与公共法益的复合法益；反之亦然。例如，《刑法》第 300 条第 2 款的组织、利用会道门、邪教组织、利用迷信致人重伤、死亡罪，就包含了对个人法益与公共法益的侵犯，仅侵犯其中一项法益，不可能成立该罪。

第五，不能因为某种行为对象关系到社会公共利益与国家利益，就将相关犯罪确定为对公共法益的犯罪。例如，公民的生命、身体、自由、名誉、财产都关系到社会公共利益，但不能认为这些法益都是公共法益。又如，选举权与社会公共利益、国家利益密切相关，但不能认为破坏选举罪是对公共法益的犯罪。在判断一个犯罪的保护法益是个人法益还是公共法益时，不能仅以行为对象为依据，还必须以构成要件行为为依据。

5. 应区分犯罪的保护法益与阻却违法的优越利益

作为阻却违法更为优越的利益与构成要件保护的法益并不必然是同一法益，不能将违法阻却事由中的优越利益与犯罪本身的保护法益相混淆。即虽然 A 犯罪的保护法益是 A 法益，甲所实施的符合犯罪构成要件的行为侵犯了 A 法益，但如果该行为保护了更为优越的 B 法益，则甲的行为不具有违法性，不成立犯罪。然而，这并不意味着 B 法益也是 A 罪的保护法益。例如，未经许可生产、销售电子烟的行为，不应当被认定为非法经营罪。由于电子烟有利于烟民健康，所以生产、销售电子烟的行为保护了烟民健康，即保护了更为优越的利益，故不构成犯罪。但不能据此认为，国民健康是非法经营罪的保护法益。

（四）公共法益与个人法益混同立法例下的刑法解释①

刑法理论一般根据法益主体的不同将法益分为国家法益、社会法益和个人法益。其中，国家法益是指以国家作为法律人格者所拥有的公法益；社会法益是指以社会整体作为法律人格者所拥有的社会共同生活之公共利益；个人法益是指由自然人所拥有，并由刑法加以保护的重要生活利益。国家法益与社会法益合称为公共法益。虽然国家法益与社会法益实质上（或最终层面上）都可以分解成或还原为个人法益，但在一定阶段或者一定层面上，国家法益、社会法益和个人法益彼此可能存在冲突。比如，虽然国家征收税款最终是为全民谋福利，但毕竟使公民的眼前利益减少了，于是有人逃税、抗税；国家在甲地征收土地进行基础建设，尽管会给甲地的发展带来机遇，却可能遭到甲地居民的反对。这些现象说明，在一定层面上需要承认公共法益与个人法益的区别。

我国刑法分则存在公共法益与个人法益混同的现象，就此而言，区分公共法益与个人法益，或者说将犯罪区分为对公共法益的犯罪与对个人法益的犯罪具有重要意义。

1. 区分公共法益与个人法益，有利于合理确定刑法的保护范围

由于个人法益都应当得到法律的承认和受法律保护，而公共利益的保护会受到限制，故只有当某种公共利益与个人法益具有同质的关系，能够分解成或还原为个人法益，属于促进个人全面发展的条件，且具有重要价值和保护必要时，才能成为刑法保护的公共法益。也就是说，倘若某种利益是个人法益，就是值得法律保护的；如果某种利益被称为"公共法益"，但它却不能被分解为或还原为个人法益，甚至会阻碍个人的全面发展，该"公共法益"就是虚假的法益，不值得法律保护。因此，区分公共法益与个人法益，对于确定刑法的保护范围具有重要意义。

2. 区分公共法益与个人法益，有利于对构成要件进行合理的解释和对构成要件符合性进行妥当的判断

如果某个犯罪属于对个人法益的犯罪，就要以该个人法益为指导解释犯罪的

---

① 参见张明楷：《公共法益与个人法益混同立法例下的刑法解释》，载《比较法研究》2024 年第4 期。

构成要件；如若每个犯罪属于对公共法益的犯罪，就要以该公共法益为指导解释犯罪的构成要件，否则要么导致构成要件不能实现法益保护目的，要么导致构成要件侵害国民自由。

例如，倘若认为刑法规定侵犯商业秘密罪的目的是保护公共法益（如保护市场竞争秩序），那么，通过贿赂商业秘密的所有人而获得商业秘密的，也可能成为本罪的构成要件行为；如若认为刑法规定本罪的目的是保护个人法益（如商业秘密的所有人和经商业秘密所有人许可的商业秘密使用人对商业秘密的所有权与使用权），那么，通过贿赂商业秘密的所有人而获得商业秘密的行为，就不符合本罪的构成要件。显然，后一种理解更为妥当。

又如，如果认为刑法规定袭警罪的目的是保护公共法益，即警务的依法执行，则只有当暴力袭警行为对警务的执行产生了阻碍作用时，才可能认定成立本罪；倘若认为刑法规定本罪的目的是保护个人法益，即警察的人身权利，则不需要暴力袭击行为对警务的执行产生阻碍作用，即可认定本罪的成立。很显然，前一种观点是正确的。

3. 区分公共法益与个人法益，直接影响被害人的同意或承诺的有效性，因而直接影响阻却构成要件符合性与阻却违法性的判断

任何人都不可能同意或承诺对公共法益的侵害，只有对个人法益的犯罪才存在被害人的同意或承诺是否有效的问题。例如，如果认为诬告陷害罪是对个人法益（如公民的人身权利）的犯罪，则被害人对诬告的承诺就阻却诬告行为的违法性；倘若认为诬告陷害罪是对公共法益（如国家的司法活动）的犯罪，则被害人对诬告的承诺就不阻却诬告行为的违法性。又如，妨害作证罪是对公共法益的犯罪，妨害作证的行为不可能因为司法工作人员的同意就阻却违法性。

在个人法益中，法益主体对法益的处置本身也可谓法益的内容，或者说处分法益的自由是法益的构成要素，因而同样值得刑法保护。如果法益主体放弃其法益，则刑法不仅不再保护其所放弃的法益，而且要保护法益主体对该法益的放弃本身，亦即刑法必须禁止他人干涉法益主体对法益的放弃。就此而言，个人法益与公共法益存在质的区别。

4. 从量刑与刑事诉讼程序的角度来说，区分公共法益与个人法益同样具有重要意义

例如，对公共法益的犯罪不可能基于事后和解而不起诉。在侵犯个人法益的犯罪中，被害人的谅解对量刑所产生的影响很大，但对侵犯公共法益犯罪的量刑而言，要么不产生影响，要么影响较小。又如，对告诉才处理的犯罪（均为对个人法益的犯罪），公安机关不得违背被害人的意志立案侦查，检察机关不得违背被害人的意志提起公诉。

5. 犯罪是侵犯个人法益还是公共法益，直接关系到犯罪所得的赃款赃物在没收追缴后是上缴国库还是返还被害人

一般来说，由于侵害公共法益的犯罪不存在具体的被害人，所以对于犯罪所得的赃款赃物，通常应没收追缴后上缴国库；而侵害个人法益的犯罪由于存在具体的被害人，因此对于犯罪所得的赃款赃物不应没收追缴后上缴国库，而应返还给被害人。

例如，如果认为非法吸收公众存款罪是侵害公共法益（如金融管理秩序）的犯罪，则非法吸收的公共存款应没收追缴后上缴国库；倘若认为本罪是侵害个人法益（如公民的财产）的犯罪，则非法吸收的公众存款应返还给出资人。我国理论与实务界一直持后一种立场。其实，从非法吸收公众存款罪位于我国《刑法》分则第三章"破坏社会主义市场经济秩序罪"第四节"破坏金融管理秩序罪"来看，应认为本罪是侵害公共法益（如金融管理秩序）的犯罪，对行为人非法吸收的公众存款，应当没收追缴后上缴国库，而不应返还给出资人。应该说，之所以"非吸"现象屡禁不止，很大程度上与人们对非法吸收公共存款罪的保护法益存在理解偏差有关。如果人们正确地认识到非法吸收公众存款罪是侵害公共法益的犯罪，出资人不是被害人，而是非法吸收公众存款罪的共犯，多数人就不会去投机。

又如，倘若认为非国家工作人员受贿罪是侵害个人法益（如对公司和股东的忠实义务）的犯罪，而不是侵害公共法益（如职务行为的不可收买性）的犯罪，则非国家工作人员的受贿所得，就不应没收追缴后上缴国库，而应返还给被害单位。就此而言，一人公司的股东和实际的投资人便不可能构成非国家工作人员受贿罪。实践中，一直都是将非国家工作人员受贿所得没收追缴后上缴国库，应该说这种做法是错误的。

再如，如果认为侵犯知识产权罪是侵犯个人法益的犯罪，则侵权人的犯罪所得不应没收追缴后上缴国库，而是应返还给商标权人、专利权人、著作权人或商业秘密权利人；倘若认为侵犯知识产权罪是侵害公共法益的犯罪，则侵权人的犯罪所得应没收追缴后上缴国库，而不能返还给权利人。

区分公共法益与个人法益具有重要意义，但在我国刑法分则的立法中存在公共法益与个人法益相混同（混淆）的现象。

第一，将侵犯公共法益的行为规定为对个人法益的犯罪。例如，重婚罪的保护法益是"一夫一妻制的婚姻关系"，属于典型的侵犯公共法益的犯罪，但我国《刑法》将本罪规定在分则第四章"侵犯公民人身权利、民主权利罪"中，使之成为对个人法益的犯罪，这便存在犯罪归类的缺陷。对此，需要进行补正解释，认为重婚罪不是对个人法益的犯罪，而是对公共法益的犯罪，重婚者的配偶以及相婚者的同意与承诺，均不可能阻却重婚罪的成立。司法实践中将重婚罪作为自

诉案件处理，也是错误的。

第二，将侵犯个人法益的行为规定为对公共法益的犯罪。如果说刑法将侵犯公共法益的行为规定为对个人法益的犯罪是罕见现象，那么，将侵犯个人法益的犯罪规定为对公共法益的犯罪则较为普遍。例如，金融诈骗罪、侵犯知识产权罪及损害商业信誉、商品声誉罪虽然被规定在我国《刑法》分则第三章"破坏社会主义市场经济秩序罪"中，但应认为这些犯罪均属于对个人法益的犯罪。又如，强迫卖血罪、强迫卖淫罪、引诱幼女卖淫罪、引诱未成年人聚众淫乱罪、强迫他人吸毒罪、欺骗他人吸毒罪虽然被规定在《刑法》分则第六章"妨害社会管理秩序罪"中，但应认为这些犯罪都是侵犯个人法益的犯罪。

很显然，将侵犯个人法益的犯罪规定为对公共法益的犯罪，不利于以保护法益为指导解释构成要件。换言之，原本属于对个人法益的犯罪，即使规定为对公共法益的犯罪，事实上也不可能以公共法益为指导解释构成要件。在构成要件中添加不可能被判断的要素，如在金融诈骗罪的保护法益中添加金融管理秩序、在侵犯知识产权犯罪中添加市场竞争秩序或者管理制度，必然影响罪刑法定原则的贯彻。

第三，将对公共法益的侵犯事实规定为对个人法益犯罪的构成要件内容，导致同一犯罪必须同时具备侵犯个人法益的要素与侵犯公共法益的要素。一种情形是，刑法条文对构成要件的表述中同时包含侵犯个人法益的要素与侵犯公共法益的要素。例如，由于成立寻衅滋事罪要求同时具备"侵害人身或者财产权利"与"破坏社会秩序"要素，使寻衅滋事罪成为一种同时包含了侵犯个人法益和公共法益的混合犯罪，因而随意殴打、恐吓他人的，不管情节多么严重，只要没有破坏社会秩序，就不可能构成犯罪。

另一种情形是，虽然法条只描述了侵犯个人法益的要素，并没有要求具备侵犯公共法益的要素，但由于刑法将其置于侵犯公共法益犯罪的章节中，导致刑法理论不得不要求这种犯罪必须同时具备侵犯个人法益与侵犯公共法益的要素。例如，虽然《刑法》第293条之一规定的催收非法债务罪的法条表述中并不包括侵犯公共法益的要素，但由于本罪被规定在《刑法》分则第六章"妨害社会管理秩序罪"第一节"扰乱公共秩序罪"中，理论上有观点认为成立本罪必须使被害人及其亲属、朋友、邻居等有关人员产生不安全感，严重扰乱社会秩序。但是，在刑法条文没有描述侵犯公共法益的要素的前提下，解释者只能添加"扰乱社会秩序""扰乱公共秩序"等内涵非常模糊、外延极为宽泛的要素，而难以添加某种确定的要素，从而破坏本罪成立范围的定型性。

从司法实践来看，公共法益与个人法益相混同的立法例带来了不少问题。

首先，公共法益与个人法益的混同，导致处罚范围的不当扩大。这是因为，扰乱公共秩序、破坏社会秩序的后果是难以实际判断的。正因如此，司法机关大多忽视这样的结果要素。例如，下级司法机关在认定寻衅滋事罪时，基本上不会判断行为是否破坏了社会秩序。《刑法》第293条所规定的"破坏社会秩序"这一构成要件要素，丧失了限制寻衅滋事罪成立的作用，因而使寻衅滋事罪成为饱受批判的"口袋罪"。

其次，公共法益与个人法益的混同，导致司法机关将对个人法益的犯罪评价为侵犯公共法益的犯罪，不利于保护个人法益。例如，一份关于驳回故意伤害罪的申诉通知指出："根据在案证据证实，本案的发生系周某2朋友陈某醉酒后无故进入被害人杨某1经营的砂锅店滋事引发。醉酒后的周某2见陈某与被害人方某争执后，不问缘由随意殴打被害人杨某1及杨某2，其行为严重扰乱社会秩序，具有社会危害性。"① 应该说，类似这样的判决并不少见，但这样的评价实际上是将个人身体法益认定为社会秩序的内容，表明司法人员并不重视个人法益，只是关注社会秩序，颠倒了公共法益与个人法益的价值位阶。

最后，公共法益与个人法益的混同，导致司法机关将对公共法益的"侵犯"作为对个人法益犯罪的从重处罚情节，形成了间接处罚。例如，再审一审法院认为，李某与他人发生口角，在他人离开后，为报复他人，纠集多人，在公共场合公然持刀、棍追逐并以刀砍棍击的方式伤害他人，致被害人重伤，主观恶性较深，手段残忍，犯罪情节恶劣，严重扰乱社会秩序，原审判决对李某判处有期徒刑3年、缓刑4年，量刑不当，应予纠正。于是，再审一审法院对李某判处有期徒刑4年6个月。② 被告人上诉后，二审法院维持了原判。③ 然而，如果在公共场所伤害他人的行为并不符合任何侵犯公共法益的构成要件，却以该行为严重扰乱社会秩序为由从重量刑，显然使行为中并不构成犯罪的部分受到了刑罚处罚，这是典型的间接处罚，难以被接受。

既然区分对公共法益的犯罪与对个人法益的犯罪具有重要意义，而我国刑法分则又存在将公共法益与个人法益相混同的立法例，那么，就需要通过实质解释克服公共法益与个人法益相混同所产生的消极作用，从而实现刑法的正义性。

要克服公共法益与个人法益相混同的立法例可能存在的缺陷，首先必须妥当确定具体犯罪的保护法益。

一是将《刑法》规定在分则第三章、第六章中的部分犯罪补正解释为侵犯个人法益的犯罪。例如，应当将金融诈骗罪，侵犯知识产权罪，损害商业信誉，商

---

① 安徽省蚌埠市中级人民法院（2021）皖03刑申44号驳回申诉通知书。
② 参见安徽省濉溪县人民法院（2020）皖0621刑再3号刑事判决书。
③ 参见安徽省淮北市中级人民法院（2020）皖06刑再1号刑事裁定书。

品声誉罪，合同诈骗罪，引诱未成年人聚众淫乱罪，强迫他人吸毒罪，欺骗他人吸毒罪，强迫卖淫罪，引诱幼女卖淫罪以及各种背任犯罪补正解释为对个人法益的犯罪。这些犯罪只是因为被规定在《刑法》分则第三章、第六章而被认为是对公共法益的犯罪，但上述犯罪的构成要件要素都不包括对公共法益的侵犯要素。与上述犯罪不同，寻衅滋事罪还不能被补正解释为对个人法益的犯罪，因为法条明文规定了"破坏社会秩序"的要素。如若将其补正解释为对个人法益的犯罪，就意味着减少了这一对公共法益的侵犯要素，因而可能违反罪刑法定原则。

二是不应在对个人法益的犯罪中添加公共法益的内容，也不应随意在对公共法益的犯罪中添加个人法益的内容。例如，不应在诬告陷害罪的保护法益中添加妨害司法机关的正常活动的内容。

三是合理确定基本犯的构成要件要素。解释者应当注重个人法益与公共法益的区别，根据保护法益确定构成要件的内容，而不能随意添加或减少构成要件要素。

当一个犯罪是对个人法益的犯罪，法益主体对该法益具有处分权限并同意或者承诺放弃该法益时，不得以行为侵犯了公共利益或者违反公序良俗等为由，否认同意或承诺的有效性。换言之，以行为侵犯了公共利益或者违反公序良俗为由，限制法益主体同意或者承诺的有效性，缺乏正当性。例如，不能以承诺违反社会伦理和社会相当性为由，而否认被害人对轻伤害承诺的有效性；不能以拐卖妇女罪侵犯人性尊严为由否认被拐卖的妇女同意或者承诺的有效性。

疑 难 问 题

1. 公共安全

公共安全中的"公共"，是什么含义？

除《刑法》第114、115条外，"公共"是指不特定或者多数人的生命、身体的安全。危害公共安全罪所保护的法益，是不特定或者多数人的生命、身体的安全以及公众生活的平稳与安宁。《刑法》第114、115条所规定之罪的保护法益，是不特定且多数人的生命、身体的安全。特定少数人的生命、身体的安全，不是危害公共安全罪保护的对象。

"不特定"意味着"对象的不确定性"吗？

"对象的不确定性说"存在明显缺陷，应采取"危险的不特定扩大说"。所谓"不特定"，是指犯罪行为可能侵犯的对象数量和可能造成的结果范围事先无法确定，行为人对此既无法具体预料也难以实际控制，而且行为造成的危险或者侵害结果可能随时扩大或增加。只有这样理解"不特定"，才能符合"公共"的含义。

💬 单纯的财产安全，是否属于公共安全？

虽然公共安全也包括财产损失，但只能单纯造成财物毁损，而不可能造成人员伤亡的，不可能危害公共安全。《刑法》第115条所规定的"使公私财产遭受重大损失"，是以具有造成不特定多数人伤亡的危险为前提的。如果说"使公私财产遭受重大损失"就是危害公共安全，那么一个流窜作案，窃取了上百户人家价值上千万元财物的盗窃犯，也能构成危害公共安全犯罪了。行为人在确认空无一人的一栋楼放火，即便造成价值上亿元的财产损失，也不能认定为放火罪，而只能认定为故意毁坏财物罪。向一个养鱼池投毒，导致池塘里价值上百万元的鱼类全部死亡，但如果这些鱼根本不可能供人食用，就不能认定为构成投放危险物质罪，而只能认定成立故意毁坏财物罪。同样，在野外采用爆炸方法炸毁了数额特别巨大的财物，但当时没有任何人在场，不可能导致任何人伤亡的，也不可能认定为构成爆炸罪，而只能认定成立故意毁坏财物罪。

💬 成立具体的公共危险犯，是否要求行为人必须认识到具体的公共危险？

客观构成要件规制故意的认识内容，这是责任主义的要求，也是我国《刑法》第14条关于故意犯罪规定的意旨。既然具体的公共危险是客观的构成要件要素，行为人就必须认识到这种具体的公共危险的存在，否则就不能肯定故意的具体危险犯的成立，而只能成立过失犯罪。

💬 主动消除危险以避免实害的，能成立公共危险犯的中止吗？

例如，甲为了报复社会搬了一块大石头放在正在运营的铁轨上，后幡然醒悟，在火车到来前一个小时移走了石头，避免了列车运营安全事故的发生。从有效保护法益的角度考虑，对于主动消除危险以避免实害的，应肯定公共危险犯中止的成立。为与故意杀人罪中止的处理相协调，对于仅仅造成危险状态而未实际发生侵害结果的，仍应认定为"没有造成损害"而免除处罚。造成罪刑规范所阻止的轻罪既遂结果的，应当认定为"造成损害的，减轻处罚"。例如，行为人放火后幡然醒悟奋力灭火，但还是造成他人轻伤或者数额较大的财产损失的，可在作为未遂犯的既遂化的条款，即《刑法》第114条放火罪的法定刑（3年以上10年以下有期徒刑）基础上减轻处罚。

2. 《刑法》第114条、第115条第1款（过失）投放危险物质罪
💬 如何判断投放危险物质罪中的"危害公共安全"？

《刑法》第114条投放危险物质罪中的"危害公共安全"要素，旨在强调投放危险物质罪是具体危险犯，成立该罪，行为必须形成危害不特定多数人的生命、健康安全的具体、现实、紧迫的危险，所投放的危险物质必须具有致人死伤的危险性。如果所投放的危险物质不具有直接导致人死伤的危险性，只能导致鱼类死

亡或者环境污染的，就不属于投放危险物质，而只成立故意毁坏财物罪或者污染环境罪。

💬 如何区分投放危险物质罪与过失投放危险物质罪？

客观上投放的是危险物质，成立投放危险物质罪还是过失投放危险物质罪，关键在于看行为人对行为的危险性和死伤结果是持故意还是过失的态度。是故意投放还是过失投放，只能在个案中根据行为人的认知能力、所投放的危险物质的性质、投放的地点、投放的时间、投放的数量、事件的起因、事后的态度等方面进行具体综合判断。

💬 如何区分污染环境罪与投放危险物质罪？

区分污染环境罪与投放危险物质罪，只能从客观违法构成要件"着手"。

首先，两罪所保护的法益不同。环境污染的后果不同于投放危险物质的方面在于，前者往往具有长期性、累积性、渐进性、潜伏性，而且严重污染环境并不必然危害公共安全，环境本身的损害也不等同于不特定多数人的人身、财产损害。故而，污染环境罪所保护的环境法益不能等同于投放危险物质罪所保护的公共安全法益。

其次，排放对象不同。前者所排放、倾倒的是"有放射性的废物、含传染病病原体的废物、有毒物质或者其他有害物质"，而后者投放的是"毒害性、放射性、传染病病原体等物质"。对于化学品，通常按其危害程度分为剧毒、有毒和有害三类。因此，大体上来说，《刑法》第338条所规定的污染环境罪中的"有毒物质"，应该是专指污染物；而《刑法》第114、115条所指的"毒害性物质"则专指剧毒物（从立法沿革看，投放危险物质罪的前身就是"投毒罪"）。简言之，两罪所排（投）放对象的毒害性程度存在显著差异。

再次，投放危险物质罪是与放火、决水、爆炸并列规定的罪名，根据同类解释规则，应具有危害的相当性。而放火、决水、爆炸对人体的危害具有瞬间的爆发性、蔓延性、难以控制性，而向河中排污，事实上都能够通过及时关闭水闸而避免大规模人身伤亡结果的发生。

最后，两罪"污染经由"或者说发挥作用的机理存在明显差异。投放危险物质罪通常是将毒物直接投入他人的茶杯、水缸，进而直接作用于人体，而污染环境罪系通过向土地、水体、大气排放、倾倒污染物，通过环境要素间接作用于人体。事实上，将100克砒霜投入他人茶杯，可能比将1吨砒霜倾入作为饮用水水源的河流在毒害性上有过之而无不及。所以，对于通过向河流、大气、土壤排放、倾倒危险物质的行为，一般应认定为污染环境罪，但如果直接向公民的自来水管投放毒害性物质，则可能被认定为投放危险物质罪。

综上，应从客观违法构成要件，即从法益、所投物质的毒害性程度、行为本身的危险性、"污染经由"等方面，区分污染环境罪与投放危险物质罪。

3.《刑法》第163条非国家工作人员受贿罪

💬 医生收受病人红包、教师接受家长送礼，构成贿赂犯罪吗？

医疗机构中拥有一定职权的工作人员、医务人员利用职务便利，索取或者非法收受医药产品销售方财物，为销售方谋取利益的，可能构成受贿犯罪。而普通的医务人员，如外科手术医生，收受病人红包的，是利用了自己的专业技术，而非"职务上的便利"，并未侵害职务行为的不可收买性，所以不构成贿赂犯罪。

学校等教育机构中拥有一定职权的工作人员、教师利用职务便利，索取或者非法收受销售方财物，为销售方谋取利益，可能构成贿赂犯罪。而普通的教师接受家长送礼的，是利用了自己的专业知识，而非"职务上的便利"，所以不构成贿赂犯罪。

💬 专业技术人员受委托聘任在招标、政府采购等事项中从事专业技术评审工作，索取或者非法收受他人财物的，是构成本罪还是受贿罪？

对此应当根据委托聘任单位与评审事项的性质进行具体判断。如果接受的是国家机关、国有公司、企业、事业单位的聘任、委托，参与评审国家机关、国有公司、企业、事业单位依法处理的公共事务，就属于国家工作人员，其索取或者非法收受他人财物的行为成立受贿罪。如果接受的是国家机关、国有公司、企业、事业单位以外的单位聘任、委托，从事评审工作，或者虽然受国家机关、国有公司、企业、事业单位聘任、委托，但参与评审的内容与公共事务无关的，则不属于国家工作人员，其索取或者非法收受财物的行为成立非国家工作人员受贿罪。

💬 该罪加重犯有无未遂成立的余地？

应当认为，该罪加重犯只有成立与不成立的问题，没有既未遂的问题。贿赂犯罪与盗窃罪、诈骗罪等财产犯罪不同，后者行为如果对数额（特别）巨大的财物形成了具体、现实、紧迫的危险，则有成立加重犯未遂的可能，应适用加重法定刑，同时适用未遂犯从轻、减轻处罚的规定。而在贿赂犯罪中，不能认为，行为人以为收到的物品价值巨大，实际价值几万元，就对贿赂犯罪的加重犯所保护的法益——职务行为的不可收买性，造成了具体、现实、紧迫的危险。所以，收受贿赂犯罪的加重犯是没有未遂的，相当于张明楷教授所说的量刑规则。

💬 该罪中的"公司"是否包括一人公司？"企业"是否包括私营企业、合伙企业？"其他单位"是否包括个体工商户？

该罪中的"公司"可以包括一人公司，但一人公司的股东不能构成犯罪，因为公司财产也是他的，不存在背信问题。一人公司的职员则完全可能构成本罪。该罪中的"企业"，可以包括不具有法人资格的私营企业、合伙企业，其中私营企业的唯一投资人不能构成本罪，其员工能构成本罪，合伙企业的合伙人、员工都可能构成本罪。该罪中的"其他单位"，可以包括个体工商户，但个体工商户的业主不能构成犯罪，其雇员则完全可能构成本罪。

💬 **对于在经济往来中收受回扣、手续费成立该罪的，是否要求为他人谋取利益？**

《刑法》第163条第2款只是注意性规定，成立犯罪仍然需要为他人谋取利益。相较于在普通的公司、企业业务中收受他人贿赂，在经济往来中收受回扣、手续费的危害性更小。重的行为要求为他人谋取利益，轻的行为没有理由不要求为他人谋取利益。

4. 《刑法》第176条非法吸收公众存款罪

💬 **吸收公众存款用于生产、经营活动的，能否以犯罪论处？**

从非法吸收公众存款罪所处的条文位置来看，《刑法》第174条是擅自设立金融机构罪，即未经批准直接从事银行业务、金融业务。第175条规定的是套取金融机构的贷款高利转贷他人牟利的高利转贷罪，也是在非法从事银行业务。第176规定的是非法吸收公众存款罪，显然是指向社会公众非法吸收存款后从事银行业务或者其他金融业务。从条文的关系可以看出，《刑法》第176条禁止的是非法从事银行金融业务。此外，非法吸收公众存款罪的条文使用的是吸收"存款"，而不是吸收资金。存款是与贷款相关联的，也就是说，公众实际上是将资金作为存款存入行为人处。只有行为人直接将这些存款用于发放贷款等银行业务的，才能认为侵害了法益而应以非法吸收公众存款罪论处。如果甲吸收资金后将其用于购买机器设备等生产经营活动，则不属于吸收"存款"，只是一种民间借贷，不构成非法吸收公众存款罪。

💬 **该条第3款的规定，能否类推适用于相关条文？**

刑法只禁止不利于被告人的类推解释与类推适用，而不反对甚至提倡有利于被告人的类推解释和类推适用。虽然出资人并不是被害人，行为人积极退赃退赔给出资者的行为并没有减轻行为的违法性，但第3款的规定毕竟是有利于被告人的，所以可以将这种规定类推适用于有被害人的经济财产类犯罪。

5. 《刑法》第190条逃汇罪

💬 **所逃的外汇是否为违法所得，应否追缴没收？**

虽然逃汇行为破坏了国家的外汇管理秩序，但所逃的外汇本身还是属于公司、企业或者其他单位的合法财产，不是违法所得，所以对所逃的外汇不应没收上缴国库，而应追缴后存入国家的外汇储备机构。

6.《刑法》第214条销售假冒注册商标的商品罪

💬 **"违法所得数额较大或者有其他严重情节"，是犯罪成立条件还是既遂条件？**

应该说，立法者之所以没有将该罪规定为"销售明知是假冒注册商标的商品，处⋯⋯"这样的行为犯，是因为在其看来，单纯销售假冒注册商标的商品还不构成犯罪，只有销售假冒注册商标的商品违法所得数额较大或者有其他严重情节的，才达到值得科处刑罚的程度，否则只是一般的商标违法行为。再则，虽然我国刑法规定原则上处罚所有故意犯罪的未遂犯，但实际上仅处罚极少部分犯罪的未遂犯。销售假冒注册商标的商品罪显然不属于性质严重的犯罪，所以即使本罪存在未遂，也属于《刑法》第13条但书所规定的"情节显著轻微危害不大的，不认为是犯罪"的情形。因此，与《刑法》第140条将"销售金额5万元以上"规定为犯罪成立条件一样，本罪也是将"违法所得数额较大或者有其他严重情节"作为犯罪成立条件，而不是犯罪既遂条件进行规定的。违法所得数额实际没有达到较大或者没有其他严重情节的，不是成立本罪的未遂，而是根本就不成立犯罪。

💬 **"违法所得"与"销售金额"是一个概念吗？**

1997年《刑法》规定本罪的成立条件是"销售金额数额较大"，《刑法修正案（十一）》将本罪的成立条件修改为"违法所得数额较大或者有其他严重情节"。如果认为"销售金额"就是"违法所得"，就完全没有必要进行修改。这说明在立法者看来，"违法所得"与"销售金额"不是同一个概念。可是，最高人民法院、最高人民检察院（以下简称"两高"）《关于办理生产、销售伪劣商品刑事案件具体应用法律若干问题的解释》指出，《刑法》第140、149条规定的"销售金额"，是指生产者、销售者出售伪劣产品后所得和应得的全部违法收入；刑法理论通说也认为，"违法所得"是指销售假冒注册商标的商品后所得和应得的全部违法收入。[①] 如此看来，似乎是将"违法所得"与"销售金额"等同看待。

应该认为，"销售金额不是违法所得，是生产者、销售者生产、销售伪劣产品没有扣除成本、税收的所得、应得的全部违法收入。违法所得指生产、销售伪劣产品获利的数额"[②]。可见，"违法所得"不同于"销售金额"。"违法所得"应是扣除成本之后的纯利润，而"销售金额"只是商品单价乘以销售数量后的乘积。销售金额是不扣除成本的，所以销售金额通常都会远远大于违法所得。

1997年修改《刑法》时之所以将原单行刑法中规定的生产、销售伪劣产品罪

---

① 参见张明楷：《刑法学（第六版）》（下册），法律出版社2021年版，第1068页。
② 周光权：《刑法各论（第四版）》，中国人民大学出版社2021年版，第240页。

的成立条件"违法所得"修改为"销售金额"，就是考虑到将"违法所得"作为犯罪成立条件，一是难以查清，二是相当于给犯罪人发工资，三是"违法所得"不能准确反映生产、销售伪劣产品犯罪行为的法益侵害程度。再则，《刑法》第64条规定的是"犯罪分子违法所得的一切财物，应当予以追缴或者责令退赔"，人们也一直提及的是"没收违法所得"，而从未有人提及"没收销售金额"或者"没收销售所得"。这也说明，违法所得就是行为人通过违法犯罪行为所获得的利益。当然，如果认为所谓"销售假冒注册商标的商品后所得和应得的全部违法收入"，是指纯收入、纯利润，也没有什么问题。但理论与实务界显然是把"违法所得"和"销售金额"在等同意义上进行把握的，这就存在问题了。

姑且不论《刑法修正案（十一）》将原来的"销售金额"修改为"违法所得"是否合理，但从作出修改本身来看，应能得出"违法所得"不同于"销售金额"的肯定结论，应当认为所谓"违法所得"，是指行为人销售假冒注册商标的商品后的实际获利，即扣除成本后的纯利润，而不是所谓的销售金额或者销售收入。

7.《刑法》第215条非法制造、销售非法制造的注册商标标识罪

● 误以为销售的是他人真实的注册商标标识，实际上是伪造、擅自制造的注册商标标识，或者相反，如何处理？

既然行为人以为销售的是真实的注册商标标识，就说明行为人主观上没有销售非法制造的注册商标标识的故意，所以不构成销售非法制造的注册商标标识罪。相反，若行为人误以为销售的是非法制造的注册商标标识，而实际上销售的是他人真实的注册商标标识的，由于客观上不存在非法制造的注册商标标识，所以不能成立销售非法制造的注册商标标识罪（包括未遂犯）。质言之，成立销售非法制造的注册商标标识罪，不仅要求行为人主观上必须具有销售非法制造的注册商标标识罪的故意，而且客观上必须销售的是非法制造的注册商标标识。

8.《刑法》第217条侵犯著作权罪

● 行为人在自己制作的美术作品上假冒他人（如著名画家）署名的，成立本罪吗？

从严格意义上讲，行为人在自己制作的美术作品上假冒他人署名的，并没有侵犯他人的著作权，而只是侵犯了他人的署名权，不构成侵犯著作权罪。出售这种作品的，由于还侵害了购买者的财产权，所以成立诈骗罪。

● 本罪的成立条件和既遂标准是什么？

本罪的成立条件是"违法所得数额较大或者有其他严重情节"。也就是说，本罪没有既未遂之分，只有成立不成立的问题。没有实际发行、出版、出售（第6

项除外），就不可能达到"违法所得数额较大或者有其他严重情节"的程度。换言之，只有实际发行、出版、出售侵权作品的，才可能达到"违法所得数额较大或者有其他严重情节"，才可能成立本罪。本罪相当于实害犯。所以，与其讨论本罪既未遂标准，还不如讨论本罪的成立条件。

💬 **有关"对于行为人尚未印制完成侵权复制品的，应当以侵权复制品的定价数额乘以承印数量所得的数额计算其经营数额，认定为犯罪未遂"的"批复"规定，有无疑问？**

由于该罪的成立条件是"违法所得数额较大或者有其他严重情节"，应当认为该罪没有未遂成立的余地，只是制作、复制侵权作品而未实际发行、出售的，不可能达到"违法所得数额较大或者有其他严重情节"的程度，不成立该罪。上述认为该罪可以成立未遂的实践做法是错误的。

💬 **对于非法出版、复制、发行他人作品，是认定为侵犯著作权罪，还是非法经营罪？**

司法实践中曾将复制、发行非法出版物的行为认定为非法经营罪，但是应当认为，非法出版、复制发行他人享有著作权的作品，不属于专营专卖行为，没有扰乱市场秩序，只是侵犯了他人著作权，不构成非法经营罪。也就是说，对于这种行为，若不符合侵犯著作权罪的构成要件，不构成侵犯著作权罪，不能反而认定为构成法定刑更重的非法经营罪，不应承认侵犯著作权罪与非法经营罪之间的竞合。

💬 **为何本罪第6项特别规定"故意"，是否意味着其他行为类型可以由过失构成？**

本罪第6项特意强调"故意"，只是为了提醒司法人员注意，过失避开或者损坏著作权技术保护措施的行为不构成犯罪，并不是说其他五项行为类型可以由过失构成。因为根据《刑法》第15条第2款"过失犯罪，法律有规定的才负刑事责任"之规定，只要不是"法律有规定"，就只能由故意构成。所以，本罪前五项也只能由故意构成。

9.《刑法》第219条之一为境外窃取、刺探、收买、非法提供商业秘密罪

💬 **各种行为类型侵害或威胁法益的程度有无差异，量刑时应否区别对待？**

虽然从条文表述看，本罪的实行行为包括了窃取、刺探、收买、非法提供，但应认识到，单纯地为境外的机构、组织、人员窃取、刺探、收买商业秘密，对法益还只是威胁，或者说只具有抽象性危险，而为境外非法提供商业秘密，则已经实际造成法益侵害。所以，虽然这四种行为都可谓实行行为，但因为法益侵害的危险程度不同，故在量刑上应当区别对待，对于为境外非法提供商业秘密行为

的处罚应相对重一些。

10.《刑法》第 224 条合同诈骗罪
💬 应否承认所谓"事后故意"与"事后非法占有目的"？

《刑法》第 224 条第 4 项规定，"收受对方当事人给付的货物、货款、预付款或者担保财产后逃匿的"，似乎表明事后单纯携带款物逃匿就能构成合同诈骗罪。应该认为，不能因为该项的规定，就认为诈骗故意与非法占有目的可以产生于财产损害之后，即不能承认所谓事后故意与事后非法占有目的。一方面，根据责任主义原理，故意与主观目的必须存在于行为时，而不能产生于行为后，更不可能产生于结果发生后。另一方面，《刑法》第 224 条的项前规定已明文要求行为人"以非法占有为目的"，即只有"以非法占有为目的，在签订、履行合同过程中""收受对方当事人给付的货物、货款、预付款或者担保财产后逃匿的"，才成立合同诈骗罪，而不是任何"收受对方当事人给付的货物、货款、预付款或者担保财产后逃匿的"行为都成立合同诈骗罪。也就是说，在诈骗罪中，对方之所以交付财物，是因为陷入了认识错误，而之所以陷入认识错误，是因为行为人实施了欺诈行为。

质言之，所取得的财物是行为人出于非法占有目的骗来的。因此，行为人在签订、履行合同过程中没有实施任何欺骗行为，确实打算履行合同，也具有履行合同的能力，在收受对方当事人给付的货物、货款、预付款或者担保财产后，产生非法将对方当事人给付的财产据为己有、自己不再履行合同的想法，也没有实施任何欺骗行为，只是单纯逃匿的，不可能成立合同诈骗罪。如果所取得的是所有权保留的财物，行为人产生不法所有目的后携物逃匿的，可以评价为"变占有为所有"的侵占罪。如果行为人实施新的欺骗行为，使对方作出了免除债务的承诺，则可能成立免除债务的财产性利益诈骗罪，也不是先前的财物诈骗罪。

💬 第 4 项的既遂标准和实行行为是什么？

应该认为，单纯携物逃匿并非实行行为，只是判断行为人当初有无非法占有目的的一种资料。实行行为仍是当初利用合同形式实施的欺骗行为，取得对方交付的货物、货款、预付款或者担保财产后就成立合同诈骗罪既遂。

11.《刑法》第 225 条非法经营罪
💬 应否对本罪构成要件行为进行实质解释，将没有严重扰乱市场秩序的行为排除在本罪构成要件之外？

非法经营罪可谓破坏社会主义市场经济秩序的兜底性犯罪，其第 4 项兜底性条款所规定的行为类型内涵不清、外延不明，致使该罪成为"口袋罪"，而有违罪刑法定原则的明确性要求。因此，对非法经营罪的构成要件行为应当进行实质解释以限缩其成立范围，必须将没有严重扰乱市场秩序的行为排除在本罪构成要件之外。也就是说，在认定本罪时不能忽略"扰乱市场秩序"这一结果要件。虽然这一要件难以判断，但司法人员要善于观察社会生活事实，善于进行法益衡量，不能将形式上符合法条的字面含义而实际上有利于社会的行为或者危害不大的行为认定为非法经营罪，只能将存在法律明文的禁止性规定、严重扰乱市场秩序的行为，解释为符合本罪构成要件的行为。

💬 **将使用 POS 机套现认定为本罪的司法解释规定，有无疑问？**

禁止使用 POS 机套现，只是部门规章作出的规定，不属于"国家规定"。将这种违反部门规章的行为认定为非法经营罪，违反罪刑法定原则。

💬 **应否将本罪理解为职业犯、营业犯，经营行为必须是反复继续实施的行为，行为人主观上必须具有反复继续实施的意思？**

本罪罪名是非法"经营"罪，为了限制和明确本罪的处罚范围，应将本罪理解为职业犯、营业犯。经营行为必须是反复继续实施的行为，行为人主观上必须具有反复继续实施的意思，才可能构成非法经营罪。也就是说，应将偶尔为之的经营活动排除在本罪构成要件之外。

12. 《刑法》第 226 条强迫交易罪

💬 **物业公司强行收取"上料费"，能构成强迫交易罪吗？**

在临县恒圆物业管理有限公司等强迫交易罪一案中，临县恒圆物业管理有限公司为攫取非法利益，经被告人马累平（实际控制人）安排，被告人马玉平（法定代表人、实际负责人）在交房前分别组织该公司管理的恒圆国际丽都城、恒圆湫河花苑、恒圆时尚广场各小区物业人员开会，要求业主在领取钥匙时向物业缴纳电梯费、物业费、装修上料费等固定费用，否则就不交付房屋钥匙。自 2016 年 5 月至 2023 年 1 月，马累平、马玉平伙同张林平利用开发商及物业管理的便利条件，以不交付住房钥匙、停水断电等方式强迫该三个小区居民接受该物业的上料服务。该三个小区居民迫于无奈接受其上料服务。

法院认为，首先，被告单位利用其物业管理的便利条件，强迫业主缴纳上料费等费用，不缴纳就无法领取钥匙，尽管这种手段没有危及业主健康权，但上述情形足以使业主产生恐惧心理从而选择与其进行交易，物业公司的行为已超出物业管理权限，达到"暴力、威胁"程度并对业主形成强制心理作用。其次，被告单位排除或限制了相关行业竞争者，在涉案小区形成垄断性经营优势地位，导致业主不能按照市场交易的平等自愿原则自主选择交易对象、交易金额等，而被迫选择与其进行交易。故该行为属于强迫交易行为。被告单位以威胁手段强迫他人接受服务，破坏了公平竞争的市场秩序，侵害了他人的交易自由，属于以威胁方法强迫他人接受服务的行为，非法获利数额达 839317.33 元，属情节严重；被告人马累平作为被告单位实际控制人，被告人马玉平作为被告单位法定代表人、主要负责人，二人策划、组织实施强迫交易行为，二人系对公司直接负责的主管人员；被告人张林平直接参与实施被告单位的强迫交易行为，系直接责任人员，其行为均构成强迫交易罪。①

应该说，上述判决存在疑问。物业公司强迫提供所谓"上料服务"，根本就不属于市场主体的经营活动，没有侵犯强迫交易罪的法益。理由如下：

强迫交易罪系《刑法》分则第三章"破坏社会主义市场经济秩序罪"第八节"扰乱市场秩序罪"的罪名，其所侵犯的法益是自愿、平等、公平、诚信的市场经济交易规则和秩序。强迫交易罪系法定犯，其前置法是《消费者权益保护法》和《反不正当竞争法》。《消费者权益保护法》第 4 条规定，"经营者与消费者进行交易，应当遵循自愿、平等、公平、诚实信用的原则"；第 9 条规定，"消费者享有自主选择商品或者服务的权利"；第 10 条规定，消费者"有权拒绝经营者的强制交易行为"；第 16 条规定，经营者"不得强制交易"。《反不正当竞争法》第 2 条规定，"经营者在生产经营活动中，应当遵循自愿、平等、公平、诚信的原则"，"本法所称的经营者，是指从事商品生产、经营或者提供服务（以下所称商品包括服务）的自然人、法人和非法人组织"。

很显然，只有本来就从事经营活动的市场主体"强买强卖商品""强迫他人提供或者接受服务""强迫他人参与或者退出投标、拍卖""强迫他人转让或者收购公司、企业的股份、债券或者其他资产""强迫他人参与或者退出特定的经营活动"，才能构成强迫交易罪。临县恒圆物业管理有限公司的经营范围为"物业管理"。根据《物业管理条例》第 2 条，所谓物业管理，是指对房屋及配套的设施设备和相关场地进行维修、养护、管理，维护物业管理区域内的环境卫生和相关秩序的活动。很显然，物业公司的经营范围不包括提供所谓"上料服务"，物业公司也不是经营者，提供"上料服务"也不属于经营活动。

上述判决将强迫交易罪等同于强制罪。强制罪在日本、德国等大陆法系国家刑法中均有规定，是指"告知欲加害其生命、身体、自由、名誉或者财产的内容而进行胁迫，或者使用暴力使他人实施无义务实施的行为或者妨害他人行使权利"（《日本刑法典》第 223 条）；"非法使用暴力或以明显的恶行相威胁，强制他人为一定行为、容忍或不为一定行为"（《德国刑法典》第 240 条）。

强制罪可谓强迫交易罪的上位概念。我国刑法没有规定一般性的侵害他人意思活动自由的作为上位概念的强制罪，仅规定了具有下位概念性质的强迫交易罪。

① 参见山西省临县人民法院（2024）晋 1124 刑初 15 号刑事判决书。

简单地讲，不能认为凡是强迫他人实施没有义务实施的行为或者妨害他人行使权利的行为就是强迫交易罪；只有强迫市场主体从事违背其意志的经营活动的，才能谓之强迫交易而成立强迫交易罪。比如，使用暴力威胁手段强迫从事有偿出租运营服务的出租车、网约车司机有偿载其一段（司机原本打算下班回家而已经停运），可以认为是强迫交易，但如果强迫私家车司机有偿载其一段，虽是强制，但不属于强迫交易，因为私家车司机本来就不从事有偿的出租运输经营活动。出租车司机强行拉客，属于强迫交易；私家车司机强行有偿载客，不是强迫交易，只能是抢劫或者敲诈勒索。强迫手机商店店主将手机卖给自己，或手机商店店主强迫顾客购买手机，可谓强迫交易，但使用暴力、威胁手段强迫路人将其最新款限量版手机等价甚至高价卖给自己，或路人强迫他人买其手机，则虽是强制，但不是强迫交易，不构成强迫交易罪，只能认定成立针对个别财产的抢劫罪或者敲诈勒索罪。

本案中，物业公司强行收取所谓"上料费"，与恰巧路过小区看到有业主欲自行将水泥沙子搬运到自己家里，而自告奋勇强行要求帮业主有偿搬运水泥、沙子的情形并没有什么不同。因为物业公司和路人都不是从事有偿搬运水泥、沙子服务的市场主体，"帮助"搬运水泥、沙子都不属于经营活动，强行有偿搬运水泥、沙子都不能谓之"交易"。虽属于强制，但不是强迫交易，不构成强迫交易罪，只能视暴力、威胁程度认定成立抢劫罪或者敲诈勒索罪。

综上，只有强行与本来就作为市场主体从事经营活动的人从事市场交易行为，才能谓之强迫"交易"而成立强迫交易罪。物业公司违背他人意志强迫提供所谓"上料服务"的，在民法上属于可撤销的合同，在刑法上只能根据强制程度，认定成立侵害他人意思活动自由和财产的敲诈勒索罪或者抢劫罪，而不是扰乱市场秩序的强迫交易罪。

13.《刑法》第243条诬告陷害罪

⚫ 自我诬告、承诺诬告、诬告虚无人、向外国司法机关告发外国人的，构成诬告陷害罪吗？

由于我国《刑法》第243条将诬告陷害罪置于分则第四章"侵犯公民人身权利、民主权利罪"，说明刑法规定本罪旨在保护中国公民的人身权利；《刑法》没有将本罪规定在分则第六章"妨害社会管理秩序罪"第二节"妨害司法罪"中，说明立法者规定本罪不是为了保护国家的司法作用。因此，关于我国诬告陷害罪的保护法益应采人身权利说，而不能采司法作用说、择一说与并合说。故而，自我诬告、承诺诬告、诬告虚无人的案件，因为没有侵害中国公民的人身权利，而不能构成诬告陷害罪。向外国司法机关诬告外国人的，因为没有侵害中国公民的人身权利，也不能构成诬告陷害罪。向外国司法机关诬告中国公民的，因为侵害了中国公民的人身权利，所以构成诬告陷害罪。

💬 诬告他人实施了一般违法行为的，能构成犯罪吗？

由于《刑法》第 243 条规定成立诬告陷害罪必须是"意图使他人受刑事追究"，所以只是诬告他人实施了一般违法行为的，如公然猥亵行为，由于不可能使他人受到刑事追究，所以不能构成诬告陷害罪。

💬 诬告他人犯重罪旨在使司法机关追究他人轻罪刑事责任的，构成本罪吗？

他人本来只犯有轻罪，行为人向司法机关告发，司法机关不立案、不受理，于是诬告他人犯重罪，旨在使司法机关追究他人轻罪的刑事责任的，由于行为人诬告重罪的目的不是为了使司法机关追究他人重罪的刑事责任，而是为了使司法机关能追究他人轻罪的刑事责任，所以行为人主观上并无诬告陷害的故意，不宜认定为犯罪。

💬 本罪能由间接故意构成吗？

应该说，任何人发现犯罪事实都有权进行告发。我国《宪法》第 41 条第 1、2款规定："中华人民共和国公民对于任何国家机关和国家工作人员，有提出批评和建议的权利；对于任何国家机关和国家工作人员的违法失职行为，有向有关国家机关提出申诉、控告或者检举的权利，但是不得捏造或者歪曲事实进行诬告陷害。对于公民的申诉、控告或者检举，有关国家机关必须查清事实，负责处理。任何人不得压制和打击报复。"《刑法》第 243 条第 3 款也规定："不是有意诬陷，而是错告，或者检举失实的，不适用前两款的规定。"从利益衡量的角度考虑，应当要求行为人对所告发的虚假犯罪事实必须具有确定的认识，也就是说，应将本罪的责任形式限定于直接故意。对所告发的虚假事实没有确定的认识，或者说对所告发的事实具有一定根据，尤其是检举控告国家工作人员的，只要不是完全的无中生有、凭空捏造，即便行为人对发生侵害他人人身权利的后果持放任态度，也不宜作为犯罪处理。

💬 对国家机关工作人员犯本罪的从重处罚，是否要求必须利用职务上的便利进行诬告陷害？

笔者认为，国家机关工作人员也只是一个普通职业。《刑法》第 4 条明文规定"对任何人犯罪，在适用法律上一律平等"，所以，只有国家机关工作人员进行诬告陷害时利用了职务上的便利，因而增加了行为的违法性的，才能从重处罚。

14.《刑法》第280条第1款盗窃、抢夺、毁灭国家机关公文、证件、印章罪

💬 **盗窃、抢夺、毁灭伪造、变造的国家机关公文、证件、印章的，构成犯罪吗？**

由于本罪所保护的法益是国家机关公文、证件、印章的证明作用，而盗窃、抢夺、毁灭伪造、变造的国家机关公文、证件、印章，并不会损害国家机关公文、证件、印章的证明作用，所以不构成犯罪。

💬 **盗窃、抢夺、毁灭当事人持有的判决书的，构成本罪吗？**

盗窃、抢夺、毁灭当事人持有的判决书，只会损害当事人债权的实现，而不会损害国家机关公文的证明作用，所以不能构成本罪。

💬 **本罪中的"毁灭"，限于物理性毁损吗？**

出于隐匿的目的而排除他人对国家机关公文、证件、印章的占有的，可以评价为盗窃、抢夺，所以应将本罪中的"毁灭"限定为物理性毁损（坚持物理性毁损说，而不是效用侵害说），即不包括隐匿。

15.《刑法》第286条破坏计算机信息系统罪

💬 **本罪的法益和立法目的是什么？**

破坏计算机信息系统罪所保护的法益或者立法目的，在于保护计算机信息系统本身的安全。行为只有造成计算机信息系统本身不能正常运行，或者影响到计算机系统的正常运行的，才能认为破坏了计算机信息系统。反过来说，凡是行为没有造成计算机信息系统不能正常运行或者影响计算机系统正常运行的，都没有侵害本罪所保护的法益，不符合本罪的构成要件，不构成本罪。

💬 **用棉纱堵塞环境质量监测采样设备，也能构成破坏计算机信息系统罪？**

这种方法只是影响了环境质量监测设备获取正常的数据，而不可能破坏计算机信息系统本身，造成计算机信息系统不能正常运行的结果，不构成破坏计算机信息系统罪。

罪刑相适应

要　旨

　　虽然法定刑轻重对构成要件的解释适用具有制约作用，但"以刑制罪"论者主张为了所谓量刑公正而可以任意变换罪名，无视犯罪构成原理和罪刑法定原则，因而不可取。目前理论上对罪刑相适应原则的认识仅仅停留在"重罪重罚、轻罪轻罚"上，没有认识到罪刑相适应作为刑法分则解释的铁的原则，应贯彻到刑法分则解释适用的每一个具体解释结论和处理结果当中。为实现罪刑相适应，根本无须严格区分法条竞合和想象竞合，除封闭的特权条款外，竞合时从一重处罚即可。刑法分则中数罪并罚条款只是注意性规定，评价为加重犯处罚更重的，应作为加重犯处罚。同种数罪原则上并罚，选择罪名和概括罪名也能并罚。

辩 点 分 析

　　罪刑相适应作为刑法的基本原则，不只是对制刑具有指导作用，也是解释论上应当遵守的原则，具有指导构成要件解释的功能。罪刑均衡包括两个方面的均衡：一是基数的均衡，即对甲罪科处的刑罚，应当与甲罪的罪行相均衡；二是序数的均衡，即犯罪之间的刑罚是均衡的，如对甲罪所判处的刑罚与对乙罪所判处的刑罚相均衡。罪刑相适应其实就是强调解释适用刑法的均衡性、协调性和公平正义性。刑法不可能完美无缺，这就决定了必须对其进行解释。只要解释符合罪刑法定和罪刑相适应原则，并且符合其他相关解释规则，解释结论就是可以接受的，就实现了刑法的法益保护机能与人权保障机能。只有将罪刑相适应作为刑法分则解释的铁的原则，真正贯彻到刑法分则解释适用的每一个具体结论中，才能实现刑法的公平正义。

（一）质疑"以刑制罪"

在"以刑制罪"者看来，在具体案件中，考虑到绑架罪的刑期过重，可以转而认定为非法拘禁罪；鉴于贩卖毒品罪的刑期过重，可以认定成立非法持有毒品罪；由于贪污罪的刑期过重，可以认定为挪用公款罪等。

应该说，上述所谓"以刑制罪"，根本就没有所谓"罪刑"之法定，只有"刑"之法定，而明显违反罪刑法定原则。所谓"以刑制罪"，其实是一种由刑罚后果到罪名决定的逆向性、互动性思维方法，不少学者先后使用"以刑定罪""以刑求罪""量刑反制定罪""以量刑调解定罪""刑罚反制罪名""刑罚反制""以刑择罪""以刑议罪"等不同名称。所以，争论的前提是必须界定清楚是什么意义上的"以刑制罪"。

也就是说，我们承认法定刑的轻重会影响和制约对具体构成要件的解释，但绝不认同为了所谓的量刑公正可以恣意变换罪名，因为"罪刑法定"中的"罪"是指罪名与犯罪构成，当然"两高"确定的"罪名"并不完全等于犯罪构成。我们不是反对法定刑对构成要件解释的制约和影响作用，只是反对为了所谓量刑公正或者准确量刑可以肆意变换罪名，将本来构成故意杀人罪的行为认定为故意伤害罪，将强奸罪认定为强制猥亵罪，将贩卖毒品罪认定为非法持有毒品罪，将运输毒品罪认定为非法持有毒品罪或者转移毒品罪，将贪污罪认定为挪用公款罪，将故意伤害致死认定为过失致人死亡，将盗窃罪认定为侵占罪，将抢劫罪认定为抢夺罪、敲诈勒索罪或者强迫交易罪，等等。

（二）罪刑相适应原则在刑法分则解释论中的贯彻

罪刑相适应原则是刑法分则解释的铁则和精髓，所以刑法分则适用中的任何一个问题和解释结论都会受到其影响，难以全面系统归纳。本部分从下述几个方面举例说明罪刑相适应原则在刑法分则解释论中的适用。

1. 法条竞合与想象竞合

我国刑法理论界关于法条竞合与想象竞合之区分以及对特别关系的法条竞合是适用"特别法优先"还是"重法优先"，争论了数十年，迄今没有达成共识。争论围绕的无非就是招摇撞骗罪、保险诈骗罪与诈骗罪，盗伐林木罪与盗窃罪，生产、销售伪劣产品罪与生产、销售假药等特殊伪劣产品犯罪，过失致人死亡罪与医疗事故罪，走私国家禁止进出口的货物、物品罪与走私普通货物、物品罪，交通肇事罪与过失致人死亡罪，贷款诈骗罪与合同诈骗罪等之间，是法条竞合还是想象竞合关系，法条竞合时是应该坚持"特别法优先"还是"重法优先"这些问题。特别关系法条竞合适用"特别法优先"论者，往往指责"重法优先"论者违反了罪刑法定原则，而后者则常常指责前者违反了罪刑相适应原则。

值得注意的是，虽然1997年《刑法》在5个条文（第233、234、235、266、397条）6个罪名中规定了"本法另有规定的，依照规定"，但现行有效的1个单行刑法和已通过的12个《刑法修正案》，再也没有增设这种规定。相反，从《刑法修正案（八）》开始大量增设"有前款行为，同时构成其他犯罪的，依照处罚较重的规定定罪处罚"，多达几十处，而司法解释中的类似规定更是多达一百多处，而且呈不断扩大之势。这说明立法者根本无意卷入理论上的纷争。只要实施一个行为，同时触犯了两个罪名，除封闭的特权条款外，① 均应从一重处罚。考虑到想象竞合具有所谓的明示机能和便于提起刑事附带民事诉讼，可以认为，实施一行为，侵害一法益，造成一个法益侵害结果，只能提起一个刑事附带民事诉讼的，就是法条竞合；实施一行为，侵害数法益，造成数个法益侵害结果，可以同时提起数个刑事附带民事诉讼的，就是想象竞合。至于所谓"轻罪的封锁作用"和"劣位法附加刑的适用"，法条竞合与想象竞合没有区别。例如，虐待致人死亡的，不能判处低于过失致人死亡罪的法定刑，应处3年以上7年以下有期徒刑；强迫卖血造成伤害结果的，以故意伤害罪定罪，不能判处低于5年有期徒刑的刑罚；军人叛逃的，也能判处剥夺政治权利；抢劫杀人的定故意杀人罪，也能判处罚金；以故意重伤税务人员的方式抗税的，以故意伤害罪定罪，也能判处罚金等。

总之，根本无须严格区分法条竞合与想象竞合，除封闭的特权条款外，竞合时从一重处罚即可；被排斥的法条具有"轻罪的封锁作用"，其附加刑仍能得到适用；侵害数个法益造成数个结果的，可以提起数个刑事附带民事诉讼。

2. 数罪并罚条款

刑法分则中有很多条款专门就数罪并罚作出了规定。应该说，刑法分则中的数罪并罚条款都是注意性规定。也就是说，不管有没有这种规定，根据一罪一刑原理，实施多个行为，符合多个犯罪构成的，原则上就应数罪并罚。不能因为有了数罪并罚规定，就罔顾犯罪构成原理和罪刑相适应原则而机械适用。

例如，虽然《刑法》第294条第4款规定了数罪并罚，但对于黑社会性质组织的一般参加者而言，其参加行为的犯罪性就体现在奉命实施非法放贷等具体犯罪活动上，毕竟参加行为也是犯罪行为，若剔除其所奉命实施的非法放贷等具体

---

① 例如，可以认为《刑法》第280条第3款伪造、变造、买卖身份证件罪，相对于该条第1款伪造、变造、买卖国家机关证件罪而言，属于封闭的特权条款，即伪造、变造、买卖身份证件的，只能以伪造、变造、买卖身份证件罪最重判处7年有期徒刑，而不能以伪造、变造、买卖国家机关证件罪最重判处10年有期徒刑。

犯罪活动，其参加黑社会性质组织罪的犯罪性便无从体现。所以，对于一般参加者而言，只能将其参加黑社会性质组织的行为与其奉命实施的非法放贷等具体犯罪活动作为想象竞合从一重处罚，而不能以参加黑社会性质组织罪与非法经营罪等犯罪数罪并罚。对于参加恐怖活动组织罪，也应同样处理。

又如，《刑法》第 198 条第 4 款规定了数罪并罚，但对于故意杀害了被保险人还未来得及向保险公司提出索赔即案发的，行为人的行为同时成立故意杀人罪的既遂和保险诈骗罪的预备，也可谓"同时构成其他犯罪"，但由于只有一个行为，故不能数罪并罚，只能认定成立故意杀人罪既遂与保险诈骗罪预备的想象竞合，从一重处罚。

再如，虽然《刑法》第 318 条第 4 款规定了数罪并罚，但对于故意重伤被组织人的，只能认定为组织他人偷越国（边）境罪的加重犯（"造成被组织人重伤"），而不能以组织他人偷越国（边）境罪与故意伤害罪数罪并罚。因为过失造成被组织人重伤的，成立组织他人偷越国（边）境罪的加重犯最重可判处无期徒刑，而故意造成重伤的，若以组织他人偷越国（边）境罪的基本犯（7 年以下有期徒刑）与故意（重）伤害罪（3 年以上 10 年以下有期徒刑）数罪并罚，最重只能判处 17 年有期徒刑，明显与过失造成被组织人重伤作为组织他人偷越国（边）境罪加重犯的处罚不协调。

3. 同种数罪

长期以来，我国刑法理论与实务界对于同种数罪持原则上不并罚的立场，可是"同种数罪不并罚说"根本不能经受罪刑相适应原则的拷问。例如，甲多次轻伤多人，按照"同种数罪不并罚说"，至多判处 3 年有期徒刑。然而，故意（轻）伤害罪的 3 年有期徒刑针对的常态案件显然是轻伤一人，而不是多人。再说，健康是一身专属法益，对于轻伤多人不并罚，显然不能对行为所侵害的多个专属法益进行全面评价。重伤多人也是如此。又如，乙既收买一名妇女做老婆，又收买一名男孩做儿子。若认为同种数罪不并罚，则只能以收买被拐卖的妇女、儿童罪一罪最重判处 3 年有期徒刑。然而，收买被拐卖的妇女、儿童罪的 3 年有期徒刑针对的常态案件是收买一名妇女或者儿童，而不是收买多名妇女、儿童。再如，强奸两名妇女的，若认为同种数罪不并罚，就只能以强奸罪最重判处 10 年有期徒刑。可是，作为强奸罪基本犯的 10 年有期徒刑，针对的常态案件就是强奸一个人，而不是两个人。拐卖两名妇女、儿童也是如此。

有学者指出，对于法定最高刑为无期徒刑或者死刑的犯罪，由于不并罚也能做到罪刑相适应，所以原则上不需要并罚。① 应该说，虽然一般而言法定最高刑为

---

① 参见张明楷：《论同种数罪的并罚》，载《法学》2011 年第 1 期。

无期徒刑、死刑的，不并罚也能做到罪刑相适应，但也不能过于绝对。例如，虽然《刑法》第 177 条伪造、变造金融票证罪的法定最高刑为无期徒刑，但司法解释并未就各种金融票证的折算方法作出规定，假如行为人既伪造大量的汇票，又伪造大量的银行存单，还伪造大量的信用证，而每一种对象都达不到判处无期徒刑的数量标准。很显然，如果不以伪造、变造金融票证罪同种数罪并罚，就不能做到罪刑相适应。又如，《刑法》第 125 条第 1 款规定非法制造、买卖、运输、邮寄、储存枪支、弹药、爆炸物罪的法定最高刑为死刑，但司法解释并未就枪支、弹药、爆炸物之间的折算方法作出规定，假如行为人同时制造大量的枪支、弹药和爆炸物，而每一种对象的数量都没有达到判处无期徒刑的数量标准。这时，若不以非法制造枪支罪、非法制造弹药罪与非法制造爆炸物罪数罪并罚，显然也不能做到罪刑相适应。因此，即便是法定最高刑为无期徒刑或者死刑，同种数罪原则上也应并罚。长期以来，之所以理论与实务界坚称同种数罪不必并罚，原因可能就在于我国刑法分则规定的法定刑普遍很高，不并罚通常也能做到罪刑相适应，而掩盖了同种数罪不并罚可能带来罪刑失衡的问题。

为实现罪刑相适应，我们应坚持同种数罪以并罚为原则、不并罚为例外的立场。所谓不并罚为例外，是指不并罚也能做到罪刑相适应。例如，对于规定了多个法定刑幅度的数额、数量犯，就可以通过数额、数量的累计计算而适用加重法定刑以做到罪刑相适应。又如，《刑法》已经将多人次规定为加重情节，如强奸妇女、奸淫幼女多人或者拐卖妇女、儿童 3 人以上的，可直接认定为强奸罪或者拐卖妇女、儿童罪的加重犯适用加重法定刑而做到罪刑相适应。质言之，对于同种数罪是否需要并罚，只有一个标准，就是不并罚能否做到罪刑相适应。

4. 罪名类型与并罚

一般认为，我国刑法分则存在单一罪名、并列罪名、选择罪名与概括罪名四种罪名类型。理论上通常认为，对于选择罪名和概括罪名不能数罪并罚。但这种做法可能导致罪刑不相适应。例如，一般认为收买被拐卖的妇女、儿童罪是所谓对象选择罪名。行为人既收买妇女又收买儿童的，由于收买被拐卖的妇女、儿童罪的法定最高刑只有 3 年有期徒刑，不并罚既不能全面评价多个一身专属法益受侵害的事实，又无法做到罪刑相适应。又如，《刑法》第 179 条规定擅自发行股票、公司、企业债券罪的法定最高刑只有 5 年有期徒刑，假如行为人既擅自发行大量的股票，达到了判处 5 年有期徒刑的程度，又擅自发行大量的公司、企业债券，也达到了可以判处 5 年有期徒刑的程度，在此种情形下，倘若坚持所谓选择罪名不并罚原则，则显然不能做到罪刑相适应。再如，"两高"将《刑法》第 277 条前四款概括为妨害公务罪一个罪名，加之妨害公务罪的法定最高刑只有 3 年有期徒刑，假如行为人既暴力阻碍国家机关工作人员依法执行职务，又暴力阻碍人大代表依法执行代表职务，还暴力阻碍红十字会工作人员依法履行职责的，倘若坚持概括罪名不并罚立场，则显然不能做到罪刑相适应。还如，一般认为《刑法》第 177 条之一规定的妨害信用卡管理罪是所谓的概括罪名，由于该罪法定最高刑只有 10 年有期徒刑，假如行为人既持有、运输大量伪造的信用卡，又持有、运输大量伪造的空白信用卡，还非法大量持有他人信用卡，亦使用虚假的身份证明骗领大量信用卡的，倘若坚持概括罪名不能并罚，即只能以妨害信用卡管理罪一罪定罪处罚，显然也不能做到罪刑相适应。

所以说，是什么类型的罪名与能否数罪并罚无关。应否数罪并罚，只能根据犯罪构成原理和罪刑相适应原则进行处理。也就是说，只要符合数个犯罪构成或者多次符合一个犯罪构成，根据一罪一刑原理和罪刑相适应原则，无论是选择罪名还是概括罪名，原则上都应当数罪并罚。只有当不并罚也能做到罪刑适应时才不并罚。例如，通过数额、数量的累计计算而能适用加重法定刑，或者认定为拐卖妇女、儿童三人以上而适用拐卖妇女、儿童罪的加重法定刑，就能够做到罪刑相适应。

5. 援引条款

沸沸扬扬的"马乐利用未公开信息交易案"[①]，开创了所谓第一个由三级检察院接力抗诉、第一个由最高人民检察院向最高人民法院仅就刑法法条适用问题提起抗诉、第一个由最高人民法院开庭审理并由最高人民检察院派员出庭履行职务的刑事抗诉案件的先河。之所以"热闹非凡"，居然就是争议《刑法》第 180 条第 4 款对同条第 1 款的法定刑是全部援引还是部分援引，即第 4 款规定的"情节严重的，依照第一款的规定处罚"，是全部依照第 1 款"情节严重"和"情节特别严重"两个量刑档次处罚，还是仅有"情节严重"一个量刑档次。可见，援引法定刑条款的正确理解适用是个问题。

我国刑法分则中有很多类似"依照前款的规定处罚"的援引法定刑条款规定。在"马乐利用未公开信息交易案"中，深圳中院和广东高院的观点认为，《刑法》第 180 条第 4 款对利用未公开信息交易罪并未规定"情节特别严重"情形，马乐的行为属于"情节严重"，应在该量刑幅度内判处刑罚；相应的，深圳市人民检察院、广东省人民检察院和最高人民检察院的观点认为，《刑法》第 180 条第 4 款是对同条第 1 款的全部援引，第 4 款中的"情节严重"只是入罪标准，利用未公开信息交易罪也存在"情节严重"与"情节特别严重"两个量刑档次。[②]

应该说，从《刑法》第 180 条第 4 款的表述和利用未公开信息交易与内幕交

---

① 参见最高人民法院（2015）刑抗字第 1 号刑事判决书。
② 参见孙谦：《援引法定刑的刑法解释——以马乐利用未公开信息交易案为例》，载《法学研究》2016 年第 1 期。

易、泄露内幕信息行为的违法性相当的角度考虑，第 4 款中的"情节严重"只是入罪标准，即强调对于利用未公开信息进行交易的行为只有达到情节严重的程度才能科处刑罚，而不是说利用未公开信息交易罪只有一个法定刑幅度；如果利用未公开信息交易罪只有一个法定刑幅度，按照刑罚配置的基本原理，应当单独规定法定刑，而不是现在的援引法定刑表述；第 4 款规定是全部援引，利用未公开信息交易罪也存在"情节严重"与"情节特别严重"两种情形和两个量刑档次。

《刑法》第 223 条第 1 款规定投标人相互串通投标情节严重的构成串通投标罪，第 2 款规定投标人与招标人串通投标，损害国家、集体、公民的合法利益的，依照第 1 款的规定处罚。对此，有观点认为，由于投标人与招标人串通投标行为的法益侵害性重于投标人之间的串通投标行为，故其成立犯罪不以情节严重为要件。① 不过，最高人民检察院、公安部《关于公安机关管辖的刑事案件立案追诉标准的规定（二）》规定，"投标人相互串通投标报价，或者投标人与招标人串通投标，涉嫌下列情形之一的，应予立案追诉"。可见，司法实践对于两种行为类型确定了同样的立案追诉标准，或者说"投标人与招标人串通投标"成立犯罪也要求情节严重。应该说，司法实践的做法是正确的。

"依照前款的规定定罪处罚"确实存在两种可能的理解：一种认为只是援引前款的法定刑，前款规定的情节严重、后果严重等犯罪成立条件，不适用于后款规定的行为类型；另一种认为不仅援引法定刑，还同时援引前款规定的情节严重等犯罪成立条件。具体应如何理解，只能根据条文表述、法益保护、罪刑均衡等方面的内容进行实质性判断。从这个意义上讲，笔者认为，得不出投标人与招标人串通投标的法益侵害性重于投标人相互串通投标的结论。同时，所谓"损害国家、集体、公民的合法利益"与"损害招标人或者其他投标人利益"，只是表述不同，而实质是相同的。从实质违法性角度考虑，投标人与招标人串通投标，也只有达到情节严重的程度才值得科处刑罚。所以，投保人与招标人串通投标，也需要情节严重才成立串通投标罪。

《刑法》第 253 条之一第 1 款规定向他人出售、提供公民个人信息情节严重的构成侵犯公民个人信息罪，第 3 款规定窃取或者以其他方法非法获取公民个人信息的依照第 1 款的规定处罚。《刑法》第 253 条之一第 1 款和第 2 款规定的行为方式是出售、提供，而第 3 款规定的行为方式是非法获取。应该说，非法获取明显不同于出售、提供，正如购买不同于出售、收买不同于拐卖一样。非法获取公民个人信息，对于公民个人信息的侵害而言，只具有抽象性危险，而出售、提供可

---

① 参见张明楷：《刑法学（第六版）》（下册），法律出版社 2021 年版，第 1082 页。

谓实害。所以，理想的做法是将第3款作为独立的罪名对待，如"非法获取公民个人信息罪"，同时规定相对较低的法定刑，或者设置相对较高的入罪标准。在立法和罪名不能改变的情况下，非法获取公民个人信息行为的定罪量刑标准，应当比出售、提供公民个人信息的行为相对高一些。或者将非法获取行为类型构成犯罪限定为自己已经实际利用了所获取的公民信息，如利用所获取的信息实施广告推销等营利活动或者其他违法犯罪活动。只有这样处理才能做到罪刑相适应。司法实践中对于非法获取公民个人信息与出售和提供公民个人信息行为适用同样的定罪量刑标准，① 显然存在疑问。

6. 抢夺致人重伤、死亡的适用

"两高"《关于办理抢夺刑事案件适用法律若干问题的解释》规定，抢夺公私财物导致他人重伤、自杀的，应当认定为"其他严重情节"；导致他人死亡的，应当认定为"其他特别严重情节"。应该说，该司法解释肯定了抢夺致人重伤、死亡可以评价为"严重情节"，比以前仅作为想象竞合处理有明显进步。但仍然存在疑问：其一，如果连基本犯都不构成，如抢夺没有达到数额较大，也不是多次抢夺，仅因为致人重伤就认定为"其他严重情节"而判处3年以上10年以下有期徒刑，明显高于过失致人重伤罪的刑罚（3年以下有期徒刑或者拘役），仅因为致人死亡就认定为"其他特别严重情节"而判处10年以上有期徒刑或者无期徒刑，明显高于过失致人死亡罪的刑罚（3年以上7年以下有期徒刑），有违罪刑相适应原则；其二，被害人自杀的结果并不符合缓和的结果归属的要求，不是财产犯罪规范所阻止的结果，将抢夺导致被害人自杀认定为"其他严重情节"而判处3年以上10年以下有期徒刑，处罚明显过重，进而形成不当的间接处罚。

笔者认为，对抢夺致人重伤、死亡，可以确立以下适用规则：（1）不应将导致他人自杀评价为"严重情节"；（2）将导致他人重伤、死亡评价为"严重情节"的前提是行为已经构成抢夺罪的基本犯，即达到数额较大或者属于多次抢夺；（3）无论致人重伤还是死亡，均只能在数额所对应的法定刑幅度的基础上提升一个法定刑幅度，如抢夺数额较大或者多次抢夺，无论导致重伤还是死亡，均只能适用第二档法定刑，抢夺数额巨大又导致重伤或者死亡的，适用第三档法定刑。

---

① "两高"《关于办理侵犯公民个人信息刑事案件适用法律若干问题的解释》第5条规定，非法获取、出售或者提供公民个人信息，具有下列情形之一的，应当认定为《刑法》第253条之一规定的"情节严重"：非法获取、出售或者提供行踪轨迹信息等50条以上；非法获取、出售或者提供住宿信息等500条以上的；非法获取、出售或者提供上述两项规定以外的公民个人信息5000条以上的。

———————— 疑 难 问 题 ————————

1.《刑法》第120条组织、领导、参加恐怖组织罪
● 实施的具体恐怖犯罪活动能与参加恐怖组织罪数罪并罚吗？

例如，甲参加了一个恐怖组织，其在恐怖组织中是一个极不起眼的角色。不久，甲奉命参与实施一起绑架犯罪活动，被公安机关抓获。

《刑法》第120条第2款规定，犯前款罪（组织、领导、参加恐怖组织罪）并实施杀人、爆炸、绑架等犯罪的，依照数罪并罚的规定处罚。按照该规定，似乎只要参加恐怖活动组织者实施了杀人、爆炸、绑架等具体犯罪活动，就应以其所实施的具体犯罪活动与参加恐怖组织罪实行数罪并罚。如上例，对甲应以参加恐怖组织罪与绑架罪数罪并罚。这显然是将第2款规定理解为法律拟制，认为只要组织、领导、参加了恐怖活动组织并实施杀人、爆炸、绑架等犯罪活动的，就应当以组织、领导、参加恐怖组织罪与所实施的杀人、爆炸、绑架等具体犯罪活动数罪并罚。应该说，这有重复评价之嫌。

恐怖活动组织的组织者与领导者，对于恐怖活动组织的存续和发展起着重要的作用，而恐怖组织的存在本身对社会公共安全就是一种威胁，故组织、领导恐怖活动组织可谓抽象危险犯。对恐怖活动组织的组织者、领导者而言，将其组织、策划、指挥实施的杀人、爆炸、绑架等具体犯罪与组织、领导恐怖组织罪实行数罪并罚，并无疑问。但对于参加者而言，不应数罪并罚。这是因为，参加本身就是犯罪行为，刨除参加者所奉命实施的具体犯罪活动，参加恐怖活动组织的行为就失去了可罚性的基础。或者说，一个人仅仅是宣誓加入某个恐怖活动组织，而根本不实施任何恐怖犯罪活动的，不可能构成任何犯罪。也就是说，参加恐怖活动组织的犯罪性正是体现在其所奉命实施的杀人、爆炸、绑架等具体犯罪活动上。参加者所奉命实施的具体犯罪活动与参加恐怖活动组织犯罪之间，应是想象竞合关系，而不是数罪并罚关系。

综上，《刑法》第120条第2款只是注意性规定。只有对恐怖活动组织的组织者、领导者，可以组织、领导恐怖组织罪与其所组织、指挥、策划实施的杀人、爆炸、绑架等具体犯罪实行数罪并罚；而对于恐怖活动组织的组织者、领导者以外的参加者，不奉命实施任何犯罪活动的，不能以参加恐怖组织罪论处；奉命实施杀人、爆炸、绑架等具体犯罪活动的，应成立参加恐怖组织罪与杀人、爆炸、绑架等具体犯罪的想象竞合，从一重处罚，而不能以参加恐怖组织罪与所奉命实施的杀人、爆炸、绑架等具体犯罪活动实行数罪并罚。所以，上例中的甲成立参

加恐怖组织罪与绑架罪的想象竞合，应从一重处罚。

2. 《刑法》第120条之四利用极端主义破坏法律实施罪

💬 如何限制本罪的适用？

本罪的构成要件不明确，为了保障人权，必须严格限制其适用。首先，应对本罪进行实质解释。即便条文未规定"情节严重"，也应要求只有"情节严重"的，才能作为犯罪处理。其次，能构成其他犯罪的，应尽可能以其他构成要件相对明确的具体犯罪论处，如妨害公务罪、暴力干涉婚姻自由罪、寻衅滋事罪。再次，明显属于违反《治安管理处罚法》和行政法规的一般违法行为，应作为一般违法行为处理。如损毁居民身份证、居民户口簿、人民币，干涉未成年人接受义务教育，破坏学校教育制度、国家教育考试制度等国家法律规定的教育制度的行为。最后，对于没有明确违反具体法律法规，违法程度难以把握，行为方式模糊的行为，应避免以犯罪论处。如煽动、胁迫群众破坏国家法律确立的司法制度实施的行为。总之，只能将明确违反具体法律法规、不以刑罚手段就难以有效规制、不符合其他具体犯罪构成要件且严重侵犯法益的行为，作为本罪处理对象。

3. 《刑法》第120条之六非法持有宣扬恐怖主义、极端主义物品罪

💬 不删除他人发到手机微信上的宣扬恐怖主义的视频资料，属于非法"持有"吗？

张明楷教授认为，行为人通过互联网下载宣扬恐怖主义、极端主义的音频视频资料后，存入其电脑中的，属于非法持有宣扬恐怖主义、极端主义的物品，构成本罪。理由是，持有不要求物理上的握有，不要求行为人时刻将物品握在手中、放在身上和装在口袋里，只要行为人认识到它的存在，能够对之进行管理或者支配，就是持有。行为人将宣扬恐怖主义、极端主义的音频视频资料存在自己的电脑时，就是对之进行了管理与支配，当然属于持有。但是，在他人向行为人的电子邮箱发送宣扬恐怖主义、极端主义的音频视频资料后，行为人单纯未删除的，不应认定为本罪（虽然属于持有，但难以评价为情节严重）。所谓"非法"持有，是指没有正当化根据而持有。①

笔者认为，上述观点过于扩大了本罪的成立范围而不可取。其一，认为在手机和电脑上下载后存入手机、电脑就是持有，意味着只要一个人的手机、电脑文件夹、微信（群）、QQ（群）、短信、电子邮箱中存在宣扬恐怖主义、极端主义的音频视频资料，就是非法"持有"宣扬恐怖主义、极端主义物品而构成本罪。应该说，将宣扬恐怖主义、极端主义的音频视频资料存入手机、电脑，与存入自己

---

① 参见张明楷：《刑法学（第六版）》（下册），法律出版社2021年版，第907页。

的大脑并无区别。手机、电脑其实不过是人的大脑记忆储存功能的延伸。将信息储存在自己的大脑，还是手机、电脑，还是记在本子上，没有本质区别，都是对信息的记忆储存方式。可以认为，私人手机、电脑、记事本，都属于个人内心思想领域的范畴。其二，本罪属于持有型犯罪，而持有枪支、弹药、假币、毒品、国家绝密、机密的文件、资料、物品、伪造的发票，均限于对有体物的持有。本罪相对于持有枪支、弹药等持有型犯罪而言，法定刑相对较轻，这说明本罪的违法性较轻。将手机、电脑中存入音频视频资料的行为都认为是"持有"而构成犯罪，显然过于扩大了本罪的处罚范围而与本罪的法定刑不协调。

笔者认为，本罪中的"持有"应限于对图书、光盘等有体物的现实控制和支配，不包括对手机、电脑中的电子信息的控制和支配。他人发到行为人电子邮箱、微信（群）、QQ（群）、短信中的宣扬恐怖主义、极端主义的音频视频资料等电子信息资料，行为人不删除的，以及行为人从网上下载宣扬恐怖主义、极端主义的音频视频资料等电子信息存入电脑的，都不能认定为非法"持有"宣扬恐怖主义、极端主义物品行为，不应构成犯罪。

💬 **应否明知所持有的是宣扬恐怖主义、极端主义的物品？**

宣扬恐怖主义、极端主义的图书、音频视频资料或者其他物品，属于客观要素，根据责任主义的要求，行为人必须认识到客观要素的性质。宣扬恐怖主义、极端主义，属于规范的构成要件要素，行为人如果没有认识到其所持有的图书、音频视频资料具有宣扬恐怖主义、极端主义的内容，就不会认为自己的行为是有害的，就不能对其进行非难，缺乏犯罪故意，不能构成本罪。至于是否明知，应根据行为人的经历、职业、学历、认知水平等方面进行综合判断。

4. 《刑法》第277条第1—4款妨害公务罪

💬 **应以行为时还是裁判时为基准，判断职务行为的合法性？**

妨害公务罪成立的前提是国家机关工作人员必须是在"依法执行职务"。关于职务行为合法性的判断时点，存在行为时基准说与裁判时基准说的争议。行为时基准说旨在保护行为时的正当职务行为，而裁判时基准说旨在保护结果（结局）上属于客观公正的职务行为。前者偏向于保护公务，后者偏向于保障人权。笔者认为裁判时基准说具有合理性，即对于以裁判时为基准判明的不合法行为进行阻碍的，不成立妨害公务罪。

💬 **阻碍貌似合法实则违法的公务，构成妨害公务罪吗？**

妨害公务罪中的"公务"，必须是正在依法执行的职务。如果正在执行的职务是违法的，阻止它以维护自己正当权益的行为，既缺乏违法性，也不具有期待可能性，不应认为构成犯罪。

😀 何谓"依法执行职务"?

成立妨害公务罪，要求以暴力、威胁方法阻碍国家机关工作人员正在"依法执行职务"。具体而言，符合以下条件的才能认为是"依法执行职务"：第一，国家机关工作人员所实施的必须是其抽象的职务权限或一般的职务权限范围内的行为；第二，执行职务的主体必须具有执行职务行为的具体职务权限；第三，职务行为必须符合法律规定的重要条件、方式和程序。

只有同时具备上述三个条件，才能认为是依法执行职务。其中前两个条件是保证职务行为实质上或者内容上合法的条件，第三个条件是保证职务行为形式上合法的条件。

😀 本罪是抽象危险犯、具体危险犯还是实害犯?

在规定了暴行罪、胁迫罪的刑法中，由于妨害公务罪的法定刑只是略高于暴行罪、胁迫罪，因此只要针对公务员实施的暴力、胁迫具有妨害职务执行的抽象危险，就可以说明妨害公务罪法定刑的合理性。即便如此，有力的观点也要求暴力、胁迫达到足以妨害公务的程度，以免对公务员存在特殊保护之嫌。而在我国《刑法》没有规定暴行罪、胁迫罪的情形下，如果将妨害公务罪理解为抽象危险犯，无异于对国家机关工作人员的人身实行明显高于一般人的特殊保护，似有不当。只有将妨害公务罪理解为具体危险犯，才能为妨害公务罪提供妥当合理的根据。

😀 能否将本罪的构成要件理解为"在国家机关工作人员依法执行职务时，对之实施暴力或者威胁"?

由于我国《刑法》第277条第1款妨害公务罪是具体危险犯，因此行为并不明显阻碍国家机关工作人员依法执行职务的，就不应认定为犯罪，否则会造成处罚的不公平。换言之，不能将第277条第1款的构成要件理解为"在国家机关工作人员依法执行职务时，对之实施暴力或者威胁"，而应理解为通过使用暴力、威胁方法使得国家机关工作人员不能或者难以依法执行职务。所以，一方面，行为人所阻碍的只能是具体的职务行为，否则不可能产生妨害依法执行职务的具体危险。例如，在国家机关工作人员参加一般性会议的过程中，行为人对之实施暴力或者威胁的，不应认定为妨害公务罪。另一方面，只有正在执行职务的行为，以及准备立即着手执行职务的行为，才是妨害公务罪的阻碍对象。反之，当职务行为已经执行完毕或者国家工作人员正在中途休息时，行为人的暴力、威胁行为不可能成立妨害公务罪。例如，在市场监管人员调查个体商贩是否正在销售伪劣产品时，行为人对其实施暴力，导致调查行为不能或者难以进行的，成立妨害公务罪。但在工作人员作出处理决定后准备返回单位时，行为人对其实施暴力的，由于该公务已经执行完毕，对行为人的行为不能认定为妨害公务罪，只能按《治安管理处罚法》处罚。

💬 对国家机关工作人员职务行为合法性的认识错误，阻却故意吗？

在司法实践中，可能会遇到行为人对公务行为的合法性产生认识错误的情况。例如，行政执法人员追缴违法所得时，行为人误以为其拿走的是他人合法所有的财物，于是以暴力、威胁方法进行阻碍。又如，警察出示证件后对现行犯实施先行拘留时，行为人误以为对方出示的证件是虚假的、对方是假警察，而对其实施暴力行为进行阻碍。由于国家机关工作人员依法执行职务这一要素属于妨害公务罪的客观构成要件要素，根据客观构成要件的故意规制机能和责任主义原理，对其产生的认识错误应当属于构成要件的认识错误，即事实认识错误，阻却犯罪故意，不成立本罪。

5.《刑法》第 277 条第 5 款袭警罪

💬 为何单独设立袭警罪？

警察是国家机关工作人员的一种类型。警察职务的特殊性在于打击刑事犯罪和处置社会治安紧急事态。刑法设立袭警罪，不是为了保护训练有素的人民警察的人身安全，而在于保障警察打击刑事犯罪和处置社会治安紧急事态的职务活动的顺畅进行。

💬 袭警罪与妨害公务罪之间是什么关系？

应当认为《刑法》第 277 条第 5 款与第 1 款是特别关系，即第 5 款是特别法条（第 5 款后半句加重法定刑的适用，以行为同时符合第 1 款的规定与第 5 款前半句的规定为前提）。

💬 误以为对方是假警察而实施暴力袭击的，构成袭警罪吗？

要成立袭警罪，行为人必须认识到执行职务的是真警察。如果行为人误以为对方是假警察，或者因为对方身着便衣且没有显示身份而使用暴力，虽然客观上是袭警行为，但由于行为人主观上没有认识到自己在袭击警察，没有袭警的故意，不成立袭警罪。

💬 暴力袭击辅警的，能构成袭警罪吗？

虽然公安机关的非正式人员也可以成为妨害公务罪的对象，但根据《关于规范公安机关警务辅助人员管理工作的意见》的规定，辅警不能独立出警。辅警独立出警是违法的，不属于"依法"执行职务，因而对之进行阻碍的，不能成立妨害公务罪和袭警罪。如果辅警是在正式警察的带领下出警，由于其从事的是公务，可以成为袭警罪的对象。

💬 成立袭警罪，必须以阻碍人民警察依法执行职务为前提吗？

诚然，我国《刑法》第 277 条第 5 款是对抽象危险犯的表述（没有"阻碍人民警察依法执行职务"的表述），但由于《刑法》第 277 条第 1 款规定的是具体危险犯，而第 5 款是第 1 款的特别条款，作为特别条款的第 5 款，其适用必须以符合普通条款为前提，而抽象危险犯不可能符合具体危险犯的构成要件，所以，第 5 款的适用以阻碍人民警察依法执行职务为前提，袭警罪是具体危险犯。换言之，只要承认第 5 款是第 1 款的特别条款，就必须增加不成文的构成要件要素，即"阻碍人民警察依法执行职务"。若行为人虽对警察实施暴力，但并未阻碍警察依法执行职务，则不成立袭警罪，亦不成立妨害公务罪，只能给予治安处罚。

💬 **暴力袭击坐在公安局办证窗口后的户籍警的，能构成袭警罪吗？**

没有理由认为，暴力袭击公安局办证窗口的户籍警，与暴力袭击税务局办税窗口后的税务人员和民政局婚姻登记窗口后的民政人员，对公务的妨碍有什么不同。之所以对暴力袭警独立入罪并规定重于妨害公务罪的法定刑，是因为有的警察的职务行为具有特殊性，如刑警和一线治安民警，其职务就是打击刑事犯罪和维护社会治安，处置危及公共安全和公民重大人身、财产安全的社会紧急事态。因此，笔者倾向于将袭警罪中的"人民警察"限定为刑警和一线治安民警。

💬 **能否将袭警罪理解为"在人民警察依法执行职务时，对之实施暴力袭击"？**

妨害公务罪是具体危险犯，即暴力袭击方法足以妨碍人民警察依法执行职务的，才可能成立袭警罪。若将袭警罪理解为"在人民警察依法执行职务时，对之实施暴力袭击"，就是将袭警罪理解为抽象危险犯，这会导致处罚过于提前和处罚范围过大。应当将袭警罪理解为"以暴力袭击方法阻碍人民警察依法执行职务"，或者说"以暴力袭击方法使得人民警察不能或者难以依法执行职务"。

💬 **如何认定"暴力袭击"人民警察？**

我国《刑法》第 277 条第 5 款中的"暴力袭击"警察应限于狭义的直接暴力，即不应当包括间接暴力。暴力袭击的对象是警察本身，而不是物或者第三人。因此，没有直接作用于警察身体，即使对物暴力或对第三人的暴力对警察产生了影响力的，也不能评价为暴力袭击。不仅如此，暴力袭击还必须具有突然性，否则，也不应认定为袭警罪。

💬 **如何处理使用威胁方法阻碍警察执行职务的行为？**

《刑法》第 277 条第 5 款所规定的袭警罪的手段限于"暴力袭击"，使用威胁方法阻碍人民警察执行职务的，不可能成立袭警罪。不管是在大陆法系国家，还是在英美法系国家，以威胁方法阻碍警察执行职务的，都成立犯罪。与其他国家相比，我国警察处理的事务更多，既然如此，就没有理由不处罚使用威胁方法阻碍警察执行职务的行为。《刑法》第 227 条第 5 款是第 1 款的特别条款，暴力袭击警察阻碍了警察执行职务的，才成立袭警罪。以威胁方法阻碍警察依法执行职务的，不成立袭警罪，但可能成立妨害公务罪。不管是暴力袭击还是威胁方法，都需要判断客观行为是否产生了妨害公务的具体危险，而不能将针对警察职务的袭警罪与妨害公务罪视为抽象危险犯。袭警罪的特别条款规定的是加重构成要件，需要判断袭警行为是否符合加重的构成要件。

💬 **袭警罪加重犯中的"枪支"，包括假枪、空枪吗？**

袭警罪加重犯规定，使用枪支、管制刀具，或者以驾驶机动车撞击等手段，严重危及警察人身安全的，处 3 年以上 7 年以下有期徒刑。使用假枪和空枪不可能实际严重危及警察人身安全，不能成立袭警罪的加重犯。

区分预备行为与实行行为

要　旨

　　实行行为概念是大陆法系犯罪论体系的基石性概念，具有犯罪类型化、区分预备与未遂、作为因果关系起点的机能。认为实行行为概念已崩溃，主张以内涵不清、外延不明、不具有定型性的危害行为概念取代实行行为概念的观点，既不符合客观事实和实定法规定，也不利于法益保护、人权保障以及贯彻罪刑法定与罪刑相适应原则。刑法分则规定的行为未必就是实行行为，只有刑法分则规定的具有类型性的侵害法益紧迫危险性的行为才是实行行为。不能单独造成构成要件结果和满足数额要件的行为不是实行行为。

辩点分析

　　由于刑法理论通说青睐危害行为概念，又形式把握实行行为概念，因而导致对刑法分则实行行为及罪名的确定非常混乱，将本来不应作为犯罪处理的行为也不当纳入刑法处罚范围。应按照"实行行为只能是刑法分则所规定的具有类型性的法益侵害紧迫危险性的行为"和"不能单独造成构成要件结果（含危险结果）和满足数额要件的行为不是实行行为"的立场，检讨、辨析、厘定我国刑法分则规定的实行行为。由于刑法分则条文规定的罪名众多，笔者只能就典型的可能存在争议的条文进行大致的归纳分析。

　　（一）生产（采集、制作、制造、复制）→销售（卖、出售、供应、出版、贩卖）型犯罪

　　这类犯罪以生产、销售伪劣商品罪为典型。由于生产、销售伪劣产品要求

"销售金额 5 万元以上"，生产、销售、提供劣药要求"对人体健康造成严重危害"，生产、销售不符合安全标准的产品和不符合卫生标准的化妆品要求"造成严重后果"，生产、销售伪劣农药、兽药、化肥、种子要求"使生产遭受较大损失"，才构成犯罪，而单纯生产这类产品的行为本身，不可能满足数额和结果要件，所以生产行为只是预备行为，不是实行行为。换言之，此类犯罪的实行行为只有"销售"，行为人生产而未销售的，应与为了销售而购买这类产品一样作为销售这类产品犯罪的预备犯处罚。"两高"将这类罪名确定为"生产、销售××产品罪"是错误的，正确的罪名应是"销售××产品罪"。由于生产、销售、提供假药罪与生产、销售有毒、有害食品罪是公认的抽象危险犯，同非法制造枪支罪一样，可以认为生产行为就是实行行为。不过，考虑到为了销售假药、有毒、有害食品而购买假药、有毒、有害食品的，只是成立销售假药、有毒、有害食品罪的预备，为了做到罪刑相适应，对于生产假药、有毒、有害食品而未销售的，只能作为销售假药、有毒、有害食品罪的预备犯处罚，即应当适用刑法总则关于预备犯从轻、减轻或者免除处罚的规定。同时，对于生产行为的预备，如为生产伪劣产品筹集资金、购买原料和机器，属于预备的预备，不应作为预备犯处罚。若认为妨害药品管理罪及生产、销售不符合安全标准的食品罪与生产、销售不符合标准的医用器材罪是具体危险犯，[①] 就会认为销售行为才是实行行为，生产行为只不过是销售行为的预备行为，因为单纯生产行为本身不可能"足以严重危害人体健康""足以造成严重食物中毒事故或者其他严重食源性疾病"。但是，倘若认为这三个罪名属于准抽象危险犯，罪状中的"足以……"要素旨在限制处罚范围，只要生产了"足以严重危害人体健康"或者"足以造成严重食物中毒事故或者其他严重食源性疾病"的药品、食品、医用器材的就构成犯罪，则生产行为也是实行行为。笔者持这种立场。当然，考虑到为了销售而购买上述产品仅成立销售犯罪的未遂，对于仅生产而未销售的，也只能作为销售犯罪的预备犯处罚，适用刑法总则关于预备犯的处罚规定。对于为生产而购买原材料、机器设备的行为，属于预备的预备，不应作为犯罪处罚。

从"两高"对《刑法》第 334 条确定的罪名来看，似乎只要非法采集血液、制作血液制品就能构成非法采集血液罪、非法制作血液制品罪或者采集血液事故罪、制作血液制品事故罪。但是，单纯采集血液、制作血液制品而不实际供应的行为，不可能"造成危害他人身体健康后果"而构成采集、供应血液、制作、供应血液制品事故罪，所以采集和制作不可能是《刑法》第 334 条第 2 款规定的实

---

① 参见周光权：《刑法各论（第四版）》，中国人民大学出版社 2021 年版，第 245、246、250 页。

行行为，而只能是预备行为，该款规定的实行行为只有供应血液和血液制品的行为。若认为《刑法》第334条第1款规定的犯罪是具体危险犯，[①] 则会认为采集血液、制作血液制品不是实行行为，只是预备行为，但若认为该款罪名是所谓准抽象危险犯，则会认为采集血液和制作血液制品的行为也是实行行为，只是为了与供应血液和血液制品的行为处罚相协调，单纯非法采集血液和制作血液制品的行为，应作为非法供应血液、血液制品罪的预备犯处罚，适用刑法总则关于预备犯的处罚规定。为了非法采集血液、制作血液制品而购买机器设备做准备的行为，由于属于预备的预备，所以不应作为犯罪处罚。

从《刑法》第120条之三的条文表述看，似乎制作也是宣扬恐怖主义、极端主义、煽动实施恐怖活动罪的实行行为。但由于单纯制作宣扬恐怖主义、极端主义的图书、音频视频资料或者其他物品的行为，只具有抽象性危险，且属于公民表达自由的范畴，所以不宜将制作认定为本罪的实行行为，本罪的实行行为只有散发、宣扬、煽动。

《刑法》第217条规定只有违法所得数额较大或者有其他严重情节的才能成立侵犯著作权罪，所以单纯复制而不发行传播、制作假冒他人署名的美术作品而不出售的，不能构成犯罪。换言之，侵犯著作权罪的实行行为只有发行、传播、出售，单纯的复制、制作的行为只是预备行为。由于侵犯著作权罪是轻罪，对于预备行为不值得科处刑罚。

"两高"将《刑法》第363条第1款的罪名确定为"制作、复制、出版、贩卖、传播淫秽物品牟利罪"，似乎制作、复制也是本罪的实行行为。但是，单纯制作、复制淫秽物品而不出版、贩卖、传播的，并不侵犯法益，所以只是预备行为，不值得科处刑罚。也就是说，《刑法》第363条第1款规定的实行行为只有出版、贩卖、传播。即便将单纯制作、复制淫秽物品的行为作为犯罪处理，也因为其对法益侵害只具有抽象性危险，应在定罪量刑标准上显著高于出版、贩卖、传播淫秽物品的行为。但相关司法解释对制作、复制淫秽物品的行为与出版、贩卖、传播淫秽物品的行为规定了相同的定罪量刑标准，显然有违罪刑相适应原则。

毒品和氰化钠等危险物质虽然不具有枪支那样的危险和危害性，但也不允许毒品和危险物质的滋生蔓延，所以虽然制造毒品和危险物质的行为只具有抽象性危险，也值得科处刑罚。也就是说，可以认为"制造"也是《刑法》第125条第2款和第347条规定的实行行为。不过，尽管制造毒品和危险物质的行为值得科处刑罚，但毕竟只具有抽象性危险，相对于出售、贩卖行为而言危害性要小得多。所以，虽然相应条款规定了死刑，但对于单纯制造毒品和危险物质而不出售、贩

---

① 参见张明楷：《刑法学（第六版）》（下册），法律出版社2021年版，第1471页。

卖的行为，绝不能判处死刑，而且在定罪量刑标准上也应高于出售危险物质和贩卖毒品的行为。相关司法解释将制造行为与出售、贩卖行为规定了同样的定罪量刑标准，显然也有悖于罪刑相适应原则。

（二）制造条件→骗取财物型犯罪

《刑法》第 195 条信用证诈骗罪虽然规定了所谓"骗取信用证"的行为类型，但应认识到，单纯骗取信用证而不使用的，不可能骗取到财物而给他人造成财产损失。所以，骗取信用证的行为只是信用证诈骗罪的预备，不值得以信用证诈骗罪（既遂）定罪处罚。如果骗取信用证的行为给银行或者其他金融机构造成重大损失的，可以《刑法》第 175 条之一的骗取金融票证罪定罪处罚。

由于保险诈骗罪也是诈骗罪，成立保险诈骗罪必须符合诈骗罪的构造（欺骗行为→认识错误→处分财产→取得财产→遭受财产损失），因此只有向保险公司提出理赔要求即索赔的行为，才是保险诈骗罪的实行行为。根据《刑法》第 198 条保险诈骗罪的罪状规定，所谓虚构保险标的、故意造成财产损失的保险事故以及故意造成被保险人死亡、伤残或者疾病，均只是保险诈骗罪的预备行为，不是实行行为。故意放火烧毁投保的财产或者故意杀害被保险人，未向保险公司提出理赔要求的，成立放火罪、故意杀人罪既遂与保险诈骗罪预备的想象竞合，以放火罪、故意杀人罪定罪处罚。放火烧毁投保财产、杀害被保险人后向保险公司索赔的，以放火罪、故意杀人罪与保险诈骗罪数罪并罚。

（三）编造（捏造）→传播（散布、诬告、诽谤、提起）型犯罪

《刑法》中这类犯罪有：（1）第 181 条第 1 款编造并传播证券、期货交易虚假信息罪；（2）第 221 条损害商业信誉、商品声誉罪；（3）第 243 条诬告陷害罪；（4）第 246 条诽谤罪；（5）第 291 条之一编造、故意传播虚假恐怖信息罪与编造、故意传播虚假信息罪；（6）第 307 条之一虚假诉讼罪。

应该说，单纯编造、捏造虚伪的事实或者虚假信息的行为，只是上述犯罪的预备行为，传播、散布、诬告、诽谤、提起民事诉讼才是实行行为。罪状如此表述，旨在强调上述犯罪只能由故意构成，即行为人明知是虚伪的事实、虚假的信息而散布、传播、诬告、诽谤、提起民事诉讼。若将编造、捏造行为作为实行行为对待，则意味着公民写日记、在电脑上写文章以及在手机上编辑微信、QQ 消息或短信的行为都可能构成犯罪，致使刑法介入公民的内心领域而过于扩大刑法的处罚范围。从保护公民的思想自由考虑，对于编造、捏造这类预备行为也不应作

为犯罪处罚。编造也不是《刑法》第160条欺诈发行证券罪的实行行为，该罪的实行行为只有发行证券。

(四) 单行为犯与复行为犯

明确区分刑法分则某个条文对某一犯罪所要求的实行行为是单一行为还是复数行为，即单行为犯还是复行为犯，具有重要意义。第一，对于复行为犯，行为人开始实施第一个行为时就能够认定已经着手实行犯罪而成立犯罪未遂，但不能认定为犯罪既遂，如出于强取财物的目的开始实施暴力、胁迫行为时就能认定为抢劫罪的着手和未遂；第二，参与复行为犯的第一个行为就可以成立共犯，如出于强取财物的目的参与实施暴力、胁迫行为就可以成立抢劫共犯，但若事先没有共谋，在他人压制被害人反抗后受邀参与取财的，不能成立抢劫共犯，只能成立盗窃共犯；第三，若刑法分则规定的是单行为犯，而行为人实施的是复数行为，就可能成立重罪或者数罪，如以牟利或者传播为目的走私淫秽物品进境后贩卖的，应当以走私淫秽物品罪与贩卖淫秽物品牟利罪数罪并罚。

如前所述，损害商业信誉、商品声誉罪，编造并传播证券、期货交易虚假信息罪，编造、故意传播虚假恐怖信息罪，编造、故意传播虚假信息罪，诬告陷害罪，诽谤罪，以及虚假诉讼罪均为单行为犯，实行行为只有散布、传播、诬告、诽谤、提起虚假的民事诉讼。理论上通常将强奸罪看作复行为犯。其实，强奸罪的本质是违背妇女意志与其发生性交行为，即便不实施所谓暴力、胁迫手段，单纯利用妇女处于昏迷、昏睡、醉酒等不能反抗的状态违背妇女意志与其性交的，也不影响强奸罪既遂的成立。即使实施了恐吓行为，但行为本身并不紧迫时，如写恐吓信、打电话、发微信消息或者短信恐吓要求妇女赶到某个旅馆房间与其发生性关系的，因为对妇女性自主权法益的侵害尚不紧迫，还处于预备阶段，不能成立强奸罪的未遂。

实行行为必须是直接侵害或者威胁法益的行为。以转贷牟利为目的套取金融机构贷款后的高利转贷行为不是直接侵害或者威胁法益的行为，也就是说，出于转贷牟利目的套取金融机构贷款就已经完成了侵害或者威胁法益的行为，已经成立犯罪既遂，之后的高利转贷他人违法所得数额较大只是客观处罚条件，与违法性评价无关。所以应当认为《刑法》第175条高利转贷罪是单行为犯，实行行为只有套取贷款的行为，不是"套取+高利转贷"的复行为犯。不参与套取贷款，仅事后参与高利转贷行为的，不能成立高利转贷罪的共犯。其实，1997年《刑法》增设的高利转贷罪就是一种骗取金融机构贷款的行为，在《刑法修正案(六)》增设了骗取贷款罪后该罪就变成"鸡肋"而属多余。

（五）聚众型犯罪

我国刑法分则规定了很多聚众型犯罪。一般来说，"聚众"是修饰后面动词的状语，强调以聚众的方式实施，聚众型犯罪是单行为犯，聚众不是实行行为，至多是预备行为，单纯聚众而未实施后面行为的，不能成立犯罪未遂。例如，甲、乙分别聚集一帮人准备斗殴，双方相隔几公里，在"交火"前各派一小弟前去打探虚实，不承想被警察抓获。很显然，甲、乙只实施了预备行为，尚未着手聚众斗殴，不能成立聚众斗殴罪的未遂，至多成立聚众斗殴罪的预备。对于扰乱社会秩序的预备犯，一般不值得科处刑罚。倘若将聚众斗殴罪看作"聚众+斗殴"的复行为犯，就可能将甲、乙的行为认定为聚众斗殴罪的未遂，甚至可能将为了三天后的斗殴而聚集一帮人在家喝酒吃肉的行为认定为聚众斗殴罪的未遂，从而扩大了刑法的处罚范围。刑法规定"聚众"犯罪，还旨在缩小打击面仅处罚聚众犯罪的首要分子，而不处罚被聚集的一般参加者。《刑法》第303条第1款将"聚众赌博"与"以赌博为业"并列规定为赌博罪的两种行为类型，显然旨在说明不以赌博为业、偶尔被聚集的赌博分子不值得科处刑罚，只应处罚赌博的聚集者。因为如果参与赌博就构成犯罪，就完全不必规定"以赌博为业"这种行为类型。

（六）组织型犯罪

我国刑法分则规定了很多组织型犯罪。组织型犯罪主要有以下五种类型：（1）被组织人不构成犯罪，只处罚组织者，如组织出卖人体器官罪、组织卖淫罪、非法组织卖血罪、组织淫秽表演罪、组织播放淫秽音像制品罪，以及组织会道门、邪教组织破坏法律实施罪；（2）被组织人是被害人，是法律保护的对象，如组织残疾人、儿童乞讨罪，组织未成年人违反治安管理活动罪，组织、利用会道门、邪教组织致人死亡罪，组织违章冒险作业罪；（3）被组织人不构成本罪，但可能构成其他犯罪，如组织越狱罪、组织他人偷越国（边）境罪、组织传销活动罪、组织考试作弊罪、组织参与国（境）外赌博罪；（4）被组织人也构成本罪，只是法定刑相对较轻，如组织、领导、参加恐怖组织罪，组织、领导、参加黑社会性质组织罪；（5）被组织者也成立本罪且适用同样的法定刑，如分裂国家罪，武装叛乱、暴乱罪，颠覆国家政权罪。这些组织型犯罪中，除组织会道门、邪教组织破坏法律实施罪外，组织行为都是实行行为。不过，并不是完成了所谓组织行为就成立犯罪既遂，有的组织型犯罪还要求被组织人完成了（违法犯罪）活动，才能成立组织型犯罪的既遂。例如，只有被组织人实际卖淫、卖血、乞讨、从事违反治安管理活动、偷越国（边境）、参与国（境）外赌博、参与恐怖活动、参与黑社会性质组织活动、淫秽表演、播放淫秽音像制品、参与传销活动、越狱、考试作弊、从事违章冒险作业等活动，才能成立相应组织型犯罪的既遂。对于组织出卖人体器官罪而言，由于本罪的法益是被组织人的人身权，因此只要实际摘取了人体器官，不需要已经卖出，就能成立本罪的既遂。就组织会道门、邪教组织破坏法律实施罪而言，组织会道门、邪教组织只是手段或者方式，实行行为是破坏法律实施，单纯组织会道门、邪教组织，只能认定为本罪的预备。对于组织会道门、邪教组织致人重伤、死亡罪来讲，实行行为是蒙骗行为，只有实际导致他人重伤、死亡的，才能成立本罪的既遂。

（七）协助型犯罪

我国刑法分则规定了很多协助他人犯罪的条款。由于刑法分则为帮助信息网络犯罪和协助组织卖淫犯罪单独配置了法定刑，所以"两高"将其确定为独立的罪名，刑法理论通说也认为这两个罪名属于帮助犯的正犯化。对于没有单独配置法定刑的行为，如为实施恐怖活动、强迫劳动，招募、运送人员或者提供其他协助的，"两高"就没有为其单独确定罪名。其实，是否单独规定法定刑，只是形式上的区别，因为没有独立规定法定刑的，也明确规定依照前款的规定处罚，而前款则明确规定了法定刑。所以，不管是否单独配置法定刑，都应看作关于共犯的规定，都应坚持共犯从属性原理，即只有被协助的人实际着手实行犯罪的，才能处罚协助行为。例如，只有被招募、运送的人员实际被接收并被组织卖淫、被强迫劳动、实际参加恐怖组织、实施恐怖活动或者参加恐怖活动培训、他人利用其提供的技术支持等帮助实际利用信息网络着手实行了犯罪，才能处罚这些协助行为。当然，对于配置独立的法定刑的条款，如帮助信息网络犯罪活动罪、协助组织卖淫罪，认为协助行为就是实行行为也是可以接受的，只是必须坚持共犯从属性原理，以限制处罚范围。

（八）拐卖妇女、儿童罪

我国刑法理论通说根据《刑法》第240条第2款"拐卖妇女、儿童是指以出卖为目的，有拐骗、绑架、收买、贩卖、接送、中转妇女、儿童的行为之一"的规定，认为本罪的实行行为是拐骗、绑架、收买、贩卖、接送、中转六种行为之一。应该说，拐卖妇女、儿童罪的实行行为只有拐卖一种。《刑法》第240条第2款并非关于实行行为的规定，而是关于本罪的共犯乃至犯罪团伙的规定，旨在提醒司法人员注意，拐卖妇女、儿童犯罪往往是团伙作案，内部存在严密的分工协作，不要忽视对共犯和犯罪团伙的打击。其实，实践中拐卖妇女、儿童的具体行为方式并不限于这些行为类型，比如还有组织、指挥、策划行为。不能想当然地认为刑法分则条文中关于行为的规定都是实行行为。实行行为只能根据犯罪构成要件和法益进行具体确定。另外，如果认为本罪的实行行为包括六种行为，就会形成本罪存在六个既遂时点或者说六种既遂标准的奇怪现象。众所周知，一个罪名不可能有多个既遂时点或者多种标准。拐骗、绑架、收买只能算作预备行为，而接送、中转只是帮助行为，贩卖才是实行行为。还有，如果认为拐骗、绑架、收买是本罪的实行行为，则意味着拐卖妇女、儿童罪与收买被拐卖的妇女、儿童罪，拐骗儿童罪，以及绑架罪的实行行为相同，不同的只是行为人的主观方面。可是，同样是收买、拐骗行为，就因为行为人的主观目的不同，而承受轻重悬殊的刑罚后果，这恐怕是一种心情刑法观，难以为人们所接受。总之，与其他出售类犯罪一样，拐卖妇女、儿童罪的实行行为只有拐卖一种，其他行为类型只是预备或者帮助行为。

---------- 疑 难 问 题 ----------

1.《刑法》第 120 条之三宣扬恐怖主义、极端主义、煽动实施恐怖活动罪

💬 认定本罪，应否明知所散发的是宣扬恐怖主义、极端主义的图书、音频视频资料？

例如，甲是一个书店的老板，不识英文，公安机关从其书店搜出含有宣扬恐怖主义、极端主义内容的英文图书。经查实，甲已经售出这样的图书上千册。

宣扬恐怖主义、极端主义的图书、音频视频资料系规范的构成要件要素。根据责任主义，行为人只有认识到规范的构成要件要素的性质，才能认识到自己行为的有害性。我国《刑法》第 14 条规定的是实质的故意概念。行为人只有认识到自己行为的社会有害性，才能肯定其存在犯罪的故意。就本罪而言，行为人只有明知其散发的是宣扬恐怖主义、极端主义的图书、音频视频资料或者物品，才可能认识到自己的行为是有害的，才能对其进行非难，才能认为其具有犯罪故意。上例中，甲不识英文，若其也没有其他渠道得知所售图书的内容，即使客观上出售了宣扬恐怖主义、极端主义的图书，也因其没有认识到所出售的是宣扬恐怖主义、极端主义的图书而缺乏犯罪故意，不能认定成立本罪。

💬 关于制作宣扬恐怖主义的图书、标识构成犯罪的司法解释规定，有无疑问？

从条文中"以制作、散发宣扬恐怖主义、极端主义的图书、音频视频资料或者其他物品，或者通过讲授、发布信息等方式宣扬恐怖主义、极端主义"的表述来看，似乎制作也是宣扬恐怖主义、极端主义罪的实行行为。但是，单纯制作而不散发的，只具有抽象性危险，不可能对外界产生影响，虽然可能构成《刑法》第120条之六非法持有宣扬恐怖主义、极端主义物品罪，但对于本罪而言只是预备。所以，制作不是本罪的实行行为。本罪的实行行为只有散发、讲授、发布信息等方式，不包括单纯的制作图书、音频视频资料的行为。从这个意义上讲，认为编写、印刷、复制载有宣扬恐怖主义、极端主义内容的图书、报刊、文稿、图片或者音频视频资料，以及设计、生产、制作带有宣扬恐怖主义、极端主义内容的标识、标志、服饰、旗帜、徽章、器物、纪念品等物品，应以宣扬恐怖主义、极端主义罪定罪处罚的司法解释规定，① 存在疑问，应予废除。

2.《刑法》第140条生产、销售伪劣产品罪

💬 **能否根据有无签订书面合同约定违约条款区分有关产品质量的民事责任、行政责任与刑事责任？**

张明楷教授认为，对《刑法》第140条的"销售"应当作出合理的限制解释。例如，合同双方当事人签订买卖合同或者承揽合同，合同约定了产品质量标准、违约责任。倘若出卖人、承揽人提供了不合格产品，不应认定为《刑法》第140条的"销售"。这是因为，出卖人、承揽人只是向特定的合同当事人生产、销售产品，而不是向不特定人生产、销售产品的，难以认为破坏了市场经济秩序。另外，既然合同双方明确约定了产品质量标准与违约责任，那么，当出卖人、承揽人提供了不合格产品时，就完全可以通过合同约定的退货、退款、支付违约金等民事方式处理，根本不需要适用《刑法》第140条。② 言下之意是，只要双方签订了合同，约定了违约责任条款，那么当出现产品质量问题时，就只需承担民事责任，而无须承担刑事责任，而排除本罪的适用。如果这种观点成立，那么菜场小贩卖一棵白菜、一个鸡蛋，零售店老板卖一盒香烟都应不厌其烦地与顾客签订书面合同，约定违约责任条款，因为这样就可以免受刑事处罚。

其实，即便不签订书面合同，一般也认为存在口头合同，产品质量出现问题时也应承担"缺一罚十"等责任。所以，问题的关键并不在于是否签订书面合同和约定违约责任，而在于是否值得科处刑罚。

💬 **将二锅头酒装在茅台酒瓶里冒充茅台酒出售，构成销售伪劣产品罪吗？**

理论上认为，将二锅头酒冒充茅台酒出售，属于以次充好，构成销售伪劣产

---

① 参见"两高"等发布的《关于办理恐怖活动和极端主义犯罪案件适用法律若干问题的意见》。
② 参见张明楷：《刑法学（第六版）》（下册），法律出版社2021年版，第948页。

品罪。① "实践中，在涉及茅台酒等高档白酒的制假售假案件中，有的假酒质量还是不错的，甚至有时检测不出与茅台酒的区别，只是能够肯定这个瓶子里的酒不是茅台酒厂生产的。"② 更何况二锅头酒本身是合格的，具有白酒通常的使用性能，难以认为属于"掺杂、掺假""以假充真""以次充好"或者"以不合格产品冒充合格产品"。所以，对于将二锅头酒冒充茅台酒出售的，不宜认定构成生产、销售伪劣产品罪，只能认定为假冒注册商标罪和诈骗罪。

💬 **"销售金额 5 万元以上"，是犯罪成立的条件还是既遂的条件？**

应该认为，"销售金额 5 万元以上"是犯罪成立条件。因为立法者已经根据伪劣产品对于消费者的重要程度，区分食品药品等特殊伪劣产品与服装鞋帽等普通伪劣产品。对于生产销售特殊伪劣产品，根据对人体健康的危害程度、农业生产影响的大小等设置了特别的犯罪成立条件。而对于普通伪劣产品，根据销售金额所反映的生产、销售伪劣产品的规模、行为持续时间长短、危害的范围大小，确定对市场经济秩序和消费者合法权益的侵害程度。也就是说，在立法者看来，只有销售金额达到 5 万元以上，行为对市场经济秩序的破坏和消费者合法权益的侵害，才达到值得科处刑罚的程度。所以，从犯罪类型来看，生产、销售伪劣产品罪相当于过失犯或滥用职权罪、骗取贷款罪之类的实害犯，不发生实际的法益侵害结果，就不成立犯罪，而非不成立犯罪既遂。

💬 **购买者知情，是否影响销售伪劣产品罪的认定？**

由于生产、销售伪劣产品罪最终是为保护消费者人身、财产权益而存在的，购买者知情的，应当阻却生产、销售伪劣产品罪的违法性，销售者不构成销售伪劣产品罪。

💬 **销售时不明知，销售后得知产品存在缺陷而拒绝召回的，构成销售伪劣产品罪吗？**

我国刑法理论通说认为，凡是可以由作为构成的犯罪基本上都可以由不作为构成，而过于扩大了不真正不作为犯的处罚范围。应该说，只有当不作为与作为具有等价性时，才能肯定不真正不作为犯的成立。事后不召回缺陷产品的行为，难以认为与作为的销售具有等价性。销售伪劣产品罪只能由作为构成，不能由不作为构成。销售时不明知，事后明知而不召回缺陷产品的，不能构成销售伪劣产品罪，只可能构成过失致人重伤罪或者过失致人死亡罪。

---

① 参见王新：《刑法分论精解》，北京大学出版社 2023 年版，第 73 页。

② 张明楷：《刑法的私塾》，北京大学出版社 2014 年版，第 287—288 页。

3. 《刑法》第 141 条生产、销售、提供假药罪

💬 **从境外代购具有疗效的特定药品交付给特定个人的，构成销售假药罪吗？**

例如，甲是白血病患者，由于从国外买药治疗比在国内买药便宜得多，所以一直从国外购买药品。其他患者知道后委托甲代为购买，甲购买后略微加价卖给其他患者，销售金额达到上百万元。

应该说，按照以前《刑法》和《药品管理法》的规定，未取得批准文号擅自从国外进口的药品也属于假药，即所谓拟制的假药。但从"刑法的目的是保护法益，犯罪的本质是侵害法益"的实质解释的角度看，由于甲代购的药品与取得批准文号进口的药品具有同样的疗效，也就是说，甲所代购的药品不仅没有危害公众健康的危险，反而有利于患者的健康，所以不是生产、销售、提供假药罪中的"假药"，代购这种药品的行为不构成生产、销售、提供假药罪。该案还可从是为特定个人代购不属于"销售"的角度进行出罪。

💬 **骗取药品批准证明文件生产、进口药品销售的，是否成立生产、销售、提供假药罪？**

有关药品生产、销售的批准证明文件，可谓控制性许可。即使批准证明文件是骗取的，只要实际生产、销售的不是危害公众健康的药品，就不能成立生产、销售、提供假药罪，也不能成立妨害药品管理罪。

4. 《刑法》第 142 条之一妨害药品管理罪

💬 **该罪的立法目的是什么？**

该罪的立法目的在于，将单纯违反行政法规、破坏药品管理秩序的法定犯纳入刑事处罚的范畴。从理论上讲，因为药品关系到公众健康，只要未经批准而擅自生产、进口、销售药品，如"陆勇代购抗癌药物案"，就破坏了药品管理秩序而值得科处刑罚，以区别于生产、销售、提供假药、劣药罪这类自然犯。但同时规定成立妨害药品管理罪要求"足以严重危害人体健康"，有可能导致这一弥补处罚空隙的立法目的落空。

💬 **该罪的几种行为类型的危险程度相同吗？**

该罪几种行为类型的危险程度存在明显差异，糅合规定在一个条文中明显不妥。例如，"生产、销售国务院药品监督管理部门禁止使用的药品"和"未取得药品相关批准证明文件生产、进口药品或者明知是上述药品而销售的"，这两种行为具有明显的抽象性危险，从立法论上讲，根本无须判断是否"足以严重危害人体健康"，就值得科处刑罚。而"药品申请注册中提供虚假的证明、数据、资料、样品或者采取其他欺骗手段的"以及"编造生产、检验记录的"，则可谓抽象的抽象危险。立法者可能也意识到这几种行为类型的危险程度存在明显差异，为了

防止扩大处罚范围而特意在项前规定要求"足以严重危害人体健康"，而这样规定又违背了专门设立处罚违反行政法规、破坏药品管理秩序的法定犯的初衷，可能导致该罪的立法目的落空。

💬 如果"未取得药品相关批准证明文件生产、进口药品或者明知是上述药品而销售的"行为，并不足以严重危害人体健康而不成立本罪，能否成立非法经营罪？

这种情形如果作为非法经营罪处罚，就会形成一个悖论：上述行为足以严重危害人体健康的，成立法定最高刑仅为7年有期徒刑的妨害药品管理罪；而不足以严重危害人体健康的，连妨害药品管理罪都不构成，反而成立法定最高刑为15年有期徒刑的非法经营罪。所以，"未取得药品相关批准证明文件生产、进口药品或者明知是上述药品而销售的"行为，如果不足以严重危害人体健康的，就不能以犯罪论处，按照《药品管理法》的相关规定处罚即可。

5.《刑法》第144条生产、销售有毒、有害食品罪
💬 如何评价制售盐酸克仑特罗（瘦肉精）的行为性质？

河南焦作"刘襄制售瘦肉精案"是以以危险方法危害公共安全罪定罪处罚的。应该说，制售瘦肉精的行为不可能具有与放火、决水、爆炸、投放危险物质行为的危险相当性，不会产生具体危险，只存在抽象危险。所以，对于制售瘦肉精的行为，只能评价为生产、销售有毒、有害食品罪的共犯。当然，最理想的处理方式是设立单独的罪名规制这种提供有毒、有害的非食品原料的行为。

💬 本罪与投放危险物质罪构成要件之间是什么关系？

生产、销售有毒、有害食品罪是抽象危险犯，而投放危险物质罪是具体危险犯，二者的构成要件似乎明显不同。其实二者只是毒害性程度不同。如果在食品中掺入的有毒、有害的非食品原料的毒性达到砒霜、氰化钠这种剧毒的程度，则既成立生产、销售有毒、有害食品罪，也成立投放危险物质罪，属于想象竞合，从一重处罚。

6.《刑法》第181条第1款编造并传播证券、期货交易虚假信息罪
💬 单纯对证券、期货市场发表评价，属于编造虚假信息吗？

所谓虚假信息，是就事实而非价值而言，而且必须是足以影响证券、期货交易市场的重大事实。单纯对证券、期货市场发表的评价，系价值判断，不属于编造虚假信息，不构成犯罪。

7.《刑法》第 181 条第 2 款诱骗投资者买卖证券、期货合约罪

💬 **实施伪造、变造、销毁交易记录，是否意味着本罪的着手？**

本罪的实行行为只有"诱骗"，所谓伪造、变造、销毁交易记录只是为诱骗做准备的行为，或者说是判断是否"诱骗"的资料。将伪造、变造、销毁交易记录认定为本罪的着手，会导致本罪着手的认定过于提前，而不当扩大本罪的处罚范围。

8.《刑法》第 235 条过失致人重伤罪

💬 **如何认定过失致人重伤罪的实行行为？**

从理论上讲，过失犯也有实行行为。就过失致人重伤罪而言，其实行行为也必须是具有类型性地导致重伤结果发生危险性的行为。不过，过失犯的实行行为，相对于故意犯的实行行为而言，比较缓和。行为人推搡他人，致使他人倒地触碰尖锐物品，造成脾脏破裂（重伤），属于作为方式的过失重伤行为。父母照看幼儿不当，幼儿爬高摔成重伤的，属于不作为方式的过失重伤行为。可以说，过失重伤行为的实质都是行为人违反注意义务，没有注意其行为所具有的致人重伤的危险性，以致引起他人重伤。因此，行为人是否实施过失重伤行为，关键在于行为人在客观上是否负有避免他人重伤的注意义务，对此应当根据法律法规的规定或者生活常理予以确定。只要能够认定行为人在客观上负有避免他人重伤的注意义务，在出现重伤结果时，就能认定行为人存在过失重伤行为。反之，如果行为人在客观上并不负有避免他人重伤的注意义务，如行为人将斧头借给邻居使用，结果邻居家小孩玩耍斧头时，不小心重伤了其他小孩的，行为人就不存在过失重伤行为，因为此时行为人并无监管斧头的安全使用义务[①]。所以，从这个意义上说，过失致人重伤罪实行行为的判断，其实也是其是否违反避免他人遭受重伤结果的注意义务的判断。

💬 **如何区分过失致人重伤与故意致人重伤？**

二者的区别不仅在于行为人的认识与意志因素不同，即是否认识和接受重伤结果的发生，还在于甚至主要在于，行为人实施的行为是否属于通常可能导致伤害结果发生的行为。过失致人重伤的行为，一般属于日常生活行为，通常不具有导致伤害结果发生的危险性，如推搡、轻微暴力、一般殴打、厮打、掌掴行为。而故意致人重伤的行为，一般属于严重暴力、使用工具打击、向身体重要部位击打等行为，而通常具有导致伤害甚至重伤结果的危险性。所以，区分过失致人重伤与故意致人重伤，应坚持从客观到主观，首先看行为人是否实施了通常具有导

---

① 参见冯军等主编：《中国刑法评注》（第 2 卷），北京大学出版社 2023 年版，第 2070 页。

致伤害结果甚至重伤结果危险性的行为，然后看行为人是否认识到伤害结果的发生和接受伤害结果。若是，则构成故意（重）伤害罪；若不是，则可能构成过失致人重伤罪；若行为人对伤害结果缺乏预见的可能性，则属于意外事件。

9.《刑法》第 266 条诈骗罪

💬 何谓诈骗罪的构造？

诈骗罪（既遂）的基本构造（"诈骗五步走"）为：行为人实施欺骗行为→对方（受骗者）产生（或继续维持）错误认识→对方基于错误认识处分财产→行为人或第三者取得财产→被害人遭受财产损失。

总之，行为人实施的行为必须完全符合诈骗罪的构造或者说诈骗罪的因果流程，才能成立诈骗罪（既遂）。

💬 如何区分诈骗罪与（职务）侵占罪？

诈骗罪与（职务）侵占罪的区别在于财产占有的归属。通过欺骗手段将他人占有的财物转移为自己占有的，构成诈骗罪。将自己基于职务或者业务占有的财物，或者将委托占有物、脱离占有物变为自己所有的，成立（职务）侵占罪。质言之，诈骗罪的对象是他人占有的财物，（职务）侵占罪的对象是自己本来占有的财物或者脱离占有物。或者说，行为人出于非法占有目的，通过欺骗手段，让他人将自己占有的财物转移给行为人占有，构成诈骗罪。在行为人已经占有他人财物后，使用欺骗手段拒绝返还的，构成侵占罪。例如，被告人向被害人借摩托车骑用，借来之后产生不法所有的目的，谎称摩托车被盗而拒绝归还的，因为其不是通过欺骗的手段取得占有的，所以仅成立侵占罪。如果被告人一开始就具有非法占有的目的假装借用摩托车，借来之后出卖的，则成立诈骗罪。因为其一开始就具有非法占有目的，通过欺骗手段将他人占有的财物转移为自己占有。

💬 能简单根据所发送诈骗短信的条数认定成立诈骗罪（未遂）吗？

犯罪预备行为只具有侵害法益的抽象危险，只有当行为人实施了具有侵害法益的具体、现实、紧迫危险性的行为，才能认定着手实行了犯罪。诈骗罪的着手实行，应该是不需要实施进一步的行为就能使被害人基于认识错误处分财产的行为。司法解释规定按照所发送短信的条数认定诈骗未遂的本意，是行为人已经着手实行了诈骗犯罪。若所发送的诈骗短信内容不能直接导致对方陷入认识错误处分财产，就只是诈骗罪的预备，不能认定为诈骗未遂。所以，不考虑诈骗短信的具体内容，简单根据所发送诈骗短信的条数认定诈骗未遂的观点与做法，违背了未遂犯的基本原理，不可取。

10.《刑法》第 281 条非法生产、买卖警用装备罪
😑 对有资格与无资格生产、买卖警用装备，在定罪量刑上应否区别对待?

一般认为，非法生产包括两种情况：一是无资格生产而生产；二是指定生产的单位或者个人不按规定的规格、品种、数量、标号等进行生产。非法买卖也包括两种情况：一是无资格买卖而买卖；二是指定买卖的单位或个人擅自买卖。①

无生产、买卖的资格而生产、买卖警用装备的，属于自然犯，而指定生产、买卖的单位违规生产、买卖警用装备的，属于法定犯。通常而言，法定犯的危害性和处刑轻于自然犯，如违规制造、销售枪支罪与非法制造、买卖枪支罪。可是，司法实践中，对有资格生产、买卖警用装备与无资格生产、买卖警用装备，在定罪量刑标准上并未区别对待。② 这种做法有违罪刑相适应原则，应予纠正。

😑 对非法生产、买卖警用装备三种情形在定罪量刑标准上应否区别对待?

非法生产警用装备只是抽象危险犯，非法买进而不卖出的，只会给自己造成损失，买而不用的，也只具有抽象性危险，实际使用的，可以按照所触犯的具体犯罪如招摇撞骗罪、诈骗罪定罪处罚。只有实际卖出警用装备，才可能实际侵害法益。即便认为生产、购买属于实行行为，进而对非法生产和购买警用装备的行为进行处罚，由于只具有侵害法益的抽象性危险，在定罪量刑的标准上也应明显高于非法出售警用装备的情形。然而，司法实践中，在定罪量刑标准上并未区分这三种情形。③ 这种做法有违罪刑相适应原则，应予纠正。

11.《刑法》第 282 条第 2 款非法持有国家绝密、机密文件、资料、物品罪
😑 本罪是非法持有绝密、机密的载体本身还是非法获悉、掌握国家绝密、机密?

张明楷教授认为，将国家秘密记入大脑的，不成立本罪，但将国家秘密文件通过扫描等方式存入行为人持有的电脑的，则可能构成本罪；行为人将国家秘密的相关内容输入本人持有的电脑的，不宜认定为本罪。④

应该说，将国家秘密文件通过扫描等方式存入行为人持有的电脑的，只是非法获悉国家秘密，应构成非法获取国家秘密罪。《刑法》第 282 条第 2 款规定的是非法持有属于国家绝密、机密的文件、资料或者物品，显然强调的是持有作为国

---

① 参见张明楷：《刑法学（第六版）》（下册），法律出版社 2021 年版，第 1367 页。
② 参见最高人民检察院、公安部《关于公安机关管辖的刑事案件立案追诉标准的规定（一）》第 35 条。
③ 同上。
④ 参见张明楷：《刑法学（第六版）》（下册），法律出版社 2021 年版，第 1368 页。

家绝密、机密的载体的文件、资料或者其他物品本身，否则本罪就和非法获取国家秘密罪重合了。再说，持有型犯罪都是国家出于保护重大公共利益的考虑，在不能查明来源和去向时，根据行为人非法控制某种物品的现状进行评价的补充性规范。其他持有型犯罪，如非法持有枪支罪、持有假币罪、持有伪造的发票罪和非法持有毒品罪，都是现实持有违禁物品本身，所以非法持有国家绝密、机密文件、资料、物品罪，也应是现实地非法持有属于国家绝密、机密的文件、资料、物品本身，即非法控制属于国家绝密、机密的载体。行为人通过扫描、复制、拍照、拷贝、抄写、记忆等方式获悉国家秘密的，由于并未非法控制属于国家绝密、机密的载体本身，不能构成非法持有国家绝密、机密文件、资料、物品罪，只可能构成非法获取国家秘密罪。

12.《刑法》第284条之一组织考试作弊罪
● 为他人提供作弊器材的，只有他人实际组织作弊才成立犯罪吗？

《刑法》第284条之一第2款规定不是典型的帮助犯的正犯化，只是帮助犯的量刑规则，如果乙为甲组织作弊提供了作弊器材或者其他帮助，但甲并没有实施组织作弊行为的，因为不存在任何法益侵害与危险，对乙的行为不能以犯罪论处。只有甲实际利用乙提供的作弊器材或者其他帮助组织作弊时，才能认定乙的行为构成组织考试作弊罪。所以，本款规定的行为依然是帮助行为，而不是正犯行为。①

● 考试开始之前被查获应认定为组织考试作弊罪既遂的司法解释规定，有无疑问？

应该认为，为组织考试作弊已经非法获取考试试题、答案，尚未开始作弊就被查获的，只能成立组织考试作弊罪的未遂与非法获取国家秘密罪既遂的竞合，从一重罪处罚。

13.《刑法》第285条第1款非法侵入计算机信息系统罪
● 过失闯入后不退出的，能成立本罪吗？

虽然理论上认为"非法侵入住宅罪，是指未经允许非法进入他人住宅或经要求退出无故拒不退出的行为"②，但应认为，"侵入"只能是作为，不能是不作为，认为"侵入"包括"经要求退出无故拒不退出"的不作为，其实是一种不当的类推解释。所以，只要不是明知而侵入有关国家事务、国防建设、尖端科学技术领域的计算机信息系统，就不能构成本罪。过失闯入后发现是这类计算机信息系统

---

① 参见张明楷：《刑法学（第六版）》（下册），法律出版社2021年版，第1369—1370页。
② 高铭暄、马克昌主编：《刑法学（第十版）》，北京大学出版社2022年版，第482页。

而停留其中的，也不能构成本罪。过失闯入后发现是这类计算机信息系统而趁机非法获取数据、非法控制计算机信息系统或者破坏计算机信息系统的，应以非法获取计算机信息系统数据罪、非法获取国家秘密罪、非法控制计算机信息系统罪或者破坏计算机信息系统罪等罪论处。

14.《刑法》第 290 条第 1 款聚众扰乱社会秩序罪

💬 **本罪的实行行为是"扰乱"，还是"聚众+扰乱"?**

若认为本罪的实行行为是"聚众+扰乱"，则开始实施聚众行为，就已经着手实行了犯罪，即便还未实施具体扰乱行为，也能以本罪的未遂进行处罚。但是本罪是轻罪，而且与公民正当表达诉求的权利行使之间存在冲突。单纯聚众而未扰乱的行为不值得科处刑罚。所以，应认为"聚众"只是状语，是修饰行为方式的，强调聚众性扰乱，聚众本身不是实行行为。本罪的实行行为只有"扰乱"。只有实际实施扰乱行为的，才能作为犯罪处罚。质言之，本罪是单行为犯，不是复行为犯。

💬 **成立本罪，应否限定为以暴力、胁迫的方式进行扰乱?**

本罪与民众正当表达诉求的权利行使之间存在冲突，为了保护公民正当表达诉求的权利，应当限制本罪的成立范围。具体而言，应将本罪的行为方式限定为以暴力、胁迫的方式进行扰乱，其中的暴力既可以是对人暴力（如围攻、殴打有关人员），也可以是对物暴力（如砸毁财物，强占机关、单位的办公室、营业场所、生产车间等）。① 不以暴力、胁迫的方式进行扰乱，而是以静坐等和平的方式表达诉求的，不能认定为犯罪。

💬 **民众以集体抗争的形式表达部分利益主体诉求的行为，能构成犯罪吗?**

成立本罪要求必须以暴力、胁迫的方式进行扰乱，要求聚众扰乱社会秩序，情节严重，致使工作、生产、营业和教学、科研、医疗无法进行，造成严重损失的，才构成犯罪，而且只处罚首要分子和积极参加者。设置如此严格的构成要件或者处罚条件，旨在防止将民众表达诉求的行为认定为犯罪。换言之，民众以集体抗争的形式表达部分利益主体诉求的行为，阻却违法性，不能作为犯罪处理。

💬 **能处罚一般参加者吗?**

本罪属于多众犯（也叫聚众犯）。对于多众犯，只能按照刑法分则具体罪名确定的处罚范围进行处罚，对于未规定处罚的行为人不能按照刑法总则关于共犯的规定进行处罚。本罪只处罚首要分子和积极参加者，对于其他参加者，不能作为本罪的正犯和共犯处理。

---

① 参见张明楷：《刑法学（第六版）》（下册），法律出版社 2021 年版，第 1387 页。

15.《刑法》第 290 条第 2 款聚众冲击国家机关罪

💬 **本罪的实行行为是"冲击"，还是"聚众+冲击"？**

从"聚众冲击国家机关"的条文表述看，似乎本罪是复行为犯，实行行为是"聚众+冲击"。若认为聚众也是本罪的实行行为，则意味着只要聚众，即便还没有实施冲击行为，也能作为本罪的未遂进行处罚。这样理解，显然会过于扩大本罪的处罚范围。其实，聚众只是状语，是修饰冲击的行为方式，强调是聚众性冲击。本罪的实行行为只有冲击，只有实际实施冲击行为的，才能成立本罪。本罪是单行为犯，不是复行为犯。

💬 **聚众冲击一般人可以任意出入的国家机关，能构成本罪吗？**

从理论上讲，与聚众冲击军事禁区罪相比较，作为本罪对象的国家机关，只限于禁止一般人任意出入的国家机关，一般人可以任意出入的国家机关，不能成为本罪的对象。不过，现在几乎任何政府部门都只有经过严格盘查登记才能进入，似乎聚众冲击任何国家机关都可能构成犯罪。但笔者坚持认为，只要进行登记出示身份证件就可进入的国家机关，不是本罪的对象，冲击这种国家机关的，不构成本罪。

💬 **能处罚聚众冲击国家机关的一般参加者吗？**

本罪是多众犯，条文只规定处罚首要分子和积极参加者。对于一般参加者，既不能作为正犯也不能作为共犯进行处罚。

16.《刑法》第 290 条第 3 款扰乱国家机关工作秩序罪

💬 **应否将本罪限定为以暴力、胁迫的方式进行扰乱？**

本罪与民众正当表达诉求的权利行使之间存在冲突，故应严格限制本罪的成立范围，具体应限定为以暴力、胁迫的方式进行扰乱，才能成立本罪。

💬 **是否要求每次都经过行政处罚后再次进行扰乱才能成立犯罪？**

一般认为多次是指三次以上。条文规定"多次扰乱国家机关秩序，经行政处罚后仍不改正，造成严重后果的"才成立犯罪，旨在限制处罚范围。所以，应理解为每次扰乱国家机关秩序并受到行政处罚后又再次进行扰乱。也就是说，至少经过两次行政处罚后再次进行扰乱的才能成立犯罪，而不是扰乱两次受过一次行政处罚后又扰乱的就构成犯罪。

17.《刑法》第 290 条第 4 款组织、资助非法聚集罪

💬 **是否只有所资助的他人实施了非法聚集行为才能成立犯罪？**

资助非法聚集罪虽是帮助犯的正犯化，但从实质违法性考虑，所资助的他人没有实施非法聚集行为的，不值得科处刑罚。也就是说，应坚持共犯的实行从属性原理，只有所资助的他人实际实施了非法聚集行为，才能成立资助非法聚集罪。

💬 **"多次"是否也修饰"资助"行为?**

为限制处罚范围,应认为"多次"不仅修饰"组织"行为,还修饰"资助"行为。也就是说,只有多次(三次以上)资助他人实施非法聚集行为的,才能处罚资助非法聚集的行为。

💬 **是否只有他人多次实施非法聚集行为的,才能成立本罪?**

从条文表述看,似乎只要多次组织和资助就能构成犯罪,而不需要所组织、资助的他人实际多次实施非法聚集行为。但本罪有违宪嫌疑,应限制本罪的处罚范围。成立本罪,不仅要求多次实施组织、资助行为,而且要求所组织、资助的他人实际多次实施非法聚集行为。

18.《刑法》第291条之一第1款编造、故意传播虚假恐怖信息罪

💬 **能认为令人恐怖的信息就是"恐怖信息"吗?**

"恐怖信息"并非泛指任何令人恐怖、令人害怕的信息,而是指由恐怖活动或者恐怖分子引起的爆炸威胁、生化威胁、放射威胁之类的信息。[①] 例如,谎称在民用航空器或者火车上安放有爆炸装置的,属于传播虚假恐怖信息,但传播即将发生地震、即将爆发严重传染病、"有人砍人"等虚假信息的,不成立本罪,而是可能成立故意传播虚假信息罪。

💬 **对公安人员讲"如果不解决我的问题,我就炸掉公安局大楼",能构成犯罪吗?**

本罪以造成"严重扰乱社会秩序"的结果(如引起了公众的严重恐慌,导致公安机关花费大量人力、物力排除虚假物质或者消除影响等)为犯罪成立条件。单纯使特定人员产生恐惧心理的恐吓、胁迫行为,没有严重扰乱社会秩序的,不能认定为本罪。例如,甲向公安机关或相关人员声称"如果不解决我的问题,我就在超市安放炸弹""如果不解决我的问题,我就炸掉公安局大楼",这种行为并不成立犯罪。

19.《刑法》第291条之一第2款编造、故意传播虚假信息罪

💬 **编造"重大灾情、重大疫情"信息,能构成编造虚假恐怖信息罪吗?**

最高人民法院《关于审理编造、故意传播虚假恐怖信息刑事案件适用法律若干问题的解释》规定,本解释所称的"虚假恐怖信息",是指以发生爆炸威胁、生化威胁、放射威胁、劫持航空器威胁、重大灾情、重大疫情等严重威胁公共安全的事件为内容,可能引起社会恐慌或者公共安全危机的不真实信息。

---

① 《反恐怖主义法》第3条规定:本法所称恐怖活动,是指恐怖主义性质的行为;本法所称恐怖活动人员,是指实施恐怖活动的人和恐怖活动组织的成员;本法所称恐怖事件,是指正在发生或者已经发生的造成或者可能造成重大社会危害的恐怖活动。

由于《刑法修正案（九）》增设了编造、故意传播虚假信息罪后，编造、故意传播虚假的重大灾情、重大疫情信息的，不再构成编造、故意传播虚假恐怖信息罪，而是构成编造、故意传播虚假信息罪，故上述司法解释的内容不应再继续适用。

💬 **对"编造"没有强调故意，是否意味着编造可以由过失构成？**

编造不可能是过失而为。本罪中的"故意"传播，旨在强调不是行为人自己编造，而是由他人编造的虚假信息，只有在行为人明知是他人编造的虚假信息而传播的才构成犯罪，意在将过失传播虚假信息的行为排除在犯罪之外，而并不是说编造可以由过失构成。这也反过来说明，编造不是本罪的实行行为，只有传播才是本罪的实行行为。

20. 《刑法》第292条聚众斗殴罪

💬 **两拨人在珠穆朗玛峰顶上聚众斗殴并现场直播，构成聚众斗殴罪吗？**

例如，从尼泊尔方向攀上珠穆朗玛峰的一拨人与从中国西藏方向登上的另一拨人聚众斗殴，并现场直播斗殴过程。

如果认为聚众斗殴罪所保护的法益是斗殴双方的人身权，则上述案件中的两拨人可能构成犯罪，但若认为本罪所保护的法益是公共秩序，则难以认为上述两拨人的行为构成聚众斗殴罪。

本罪属于《刑法》分则第六章"妨害社会管理秩序罪"第一节"扰乱公共秩序罪"的罪名，因此本罪所保护的法益应当是公共秩序。对于没有扰乱公共秩序，如一两个人之间的互殴，或者在非公共场所斗殴，都不能成立聚众斗殴罪。

💬 **能认为聚众斗殴无防卫吗？**

在聚众斗殴中也是可能成立正当防卫的。例如，在聚众斗殴中，如果一方明确表示希望停止，但对方继续实施暴力的，这一方可以实施正当防卫进行反击。虽然聚众斗殴过程中原则上可以成立正当防卫，但在具体案件中究竟能否成立正当防卫，需要从防卫行为开始之时，分别判断前行为（斗殴行为）是否成立犯罪，以及后行为（防卫行为）是否符合正当防卫的成立条件，然后按照《刑法》第20条关于正当防卫的规定进行处理。

💬 **聚众斗殴致多人重伤的，是成立一个故意伤害还是应同种数罪并罚？**

张明楷教授认为，聚众斗殴致数人重伤的，因为侵害了数个个人专属法益，应以数个故意伤害罪实行数罪并罚。[1]

笔者不赞同上述看法。聚众斗殴罪是扰乱公共秩序，不是侵害公民人身权的犯罪，而且相当于侵害集体法益的犯罪。聚众斗殴致人重伤死亡以故意伤害罪、

① 参见张明楷：《刑法学（第六版）》（下册），法律出版社2021年版，第1397页。

故意杀人罪定罪处罚的规定相当于聚众斗殴罪的第三个刑档。所以，聚众斗殴致数人重伤的，也还是只能认定为一个故意伤害罪，而不是数个故意伤害罪。

😊 双方各自仅一人动手的，构成本罪吗？

张明楷教授认为，双方相约在公共场所斗殴，但在双方多人到达现场后，双方均只有一个人动手与对方互殴的，也可能构成聚众斗殴罪。[①]

笔者不赞成上述看法。即便双方相约多人聚众斗殴，但由于聚众斗殴罪的实行行为只有"斗殴"，现场只有一个人斗殴，不是聚众性斗殴，没有扰乱公共秩序，不宜认定为聚众斗殴罪。

😊 对于聚众斗殴的一般参加者，能以共犯论处吗？

聚众斗殴罪只处罚首要分子和积极参加者。对于刑法没有规定处罚的一般参加者，既不能成立聚众斗殴罪的正犯，也不能根据刑法总则关于共犯的处罚规定认定为聚众斗殴罪的共犯。对于一般参加者在斗殴中致人伤害、死亡的，只能根据其行为所符合的犯罪构成来认定，如故意伤害罪、故意杀人罪、过失致人重伤罪、过失致人死亡罪。

😊 聚众斗殴的死伤者能提起刑事附带民事赔偿诉讼吗？

聚众斗殴罪不是保护人身权利的犯罪，而是侵害社会法益——公共秩序的犯罪，没有被害人，死伤者也不是被害人，故死伤者无权提起刑事附带民事赔偿诉讼。虽然聚众斗殴致人重伤、死亡的，对首要分子和加害者追究故意伤害、杀人罪的刑事责任，但这只不过是借用故意伤害、杀人罪的法定刑，本质上相当于聚众斗殴罪第三档法定刑。所以，即便定故意伤害、杀人罪，也不能认为此时保护的是人身权，而应是公共秩序；即便定故意伤害、杀人罪，死伤者和亲属也无权提起刑事附带民事赔偿诉讼。

21.《刑法》第 301 条第 1 款聚众淫乱罪

😊 "聚众"是本罪的实行行为吗？

从条文表述看，似乎本罪的实行行为是"聚众+淫乱"，实施聚众就已经着手实行了本罪，而能以本罪的未遂犯进行处罚。但是，仅仅聚众而未实施淫乱活动的，不可能已经侵害或者威胁法益。所以，本罪中的"聚众"，旨在强调必须以聚众的方式进行淫乱，而不是说聚众本身就是实行行为，进而肯定本罪属于所谓复行为犯。质言之，本罪应是单行为犯，聚众不是实行行为，实行行为只有进行淫乱活动。

😊 聚众从事手淫、口交、肛交的，构成犯罪吗？

刑法理论普遍认为，本罪中的淫乱行为除自然性交外，还包括所谓其他刺激、

---

① 参见张明楷：《刑法学（第六版）》（下册），法律出版社 2021 年版，第 1394 页。

兴奋、满足性欲的行为，如聚众从事手淫、口交、肛交等行为。①

本罪所保护的法益是所谓性行为非公开化的社会秩序，是没有被害人的犯罪。处罚这种行为，有侵犯公民的表达自由之嫌，有悖开放、多元、包容的社会价值观，所以应限制其处罚范围，将淫乱行为限定为自然性交为宜，对于聚众从事手淫、口交、肛交等其他行为的，不宜以犯罪论处。

💬 数人在不同地点的网上进行裸聊的，构成犯罪吗？

本案中的淫乱活动，仅限于身体淫乱活动，聚众观看淫秽物品，聚众讲述淫秽言论，数人在不同地点的网上进行裸聊的，不成立犯罪。

💬 成人间基于同意秘密实施聚众淫乱活动的，能构成犯罪吗？

刑法规定本罪并不只是因为该行为违反了伦理秩序，而是因为这种行为侵害了公众对性的感情，或者说侵害了性行为非公开化的社会秩序。三个以上的成年人，基于同意所秘密实施的性交行为，因为没有侵害本罪所要保护的法益，不属于刑法规定的聚众淫乱行为。只有当三人以上成年人以不特定人或者多数人当场可能感知的方式实施淫乱行为时，才能以本罪论处。

22.《刑法》第301条第2款引诱未成年人聚众淫乱罪

💬 已满16周岁不满18周岁的人被引诱参加聚众淫乱活动的，构成犯罪吗？

从《刑法》第301条第2款引诱未成年人聚众淫乱罪的规定来看，未成年人是法律保护的对象，所以已满16周岁不满18周岁的人被引诱参加聚众淫乱活动的，不成立聚众淫乱罪。当然，已满16周岁不满18周岁的未成年人实施聚众淫乱活动或者引诱其他未成年人参加聚众淫乱活动的，能成立聚众淫乱罪或者引诱未成年人聚众淫乱罪。

23.《刑法》第303条第1款赌博罪

💬 "聚众"是本罪的实行行为吗？

聚众不是赌博罪的实行行为，赌博才是实行行为；单纯聚众而不赌博的，不可能成立赌博罪的未遂；只有被聚集的赌博分子实际从事赌博活动，才可能追究聚众者赌博罪的刑事责任；只能处罚聚众者即召集赌博的人，不能处罚被召集的赌博分子，除非其以赌博为业。

💬 认为组织赌博就是聚众赌博的司法解释规定，有无疑问？

司法解释规定，组织3人以上赌博抽头渔利数额累计5000元以上，组织3人以上赌博赌资数额累计5万元以上，或者组织3人以上赌博参赌人数累计20人以

---

① 参见高铭暄、马克昌主编：《刑法学（第十版）》，北京大学出版社2022年版，第559页；张明楷：《刑法学（第六版）》（下册），法律出版社2021年版，第1412页。

上的，属于聚众赌博。①

将"聚众赌博"理解为"组织赌博"存在疑问。"聚众"赌博，强调处罚的是召集赌博的人，被召集的非以赌博为业的人不处罚。而"组织"赌博，强调的是对参赌人员、赌博场所、赌博活动的支配、管理、控制、经营。上述司法解释规定，可能正是司法实践混淆聚众赌博和开设赌场罪的原因。

24.《刑法》第318条组织他人偷越国（边）境罪

◉ 组织使用骗取的出入境证件的人出入国（边）境，能构成本罪吗？

"两高"《关于办理妨害国（边）境管理刑事案件应用法律若干问题的解释》（以下简称《办理越境案件解释》）指出，使用以虚假的出入境事由、隐瞒真实身份、冒用他人身份证件等方式骗取的出入境证件出入国（边）境的，属于偷越国（边）境行为。这种规定显然违反《出境入境管理法》的规定。应该说，只要行为人使用的出入境证件本身是真实的，而不是伪造、变造、无效的，使用这种真实的出入境证件出入境，就不是偷越国（边）境，组织这种人出入国（边）境的，当然也不能成立组织他人偷越国（边）境罪。

◉ 本罪既遂的标准是什么？

有观点认为，他人在行为人的煽动、拉拢、诱使、串联或者安排下，被组织起来，组织者即构成本罪既遂。至于被组织者在行为人的安排、组织下偷越国（边）境最终是否成功，也不影响本罪既遂的成立。②

应该说，只有被组织者非法出境或者入境，即偷越国（边）境成功，才侵害了本罪所保护的法益，才值得以既遂进行评价和处罚。

◉ 本罪成立的前提是什么？

成立本罪，以被组织者的行为属于偷越国（边）境为前提，不要求被组织者的行为构成偷越国（边）境罪，但其行为至少属于违反《出境入境管理法》的偷越国（边）境的行为。换言之，如果被组织者出入境行为不属于偷越国（边）境，就不能认定组织者的行为构成组织他人偷越国（边）境罪。

◉ 引诱、介绍行为能评价为"组织"行为吗？

《办理越境案件解释》规定，领导、策划、指挥他人偷越国（边）境，或者在首要分子指挥下实施拉拢、引诱、介绍他人偷越国（边）境等行为的，应认定为组织他人偷越国（边）境。

显然，本罪仅处罚组织行为。在首要分子指挥下实施拉拢、引诱、介绍他人

---

① 参见最高人民检察院、公安部《关于公安机关管辖的刑事案件立案追诉标准的规定（一）》第43条。

② 参见周光权：《刑法各论（第四版）》，中国人民大学出版社2021年版，第470—471页。

偷越国（边）境等行为，难以评价为"组织"行为。所以，该司法解释对"组织"的解释过于宽泛，不当扩大了本罪的处罚范围。可以考虑将本罪中的"组织"，限定为集团性、职业性的组织行为。

25.《刑法》第319条骗取出境证件罪

💬 **成立本罪是否应以他人的行为具有偷越国（边）境的性质为前提？**

本罪的成立，一方面以有现实的或者可能的组织者为前提，另一方面以现实的或者可能的被组织者的行为具有偷越国（边）境的性质为前提。首先，当骗取的出境证件准备用于自己或者第三者组织他人偷越国（边）境时，或者说骗取的出境证件还没有实际用于组织他人偷越国（边）境时，被组织者（或将要被组织的人员）的出境行为必须具有偷越国（边）境的性质。其次，当行为人骗取的出境证件已经用于自己或者第三者组织他人偷越国（边）境时，要求被组织者出境的行为属于偷越国（边）境，否则组织者的行为不成立组织他人偷越国（边）境罪，骗取出境证件者的行为也不成立骗取出境证件罪，更不可能构成组织他人偷越国（边）境罪的共犯。

司法实践中的一些判决显然忽视了上述前提条件。也就是说，只要行为人以劳务输出、经贸往来或者其他名义，弄虚作假，骗取护照、签证等出境证件，就认定为骗取出境证件罪，甚至认定为组织他人偷越国（边）境罪，是错误的，必须予以纠正。

26.《刑法》第321条运送他人偷越国（边）境罪

💬 **徒步带领他人偷越国（边）境，属于运送他人偷越国（边）境吗？**

"两高"、公安部、国家移民管理局《关于依法惩治妨害国（边）境管理违法犯罪的意见》认为，徒步带领他人通过隐蔽路线逃避边防检查偷越国（边）境的，属于运送他人偷越国（边）境。

上述司法解释立场存在疑问。按照一般人的理解，所谓运送，应是指使用车辆、船只等交通工具将偷越国（边）境的人运送出、入国（边）境。"徒步带领他人偷越国（边）境的行为不属于运送，对这种行为可认定为偷越国（边）境罪的共犯"①。

💬 **本罪的既遂标志是什么？**

只有被运送的人偷越国（边）境成功，才会侵害出入境管理秩序。所以，被运送者非法出境或者入境是本罪的既遂标志。

---

① 张明楷：《刑法学（第六版）》（下册），法律出版社2021年版，第1462页。

27.《刑法》第 358 条第 4 款协助组织卖淫罪

💬 **成立协助组织卖淫罪，是否以他人实施了组织卖淫行为为前提？**

只有在他人接受了行为人为其招募、运送的人员并实际强迫所招募、运送的人员劳动的，才能处罚招募、运送行为；只有他人接受行为人为其招募、运送的人员并实际组织所招募、运送的人员从事卖淫活动的，才值得以协助组织卖淫罪处罚为组织卖淫的人招募、运送人员的行为；行为人虽然为他人组织卖淫招募、运送了人员，他人没有接收，或者虽然接收，但他人没有实际组织行为人为其招募、运送的人员卖淫的，就不值得处罚。简言之，成立协助组织卖淫罪的前提，是他人已经组织行为人所招募、运送的人员从事卖淫活动，或者利用行为人所提供的其他协助行为实施了组织卖淫行为。或者说，只有在他人实际实施了组织卖淫行为时，才能认定成立协助组织卖淫罪。

四

重刑化与轻刑化并存

❧ 要 旨 ❧

1997 年修订《刑法》时的分则条文，大体上以重刑主义为指导理念设置法定刑，所以法定刑普遍较重，而自《刑法修正案（八）》之后增设的许多新罪，则基本上放弃了重刑主义，甚至可以说采取了轻刑主义，于是形成了轻重不均衡的局面，导致一个基本犯与其可能触犯的加重犯罪（不一定是同一罪名）之间的刑罚不能衔接。为了克服这种不均衡现象，一方面应当寻找合适的中间犯罪，即通过对已有犯罪构造的合理解释，使其包括单纯的过失犯与结果加重犯两种类型；另一方面应当运用适当的解释方法，即通过对轻罪的扩大解释与对重罪的限制解释寻求妥当的解释结论，尽可能实现对犯罪处罚的整体均衡。

❧ 辩 点 分 析 ❧

危险驾驶罪，使用虚假身份证件、盗用身份证件罪，以及代替考试罪的最高刑为 6 个月拘役；妨害安全驾驶罪、高空抛物罪、危险作业罪的最高刑为 1 年有期徒刑；冒名顶替罪，催收非法债务罪，侵害英雄烈士名誉、荣誉罪，以及妨害兴奋剂管理罪的最高刑为 3 年有期徒刑。与此同时，立法机关又担心这些行为可能同时构成更重的犯罪，大都相应地设置了"有前（两）款行为，同时构成其他犯罪的，依照处罚较重的规定定罪处罚"的规定。于是，这些轻罪的法定刑与其可能同时触犯的重罪的法定刑之间形成了空档，导致对一个刑事案件被告人的处罚要么很轻要么很重，事实上也出现了这样的问题。

例如，在《刑法》第 133 条之二增设妨害安全驾驶罪之前，司法实践中对于妨害安全驾驶，危害公共安全，尚未造成严重后果的，依照《刑法》第 114 条的规定，以以危险方法危害公共安全罪定罪处罚；致人重伤、死亡或者使公私财产遭受重大损失的，依照《刑法》第 115 条第 1 款的规定，以以危险方法危害公共安全罪定罪处罚。在增设妨害安全驾驶罪之后，由于本条有"同时构成其他犯罪的，依照处罚较重的规定定罪处罚"的规定，不少学者认为，如果妨害安全驾驶的行为致人重伤或死亡，则应认定为以危险方法危害公共安全罪或者故意伤害（致人重伤、死亡）罪、故意杀人罪。据此，妨害安全驾驶的行为，要么"处 1 年以下有期徒刑、拘役或者管制"，要么"处 10 年以上有期徒刑、无期徒刑或者死刑"。

其一，虽然《刑法》第 115 条第 1 款既包括普通的结果犯也包括结果加重犯，亦即行为人对第 114 条的公共危险具有故意但对伤亡实害结果具有过失时，可能适用第 115 条第 1 款，但这是以具备《刑法》第 114 条规定的构成要件要素（特别是具体危险）与故意为前提的。然而，既然持上述观点的学者否认对没有造成人员伤亡的妨害安全驾驶行为适用《刑法》第 114 条，就必须同时否认对造成了伤亡结果的同类行为适用第 115 条第 1 款。即使将第 115 条第 1 款解释为普通的结果犯，对其适用也以行为符合第 114 条的构成要件为前提；第 115 条第 1 款不可能成为妨害安全驾驶罪的结果加重犯。再者，虽然妨害安全驾驶罪是故意犯罪，但不能据此认为行为人对他人的伤亡结果也具有故意。因为行为人本人也身处交通工具内，一旦发生交通事故，行为人同样面临伤亡的具体危险，所以，除有自杀、自伤意图的情形之外，难以认为妨害安全驾驶的行为人对伤亡结果都有故意。因此，即使不能适用《刑法》第 115 条第 1 款，也不一定能够适用故意杀人罪、故意伤害罪的规定。

其二，为什么抢夺方向盘、变速杆等操纵装置的行为，要么其制造的危险没有达到《刑法》第 114 条所要求的具体危险程度，要么其制造的危险就现实化为第 115 条第 1 款规定的实害程度？这可能是上述观点难以解答的。换言之，既然刑法增加妨害安全驾驶罪是为了避免对这种行为适用《刑法》第 114 条，就不能认为在这种行为造成了伤亡结果时应一概适用《刑法》第 115 条第 1 款。反过来说，如果当这种行为造成伤亡实害结果时可以适用《刑法》第 115 条第 1 款，就意味着在没有致人伤亡时可以适用《刑法》第 114 条。可是，这明显不符合立法宗旨。

其三，为什么同一种危及或危害公共安全的行为，要么只能处 1 年以下有期徒刑，要么只能处 10 年以上有期徒刑乃至死刑，而不可能科处其间的徒刑？这是耐人寻味的。构成犯罪的某种行为的有责的不法，虽然可能存在不同的程度，但总体来说不可能是跳跃性的。如若用数字来表示，难以想象一种行为的有责的不法程度，要么是 60 以下要么是 90 以上，而不可能是 61 至 89 之间。

上述三个问题其实可以归纳为一点，即重刑化与轻刑化并存的立法例导致一个行为的有责的不法程度是跳跃性的，司法实践面临不法程度超出轻罪的通常范围但不符合重罪构成要件的案件时，又倾向于扩大或类推适用重罪的规定，以实现某种社会效果，因而导致罪与罪之间的处罚不协调、不均衡。

又如，危险驾驶罪的最高刑为 6 个月拘役。问题是，对危险驾驶行为致人死伤的应当如何处理？也有学者认为应以《刑法》第 115 条第 1 款以危险方法危害公共安全罪定罪处罚。但是，这种观点与做法明显存在上述就妨害安全驾驶行为的刑法适用提出的三个问题，导致危险驾驶行为的有责的不法程度呈现跳跃性，进而导致罪与罪之间的处罚不协调、不均衡。不言而喻，就其他轻罪而言，无论法条是否规定"同时构成其他犯罪的，依照处罚较重的规定定罪处罚"，都可能存在相同的问题。

不可否认的是，在重刑化与轻刑化并存的立法例中，出现刑罚适用的跳跃或空档，主要是由立法造成的，而不是解释造成的。因为如果刑事立法统一实行轻刑化或者统一实行重刑化，就不会出现这样的不协调现象。有观点认为这是增设轻罪造成的。但是其一，增设必要的轻罪，对于提供足够的裁判支撑、消除司法困惑、防止重罪被误用和滥用、实现妥当的处罚，均具有重要意义。在有必要增设轻罪，但立即重新全面修订《刑法》的时机并不成熟的当下，只能增设轻罪，而不能为了与重刑化相协调，对轻罪规定重法定刑。其二，重刑化与轻刑化并存所形成的问题，不是增设轻罪造成的，而是 1997 年《刑法》的法定刑过重造成的。从刑事立法上说，应当在增设轻罪的同时，降低原有犯罪的法定刑，而非不得增设轻罪。其三，刑法之所以需要解释，一个重要原因就是它可能存在缺陷。只要解释符合罪刑法定与罪刑相适应原则，并且符合其他相关解释规则，能够减少重刑化条款与轻刑化条款之间的不协调，就应当通过解释来解决上述问题。

解决上述问题的基本路径是，在轻罪与重罪之间，寻找可以适用的中间犯罪，就不至于出现不法程度与法定刑的跳跃。在确实不能找到中间犯罪的情形下，应当运用适当的解释方法，尽可能对轻罪进行扩大解释，对重罪进行限制解释，寻求合理的解释结论，从而将重刑化与轻刑化并存所产生的缺陷限制在较窄的范围内。

（一）寻找合适的中间犯罪

所谓寻找合适的中间犯罪，就是在轻罪与重罪之间找到一个法定刑适中的犯罪，使符合轻罪成立条件的行为不直接跳跃到重罪，而且尽可能按中间犯罪处罚。例如，刑法理论应当在危险驾驶、妨害安全驾驶、危险作业等罪与以危险方法危害公共安全罪之间，寻找到一类中间犯罪，使得危险驾驶、妨害安全驾驶、危险作业等行为致人重伤、死亡时，并非一概适用《刑法》第115条第1款，而是可以认定为法定刑适中的中间犯罪，从而实现罪刑均衡。显然，如果要认定为中间犯罪，前提当然是行为必须符合中间犯罪的成立条件。而要使行为符合中间犯罪的成立条件，就需要对中间犯罪的构造与成立条件进行新的解释。

1. 危险驾驶、妨害安全驾驶致人伤亡的情形

危险驾驶罪的最高刑为6个月拘役，妨害安全驾驶罪的最高刑为1年有期徒刑，这两种犯罪都是故意犯罪。危险驾驶致人伤亡或者妨害安全驾驶致人伤亡的应当如何处理？对此，如果按照以危险方法危害公共安全罪适用《刑法》第115条第1款的规定，就会导致一个行为从轻罪直接跳跃到最严重的犯罪，明显不均衡，而且也存在法理上的障碍。

适用《刑法》第115条第1款的前提是，行为符合《刑法》第114条的规定，具有与放火、爆炸、投放危险物质相当的具体公共危险。但是，难以认为危险驾驶与妨害安全驾驶行为均符合《刑法》第114条的规定。相反，正是因为危险驾驶、妨害安全驾驶行为的绝大多数情形都不符合《刑法》第114条的规定，立法机关才增设这两种轻罪。既然如此，就不能认为，凡是危险驾驶、妨害安全驾驶行为致人伤亡的，均应适用《刑法》第115条第1款。

再者，在危险驾驶、妨害安全驾驶行为致人伤亡的场合，仍然仅以危险驾驶罪、妨害安全驾驶罪论处，也明显不符合罪刑相适应原则。同时，《刑法》第133条之一第3款与第133条之二第3款均明文规定："有前两款行为，同时构成其他犯罪的，依照处罚较重的规定定罪处罚。"所以，对于危险驾驶、妨害安全驾驶行为致人伤亡的行为，应当适用其他处罚较重的规定定罪处罚。

笔者的基本观点是，在刑法增设了危险驾驶罪与妨害安全驾驶罪之后，应当对交通肇事罪作出新的解释，亦即交通肇事罪并不是像以往那样属于单纯的过失犯，而是包括了两种情形：一是单纯的过失犯；二是结果加重犯。详言之，在违反交通运输管理法规造成交通事故致人伤亡的案件中，如果违反交通运输管理法规的行为本身并不构成刑法规定的轻罪，此时的交通肇事罪属于单纯的过失犯；如果违反交通运输管理法规的行为本身就构成刑法规定的轻罪，则此时的交通肇事罪属于结果加重犯。

危险驾驶行为、妨害安全驾驶行为都是违反交通运输管理法规的行为，其行为本身就构成故意犯罪，当这样的行为过失造成他人伤亡，符合交通肇事罪的犯罪构成时，就应以交通肇事罪论处，此时的交通肇事罪就是结果加重犯。在这种情形下，行为人对基本犯（危险驾驶罪、妨害安全驾驶罪）是故意，对加重结果（致人伤亡）为过失，可谓典型的结果加重犯。

可以肯定的是，行为人对伤亡结果持过失时成立交通肇事罪。危险驾驶、妨害安全驾驶的行为人均身处机动车内，故对出现交通事故造成伤亡结果基本上是过失，但行为人对危险驾驶的抽象危险、妨害安全驾驶的具体危险则是故意的。事实上，也是由危险驾驶、妨害安全驾驶的危险行为直接造成了伤亡结果，所以，完全符合结果加重犯的构造。

还需要说明的是，危险驾驶行为发生伤亡结果的，并不是只能成立交通肇事罪，还可能成立危险物品肇事罪。《刑法》第 133 条之一第 1 款第 4 项规定的行为类型是"违反危险化学品安全管理规定运输危险化学品，危及公共安全的"。如果行为人在运输过程中发生重大事故，造成严重后果的，完全符合危险物品肇事罪的成立条件。在这种情形下，危险物品肇事罪就是结果加重犯。所以，危险物品肇事罪也包括两种类型：单纯的过失犯与结果加重犯。

2. 危险作业发生伤亡事故的情形

根据《刑法》第 134 条之一的表述，危险作业罪是具体危险犯，而不是抽象危险犯与实害犯；危险作业罪的责任形式应是故意。一般来说，实施危险作业的行为人虽然对现实危险具有故意，但对危险的现实化则并不具有故意。换言之，如果危险作业行为造成了伤亡结果，行为人对伤亡结果也只是过失。于是形成了行为人对基本构成要件行为是故意，对伤亡结果是过失的情形。在这种情形下，只要对重大责任事故罪、重大劳动安全事故罪、工程重大安全事故罪等进行新的解释，认为这些犯罪包括单纯的过失犯与结果加重犯两种类型，那么，对上述情形就可以作为结果加重犯来处理。

"两高"《关于办理危害生产安全刑事案件适用法律若干问题的解释（二）》第 5 条规定，在生产、作业中违反有关安全管理的规定，有《刑法》第 134 条之一规定情形之一，因而发生重大伤亡事故或者造成其他严重后果，构成《刑法》第 134 条、第 135 条至第 139 条等规定的重大责任事故罪、重大劳动安全事故罪、危险物品肇事罪、工程重大安全事故罪等犯罪的，依照该规定定罪处罚。应该说，这一解释结论具有妥当性。

刑法典是由诸多法条构成的一个整体，刑法修正案对个别或者少数法条的修正，其实也是对其他诸多相关法条的无形修正或间接修改。刑法增设一个新罪，必然对相关法条的适用产生影响。例如，《刑法修正案（十一）》增设妨害安全驾驶罪、高空抛物罪，就减少了《刑法》第 114 条的适用，也可谓间接修改了《刑法》第 114 条。在《刑法》增设危险驾驶、危险作业等轻罪之前，《刑法》分则第二章"危害公共安全罪"的责任事故类犯罪中违反相关法规的行为只是一般违法行为，故不可能将责任事故类犯罪解释为结果加重犯（充其量只是行政违反加重犯）；但在《刑法》增设了危险驾驶、危险作业等轻罪之后，责任事故类犯罪中违反相关法规的行为就不限于一般违法行为，而是包括了犯罪行为。既然如此，责任事故类犯罪的构造就随之发生了变化，而不能依然按以前的观念予以解释。

（二）运用适当的解释方法

找到合适的中间犯罪只能解决部分犯罪的问题，还有一些轻罪与重罪之间不存在合适的中间犯罪，因而需要对相关犯罪运用适当的解释方法，寻求合理的解释结论。具体而言，在重刑化与轻刑化并存的立法例之下，要对轻罪进行扩张解释、对重罪进行限制解释，不得滥用"依照处罚较重的规定定罪处罚"的规定，从而实现罪刑均衡。

1. 对轻罪扩张解释

对轻罪进行扩张解释，是指使轻罪的适用范围向较重的行为扩张，而不是指使轻罪的适用范围向更轻的行为扩张。例如，倘若轻罪的有责的不法程度为40—60，对之进行扩张解释，是指将有责的不法超过60的行为也作为轻罪的规制对象，而不是将有责的不法低于40的行为也作为轻罪的规制对象。不难看出，对轻罪作出这种意义上的扩大解释，在许多情形下实际上是对重罪的限制解释。

例如，依照《刑法》第133条之一危险驾驶罪的规定，在道路上醉酒驾驶机动车的，构成危险驾驶罪。问题是，醉酒驾驶航空器或者船舶的，能否认定为危险驾驶罪？显然，与醉酒驾驶机动车相比，醉酒驾驶船舶的行为危险性并不小，醉酒驾驶航空器的行为更为严重地危害了公共安全，应当以犯罪论处。运用当然解释原理形成的这一预判，具有实质的合理性。问题只是在于，机场跑道与空路、航道是否属于道路？水路是不是道路？航空器与船舶是不是机动车（如人们普遍接受"空中客车"的说法）？可以肯定的是，跑道是道路，驾驶员醉酒在跑道上滑行的行为，便成立危险驾驶罪。如果这一结论是成立的，那么醉酒驾驶航空器在空中飞行时，由于对公共安全的危险更为严重，更应以危险驾驶罪论处。笔者并非要论证这一结论，而是想表达如下的意思：如果对上述行为不以危险驾驶罪论处，在当下十有八九会适用《刑法》第114条以危险方法危害公共安全罪；如果对上述行为以危险驾驶罪论处，则至少会减少以危险方法危害公共安全罪的适用。

又如，妨害安全驾驶罪属于具体危险犯，但其危险不需要达到《刑法》第114条的危险程度。倘若进行扩大解释，即使妨害安全驾驶的行为接近或者达到了《刑法》第114条规定的危险程度，也宜解释为妨害安全驾驶罪，而不应认定为以危险方法危害公共安全罪。同样，即使高空抛物行为产生了公共危险，也应当尽可能认定为高空抛物罪，而不应认定为以危险方法危害公共安全罪。

同样，对非法经营汽油、柴油的行为，也应解释到危险作业罪的第三种行为类型中去，从而减少非法经营罪的适用。由于经营行为大多会达到非法经营罪的情节特别严重的数额标准，故减少非法经营罪的适用就减少了重罪的适用。总体来说，公共安全法益比经济秩序法益更为重要，司法机关更应当重视非法经营汽油、柴油的行为对公共安全的危险，将这种行为认定为危险作业罪。反过来说，既然《刑法修正案（十一）》增加了危险作业罪，明确规定将擅自从事危险物品的生产、经营、储存的行为按危险作业罪论处，就间接否认了对非法经营汽油、柴油的行为以非法经营罪论处的做法。

2. 对重罪限制解释

对重罪原本就应当进行限制解释，因为如果对重罪进行扩张解释，基本上会违反罪刑相适应原则。在重刑化与轻刑化并存的立法例之下，对重罪更应当进行限制解释。

例如，在《刑法修正案（十一）》出台之前，司法机关对于未经主管机关批准而储存、运输爆炸物的行为均适用《刑法》第 125 条，认定为非法储存、运输爆炸物罪，导致量刑畸重。虽然本罪是抽象危险犯，但抽象危险的存在与否，并不是取决于储存、运输行为是否得到了主管机关的批准，而是取决于储存、运输的方式是否安全。得到了主管机关的批准，但储存、运输方式不安全的，依然会危害公共安全；反之，没有得到主管机关的批准，但以确保安全的方式储存、运输爆炸物的，就不会危害公共安全。同样，爆炸物是用于得到许可的采矿还是用于未取得许可的采矿，也不是决定储存、运输行为是否危害公共安全的关键。难以认为将爆炸物用于合法采矿的，其储存、运输行为就一定是安全的；反之，用于非法采矿的，就一定是不安全的。以往的刑事司法仅将是否经过主管机关的批准，作为判断行为是否危害公共安全的唯一标准，这实质上是将国家机关的权威性作为判断行为是否危害公共安全的唯一标准，难言妥当。

质言之，在刑法规定了危险作业罪后，对《刑法》第 125 条非法买卖、运输、储存爆炸物罪就应当进行严格的限制解释。这是因为，根据《刑法》第 134 条之一关于危险作业罪的规定，为了生产作业而没有经过批准或者许可，购买、运输爆炸物的，或者将爆炸物出卖给生产作业单位的，以及在生产作业过程中，将当日没有用完的爆炸物存放在工地的，都可能符合危险作业罪的构成要件，进而以危险作业罪论处。既然如此，对这类行为就不能再以非法买卖、运输、储存爆炸物罪论处。反过来说，在《刑法》增设了危险作业罪之后，对非法买卖、运输、储存爆炸物罪的构成要件行为，必须限制解释为以不能确保安全的方式非法买卖、运输、储存爆炸物。例如，某一合法的采矿企业需要使用炸药，具有炸药的使用和储存资格以及相关执照，企业把平时节省下来的炸药存放在矿井底下废弃的采矿场，然后谎称炸药用完了再购买新炸药，节省下来的炸药在节假日期间供应不上的时候用于继续从事生产经营，且运输方式以及储存炸药的地点与方法非常安全。虽然这样的行为在以往大多以非法买卖、运输、储存爆炸物罪定罪处罚，但在刑法增设危险作业罪之后，对这种行为不应当认定为构成非法买卖、运输、储存爆炸物罪。也就是说，刑法增设危险作业罪，就是为了将原来被认定为非法买卖、运输、储存爆炸物罪的部分行为，转移到危险作业罪中来，实现轻刑化，尤其要避免对基于生产作业需要而非法买卖、运输、储存爆炸物的行为科处较重的刑罚。

2009 年 11 月 16 日修正后的最高人民法院《关于审理非法制造、买卖、运输枪支、弹药、爆炸物等刑事案件具体应用法律若干问题的解释》第 9 条第 1 款与第 2 款规定：因筑路、建房、打井、整修宅基地和土地等正常生产、生活需要，以及因从事合法的生产经营活动而非法制造、买卖、运输、邮寄、储存爆炸物，数量达到本解释第 1 条规定标准，没有造成严重社会危害，并确有悔改表现的，可依法从轻处罚；情节轻微的，可以免除处罚。具有前款情形，数量虽达到本解释第 2 条规定标准的，也可以不认定为《刑法》第 125 条第 1 款规定的"情节严重"。这一司法解释解决了部分问题。刑法增设危险作业罪，事实上是从立法上解决相关问题。笔者认为，在立法修改后，对于司法解释所规定的上述行为，可以不再适用司法解释的规定，而应适用危险作业罪的规定。在非法买卖、运输、储存爆炸物罪的构成要件被限制解释之后，既不存在处罚漏洞，也不会导致罪刑不均衡。

3. 禁止滥用处罚较重的条款

在刑法增设轻罪之后，大多会在轻罪的罪状与法定刑之后另设专款规定：有前（两）款行为，同时（又）构成其他犯罪的，"依照处罚较重的规定定罪处罚"。这一规定大多是 1997 年后通过刑法修正案增加的。之所以如此，一个重要原因是刑法修正案增设的新罪大多为轻罪，但轻罪的构成要件行为完全可能同时触犯重罪，由于刑法总则缺乏罪数形态的一般规定，为了避免将重罪认定为新增的轻罪，刑法修正案便频繁增设上述规定。但是，司法机关不能滥用上述规定，或者说不能滥用处罚较重的条款，否则刑法增设轻罪就丧失了意义。具体而言，只有当一个行为完全符合轻罪的成立条件并且完全符合较重条款的规定时，才能适用处罚较重的条款。

第一，不符合轻罪的成立条件的，不能适用处罚较重的条款。

例如，对于实施了《刑法》第 142 条之一（妨害药品管理罪）第 1 款的四项客观行为之一，但没有"足以严重危害人体健康的"，不能按处罚较重的规定定罪处罚。行为人未取得药品相关批准证明文件，擅自从国外进口未经国内批准上市的某种药品，该药品确实对某疾病具有疗效，不会"足以严重危害人体健康"的，对该行为不能认定为非法经营罪。

首先，既然不成立妨害药品管理罪，就不可能适用《刑法》第 142 条之一第 1 款；既然不能适用《刑法》第 142 条之一第 1 款，就不可能将该款规定的法定刑与其他犯罪相比较。反过来说，只有当行为完全符合妨害药品管理罪的全部成立条件，因而能够适用《刑法》第 142 条之一第 1 款的法定刑，才可以将本罪的法定刑与其他犯罪的法定刑相比较，进而"依照处罚较重的规定定罪处罚"。

其次，倘若行为人未取得药品相关批准证明文件生产、进口药品或者明知是上述药品而销售，且足以严重危害人体健康的，最高只能处 7 年有期徒刑。如果不足以严重危害人体健康的，却以非法经营罪论处，反而最高可以处 15 年有期徒刑，这便导致罪刑不均衡，违反刑法的公平正义性。换言之，既然"足以严重危害人体健康"的也仅成立轻罪，那么，在不足以严重危害人体健康时，就不得以更重的罪追究刑事责任。

第二，虽然符合轻罪的成立条件，但不符合重罪的成立条件的，不能适用处罚较重的条款。

第三，虽然符合轻罪的成立条件，似乎符合重罪的构成要件，但重罪的构成要件并不明确的，也不应适用处罚较重的条款。

罪刑法定原则是我国刑法明文规定的基本原则，明确性是罪刑法定原则的基本内容之一，不明确的法条因为不符合罪刑法定原则而无效。即使立法机关没有宣布该法条无效，司法机关也应当主动放弃适用不明确的法条。尤其是在对某种行为可以适用明确的法条予以定罪量刑的前提下，更不能为了科处较重的刑罚而适用不明确的法条。

例如，即使妨害安全驾驶的行为造成了公共危险，而且危险类似于放火、爆炸行为的危险性，但由于《刑法》第 114 条以危险方法危害公共安全罪的构成要件并不明确，故对妨害安全驾驶的行为不宜认定为以危险方法危害公共安全罪，而应认定为妨害安全驾驶罪。

又如，即使行为人实施《刑法》第 142 条之一妨害药品管理罪规定的行为，且"足以严重危害人体健康"，也不应按非法经营罪论处。因为对这种行为认定为非法经营罪，无非是适用《刑法》第 225 条第 1 项或者第 4 项的规定。但《刑法》第 225 条第 1 项所规定的"专营、专卖物品或者其他限制买卖的物品"根本就不明确，也可以认为，将药品归于限制买卖的物品缺乏依据；第 4 项规定的"其他严重扰乱市场秩序的非法经营行为"更不明确。既然如此，在能够认定为较轻犯罪的情形下，就不应偏偏选择处罚较重的条款。

第四，虽然符合轻罪的成立条件，按以往的司法解释也符合重罪的构成要件，但由于轻罪的增设就是为了限制重罪的适用的，也不能适用处罚较重的规定。

刑法增设新的轻罪，实际上会起两方面的作用：一是将刑法原来没有规定的违法行为当作犯罪处理，从而填补处罚漏洞；二是将原来按较重犯罪处理的犯罪纳入轻罪处理。所以，某种行为虽然以前一直按较重犯罪处理，但在设立轻罪之后，完全可能要将该行为纳入轻罪之中，不再按较重犯罪处理。

例如，《刑法》第293条之一规定了催收非法债务罪。可是，依照《刑法》第238条的规定，即使以非法拘禁方式催收合法债务的也仅成立非法拘禁罪，最高处3年有期徒刑，既然如此，对于以暴力、胁迫、跟踪、恐吓等手段更为轻微的方式催收基于高利放贷产生的债务的行为，就不能科处更重的刑罚。如果将这种行为认定为寻衅滋事罪，就明显导致刑法适用的不协调，违反罪刑相适应原则。概言之，刑法增设催收非法债务罪，就是将以往被认为构成寻衅滋事罪中的部分行为调整到轻罪之中。因此，对符合催收非法债务罪构成要件的行为，不得以寻衅滋事罪论处。

再如，对于没有造成伤亡事故的危险驾驶、妨害安全驾驶、危险作业、高空抛物等行为，都不应当适用《刑法》第114条的规定。[①]

━━━━━━━━━ 疑 难 问 题 ━━━━━━━━━

1. 《刑法》第133条交通肇事罪

何谓"违反交通运输管理法规，因而发生重大事故"？

"违反交通运输管理法规，因而发生重大事故"，是指交通违章行为是交通事故发生的原因。

如何把握认定交通肇事罪的实行行为？

一般认为，过失犯跟故意犯一样也存在实行行为，交通肇事罪作为过失犯也不例外。交通肇事罪的实行行为，是指具有类型性地导致交通事故发生危险性的交通违章行为。如果行为人虽然存在所谓交通违章行为，但这种违章行为不可能是交通事故发生的原因，就不能认为行为人实施了交通肇事罪的实行行为。

例如，行为人驾驶未上车牌的车辆上路行驶，不可能是具体交通事故发生的原因，因而不能评价为交通肇事行为。又如，行为人虽然驾驶了未经年检但车况良好的车辆上路行驶，即使发生了交通事故，也不能将驾驶未经年检车辆的行为评价为交通肇事罪的实行行为。还如，行为人醉酒驾驶车辆上路行驶，在等红灯

———————

① 参见张明楷：《重刑化与轻刑化并存立法例下的刑法适用》，载《法学论坛》2023年第3期。

时被开车接打电话的后车司机追尾发生交通事故，行为人的醉酒驾驶行为不可能是本起交通事故发生的原因，不能认为行为人存在交通肇事罪的实行行为。所以，在交通肇事案中，一定要具体判断行为人有没有实施具有类型性地导致交通事故发生危险性的实行行为，行为人的交通违章行为是否为本起交通事故发生的原因，若没有或者不是，就应否定存在交通肇事罪的实行行为和交通肇事罪的成立。

💬 如何把握交通肇事罪中的"因而"？

交通运输管理法规都有自己的规范保护目的或者说立法目的。交通肇事的结果必须由违反规范保护目的的交通违章行为所引起。换言之，行为虽然违反了交通运输管理法规，也发生了交通事故，但倘若交通事故的发生超出了交通法规的规范保护目的，就不能认定为违反交通运输管理法规"因而"发生重大交通事故，进而构成交通肇事罪。例如，禁止驾驶未经年检的车辆的规范保护目的，是防止因车辆故障导致交通事故。如果行为人驾驶未经年检的车辆，但该车并无故障，而是由于被害人横穿高速公路造成了交通事故，就不能对行为人以交通肇事罪论处。

💬 因信赖高度自动驾驶系统的无过错的"驾驶员"，能否成立"肇事逃逸"和"逃逸致死"？

在使用高度自动驾驶系统的车辆中，车主也是乘客，发生交通事故后，车主不承担交通肇事罪的刑事责任，只能追究车辆制造者和高度自动驾驶系统的设计者的产品质量责任。问题在于，恰好坐在车上的车主有无保护现场、报警和抢救伤者的义务，若其逃逸，应否追究其"交通运输肇事后逃逸"和"因逃逸致人死亡"的刑事责任？按照通说的观点，成立"交通运输肇事后逃逸"和"因逃逸致人死亡"以行为构成交通肇事罪为前提。若如此，因为车主不构成交通肇事罪，自然也就不成立"交通运输肇事后逃逸"和"因逃逸致人死亡"。但是，车主在使用高度自动驾驶系统的车辆中虽可谓"乘客"，但并非真正意义上的乘客，而是一种危险源的监督者，在发生交通事故后应负有"危险源监督义务"，不履行义务的，应承担不作为的故意杀人、伤害罪或者遗弃罪的刑事责任。

💬 加重处罚"逃逸"的根据是什么？

应该说，只要因交通违规致人重伤，就达到了值得以交通肇事罪科处刑罚的程度（刑法条文如此规定），没有必要承认所谓的"定罪逃逸"：致人重伤后逃逸的，成立作为交通肇事罪加重情节的"肇事逃逸"。关于禁止交通肇事逃逸的规范保护目的，虽然总体上说"逃避救助义务说"具有合理性，但对于"肇事逃逸"与"逃逸致死"的规范保护目的应进行相对性解读。"肇事逃逸"的规范保护目的即加重处罚的根据在于，促使交通肇事者及时抢救伤者、保护现场（包括设置警示标志以避免后续事故的发生）并报警，以便分清责任、迅速处理交通事故、保障道路的畅通、避免损失的进一步扩大。"逃逸致死"的规范保护目的在于，促使交通肇事者及时抢救伤者（包括躺在道路中间的昏迷者），避免被害人因得不到及时救助而死亡，以及根据需要设置警示标志、清除路障，以避免发生后续事故致人死亡。

● "逃逸"事实能同时作为定罪情节和加重情节进行评价吗？

按照最高人民法院《关于审理交通肇事刑事案件具体应用法律若干问题的解释》的规定，交通肇事致1人重伤，负事故全部或者主要责任，具有六种情形之一的，包括"为逃避法律追究逃离事故现场"，构成交通肇事罪。若因逃逸而被认定负事故的主要责任，根据《道路交通安全法实施条例》第92条"发生交通事故后当事人逃逸的，逃逸的当事人承担全部责任"的规定，则逃逸已经作为定罪情节进行评价。因其他情节而被认定负事故的全部或者主要责任，如逆行、闯红灯、超速，没有上述司法解释第2条第2款规定的第1至5项规定的情形之一，逃逸也是作为定罪情节进行了评价，不能再被评价为"肇事逃逸"和"逃逸致死"。简单地讲，只有逃逸行为没有被作为定罪情节进行评价，也就是不考虑逃逸情节，行为人也构成交通肇事罪，对逃逸才可以作为量刑加重情节"肇事逃逸"进行评价。

也就是说，对逃逸行为不能既作为入罪的情节，也作为量刑加重的情节进行评价。同样，逃逸行为作为"肇事逃逸"进行评价的，也不可能再作为"逃逸致死"情节进行评价，否则就违反了禁止重复评价原则。总之，一个逃逸情节不能被评价两次。

● 不符合交通肇事罪成立条件，能否以过失致人重伤、死亡罪定罪处罚？

最高人民法院《关于审理交通肇事刑事案件具体应用法律若干问题的解释》规定，交通肇事致人重伤、死亡成立交通肇事罪的条件是负全部、主要或者同等责任。问题在于，不符合负责任条件的，如"重伤1人仅负事故同等责任""死亡1人或者重伤3人仅负事故同等责任"，或者"死亡3人以上仅负事故次要责任"，不符合交通肇事罪成立条件的，能否以过失致人重伤、死亡罪追究刑事责任？

应该说，之所以在交通肇事罪的成立条件上有负责任大小的要求，是因为发生在公共交通领域的交通运输的参与各方，均负有一定的交通安全注意义务，才有所谓"过失相抵原则"，这明显不同于发生在日常生活领域的普通过失致人死伤的案件。因此，对于发生在公共交通领域的交通肇事致人死伤的案件，若不符合责任分配的要求，就可以认为没有达到值得科处刑罚的程度，不应作为犯罪处理，更不能成立法定刑更重的过失致人死亡罪与过失致人重伤罪。

● 无能力赔偿达到一定数额可认定成立交通肇事罪基本犯与加重犯的司法解释规定，有无疑问？

最高人民法院《关于审理交通肇事刑事案件具体应用法律若干问题的解释》规定，造成公共财产或者他人财产直接损失，负事故全部或者主要责任，无能力赔偿数额在 30 万元以上的，应以交通肇事罪处 3 年以下有期徒刑或者拘役；无能力赔偿数额在 60 万元以上的，属于"有其他特别恶劣情节"，处 3 年以上 7 年以下有期徒刑。

司法解释的规定给人"穷人就只能坐牢，富人就可以逍遥法外"的不公平的感觉。例如，甲交通肇事造成他人 31 万元的财产损失，罄其所有仅赔偿几千元，由于其无能力赔偿数额在 30 万元以上，因而应以交通肇事罪处 3 年以下有期徒刑或者拘役。而乙交通肇事造成他人 310 万元的财产损失，由于其赔偿了他人 280 多万元的财产损失，无能力赔偿数额不到 30 万元，因而不构成交通肇事罪。又如，丙交通肇事造成他人 61 万元的财产损失，罄其所有仅赔偿了几千元，由于其无能力赔偿数额在 60 万元以上，因而属于"有其他特别恶劣情节"，应处 3 年以上 7 年以下有期徒刑。而丁交通肇事造成他人 600 万元的财产损失，其赔偿了他人 540 多万元的财产损失，无能力赔偿数额不到 60 万元，因而不属于"有其他特别恶劣情节"，只能处 3 年以下有期徒刑或者拘役；如果丁赔偿了他人 570 多万元的财产损失，无能力赔偿数额不足 30 万元，便不成立交通肇事罪。这种解释难免受到非议，应当休矣。

● 交通肇事罪有自首成立的余地吗？

应该说，不能认为杀人、放火之后自动投案的，可以成立自首，而实施法定刑要轻得多的作为过失犯的交通肇事罪之后反而不能成立自首。虽然《道路交通安全法》规定发生交通事故后车辆驾驶人有立即停车、保护现场、报警、抢救伤者、设置警示标志的行政法义务，但履行行政法规定的义务与自首并不矛盾。不能因为行为人的行为属于履行行政义务，就直接否认其自首情节。《道路交通安全法》规定车辆驾驶者履行行政义务，是为了正确确定肇事者的责任（保护现场）和迅速救助受伤人员（立即抢救受伤人员）。而刑法规定自首的根据，一是因为行为人有悔罪表现，特殊预防的必要性减少（法律理由）；二是为了减轻刑事司法负担（政策理由）。

所以，履行《道路交通安全法》规定的行政义务，并不意味着对自首的否认。将肇事者履行《道路交通安全法》规定的行政义务的行为认定为刑法上的自首，也不存在重复评价的问题。将肇事后保护现场、抢救伤者、向公安机关报告，同时符合自首条件的行为认定为自首，也符合罪刑相适应原则。

🔵 如何看待"交通事故认定书"的性质？

刑法理论毫无争议地认为，刑事司法机关在审理行为是否构成交通肇事罪时，不能直接采纳交通管理部门的责任认定，而应根据《刑法》所规定的交通肇事罪的构成要件进行实质的分析判断，避免直接将《道路交通安全法》上的责任转移为刑事责任。

应该说，刑法目的明显不同于行政管理的目的，法院在审理交通肇事刑事案件时，只能将由公安机关的交通管理部门单方作出的、缺乏必要制约和救济程序的交通事故认定书，视为一种参考性的勘验证据材料，而不能直接作为认定交通肇事罪成立与否及其轻重的根据。

🔵 如何看待"逃逸的，负全责"的规定和实践做法？

《道路交通安全法实施条例》第 92 条第 1 款规定："发生交通事故后当事人逃逸的，逃逸的当事人承担全部责任。但是，有证据证明对方当事人也有过错的，可以减轻责任。"这就是所谓"逃逸者负全责"的规定。我国司法实务部门一如既往地遵循该规定，只要肇事后逃逸，基本上就直接认定逃逸者负全部责任。[1]

"逃逸者负全责"的规定与做法遭到了理论界的一致批评：因逃逸行为发生在事故结果之后，该规定明显有违原因不可能发生在结果之后的基本常识，即事后逃逸行为不可能成为交通事故发生的原因。

🔵 有关"移置逃逸"一律构成故意伤害、杀人罪的司法解释规定，有无疑问？

应该说，如果行为人只是单纯逃逸，致使被害人因得不到救助而死亡的，仅成立"逃逸致死"。从我国司法实践来看，对于因没有及时将不能自救的被害人从道路中间移开而被后续车辆碾压致死，只是认定为"逃逸致死"，因此交通肇事后如果只是消极地不救助受伤的被害人，虽然属于不作为的故意杀人，也只需以"因逃逸致人死亡的，处 7 年以上有期徒刑"进行评价。

所以，只要没有证据证明（事实存疑时根据有利于被告人原则处理）如果将被害人留在事故现场就有被救助而避免死亡的可能性，就应将"移置逃逸"的情形作为单纯逃逸（不作为）处理，根据具体情形认定为"交通运输肇事后逃逸"（肇事已形成不可逆转的致命伤）或者"因逃逸致人死亡"（肇事未形成不可逆转的致命伤）。

---

[1] 参见江苏省苏州市虎丘区人民法院（2008）虎刑初字第 0365 号刑事判决书。

2. 《刑法》第 133 条之一危险驾驶罪

💬 **醉驾短距离挪车、在荒野道路上醉驾，能构成危险驾驶罪吗？**

虽然抽象危险犯中的危险是人们根据一般的生活经验得出的、由立法推定或者拟制的危险，但由于刑法的目的是保护法益，犯罪的本质是侵害或者威胁法益，对法益没有危险的行为不可能作为犯罪处理，所以，抽象危险犯中的危险也是允许反证的。如果有证据证明没有任何危险或者危险极小的，就不值得科处刑罚。例如，在没有车辆、行人的荒野道路上醉酒驾驶机动车，以及凌晨 3 点在空无一人的地下停车场醉酒倒车，由于不具有抽象的危险性，不应以危险驾驶罪定罪处罚。

💬 **饮酒时没有驾驶车辆的意思，饮酒后萌生驾驶的念头而驾车的，成立危险驾驶罪吗？**

例如，甲知道晚上的应酬肯定会喝酒，于是不开车而打的赴宴。酒足饭饱离开时，其未饮酒的朋友乙主动要求开车送其回家。乘车途中，甲嫌乙车技太烂，坚决要求自己开车，乙拗不过只好让甲开车。

由于甲饮酒时并无酒后驾车的意思，即没有危险驾驶的故意，在实际驾车时已经丧失责任能力，根据行为与责任同时存在的原则，甲的行为不应成立危险驾驶罪。

为了维护"行为与责任同时存在"的原则，人们提出了原因自由行为概念。所谓原因自由行为，是指在实施原因行为时具有责任能力，但在实施犯罪行为时丧失或者减弱了责任能力。醉驾、毒驾是典型的原因自由行为。应该说，我国通说和实务对原因自由行为的理解存在认识误区，认为"醉酒的人犯罪应当负刑事责任"是一种严格责任，无论饮酒时有无酒后实施犯罪行为的故意，只要酒后事实上实施了犯罪行为，就应以犯罪论处。

其实，原因自由行为理论说明的是，实施原因行为时行为人有犯罪的意思，在丧失或者减弱责任能力的情况下实施了犯罪行为，因而应对犯罪结果负责。就醉酒驾驶的原因自由行为而言，要成立危险驾驶罪，也必须是饮酒时就有事后驾车的意思。

💬 **能否以血液中酒精消除速率推算结果作为危险驾驶案件的认定依据？**

应该说，即便因为行为人采取诸如"顶包"、污染检材、抗拒执法、逃逸等手段规避法律责任，致使其实际酒精检测结果达不到认定醉驾的标准，根据事实存疑时有利于被告人的原则，也不能以血液中酒精消除速率推算结果作为危险驾驶罪的认定依据。

醉酒驾驶后抽血前再次饮酒的，如何认定行为人血液中的酒精含量？

应该说，醉驾后再次饮酒的行为相当于毁灭证据。即便是实施杀人、放火、抢劫这些重罪后毁灭证据，也不会作出不利于行为人的推定。作为法定最高刑仅为 6 个月拘役的危险驾驶罪，对基于人的本能而发生的作案后毁灭证据的行为作出不利于行为人的推定，违背事实存疑时有利于被告人的刑诉基本原则，背离刑法的人权保障宗旨，不具有合理性。

也就是说，只要不是醉驾时当场查获呼气酒精含量或者血液酒精含量达到醉驾的标准，就不能认定为危险驾驶罪。若因为交通违章导致交通事故，符合交通肇事罪构成要件的，完全可以交通肇事罪追究其刑事责任。

醉酒驾车送家人到医院抢救，能构成危险驾驶罪吗？

应该说，醉驾通常只具有抽象危险，而昏迷的家人若不被及时送医抢救，却有危及生命的具体危险，所以，若符合紧急避险的其他条件，醉驾送医应作为紧急避险处理，不构成危险驾驶罪。①

3. 《刑法》第 134 条第 1 款重大责任事故罪
如何认定重大责任事故罪中的"因而"？

《刑法》第 134 条第 1 款重大责任事故罪中的"因而"，旨在强调生产、作业中的违规操作行为是造成重大责任事故的原因，将重大责任事故的发生归属于违规行为，符合安全管理规定的规范保护目的。换言之，如果重大责任事故的发生不是违规操作行为造成的，或者说将重大责任事故的发生归属于违规行为，不符合安全管理规定的规范保护目的，就不能肯定"因而"而成立重大责任事故罪。

政府出具的"事故调查报告"具有证据效力吗？

事故发生后政府相关部门出具的所谓事故调查报告，不属于《刑事诉讼法》所规定的任何一种证据种类，不是书证、物证、证人证言，而是专门技术人员对事故发生原因、责任划分等方面出具的意见，相当于勘验、检查笔录和鉴定意见，类似于交通事故责任认定书，可谓行政确认。其虽然对认定事故发生原因、事故责任划分等问题具有重大的参考价值，但毕竟不是客观证据，对其证据效力，必须结合相关安全管理的行政法规等规范和专业知识进行审核。

质言之，政府相关部门出具的事故调查报告是事故发生后"个人"作出或者发表的个人意见，按照证据规则，像勘验、检查笔录和鉴定意见一样，作出结论的相关负责人员和聘请的专家应当出庭接受各方的质证，否则不能予以采信。

---

① 参见周光权：《刑法各论（第四版）》，中国人民大学出版社 2021 年版，第 224—225 页。

💬 **给私营企业主造成的财产损失能认定为事故造成的直接经济损失吗？**

在本罪发生于私营企业的场合，如果行为人是私营企业产权的唯一所有人，即实际投资人或者唯一出资人，则事故给私营企业本身造成的财产损失不能计算在直接经济损失与其他后果内。如果行为人是民营企业的股东，则计算财产损失时应扣除其所占股份比例的部分。例如，行为人占股20%，责任事故总共造成100万元的经济损失，则应认定其承担的经济损失数额为80万元，而不是100万元的全部。当然，如果行为人是私营企业的职工，则行为给私营企业本身造成的财产损失应当计算在直接经济损失内。概言之，行为人对自己本人造成的损失，不能认定为犯罪结果。

4.《刑法》第134条第2款强令、组织他人违章冒险作业罪

💬 **被强令、组织违章冒险作业的他人构成犯罪吗？**

本罪的犯罪主体为对生产、作业负有组织、指挥或者管理职责的负责人、管理人员、实际控制人、投资人。也就是说，只有实际对生产、作业负有组织、指挥、管理职责的人员才可能强令、组织他人违章冒险作业。就建设工程而言，一般来说只有施工单位的人员才可能构成本罪，建设单位、设计单位和监理单位可能构成工程重大安全事故罪。被强令、组织违章冒险作业的人员，由于处于被控制、支配的状态，既不构成本罪，又不构成重大责任事故罪等其他责任事故犯罪。

5.《刑法》第134条之一危险作业罪

💬 **危险作业罪的责任形式是什么？**

本罪既无"过失"的明文表述，也无成立过失犯的文理根据，应当认为本罪的责任形式是故意，即行为人必须认识到自己违反有关安全管理规定的行为具有发生重大伤亡事故或者其他严重后果的现实危险，而希望或者放任这种危险的发生。

💬 **危险作业罪的实行行为是什么？**

从《刑法》第134条之一的规定来看，危险作业罪的实行行为包括：（1）关闭、破坏关系生产安全的设备、设施；（2）篡改、隐瞒、销毁关系生产安全的数据、信息；（3）拒不执行责令整改措施；（4）擅自从事危险生产作业活动。需要说明的是，行为人无论实施哪一种行为，都必须具有发生重大伤亡事故或者其他严重后果的现实危险，否则不成立犯罪。

💬 **无证私售成品汽油，是构成非法经营罪还是危险作业罪？**

《刑法修正案（十一）》新增危险作业罪是对非法经营危化品的一次修正，也是对非法经营罪适用范围的合理限缩，即将原来由非法经营罪调整的"未经许

可经营危险化学品"的行为纳入新增危险作业罪的打击范围，用调整安全生产领域的新增罪名来维护公共安全。

6.《刑法》第137条工程重大安全事故罪
💬 为何工程重大安全事故罪比重大责任事故罪的法定刑重？

工程重大安全事故罪的法定最高刑为10年有期徒刑，重于重大责任事故罪的7年有期徒刑。应该说，之所以工程重大安全事故罪法定刑较重，是因为建筑质量不合格导致发生工程安全事故，如高楼、桥梁垮塌，往往会导致大量人员的死伤，而重大责任事故罪通常只是导致少量的现场生产、作业人员的死伤。当然，这只是就一般情形而言的。

💬 工程重大安全事故罪是单位犯罪吗？

从条文表述看，本罪似乎是典型的单位犯罪，犯罪主体是建设单位、设计单位、施工单位和工程监理单位，但由于本罪只处罚直接责任人员，而不处罚单位，根据"无罪无刑，无刑无罪"原理，不应认为本罪属于单位犯罪。也就是说，本罪是自然人犯罪，不是单位犯罪。

7.《刑法》第139条之一不报、谎报安全事故罪
💬 认为转移、藏匿、毁灭遇难人员尸体也能构成本罪的司法解释规定，有无疑问？

有司法解释规定，转移、藏匿、毁灭遇难人员尸体的，应当以不报、谎报安全事故罪进行追诉。① 既然已经遇难，就不存在救助的可能性，就不是因为不报、谎报事故情况贻误事故抢救而造成的，即不具有刑法上的因果关系，不能构成不报、谎报安全事故罪，只能构成重大责任事故罪等犯罪。有指导性案例指出，认定谎报安全事故罪，要重点审查谎报行为与贻误事故抢救结果之间的因果关系；只有谎报事故的行为造成贻误事故抢救的后果，即造成事故后果扩大或致使不能及时有效开展事故抢救，才可能构成本罪；如果事故已经完成抢救，或者没有抢救时机（危害结果不可能加重或扩大），则不构成本罪。② 应该说，该指导性案例的立场是可取的。

💬 同时构成重大责任事故罪和不报、谎报安全事故罪的，能数罪并罚吗？

理论与实务界认为，对于同时构成重大责任事故罪和不报、谎报安全事故罪

---

① 参见最高人民检察院、公安部《关于公安机关管辖的刑事案件立案追诉标准的规定（一）的补充规定》；"两高"《关于办理危害生产安全刑事案件适用法律若干问题的解释》。
② 参见最高人民检察院指导性案例第96号"黄某某等人重大责任事故、谎报安全事故案"。

的，应当实行数罪并罚。① 应该说，重大责任事故罪评价的是事故原因本身的行为，本罪评价的是事故发生后因为不报、谎报事故情况，贻误事故抢救，进而增加伤亡人数等事故后果扩大的情形。所以，即便能够数罪并罚，也不能将最终伤亡人数同时评价为重大责任事故的结果和不报、谎报安全事故的结果。

例如，事故最终造成 3 人死亡，其中 1 人是在不报、谎报事故情况之前已经造成，2 人是之后因为不报、谎报事故情况贻误事故抢救造成的。不能将 3 人死亡同时评价为重大责任事故和不报、谎报安全事故的结果。只能认为重大责任事故造成 1 人死亡，不报、谎报安全事故造成 2 人死亡，即便数罪并罚，也只能适用相应的基本法定刑。在难以分清是事故本身造成与不报、谎报事故情况贻误事故抢救造成时，应根据事实存疑时有利于被告人的原则进行处理。

💬 **他人已经及时报告的，行为人还能构成本罪吗？**

应该说，本罪规制的是事故发生后，因为行为人不及时报告或者谎报事故情况而贻误事故抢救，造成伤亡的增加、事故后果扩大的情形。既然他人已经及时报告，负有报告职责的人员不报、谎报事故情况就不可能贻误事故抢救而造成伤亡的增加、事故后果的扩大，所以不能构成本罪。当然，行为人本人负有救助义务，若行为人自己不及时组织救助导致伤亡增加的，可能成立过失致人死亡罪、过失致人重伤罪或者故意杀人罪、故意伤害罪。

8. 《刑法》第 291 条之二高空抛物罪

💬 **在 10 楼浇花时不小心碰下去一个花盆，构成本罪吗？**

高空抛物罪的责任形式是故意，过失不构成本罪。在 10 楼浇花时不小心碰下去一个花盆的，不成立高空抛物罪，只可能成立过失致人死亡罪、过失致人重伤罪。

💬 **之前以危险方法危害公共安全罪定罪处罚的司法解释，还能适用吗？**

最高人民法院《关于依法妥善审理高空抛物、坠物案件的意见》指出，故意从高空抛弃物品，尚未造成严重后果的，但足以危害公共安全的，依照《刑法》第 114 条规定的以危险方法危害公共安全罪定罪处罚。显然，司法解释明知高空抛物行为不会危害公共安全，而有意用"足以危害公共安全"替代了《刑法》第 114 条规定的"危害公共安全"，将仅存在造成危险的危险即抽象危险的行为，也认定为作为具体危险犯的以危险方法危害公共安全罪，而过于扩大了以危险方法危害公共安全罪的适用范围。这明显属于类推解释，违反了罪刑法定原则。所以说，本罪增设后，上述司法解释规定不应再继续适用。

---

① 参见张明楷：《刑法学（第六版）》（下册），法律出版社 2021 年版，第 942 页；最高人民检察院指导性案例第 96 号"黄某某等人重大责任事故、谎报安全事故案"。

9.《刑法》第293条之一催收非法债务罪

💬 **如何把握本罪与正当行使权利、合法讨债的界限?**

关键是看催收的债务本身是否受法律保护,是否合法债务。催收合法债务的,只能根据手段行为进行评价,认定为非法拘禁、故意伤害等犯罪,不能认定为本罪和寻衅滋事罪。催收非法债务的,构成催收非法债务罪,同时可能构成故意伤害罪、非法拘禁罪、非法侵入住宅罪、抢劫罪、敲诈勒索罪等罪而从一重处罚,但不构成寻衅滋事罪。

💬 **催收高利放贷中的本金与合法利息,构成本罪吗?**

催收高利放贷中的合法本息,不构成本罪,只能根据手段的性质,认定成立非法拘禁罪等,但不构成寻衅滋事罪。

10.《刑法》第299条之一侵害英雄烈士名誉、荣誉罪

💬 **应否对本罪中的"英雄烈士"的范围进行限制?**

虽然文天祥、岳飞、屈原、丁汝昌、秋瑾、吉鸿昌、张自忠、"八百壮士"等也可谓英雄烈士,但基于保护必要性考虑,应将本罪中的英雄烈士,限定为中国共产党成立以来,中国共产党方面所授予或者追认的已经死去的英雄烈士。

自然犯与法定犯一体化

要　旨

由于我国立法者将自然犯与法定犯规定在一个刑法典中，因此存在大量的较重的自然犯规定中包含较轻的法定犯、较轻的法定犯规定中包含较重的自然犯的现象。在这种自然犯与法定犯一体化的立法体例下，尤其应当同时遵守罪刑法定原则和罪刑相适应原则，对刑法分则条文进行实质解释，充分考虑法条的法益保护目的和法条适用的后果。

辩点分析

20世纪末期，在我国刑事立法正要走上分散型立法的情况下，1997年修订《刑法》时却突然来了一个大转变：要制定一部有中国特色的、统一的、比较完备的刑法典。基于这一考虑，所有的单行刑法均被纳入刑法典；附属刑法的部分规定成为刑法分则的具体条款。根据上述指导思想，法定犯被全部纳入刑法典，使法定犯与自然犯均规定在一部刑法典中，于是形成了自然犯与法定犯一体化的立法体例。自然犯与法定犯一体化的立法体例中，既有分别规定，也有混同规定。

分别规定，是指在刑法分则的不同法条中分别规定自然犯与法定犯，并规定不同的法定刑。例如，《刑法》第125条非法制造、买卖枪支罪可谓自然犯，法定刑较重；第126条违规制造、销售枪支罪则是法定犯，法定刑较轻。这一分别规定使这两个犯罪在解释论上不存在明显的问题，或者说，在刑法适用上不会造成不公正、不合理的后果。

混同规定，是指刑法分则将行为外表相同但对违法（法益侵害）与责任程度不同的自然犯与法定犯规定在同一法条中，导致法定犯与自然犯相混同。混同规定主要表现为如下两种情形：

第一，将较轻的法定犯当作较重的自然犯规定（或者说使较重的自然犯规定中包含较轻的法定犯）给刑法的适用造成了困难。例如，未经行政许可运输爆炸物的行为，不管是为了正当的生产经营还是为了实施恐怖犯罪都适用《刑法》第125条的规定，就导致罪刑不相适应。

第二，将较重的自然犯当作较轻的法定犯规定（有的表现为在自然犯之外又规定不必要的法定犯），或者使较轻的法定犯规定中包含了较重的自然犯，从而给刑法的适用造成困难。例如，抽逃出资行为原本成立职务侵占罪（在少数情况下也可能成立挪用资金罪），但抽逃出资罪的设立却导致对部分职务侵占罪仅以较轻的法定犯处罚。显然，这里的问题也出在自然犯与法定犯一体化的立法体例上。

从立法论上讲，如果我国以后也采取自然犯与法定犯分散立法的体例，那么上述问题就会迎刃而解。但是，在现行刑法的立法体例还没有作出修改的情况下，只能在坚持罪刑法定原则的同时，通过进行妥当的实质解释使案件的处理公正化、合理化。

（一）部分行为非罪化

犯罪的实体是违法与责任。对违法构成要件的解释，必须使行为的违法性达到值得科处刑罚的程度；对责任要件的解释，必须使行为的有责性达到值得科处刑罚的程度。易言之，必须将从字面上看符合犯罪成立的条件但从实质上看不具有可罚性的行为排除在犯罪之外。一方面，即使行为处于刑法条文规定的构成要件的文字含义之内，也完全可能以不存在法益侵害或者法益侵害没有达到犯罪程度（轻微行为）为根据，将这种行为排除在犯罪之外；另一方面，如果行为值得科处刑罚但没有达到重罪程度（较重行为），而刑法对该行为规定了重法定刑，可是该行为又不符合轻罪的构成要件的，也只能排除在犯罪之外。以下分两类情形展开讨论。

1. 轻微行为的除罪化

由于构成要件的描述旨在使值得科处刑罚的违法行为处于构成要件之内，因此，某种行为虽然处于刑法条文规定的构成要件的文字含义内，但是在没有侵害法益或者法益侵害相当轻微时，必须通过解释将其排除在构成要件之外。

例如，相关法规规定，即使砍伐枯死树木，也需要权力机关批准。国家林业局林函策字〔2003〕15号文件明确规定未申请林木采伐许可证擅自采伐"火烧枯死木"等因自然灾害毁损的林木，应当依法分别定性为盗伐或者滥伐林木行为。换言之，未经批准砍伐枯死树木的行为，也是违反《森林法》的滥伐行为。因此，滥伐林木罪包含了两类具有明显差异的行为：一类是破坏森林资源的滥伐行为；另一类是虽然没有破坏森林资源，但是实施了没有经过林业主管部门批准的滥伐行为（如为了重新种植树木而滥伐枯死树木的行为）。前一类可谓自然犯，后一类则是所谓法定犯。虽然两类行为的违法性质和程度明显不同，但是会受到相同的处罚。

当然，即使行政法条文的目的与刑法条文的目的相一致，也不能将行政违法结果等同于犯罪结果。因为行政法强调合目的性而不注重法的安定性，其有可能为了达到目的而扩张制裁范围。刑法必须重视安定性，不能随意扩张处罚范围；适用刑法的相关法条时，不能将行政法禁止的一般违法结果作为刑法禁止的犯罪结果。因此，枯死树木不能成为刑法上的滥伐林木等罪的保护对象。滥伐自己所有的枯死树木虽然违反《森林法》的规定，但是既没有侵害他人的财产，也没有侵害森林资源，不构成任何犯罪。即使认为行为人的行为侵犯了林业部门的权威，符合滥伐林木罪的构成要件，也应当认为具备违法阻却事由。

同理，将村民违反相关行政法规出售、购买已经枯死的保护植物的行为认定为危害国家重点保护植物罪也不妥当。

2. 较重行为的除罪化

一般来说，较重行为（即对法益的侵害达到了值得科处刑罚的程度）是不应当除罪化的。但是，由于自然犯与法定犯的一体化规定导致有些值得科处较轻刑罚的行为（法定犯）包含在重罪（自然犯）之中，而这种行为并不符合其他轻罪的构成要件，按重罪处罚又对被告人极为不利，因此，应通过实质解释进行除罪化。

例如，依法生产爆炸物的企业超过批准数量或者限额将爆炸物出卖给合法使用爆炸物的单位或者个人的行为（以下简称"合法企业违规出售爆炸物的行为"），在我国均被认定为非法买卖爆炸物罪。但是，由于这种行为明显不同于为了实施爆炸犯罪而买卖爆炸物的情形，因此，2009 年 11 月 16 日修正的最高人民法院《关于审理非法制造、买卖、运输枪支、弹药、爆炸物等刑事案件具体应用法律若干问题的解释》，对于这种行为构成非法买卖爆炸物罪所规定的数额标准是其他情形的 10 倍，旨在限定处罚范围。应该说，即便如此，将这样的行为当作危害公共安全的重罪进行处罚也不合适。

第一，非法买卖爆炸物罪的法定刑与爆炸罪的法定刑相同，第一档均为"3年以上 10 年以下有期徒刑"，第二档均为"10 年以上有期徒刑、无期徒刑或者死刑"。但是，合法企业违规出售爆炸物的行为与爆炸罪相比在法益侵害性、有责性方面相差悬殊。前者是违反行政管理的法定犯，后者是危害公共安全的自然犯。如果对二者给予相同的处罚，那么明显违反刑法的正义性。

第二，明知他人可能实施爆炸犯罪而出卖爆炸物的行为与合法企业违规出售爆炸物的行为实际上分别属于自然犯与法定犯。虽然《刑法》第 125 条将非法买卖爆炸物罪规定为抽象危险犯，但是抽象危险存在不同的类型，需要对其作一定的司法判断。其实，立法者是考虑到非法买卖的爆炸物有可能被用于爆炸犯罪，才将这种行为规定为抽象危险犯并规定较重法定刑的，然而，当合法企业出售爆炸物给合法使用爆炸物的单位或者个人使用时，并不存在立法者所担心的那种危险。换言之，从危险性的意义上讲，合法企业依法出售爆炸物给合法使用爆炸物的单位和个人，与合法企业违规出售爆炸物给合法使用爆炸物的单位和个人是完全相同的。既然如此，后者就只是单纯违反行政管理法规、侵害管理秩序的行为，即只是一种法定犯，因而不能与自然犯适用相同的法条。

第三，将合法企业违规出售爆炸物的行为解释为无罪，并非没有法条上的文理依据。例如，日本刑法在规定故意杀人罪的同时规定了得承诺的杀人罪，后者的法定刑明显低于前者。但是，日本刑法在规定故意伤害罪时却没有规定得承诺的伤害罪。于是，从文理上可以得出两种结论：（1）既然日本刑法仅规定处罚得承诺的杀人行为，那么对于得承诺的伤害行为就不予处罚；（2）既然日本刑法没有对得承诺的伤害行为规定较轻的法定刑，那么对其就应当按照通常的故意伤害罪处罚。我国《刑法》第 125 条规定了非法制造、买卖枪支、弹药、爆炸物罪，第 126 条规定了违规制造、销售枪支罪，后者的法定刑明显轻于前者。但是，《刑法》第 126 条没有规定违规制造、买卖爆炸物罪。于是，从文理上也可以得出两种结论：（1）对于依法生产爆炸物的企业违规制造、买卖爆炸物的行为不予处罚；（2）对于依法生产爆炸物的企业违规制造、买卖爆炸物的行为按照通常的非法制造、买卖爆炸物罪处罚。既然从文理上可以得出对上述行为不予处罚的结论，那么就需要以上述实质理由为根据对上述行为不以犯罪论处。

基于同样的理由，对于合法的生产企业由于生产需要而未经许可购买、储存爆炸物的行为，也不应当以非法买卖、储存爆炸物罪论处。例如，按照相关法规的规定，需要使用爆炸物的生产企业，必须当天购买当天使用爆炸物而不得储存。但是，有的企业在购买爆炸物之后，当天没有用完或者有时购买过量，或者担心节假日期间不能运输所购买的爆炸物，而将爆炸物储存在废弃的矿井下（没有危险）。这种行为虽然违反了有关爆炸物管理的相关法规，但是其属于侵害行政管理秩序的法定犯，与储存爆炸物用于爆炸犯罪因而危害公共安全的自然犯明显不同。即使认为这种法定犯比较严重，但是由于以严重的自然犯论处明显不当，并且也没有可以适用的轻罪，因此对其只能按无罪处理。

也许有人会说，只要通过修改司法解释，提高合法的生产企业违规购买、储存爆炸物的行为构成非法买卖、储存爆炸物罪的数量要求，就可以将大量的相关行为排除在犯罪之外，并且使得这类行为受到较轻的处罚。但是，现实的情况是，合法的生产企业因为生产的需要有可能经常违规购买、储存大量爆炸物，从数量上进行限制根本不可能达到限制处罚范围的目的。在现行的自然犯与法定犯一体化的立法体例下，只有对这种行为实行除罪化才能避免适用刑法的缺陷。

（二）部分行为轻罪化

某个行为看似符合某法条对重罪构成要件的表述，但其实际上并不具有重罪的违法性与有责性，因而对其不应当适用重罪的法条。当然，如果某个行为既符合轻罪法条的文字表述，又值得以轻罪处罚，那么应当以轻罪论处。

当刑法分则中重罪法条的字面含义包含自然犯和法定犯，并且另有关于较轻的法定犯的规定时，如果某个行为虽然符合自然犯（重罪）法条的字面含义但是实际上并不具备自然犯的本质属性，那么对其只能按照较轻的法定犯处罚。例如，被《刑法修正案（八）》删除的原第205条第2款规定："有前款行为骗取国家税款，数额特别巨大，情节特别严重，给国家利益造成特别重大损失的，处无期徒刑或者死刑，并处没收财产。"

立法者对虚开增值税专用发票罪设置如此严厉的法定刑，显然不是因为虚开增值税专用发票的行为单纯违反了发票的管理秩序或者发票的真实性，而是因为这种行为骗取了国家税款或者有骗取国家税款的高度危险。1997年《刑法》第205条第2款的规定暗含第1款虚开增值税专用发票的行为，实际上包含骗取数额较大、巨大税款的情形。删除1997年《刑法》第205条第2款的规定，意味着第1款规定的虚开增值税专用发票的行为实际上包含骗取数额较大、巨大以及特别巨大税款的情形。但是，由于《刑法》第205条第1款并没有明文规定以骗取税款为前提，因此导致该罪实际上包含自然犯（骗取税款）与法定犯（不骗取税款）两种行为类型。于是，对某些并不骗取税款的虚开发票行为以该罪论处就出现量刑畸重的后果。

应该说，从客观方面判断虚开发票的行为是否具有造成国家税款损失的危险，相应地也要求行为人主观上认识到这种危险并且希望或者放任这种危险的发生。如果虚开、代开增值税等发票的行为不具有骗取国家税款的危险，那么就不宜认定构成该罪。例如，甲、乙双方以相同的数额相互为对方虚开增值税专用发票并且已按规定缴纳税款，不具有骗取国家税款的故意和现实危险，对其就不宜认定构成该罪。又如，行为人为了虚增公司业绩而虚开增值税专用发票，但是虚开的增值税专用发票没有抵扣联的，对其也不应认定构成该罪。再如，代开的发票有实际经营活动相对应，没有并且不可能骗取国家税款的，也不能认定构成该罪。

在实行"金税工程"之后，只有在开票方申报纳税后，受票方才可能抵扣税款。既然如此，对不可能骗取国家税款的虚开增值税专用发票的行为，适用原本针对骗取国家税款的虚开增值税专用发票罪的规定就明显不当。社会生活事实决定法条的真实含义，社会生活事实的变化，也势必导致法条真实含义的变化。在适用刑法时的相关条件不同于制定刑法时的相关条件时，必须得出不同于制定刑法时的解释结论。因此，需要对不骗取国家税款的虚开增值税专用发票行为进行重新解释。

详言之，虚开增值税专用发票罪原本主要是针对骗取国家税款的自然犯而设立的，但是在当下虚开增值税专用发票的行为因为不能骗取国家税款而只具有违反发票管理秩序或发票真实性的法定犯的性质。《刑法》第 205 条之一规定：虚开本法第 205 条规定以外的其他发票，情节严重的，处 2 年以下有期徒刑、拘役或者管制，并处罚金；情节特别严重的，处 2 年以上 7 年以下有期徒刑，并处罚金。与《刑法》第 205 条虚开增值税专用发票、用于骗取出口退税、抵扣税款发票罪相比，《刑法》第 205 条之一虚开发票罪显然不以用于骗取税款为前提，可谓典型的法定犯。因此，行为人虚开增值税专用发票并不骗取税款或者不可能骗取税款的，虽然其行为不符合虚开增值税专用发票、用于骗取出口退税、抵扣税款发票罪的实质条件，但是符合虚开发票罪的构成要件。亦即，当下虚开增值税专用发票的行为基本上或者大多数只具有虚开普通发票的性质，对这种行为以虚开发票罪论处既符合罪刑法定原则，又能做到罪刑相适应。

经过上述解释之后，客观上已经骗取或者足以骗取国家税款的虚开行为（在实行"金税工程"的当下该种行为相当罕见）作为自然犯，可适用《刑法》第 205 条的规定以虚开增值税专用发票罪论处；客观上不可能骗取税款的虚开行为（这种行为依然常见）作为法定犯，可适用《刑法》第 205 条之一的规定判处较轻的刑罚。

由此看来，只有将严重的法益侵害行为解释到重罪构成要件之内，将轻罪行为排除在重罪构成要件之外，才是合适的。

(三) 部分行为重罪化

部分行为重罪化，是指当刑法分则中较轻的法定犯规定中包含较重的自然犯时，在行为符合自然犯犯罪构成的前提下，应当运用想象竞合犯的原理对该行为以自然犯论处，而不应当以法定犯论处。

例如，《刑法》第 343 条第 1 款非法采矿罪这一法定犯的规定实际上包含了盗窃罪的内容（如未取得采矿许可证擅自采矿以及擅自进入他人矿区范围采矿的行为实际上是盗窃行为）。

又如，规定盗伐林木罪的《刑法》第 345 条第 1 款与规定盗窃罪的《刑法》

第264条一直被认为存在特别关系。因为林木也是财物，盗伐林木也是盗窃财物，盗伐林木罪就是特殊的盗窃罪，所以对于盗伐林木的行为应严格适用特别法条优于普通法条的原则，以盗伐林木罪论处。这种不考虑立法者制定刑法条文的目的就得出结论的做法，必然导致刑法适用出现不正义的现象。例如，盗窃已被伐倒的他人树木，数额特别巨大的，"处10年以上有期徒刑或者无期徒刑，并处罚金或者没收财产"；而盗窃没有被伐倒的他人树木，数量特别巨大的，只能"处7年以上有期徒刑，并处罚金"。再如，盗窃他人房前屋后、自留地的生态功能小的零星树木，数额特别巨大的，"处10年以上有期徒刑或者无期徒刑，并处罚金或者没收财产"；而盗窃他人林地的生态功能大的林木，数量特别巨大的，只能"处7年以上有期徒刑，并处罚金"。这两种情形明显有悖刑法的公正性，不符合罪刑相适应的基本原则。可能有人认为，盗伐林木罪的法定刑过轻或者盗窃罪的法定刑过重是立法的问题，只能通过修改刑法来解决。其实，这不是立法的问题，而是解释的问题。

再如，《刑法》第271条原本规定了职务侵占罪这一法定犯，但《刑法》第159条又规定了抽逃出资罪这一法定犯。一般而言，公司发起人或者股东出资后资金就属于公司所有和占有，抽逃出资便表现为行为人利用职务上的便利非法占有公司所有的资金。于是，如何处理职务侵占罪与抽逃出资罪之间的关系便成为问题。试图以某种标准区分二者基本上行不通。如果认为抽逃出资罪与职务侵占罪存在特别关系，那么必然导致刑法适用后果的不公正。事实上，抽逃出资同时触犯职务侵占罪的行为完全符合想象竞合犯的特征。因为设立抽逃出资罪保护的法益是公司的管理秩序，而设立职务侵占罪保护的法益是公司的财产，但是抽逃出资的行为既侵害了公司的管理秩序又侵害了公司的财产，是典型的一个行为触犯两个罪名，属于想象竞合犯，应当按照想象竞合犯的处罚原则从一重罪论处，即以职务侵占罪论处。①

❧────── 疑 难 问 题 ──────❧

1. 《刑法》第175条之一骗取贷款、票据承兑、金融票证罪

● **骗取贷款罪属于何种犯罪类型？**

既然"给银行或者其他金融机构造成重大损失"是本罪唯一的成立条件，就说明本罪属于实害犯。实害犯以发生现实的法益侵害结果为犯罪的成立条件和处

---

① 参见张明楷：《自然犯与法定犯一体化立法体例下的实质解释》，载《法商研究》2013年第4期。

罚根据，其与危险犯是相对应的概念。理论界长期存在混淆结果犯与实害犯概念的问题，实际上，实害犯不同于结果犯。结果犯是与行为犯相对应的概念，其区分标准在于犯罪是否以发生一定的物质性的、有形的结果作为犯罪既遂的条件。另外，行为与结果同时发生并且因果关系不需要作特别判断的是行为犯，而行为与结果的发生之间具有一定的时空间隔因而因果关系需要作特别判断的是结果犯。

⚉ **虽然使用了欺诈手段申请贷款，但提供了真实的足额担保的，还能构成犯罪吗?**

本罪属于实害犯，只有给金融机构实际造成了重大损失的才成立骗取贷款罪。案发前没有还本付息的，尚不一定会给金融机构造成重大损失，只有金融机构实际行使担保权后仍然存在重大损失的，才可能以本罪定处。银行是从事资本性经营的机构，任何经营都会存在风险，既然借款人申请贷款时提供了真实的足额担保，就说明银行信贷资金的安全风险处于可控的范围内，即便因为行为人实施了一定的欺诈手段，如编造了虚假的贷款用途，这种风险也是金融机构应当承受的经营性风险。况且，即便行为人申请贷款时没有使用欺诈手段，贷款后也会因为经济形势恶化等市场风险和抵押物意外灭失等原因，而给金融机构造成重大损失。所以不能认为，只要申请贷款时使用了欺诈手段，即便提供了真实的足额担保，也不影响骗取贷款罪的成立，而是应当根据金融机构在行使担保权后是否仍然存在重大损失，来决定是否作为骗取贷款罪处理。

⚉ **本罪的既遂标准是什么?**

当行为人以欺骗手段取得金融机构贷款时，犯罪已经既遂。但由于借款人没有非法占有目的（不归还贷款），只是单纯的一时性骗用，因此立法者为了限制本罪的处罚范围，要求骗用贷款的行为实际给金融机构造成了重大损失。因此，本罪中取得金融机构的贷款是既遂条件，而给金融机构造成重大损失则是成立条件。《刑法》中还有类似的罪名，如恶意透支型信用卡诈骗罪，当行为人出于非法占有的目的透支取得了银行贷款时，就成立犯罪既遂，但只有满足了经发卡银行催收后仍不归还这一犯罪成立条件，才能以信用卡诈骗罪论处。

⚉ **与银行具有贷款审批权的人进行串通，还能构成"骗"取贷款罪吗?**

骗取贷款罪的构造与普通诈骗罪的构造相同：借款人实施欺骗行为→金融机构工作人员产生行为人符合贷款条件的认识错误→金融机构工作人员基于认识错误发放贷款→借款人取得贷款→金融机构遭受重大财产损失。所以，只有当行为人的欺骗手段使金融机构中具有处分权限（贷款审批权）的人就发放贷款产生了认识错误时，才属于采取了欺骗手段。借款人与银行具有贷款审批权的人进行串通的，由于不存在自然人受骗，不符合"骗"取贷款罪的构造，不能构成骗取贷款罪。

2.《刑法》第201条逃税罪

💬 **缴纳税款后骗取所缴纳的税款成立逃税罪的，除要求数额较大外，是否还要求骗取的税款占应纳税额10%以上？**

虽然《刑法》第204条第2款前半句的规定具有法律拟制的性质，但应认为，因为骗回所缴纳的税款与一开始就不缴纳税款没有本质的不同，所以缴纳税款后骗取所缴纳的税款成立逃税罪的，除要求数额较大外，也要求骗取所缴纳的税款占应纳税额10%以上。

💬 **应否将"不申报"限制解释为"只有经税务机关通知申报而不申报"？**

因不申报而成立逃税罪的，不需要采取欺骗、隐瞒手段，为了与虚假申报构成逃税罪的行为的危害性相当，应当对"不申报"进行限制解释，即只有经税务机关通知申报而不申报的，才能认定为构成逃税罪。具有下列情形之一的，应当认定为"经税务机关通知申报"：（1）纳税人、扣缴义务人已经依法办理税务登记或者扣缴税款登记的；（2）依法不需要办理税务登记的纳税人，经税务机关依法书面通知其申报的；（3）尚未依法办理税务登记、扣缴税款登记的纳税人、扣缴义务人，经税务机关依法书面通知其申报的。但是，"经税务机关通知申报而拒不申报"，以行为人负有纳税义务、扣缴义务为前提。

💬 **漏税、避税行为是否成立逃税罪？**

逃税罪是一种故意犯罪，而漏税是一种纳税单位或者个人过失漏缴或者少缴税款的行为，如因工作粗心大意，错用税率、漏报应税项目等，不成立逃税罪。

所谓避税，是指利用税法的漏洞或者模糊之处，通过对经营活动和财务活动的合理安排，以达到免税或者少缴税款目的的行为。从与税收法规的关系上看，避税表现为以下四种情况：（1）利用选择性条文避税；（2）利用不清晰的条文避税；（3）利用伸缩性条文避税；（4）利用矛盾性、冲突性条文避税。第一种情形并不违法，其他三种情形虽然违反税法精神，但由于这些情形不符合逃税罪的构成要件，故只能根据税法的有关规定作补税处理，不能认定为逃税罪。

💬 **《刑法》第204条第2款前半句规定的情形，能否类推适用《刑法》第201条第4款处罚阻却事由的规定？**

《刑法》第204条第2款前半句规定的情形，相当于纳税人实施的逃税行为。第201条第1款规定的是纳税人没有缴纳税款的情形，而第204条第2款规定的是缴纳税款后又骗回的情形，主体都是纳税人，结局都是没有缴纳税款，如果构成犯罪都是按照逃税罪处理。既然如此，对第204条第2款前半句规定的情形也应当类推适用第 201 条第 4 款处罚阻却事由的规定。

3.《刑法》第 203 条逃避追缴欠税罪

💬 **本罪的实行行为是作为还是不作为？**

有观点认为，本罪的实行行为是逃避税款的追缴，逃避行为专指转移财产、隐匿财产，如转移开户行、提走存款、运走商品、隐匿货物。不是转移或隐匿财产，而是欠税人本人逃匿、逃避纳税义务的，不构成本罪。[①]

若认为本罪的实行行为是逃避税款的追缴，就与逃税罪相混淆了，因为逃税罪也是逃避税款的追缴，而且将本罪的实行行为描述成逃避税款的追缴，还会造成本罪是不作为犯的印象。其实，应当认为本罪的实行行为是作为，就是转移、隐匿财产。行为人单纯不纳税或者欠税后逃匿的，只可能构成逃税罪，而不可能构成逃避追缴欠税罪。

💬 **逃税后又逃避追缴欠税的，应当如何处理？**

有观点认为，如果纳税人已经因实施逃税而构成逃税罪，却在税务机关查处追缴的过程中，采取转移或者隐匿财产的手段逃避缴纳义务，同时构成逃避追缴欠税罪的，鉴于行为人是在两个不同的犯意支配下实施的独立危害行为，应实行数罪并罚。[②] 也有观点认为，二者具有目的与手段的牵连关系，应当属于牵连犯，应按其中的一个重罪从重处罚。[③]

应认为，本罪与逃税罪所侵害的法益是相同的，都是侵害国家的税收管理秩序，所以逃税后又采取转移、隐匿财产的手段逃避追缴欠税的，应作为包括的一罪，从一重处罚。

4.《刑法》第 205 条虚开增值税专用发票、用于骗取出口退税、抵扣税款发票罪

💬 **为限制本罪的处罚范围，能否认为本罪实际上是诈骗犯罪，而且是实害犯，要求行为人主观上必须具有骗取增值税款等税收财产的故意与非法占有目的？**

以前，理论和实务将虚开增值税专用发票罪看作行为犯和抽象危险犯，认为只要虚开了就构成本罪，而且是既遂。近年来，有学者开始反思这一问题，认为该罪不是行为犯、抽象危险犯，而是实害犯。[④]

笔者认为，既然认为本罪存在未遂，还是将本罪看作结果犯更为妥当。因为实害犯是以实际的法益侵害结果的发生作为犯罪的成立条件和处罚根据的犯罪，

① 参见周光权：《刑法各论（第四版）》，中国人民大学出版社 2021 年版，第 336 页。
② 参见王新：《刑法分论精解》，北京大学出版社 2023 年版，第 180 页。
③ 参见高铭暄、马克昌主编：《刑法学（第十版）》，北京大学出版社 2022 年版，第 431 页。
④ 参见张明楷：《刑法学（第六版）》（下册），法律出版社 2021 年版，第 1059 页。

如滥用职权罪，对违法票据承兑、付款、保证罪。而结果犯是行为终了和结果发生之间存在时间间隔的犯罪，如故意杀人罪，结果犯有未遂。要成立虚开增值税专用发票罪，行为人主观上必须具有骗取、抵扣国家增值税款的故意和非法占有目的，客观上虚开行为必须具有造成国家增值税款损失的危险。单纯的虚开增值税专用发票的行为，不构成虚开增值税专用发票罪，所以将本罪看作结果犯更为合适。

💬 **本罪的既遂标准是完成了虚开，还是需要进而骗取、抵扣了国家增值税款？**

本罪是结果犯，不是行为犯与抽象危险犯，出于骗取、抵扣国家增值税款的目的完成了虚开，只是成立本罪的未遂，只有实际骗取、抵扣了国家的增值税款，才能成立本罪的既遂。

💬 **对于通过变更发票品名虚开增值税专用发票逃税的，是认定虚开增值税专用发票罪，还是虚开发票罪与逃税罪？**

双方存在实际的交易，只是通过变更发票品名而开具数量、金额属实的增值税专用发票的，由于没有骗取、抵扣国家的增值税款，只有逃避缴纳消费税等税款的危险，所以不能成立虚开增值税专用发票罪，只能成立虚开发票罪与逃税罪。

💬 **行为人（受票方）与对方有实际交易，但由于对方不能出具增值税专用发票，行为人因为无法取得进项发票，请其他一般纳税人如实代开增值税专用发票的，构成虚开增值税专用发票罪吗？**

成立虚开增值税专用发票罪，要求行为人主观上必须具有骗取、抵扣国家增值税款的故意和非法占有目的，客观上必须具有造成国家增值税款损失的具体危险。如果行为人（受票方）与对方存在实际交易，由于对方不能出具增值税专用发票，行为人无法取得进项发票，而请其他一般纳税人为其如实代开增值税专用发票的，表面上属于"让他人为自己虚开"而成立虚开增值税专用发票罪，但由于存在实际的交易，行为人主观上不具有骗取、抵扣国家增值税款的故意和非法占有目的，事实上也没有造成国家增值税款的损失，所以不能成立虚开增值税专用发票罪。

5.《刑法》第 205 条之一虚开发票罪

💬 **能否认为税法上的虚开增值税专用发票，在刑法上完全可能只是虚开普通发票？**

税法的目的与刑法的目的并不完全相同。刑法上所规制的虚开增值税专用发票的行为，旨在禁止通过虚开增值税专用发票的手段骗取抵扣国家的增值税款。

因此，行为人不具有骗取抵扣国家增值税款的目的而虚开增值税专用发票的，虽然也可谓税法上的虚开增值税专用发票的行为，但并不是刑法上的虚开增值税专用发票，不能构成虚开增值税专用发票罪，只可能构成虚开发票罪。

💬 **能否认为本罪是所谓行政犯，只要虚开了发票就构成犯罪？**

有观点认为，本罪是典型的行政犯，以维护发票管理秩序为最终目标，因此，有虚开发票行为，即便没有造成国家税款损失，也可以构成本罪。[①]

笔者不赞同上述观点。本罪的法定最高刑与逃税罪持平，都是 7 年有期徒刑。如果认为即便行为人没有逃税的目的，事实上也如实缴纳了税款，只要虚开了没有实际交易或者超出实际交易数额开具发票的，就作为犯罪处理，就与逃税罪的处罚明显不协调，而不当扩大了处罚范围。所以，笔者认为，即便条文没有明文规定虚开发票必须以逃税为目的，但为了限制处罚范围，也应要求成立本罪必须具有逃税的目的（包括帮助他人逃税的目的）。对于没有逃税的目的，事实上也如实缴纳了税款的虚开发票的行为，不宜作为犯罪处理。

---

① 参见周光权：《刑法各论（第四版）》，中国人民大学出版社 2021 年版，第 340 页。

六
行政违反加重犯

～── 要　旨 ──～

行政违反加重犯，是指以"行政违反＋加重要素"为构造的犯罪；行政违反加重犯的实行行为与犯罪结果，应当根据刑法原理与刑法分则条文的保护法益予以确定和判断；司法解释为了限制处罚范围所附加的定罪条件，不是行政违反加重犯的构成要件要素；不能根据行政违反的过错形式确定行政违反加重犯的罪过形式；行政违反加重犯的成立，不要求行为人现实地认识到行为的违法性，但要求行为人具有违法性认识的可能性；行政许可既可能是阻却构成要件符合性的事由，也可能是阻却违法性的事由；对于使用欺骗等不正当手段获得行政许可的，应根据行政许可的性质判断是否阻却犯罪的成立；对行政违反加重犯的处罚，不得违反禁止双重危险的原则。

～── 辩 点 分 析 ──～

《刑法》第139条规定，违反消防管理法规，经消防监督机构通知采取改正措施而拒绝执行，造成严重后果的，对直接责任人员，处3年以下有期徒刑或者拘役；后果特别严重的，处3年以上7年以下有期徒刑。其中的基本行为本身不是犯罪，而是行政违反行为，只有造成了严重后果，才构成犯罪。换言之，没有按照消防监督机构的通知改正违反消防管理法规的行为，虽然是行政违反行为，但并不成立犯罪。只有具备刑法规定的加重要素（造成严重后果），才成立犯罪。

所谓行政违反加重犯，意味着并非只要违反行政法就成立犯罪，而是必须具备刑法规定的加重要素；其中的加重要素既可能是加重结果，也可能是特定目的，还可能是其他加重情节。我国行政法并没有对违反行政法的行为直接规定法定刑；

刑法典也没有将一切行政违反行为规定为犯罪，而是有选择地将部分行政违反行为规定为犯罪；刑法典大多不是直接对违反行政法的行为规定法定刑，而是通过设置加重要素，使行政违反行为的法益侵害程度达到值得科处刑罚的程度。此外，我国刑法以"行政违反+加重要素"方式规定的犯罪，不一定是行政犯，完全可能是自然犯。

（一）行政违反加重犯的客观构成要件

行政违反加重犯的客观构成要件的最大特点在于，其内容由"行政违反+加重要素"所构成。根据加重要素的客观内容与刑法的明文规定，可以将行政违反加重犯分为以下三类：一是"行政违反+严重结果"，如《刑法》第129条丢失枪支不报罪；二是"行政违反+严重情节"，如《刑法》第215条非法制造、销售非法制造的注册商标标识罪；三是"行政违反+选择性严重情节"，如《刑法》第159条虚假出资、抽逃出资罪。

1. 如何理解行政违反加重犯的实行行为

刑法上的实行行为，是指具有引起犯罪结果的紧迫危险的行为；而刑法上的犯罪结果重于行政违反行为的违法结果，因此，仅仅具有引起一般违法结果的危险性的行为，不是行政违反加重犯的实行行为；刑法上的犯罪结果也非漫无边际，只有对罪刑规范所欲保护的法益造成的侵害与具体危险状态，才是犯罪结果。所以，从实质上考察，行政违反加重犯的实行行为，并不是单纯的行政违反行为，而是具有引起特定犯罪结果的紧迫危险的行为。例如，供水单位供应的饮用水虽不符合但很接近国家规定的卫生标准，不可能引起甲类传染病传播的，不属于《刑法》第330条妨害传染病防治罪的实行行为。

明确行政违反加重犯的实行行为内涵与外延，至少具有以下三个方面的重要意义：

其一，在处罚未遂犯的情况下，由于没有发生法益侵害结果，因而需要判断行为人是否已经着手实施实行行为。显然，不能直接将行政违反行为作为犯罪的实行行为，否则便扩大了行政违反加重犯的处罚范围，形成"只要实施了行政违反行为，至少成立刑法上的未遂犯"的不当局面。

其二，在不处罚未遂的情况下，即使发生了某种侵害结果，也需要判断该侵害结果是否由犯罪的实行行为引起，而不能直接适用行政法上的归责原理认定犯罪。换言之，即使在某个案件中存在行政违反行为与严重结果，也不意味着成立行政违反加重犯。

例如，某日凌晨4点半左右，钟某驾驶一辆拖拉机替人送货。途中，钟某停下拖拉机到路旁方便。当他正准备上拖拉机时，一辆小客车飞速驶来，撞到拖拉机的尾部，小客车司机当场死亡，车上 6 名乘客均不同程度受伤。钟某用手机拨打"110"，谎称自己在路上看到车祸，然后驾驶拖拉机逃离现场。"办案检察官说，《道路交通安全法实施条例》第 92 条规定：'发生交通事故后当事人逃逸的，逃逸的当事人承担全部责任。'在此次交通事故中，钟某本来没有很大的责任，但他作为'交通事故当事人'逃逸了，因此他要面对有罪指控。"后检察院以涉嫌交通肇事罪对钟某依法提起公诉。① 但是，检察院的指控殊有不当。从责任认定的角度来看，检察院将行政违反行为当成了交通肇事罪的实行行为。交通肇事罪虽然是过失犯罪，但过失犯罪也有实行行为。根据《刑法》第 133 条的规定，违反交通运输管理法规的行为，只有发生"致人重伤、死亡或者使公私财产遭受重大损失"的结果，才成立交通肇事罪。因此，只有具有引起重伤、死亡或者重大财产损失的紧迫危险的行为，才是交通肇事罪的实行行为。而钟某逃逸之前，死亡与伤害结果就已经发生，逃逸行为不可能成为死亡、伤害结果的原因。既然如此，逃逸行为在本案中就不是实行行为。检察官仅根据逃逸行为以交通肇事罪起诉钟某，显然是直接将行政违反行为作为行政违反加重犯的实行行为，因而得出了不当结论。

其三，在刑法条文仅明文规定了行政违反行为与加重结果的情况下，如果行政违反行为本身不可能造成加重结果，必须补充不成文的构成要件要素（行为）。例如，1997 年《刑法》第 219 条第 1 款规定侵犯商业秘密罪的成立条件是"给商业秘密的权利人造成重大损失"。只有当获取商业秘密的行为人使用、允许他人使用或者披露该商业秘密时，才可能导致权利人遭受重大损失。所以，单纯获取商业秘密的行为，并不是侵犯商业秘密罪的完整的实行行为，因而需要补充构成要件要素（实行行为）。显然，在行为人非法获得商业秘密，权利人并没有丧失商业秘密的情况下，"行为人使用、允许他人使用或者披露商业秘密"是侵犯商业秘密罪的不成文的构成要件要素。不过，《刑法修正案（十一）》将"给商业秘密的权利人造成重大损失"修改成"情节严重"，就可能认为单纯非法获取权利人的商业秘密就已是情节严重而成立犯罪，所以单纯非法获取商业秘密的行为可能是侵犯商业秘密罪的实行行为。

2. 如何确定行政违反加重犯的犯罪结果

由于行政法的目的不同于刑法的目的，故规定具体行政违反行为的行政法条文的目的与规定具体行政违反加重犯的刑法条文的目的也可能不同。在这种情况

① 参见汤玉婷、范福华：《意外被撞逃跑"跑"来有罪指控》，载《检察日报》2007 年 2 月 4 日第 1 版。

下，司法人员不能将行政法的目的当作刑法的目的，不能将行政法禁止的结果作为刑法禁止的犯罪结果。即使规定此行政法条文的目的与规定行政违反加重犯的刑法条文的目的相一致，也不能将行政违反结果等同于犯罪结果。因为行政法强调合目的性，而不注重法的安定性，故可能为了达致目的而扩张制裁范围。而刑法必须以法的安定性为指导原理，不能随意扩张处罚范围；适用刑法有关行政违反加重犯的法条时，不能将行政法禁止的一般违法结果作为刑法禁止的犯罪结果。

例如，根据《森林法》及相关法规规定，即使砍伐枯死树木，也需要权力机关批准。换言之，枯死树木被砍伐，也是违反《森林法》的盗伐、滥伐行为的结果。可是，枯死树木不能成为刑法上的盗伐林木、滥伐林木等罪的保护对象。盗伐枯死树木的，虽然侵犯了他人的财产，但没有发生侵害森林资源的犯罪结果，只能认定为普通盗窃罪；滥伐自己所有的枯死树木的，虽然违反《森林法》，但既没有侵害他人的财产，也没有侵害森林资源，不成立任何犯罪。基于同样的理由，国家重点保护的植物枯死后，行为人未经批准擅自采伐的，因为没有发生毁损国家重点保护植物的犯罪结果，也不能认定为非法采伐国家重点保护植物罪。

3. 如何看待司法解释对行政违反加重犯附加的"行为"

司法解释基于我国的基本刑事政策与国情，会在法条规定之外对行政违反加重犯添加行为要素。例如，最高人民法院《关于审理交通肇事刑事案件具体应用法律若干问题的解释》第2条第2款规定："交通肇事致一人以上重伤，负事故全部或者主要责任，并具有下列情形之一的，以交通肇事罪定罪处罚：……（六）为逃避法律追究逃离事故现场的。"本来，按照《刑法》第133条的规定，交通肇事导致一人重伤就成立交通肇事罪。但是，司法解释对交通肇事罪致一人以上重伤构成犯罪的情形，添加了若干条件，其中之一便是"为逃避法律追究逃离事故现场"。司法解释虽然具有法律效力，但它只能就适用刑法中的具体问题进行解释，不可能修改刑法的规定。所以，不能认为上述司法解释修改了《刑法》第133条所规定的罪状（客观构成要件）。司法解释只是出于刑事政策的考虑，为了限制交通肇事罪的处罚范围而添加了上述内容。因此，"为逃避法律追究逃离事故现场"不是交通肇事罪的实行行为。

4. 行政法的特别规定是否适用于行政违反加重犯

行政法对行政违反行为常常设置一些特别规定，以规制相关行为。于是，在认定行政违反加重犯时，是否适用行政法的特别规定就成为重要问题。

例如，根据《枪支管理法》第48条的规定，依法被指定、确定的枪支制造企业、销售企业，超过限额或者不按照规定的品种制造、配售弹药的，私自销售弹药或者在境内销售为出口制造的弹药的，违反了《枪支管理法》第40条规定，应受行政处罚。《刑法》第126条规定了违规制造、销售枪支罪。问题是，对于依法被指定、确定的枪支制造企业、销售企业，超过限额或者不按照规定的品种制造、配售弹药的行为，私自销售弹药或者在境内销售为出口制造的弹药的行为，能否以《枪支管理法》第48条的特别规定为根据，依照《刑法》第126条的规定，以违规制造、销售枪支罪论处？笔者持否定回答。因为刑法条文明确区分了枪支与弹药。换言之，在刑法条文中，枪支并不包括弹药。同时，在日常用语中，枪支也不包括弹药。如果将刑法条文中的"枪支"解释为包括弹药，就侵犯了公民的预测可能性。所以，对上述行为不能适用《刑法》第126条定罪量刑。基于同样的理由，依法配备公务用枪的人员，非法出租、出借弹药给他人的，不成立非法出租、出借枪支罪。

当刑法明文规定根据行政法确定某个刑法概念的含义时，必须适用相关行政法的特别规定。例如，《刑法》第180条第1、2款规定了内幕交易、泄露内幕信息罪，同条第3款规定："内幕信息、知情人员的范围，依照法律、行政法规的规定确定。"在这种情况下，其他法律、行政法规关于内幕信息、知情人员范围的规定，没有例外地适用于《刑法》第180条第1、2款。

（二）行政违反加重犯的主观构成要件

故意的行政违反加重犯的成立，要求行为人认识到客观构成要件要素的内容，并且希望或者放任危害结果发生；过失的行政违反加重犯的成立，要求行为人具备《刑法》第15条规定的过失心理状态。就此而言，行政违反加重犯没有特别之处。但是，行政违反加重犯客观构成要件的特点，决定了其主观构成要件存在许多值得讨论的问题。

1. 如何确定罪过形式

行政违反加重犯的罪过形式不同于行政违反的过错形式。换言之，不能根据行政违反的过错形式确定行政违反加重犯的罪过形式。例如，当某种行政违反行为只能由故意构成时，并不意味着行政违反加重犯也由故意构成。同一过失行为，在行政法领域可能需要承担责任，但不一定要承担刑事责任。例如，公司基于过失提供了虚假财务会计报告的，也应承担商法规定的法律后果，但不可能承担刑事责任。所以，不能直接将其他法律领域的过失违法行为作为刑法上的过失犯罪处理。换言之，不能以行政法规定的过错形式为标准确定刑法上的罪过形式。

行政违反行为的成立，并不以故意为必要；行政法也不是以处罚故意的行政违反行为为原则、以处罚过失的行政违反行为为例外。一方面，在行政法领域，只要行为人有过失，就应当承担法律责任，甚至还存在无过错责任，主观过错形式并不是特别重要。所以，行政违反行为大多可以由过失构成。另一方面，由于行政法上对故意与过失的区分不具有重要性，导致其对故意与过失的认定不同于刑法。换言之，在行政法领域，行为人对结果的态度（是否希望与放任）不是重要问题。于是，行政法的故意与过失大抵只是一种对行为的故意与过失，而不一定涉及对结果的态度。但是，刑法上的故意与过失是认识因素与意志因素的统一，对结果的心理态度是确定罪过形式的基本依据。倘若根据行政法的过错形式确定刑法上的罪过形式，必然导致仅仅根据认识因素认定刑法上的故意，从而违反《刑法》第14条的规定。不仅如此，按照行政法上的过错形式确定刑法上的罪过形式，还有损犯罪之间的协调。例如，按照交通运输管理法规的规定，超速行驶致人死亡的行为，其过错形式既可能是故意的，也可能是过失的。但在刑法上，不能认为交通肇事罪既可以由故意构成，也可以是过失构成。否则，就难以区分交通肇事罪与相应的故意犯罪（如故意杀人罪、以危险方法危害公共安全罪）的界限，导致定罪与量刑的不均衡。

刑法实行罪刑法定原则，犯罪的罪过形式只能由刑法规定，而不能由行政法规定。所以，刑法理论与司法实践必须根据《刑法》第14、15条的规定确定行政违反加重犯的罪过形式。因此，可能出现以下情形：（1）"故意"的行政违反行为，可能成为刑法上的故意的行政违反加重犯。例如，故意滥伐林木的行政违反行为，成为刑法上的故意的滥伐林木罪。（2）"故意"的行政违反行为，也可能成为刑法上的过失的行政违反加重犯。例如，"故意"违反交通运输管理法规的行政违反行为，可能成为刑法上的过失的交通肇事罪。（3）"过失"的行政违反行为，完全可能成为刑法上的过失的行政违反加重犯。例如，过失违反《铁路法》的行为，完全可能构成刑法上的铁路运营安全事故罪（过失）。（4）"过失"的行政违反行为，不可能成为刑法上的故意的行政违反加重犯。

2. 是否只要认识到行政违反的内容即可

由于行政违反加重犯的构造是"行政违反＋加重要素"，于是出现了以下问题：在故意的行政违反加重犯的场合，是否只要行为人认识到行政违反的内容，就可以认定其具有犯罪的故意？

笔者对此持否定回答。一方面，就故意的内容而言，行政法并不像刑法那样强调认识因素与意志因素的统一。例如，在丢失枪支不及时报告的场合，从《枪支管理法》的角度而言，只要行为人知道枪支丢失不及时报告，就成立行政违反行为，并不关心行为人对何种结果具有何种意志因素。但刑法必须关注行为人当时对何种结果具有何种心理态度。另一方面，在刑法上，客观构成要件规制了故意的内容，行为人必须认识到符合客观构成要件的事实。如果行为人仅认识到行政违反的内容，而没有认识到符合客观构成要件的事实，当然不成立刑法上的故意。所以，对行政违反的过错不等于刑法上的罪过，行政法上的过错内容也不等于刑法上的罪过内容；仅仅认识到行政违反的内容，并且希望或者放任行政违反结果的发生，还不能认定为具有行政违反加重犯的故意。在实行罪刑法定原则的时代，只有具备刑法所要求的罪过形式与内容，才能认定为犯罪。

3. 是否需要违反行政法的认识

行政违反加重犯均以违反行政法为前提，于是，是否要求行为人认识到自己的行为违反行政法，也成为重要问题。

就故意或者过失的行政违反加重犯而言，除了要求行为人具有违反刑法的认识可能性之外，还要求行为人对违反行政法具有认识可能性（严格的行政责任除外）。当行为人不可能认识到自己的行为违反行政法时，就不能期待其不实施该行政违反行为。既然不能期待其不实施该行政违反行为，那么，也不能期待其不实施以该行政违反为前提的行政违反加重犯的行为。

故意犯罪的成立，要求行为人认识到符合客观构成要件的事实。一方面，当刑法分则明文表述了客观构成要件要素时，行为人必须对符合客观构成要件的事实具有认识。例如，非法狩猎罪的成立，不要求行为人现实地认识到自己的行为违反了狩猎法规，但是要求行为人认识到自己是在禁猎区、禁猎期或者使用了禁用的工具、方法狩猎。如果行为人误记了禁猎期，以为自己是在非禁猎期狩猎的，则属于事实认识错误，不成立本罪。另一方面，当刑法分则条文仅规定"违反……法规"，而没有表述行为内容时，行为人必须认识到该法规记载的事实。例如，《刑法》第332条第1款规定，违反国境卫生检疫规定，引起检疫传染病传播或者有传播严重危险的，处3年以下有期徒刑或者拘役，并处或者单处罚金。本罪的成立，不要求行为人现实地认识到自己的行为违反了国境卫生检疫规定，但是行为人对于自己违反国境卫生检疫规定的事实必须有认识。例如，当客观行为违反《国境卫生检疫法》第20条的规定，向国境卫生检疫机关隐瞒事实情况，逃避检疫，因而引起检疫传染病传播或者有传播严重危险时，行为人必须认识到自己隐瞒了事实情况。否则，不成立妨害国境卫生检疫罪。

需要研究的是，就过失的行政违反加重犯而言，是否要求行为人现实地认识到行政违反的事实？例如，《刑法》第136条规定，违反爆炸性、易燃性、放射性、毒害性、腐蚀性物品的管理规定，在生产、储存、运输、使用中发生重大事故，造成严重后果的，处3年以下有期徒刑或者拘役；后果特别严重的，处3年以上7年以下有期徒刑。本罪没有争议地被确定为过失犯罪。问题是，当行为人客观上违章运输危险物品且造成严重后果，但又没有认识到自己在运输危险物品时，是否成立本罪？

例如，甲与乙合伙买车做客运，某日，两人载客从外地回本地时，顺便帮人拉20桶油墨（以往也曾拉过两次）。途中由于客车失控发生事故，车上的一桶油墨撞裂燃烧，导致两位乘客被烧死。但甲、乙根本不知道油墨为易燃危险品，能否认定甲、乙的行为构成危险物品肇事罪？可以肯定的是，甲、乙的行为违反了易燃性物品的管理规定，但甲、乙既没有认识到自己的行为违反了易燃性物品的管理规定，也没有认识到违反易燃性物品管理规定的事实。然而，一方面，违反危险物品管理规定的行政违反行为，既可以是故意，也可以是过失；另一方面，危险物品肇事罪是过失犯罪。所以，只要行为人对危险物品肇事的事实具有认识可能性即可成立本罪。换言之，甲、乙的行为成立危险物品肇事罪。

4. 如何处理行政法的认识错误

实践中经常出现这样的情形：行为人的行为原本违反行政法，但其误认为没有违反行政法，对此应如何处理？

就行政违反加重犯而言，行为人对符合行政法规定的禁止事项的认识错误，属于事实认识错误；对禁止事项的评价错误，属于法律认识错误。事实认识错误当然影响故意的成立，但法律认识错误不影响故意的成立，而且只有在不可避免的情况下才影响责任。首先，即使不知道客观构成要件要素中记述的概念本身，但知道其要素的形状、机能、效果、法益侵害性时，也能认定故意。例如，持有人虽然不知道"甲基苯丙胺"这一名称，但如果知道其形状、性质，知道它是"滥用后会形成身体的、精神的依赖，可能对个人、社会带来重大恶害的药物"，就可以认定有非法持有毒品的故意。其次，即使行为人认识到自己的行为侵犯了某种法益，但合理地相信自己的行为并不被行政法与刑法所禁止时（违法性的错误不可回避时），就不具有非难可能性。这一道理，不仅适用于故意犯，也适用于过失犯。至于行为人是否存在违法性错误的回避可能性，则需要通过考察行为人是否具有认识违法性的现实可能性、是否具有对其行为的法的性质进行考量的具体契机、是否可以期待行为人利用向其提供的认识违法性的可能性等事项，得出合理结论。回避可能性的判断基准，不是"一般人"，而是具体状况下的"行为人的个人能力"。例如，常年狩猎的人，对非法狩猎罪都具有违法性认识的可能性；但偶尔狩猎的人，对非法狩猎罪就不一定具有违法性认识的可能性。

（三）作为犯罪阻却事由的行政许可

刑法规定的正当防卫、紧急避险以及刑法所认可的其他违法阻却事由与责任阻却事由，同样适用于行政违反加重犯。相反，作为犯罪阻却事由的行政许可，基本上仅适用于行政犯与行政违反加重犯，而难以适用于其他犯罪。可以认为，行政违反加重犯（尤其是以"未经……许可""未经……批准"为成立条件的犯罪）的最典型的犯罪阻却事由就是行政许可。例如，《刑法》第339条第2款规定，未经国务院有关主管部门许可，擅自进口固体废物用作原料，造成重大环境污染事故，致使公私财产遭受重大损失或者严重危害人体健康的，处 5 年以下有期徒刑或者拘役，并处罚金。显然，如果进口固体废物的行为得到了国务院有关主管部门的许可，那么，即使造成了环境污染事故，也不可能成立擅自进口固体废物罪。

1. 行政许可的性质

如果采取"构成要件符合性—违法性—有责性"的三阶层犯罪论体系，获得行政许可的行为是阻却构成要件符合性，还是阻却违法性？

我国行政许可分为两大类：其一是控制性许可。在这种场合，行为之所以需要获得行政许可，并不是因为该行为都不能实施，也不是因为该行为本身侵犯其他法益，只是因为需要行政机关在具体事件中事先审查是否违反特定的实体法的规定。因此，只要申请人的行为符合实体法的规定，就应许可。其二是特别许可。在这种场合，法律将某种行为作为具有法益侵犯性的行为予以普遍禁止，但是又允许在特别规定的例外情况下，赋予当事人从事禁止行为的自由。借助特别许可，因法律抽象规定而产生的困境或困难得以消除。换言之，在特别规定的例外情况下，当事人从事禁止行为实现了更为优越的或至少同等的法益。显然，在前一种场合，行政许可的作用主要是提高公信力证明和合理配置资源，取得行政许可后实施的行为，不可能符合犯罪的构成要件，因而阻却构成要件符合性；在后一种场合，行政许可的作用主要是控制危险，取得行政许可后实施的行为，是一种符合客观构成要件的行为，但阻却违法性。例如，设立商业银行、证券交易所、期货交易所等金融机构的行为，原本并未侵犯法益。但是，只有符合相应实体法所规定的设立条件，才能设立相应的金融机构，否则便侵犯了国家对金融机构的管理秩序；而设立者是否符合实体法规定的设立条件，需要由国家有关主管部门审核；符合条件者，便可获准设立金融机构（控制性许可）。所以，经过国家有关主管部门批准而设立商业银行、证券交易所、期货交易所等金融机构的行为，阻却构成要件符合性。又如，发行彩票的行为，原本侵害了以劳动取得财产这一国民健全的经济生活秩序。但是，国家出于财政政策的考虑，允许特定的机关发行彩票，从而弥补国家财力的不足，实现了更为优越的利益（特别许可）。所以，经过行政许可而发行彩票的行为，是违法性阻却事由。换言之，发行彩票的行为是因为实现了更为优越的利益，而不具有违法性。再如，种植毒品原植物的行为，原本就具有侵害公众健康的危险。但是，国家为了保证医疗需要，特别允许一定的企业生产毒品原植物，进而保护更为优越的利益。所以，经过许可种植毒品原植物的行为，属于违法性阻却事由。

2. 有瑕疵的行政许可

值得讨论的问题是，通过欺骗等不正当手段取得的行政许可，是否阻却构成要件符合性与违法性？

在特别许可的场合，未取得行政许可的行为，不仅侵犯了相应的管理秩序，而且侵犯了刑法保护的其他法益。通过欺骗等不正当手段取得了行政许可而实施的行为，因为侵犯了刑法保护的法益，应以犯罪论处。例如，通过欺骗、胁迫手段获得种植毒品原植物的许可的，并不阻却犯罪的成立，依然成立非法种植毒品原植物罪。

在控制性许可的场合，没有得到行政许可的行为，侵犯的是相应的管理秩序，而没有侵犯刑法保护的其他法益。故只要取得了行政许可，即使使用了欺骗等不正当手段，也应认为没有侵犯管理秩序，因而阻却构成要件符合性。在这种情况下，行为造成其他法益侵害结果构成犯罪的，只能按其他犯罪论处。例如，凡是得到国家有关主管部门批准而发行股票或者公司、企业债券的，即使使用了欺骗手段，也不成立擅自发行股票、公司、企业债券罪。再如，凡是获得了医生执业资格的人，即使其在申请医生执业资格时使用了欺骗手段，也不成立非法行医罪。如果行为人在行医过程中过失致人死亡，只能认定为医疗事故罪或者过失致人死亡罪。

由此可见，对于控制性许可而言，从事刑事审判的法官只需要进行形式的判断，不应当进行实质的审查。换言之，行为人是否采取欺骗等不正当手段，不影响行为人取得行政许可的判断结论。

例如，《刑法》第 322 条偷越国（边）境罪以"违反国（边）境管理法规"为前提。《公民出境入境管理法》没有明文规定何谓偷越国（边）境，但根据其第 9 条以及《公民出境入境管理法实施细则》第 23 条的规定，大体可以肯定的是，除了不在出入境口岸、边防站等规定的地点出入境外，只有未持有出入境证件而出入境、使用伪造、涂改的出入境证件、使用无效的出入境证件或者冒用他人证件出境、入境的，才属于偷越国（边）境。显然，当甲使用欺骗手段骗取了出境证件进而出境时，其行为不属于未持有出境证件出境，不属于使用伪造、涂改的证件出境，也不属于冒用他人证件出境。此外，甲使用欺骗手段取得的出境证件，也不能认定为无效证件。因为根据相关规定，在没有权威机关确认的情况下，不能将骗取的签证视为无效证件。同时，如果行为人的护照是真实合法的，只是以虚假资料骗取了签证，而没有利用该签证实施违法犯罪，就不符合宣布吊销、作废的条件。因此，行为人使用欺骗手段获得有权机关颁发的出入境证件后，进出国（边）境的，不成立偷越国（边）境罪。基于同样的理由，行为人采取欺骗手段，以旅游名义为准备出国打工的人办理护照与签证的，既不成立组织他人偷越国（边）境罪，也不成立骗取出境证件罪。因为这些犯罪以实际的被组织者或者可能的被组织者偷越国（边）境为前提，但被组织者持有有效的护照与签证进出境时，不属于偷越国（边）境。至于持旅游签证的人在国外就业，只是违反了国外法律，并没有违反中国法律。司法实践中对这类行为均以组织他人偷越国（边）境罪或者骗取出境证件罪论处，殊有不当。

3. 对行政许可的认识错误

在行政违反加重犯领域，经常出现的一种情形是，行为人在实施行为时，误以为得到了行政许可，但事实上没有得到行政许可，或者行政许可已被撤销或者已经失效，行为人却误以为继续有效。对此应如何处理？

行政许可既可能阻却构成要件符合性，也可能阻却违法性。所以，当行政许可阻却构成要件符合性时，如果行为人误以为得到了行政许可，就表明行为人没有认识到符合构成要件的事实，属于事实认识错误，当然阻却故意犯罪的成立，但不排除成立过失犯罪。

当行政许可阻却违法性时，行为人误以为得到了行政许可或误以为行政许可继续有效时，属于违法性阻却事由的认识错误，即正当化事由的认识错误（假想防卫是其适例）。正当化事由的错误是一种事实错误，因而阻却故意。虽然违法性认识的可能性是与故意不同的责任要素，但不能据此得出正当化事由的错误是违法性的错误的结论。成立故意犯罪要求行为人认识到不存在违法性阻却事由，所以，如果行为人误以为存在违法性阻却事由，则不存在犯罪的故意。因此，假想防卫、假想避险时不存在犯罪故意。基于同样的理由，当行为人误以为自己的行为属于违法性阻却事由时，表明行为人没有认识到自己的行为会发生法益侵害结果，因而不具有犯罪的故意。如果行为人具有过失，且刑法处罚过失犯，则仅成立过失的行政违反加重犯。

还有一种情形值得研究，即行为人没有过错，有权机关滥用职权发放行政许可的，是否阻却违法性？在这种场合，不管行政许可是阻却构成要件符合性的事由，还是阻却违法性的事由，行为人的行为都不成立犯罪。一方面，对于行为人而言，有权机关滥用职权发放的行政许可依然是有效的，因而分别阻却构成要件符合性与违法性。另一方面，由于行为人没有过错，而且得到了有权机关的行政许可，行为人没有违法性认识的可能性。即行为人不可能认识到自己的行为是违法的，因而没有疑问地阻却责任，不成立犯罪。

（四）行政违反加重犯的处罚原则

对行政违反加重犯的处罚，当然应遵循刑法规定的量刑原则，对此没有特殊之处。值得探讨的是如何避免双重危险的问题。对于行政违反加重犯同时科处刑罚与行政罚，不一定违反禁止双重危险的原则。因为行政违反加重犯明显具有双重违法性质，即一方面违反了行政法，另一方面违反了刑法。例如，走私罪既违反了海关法，也违反刑法分则的相关条文。既然行为具有双重违法性，不同性质的法律制裁的目的与功能并不相同，就可以根据不同的法律分别给予不同的处罚。但是，在行政法律制裁的功能与目的同刑罚的功能与目的有交叉重叠之处，同时科处两种不同性质的制裁在整体上导致处罚与犯罪不相适应的情况下，如果已经科处了刑罚，就不必强行再给予行政罚；反之，如果已经科处了行政罚，在量刑时就必须考虑该事实。因为刑罚与行政罚虽然性质不同，但对受罚人遭受的痛苦而言，不一定存在区别。例如，行政拘留与拘役虽然性质不同，但对受罚人的人身自由的剥夺没有区别；行政罚款与罚金同样性质迥异，但使受罚人遭受的痛苦也相差无几。所以，在行政罚与刑罚之间，也应遵循禁止双重危险的原则。

笔者提出以下具体原则：（1）如果对犯罪人并科行政罚与刑罚，使处罚明显过于严酷，或者说在行政罚与刑罚的并科使得整体处罚与犯罪不相适应的情况下，在判处刑罚之后，不宜另科处行政罚。（2）如果被告人已被科处了高额的行政罚款，法院没有必要在判处主刑的同时判处罚金；即使刑法规定应当并处罚金，也只应判处低额罚金。（3）在犯罪情节较轻，原本仅应单处罚金的情况下，如果被告人已被科处了高额的行政罚款，法院宜免予刑罚处罚或者判处低额罚金。既不能无视被告人已被科处高额行政罚款的事实，更不能因为被告人已被科处高额行政罚款而判处主刑。（4）如果被告人已被科处了剥夺人身自由的行政罚（如行政拘留），法院在量刑时也应考虑该事实，在量刑时宜减少相应的期限（折抵）。①

—————— 疑 难 问 题 ——————

1. 《刑法》第152条第1款走私淫秽物品罪

💬 **携带存有淫秽电子信息的手机、电脑、硬盘、优盘进境的，构成走私淫秽物品罪吗？**

最高人民检察院、公安部《关于公安机关管辖的刑事案件立案追诉标准的规定（一）》第25条规定，以牟利或者传播为目的，走私淫秽的影片、录像带、录音带、图片、书刊或者其他通过文字、声音、形象等形式表现淫秽内容的影碟、音碟、电子出版物等物品，达到一定数量的，构成走私淫秽物品罪。

的确，长期以来我国刑法理论通说和司法实践都认为淫秽电子信息属于"淫

———————————

① 参见张明楷：《行政违反加重犯初探》，载《中国法学》2007年第6期。

秽物品"。或许，将贩卖、传播淫秽电子信息的行为作为犯罪处理具有一定的合理性（但严格说来也是不当的类推解释），但携带储存有淫秽电子信息的手机、电脑、硬盘、优盘进境的，也认定为走私淫秽"物品"，可能就明显超出了一般人的预测可能性范围，侵犯了个人自由，而不具有合理性。所以，携带储存有淫秽电子信息的手机、电脑、硬盘、优盘进境的，不宜认定构成走私淫秽物品罪。

2.《刑法》第153条走私普通货物、物品罪

💬 **如何理解适用《刑法》第157条第1款的规定？**

《刑法》第157条第1款规定，武装掩护走私的，依照本法第151条第1款的规定从重处罚。对此，周光权教授认为，武装掩护走私，只限于携带武器进行走私活动，而不要求行为人现实地使用了武器。已经使用武器杀害、伤害缉私人员的，应以走私罪和故意杀人、故意伤害罪并罚。①

认为只要携带了武器进行走私活动，即便没有现实地使用武器，也应按照《刑法》第151条第1款的规定从重处罚，可能存在疑问。因为根据《刑法》第157条第2款的规定，以暴力、威胁方法抗拒缉私的，也只是以走私罪与妨害公务罪（法定最高刑为3年有期徒刑）数罪并罚。而《刑法》第151条第1款分别规定了7年以上有期徒刑的基本犯、情节特别严重的法定刑为无期徒刑的加重犯和法定刑为3年以上7年以下有期徒刑的减轻犯。武装掩护走私的，到底是以《刑法》第151条第1款的基本犯还是加重犯处罚并从重，显然不得而知。可见，这种将当时单行刑法的规定照搬到1997年《刑法》中的做法的合理性存在疑问。这种规定应当予以废除。

3.《刑法》第330条妨害传染病防治罪

💬 **能认为从疫区回来的人随意出入公共场所的就构成本罪吗？**

应该说，只要行为人没有被确诊为感染者，即使从疫区回来，随意出入公共场所，也还只是具有引起病毒传播的抽象危险。

💬 **该罪是仅适用于客观上已感染的人，还是也可适用于虽有感染风险但实际上未感染的人？**

只有客观上已感染的人，才有引起传播的具体危险，故该罪仅适用于客观上已感染的人，而不适用于虽有感染风险但实际上未感染的人。

💬 **如何判断"有传播严重危险"？**

"有传播严重危险"，表明本罪是具体危险犯。未遂犯都是具体危险犯。所以可以认为，所谓"有传播严重危险"，就是必须形成甲类传染病传播的具体、现

---

① 参见周光权：《刑法各论（第四版）》，中国人民大学出版社2021年版，第263页。

实、紧迫的危险，而不只是抽象危险。

💬 **已经引起传播与有传播严重危险，在量刑上应否区别对待？**

已经引起传播是实害，有传播严重危险只是形成了传播的具体危险，二者法益侵害程度不同，所以在量刑上应区别对待。

💬 **拒绝执行不符合《传染病防治法》规定的预防、控制措施，构成犯罪吗？**

疫情防控期间，疾病预防控制机构应采取合理、适当的防控措施，如果在具体执行中层层加码，会侵犯公民的基本人权，干扰和破坏地方经济发展。所以，如果县级以上人民政府、疾病预防控制机构提出的预防、控制措施并不符合《传染病防治法》的规定，则拒绝执行的行为不构成犯罪。

4. 《刑法》第333条非法组织卖血罪

💬 **劝诱特定个人出卖血液的，构成本罪吗？**

组织，是指通过策划、动员、拉拢、联络等方式使不特定人或者多人出卖血液的行为。劝诱特定个人出卖血液，不能谓之"组织"，所以不成立本罪。处罚"组织"出卖血液的行为，旨在将供血者和用血者排除在刑事处罚之外。也就是说，凡是参与他人出卖血液的，包括采集血液的医生，除供血者和用血者外，都可谓"组织"他人出卖血液，均构成本罪。

5. 《刑法》第336条第1款非法行医罪

💬 **如何认定非法行医造成就诊人死亡？**

医疗活动本身具有专业性、复杂性、风险性。患者的死亡结果往往不单纯由诊疗活动本身造成，还会介入被害人自身体质和基础性疾病等因素。可以说，很多时候患者的死亡是多方面因素综合起作用的结果。只有在能够肯定非法行医行为是导致就诊人死亡的直接、主要、根本的原因时，才能认定成立非法行医"造成就诊人死亡"，而适用加重法定刑，否则只能认定成立非法行医罪的基本犯，处3年以下有期徒刑、拘役或者管制，并处或者单处罚金。

6. 《刑法》第339条第2款擅自进口固体废物罪

💬 **骗取国务院有关主管部门许可进口固体废物用作原料，构成本罪吗？**

这种许可属于控制性许可，只要行为人形式上取得了国务院有关主管部门的许可，就不再属于"未经国务院有关主管部门许可，擅自进口固体废物用作原料"，所以不能成立擅自进口固体废物罪。若因为违反国家规定，排放、倾倒或者处置毒害性物质，严重污染环境的，可能构成污染环境罪。

七

加重情节的作用变更

要　旨

一个行为只有符合基本犯的成立条件，才可能因为具备加重情节进而成立对应的加重犯。在某些情形下，加重情节可能变更评价为基本犯的构成事实。加重情节能够表明基本犯的保护法益受到更严重侵犯，是将该加重情节评价为基本犯的构成事实的实质根据。但根据罪刑法定原则的要求，只有当加重情节符合基本犯的具体构成要件时，才能将加重情节评价为基本犯的构成事实。在基本犯的构成要件对暴力、胁迫等手段及其程度存在要求，或者要求发生具体的构成要件结果的场合，只有将表现为特别手段或者结果的加重情节作为判断资料才符合基本犯的构成要件要求时，加重情节只能变更评价为基本犯的构成事实。在基本犯以情节严重（恶劣）为要件时，只要是能够表明不法加重的情节，都可能评价为基本犯的构成事实。

辩点分析

我国刑法分则的大多数法条都规定了两个以上的法定刑幅度，故大多数犯罪都可以分为基本犯与加重犯。一个行为只有符合基本犯的成立条件，才可能因为具备加重情节进而成立对应的加重犯，适用加重的法定刑。如若不符合基本犯的成立条件，则不可能因为具备加重情节而成立加重犯。例如，如果行为不成立抢劫罪的基本犯，就不可能因为具备"入户"情节，而成立抢劫罪的加重犯。所以，一般来说，加重情节发挥作用的前提是基本犯已经成立。

刑法分则的任何条文都不可能完整描述所有案件事实，完全可能存在这样的情形：如果不考虑案件的加重情节，则被告人的行为并不成立相应的基本犯，而以更轻的犯罪或者无罪处理也不妥当；但如果将被告人的行为评价为加重犯，则不仅违反禁止重复评价原则，而且导致量刑畸重，违反罪刑相适应原则。为了避免这样的局面，完全可能将加重情节评价为基本犯的构成事实，从而仅按基本犯处罚。将加重情节评价为基本犯的构成事实，便是加重情节的作用变更。亦即，加重情节的作用原本是在行为成立基本犯的前提下为适用加重法定刑提供根据，但在某些情况下可能变更为成立基本犯的事实根据（构成事实）。

（一）加重情节作用变更的可能性

在一些案件中，如果不考虑加重情节，被告人的行为便不成立特定的基本犯；如果考虑加重情节则能够满足基本犯的成立条件。在这种情形下，完全可以将加重情节作为基本犯的构成事实予以评价，进而肯定基本犯的成立。

例如，被告人陈某、唐某某、朱某等人得知被害人韩某某在家中非法经营网络游戏，销售游戏"金豆"，遂产生冒充警察拿走韩某某电脑，再将电脑内游戏账户中"金豆"变现的想法。后陈某、唐某某、朱某等人驾车到韩某某家楼下，陈某在楼下望风等候，唐某某、朱某身着警服，携带相机上楼，二人自称是公安局网络犯罪稽查科民警，以韩某某涉嫌犯罪为由进入韩某某家中，唐某某、朱某推搡韩某某等四人，让四人抱头蹲下不要动，并使用数码相机对四人拍照"取证"，后二人将屋内电脑主机等设备拿走。陈某、唐某某、朱某等人返回后又通过网络将韩某某等人游戏账户内的"金豆"销售变现。经鉴定，电脑等设备价值6724元。[①]

本案中，现有证据证明唐某某、朱某冒充警察"执法"过程中对被害人存在粗暴行为，但这种轻微暴力客观上并未达到压制被害人反抗的程度。从双方力量对比看，在场的被告人仅有二人，且未携带枪支、刀具等暴力工具，而被害人方有四人，后者力量反而占据优势；从唐某某、朱某实施的粗暴推搡、拳打脚踢程度看，亦不足以使被害人处于无力反抗或者不敢反抗的状态，这种轻微暴力尚未达到认定构成抢劫罪所需的暴力或暴力胁迫的程度。如果对冒充警察实施暴力、胁迫行为进行整体评价就会发现，冒充警察并实施轻微暴力、胁迫的行为压制了被害人的反抗。既然如此，就难以否认被告人的行为成立抢劫罪。

但是，不能因为被告人的行为构成抢劫罪，就适用"冒充军警人员抢劫"的规定。这是因为，冒充警察这一行为已经评价为基本犯的构成事实。根据禁止重

[①] 参见祁磊：《冒充警察非法占有他人财物过程中伴随轻微暴力的行为定性》，载《人民法院报》2020年6月18日第6版。

复评价的原则，当一个情节已经被评价为基本犯的构成事实时，该情节就已经对定罪发挥了作用，既不能将该情节作为从重处罚的量刑情节，更不能作为加重处罚的情节。

也就是说，被告人冒充警察的事实已经对评价为抢劫罪的基本犯（压制被害人反抗）起到了作用，已经成为判处"3 年以上 10 年以下有期徒刑"的根据，如若再将其作为"处 10 年以上有期徒刑、无期徒刑或者死刑"的根据，则导致一个行为受到了重复处罚。所以，被告人的行为虽然成立抢劫罪，但不能适用"冒充军警人员抢劫"的法定刑。换言之，在上例中，虽然可以在一般意义上说行为人"冒充军警人员抢劫"，但不是加重犯意义上的"冒充军警人员抢劫"。

综上，虽然冒充军警人员抢劫是加重情节，但如果排除冒充军警人员的情节不能成立抢劫罪的基本犯，正是因为冒充军警人员才压制被害人反抗进而强取财物时，加重情节的作用变更为基本犯的构成事实，只能认定为抢劫罪的基本犯。由此看来，加重情节变更评价为基本犯的构成事实是完全可能的。

（二）加重情节作用变更的基本条件

什么样的加重情节可以变更评价为基本犯的构成事实？回答只能是，只有当形式上的加重情节符合基本犯的构成要件时，才可能将加重情节评价为基本犯的构成事实。由于基本犯的构成要件以保护法益为目的，所以，必须从保护法益的角度开始讨论。

很显然，只有当加重情节的保护法益与基本犯的保护法益相同或者包含了基本犯的保护法益时，加重情节才可能变更为基本犯的构成事实。加重情节能够表明基本犯的保护法益受到更严重的侵犯，是将该加重情节评价为基本犯的构成事实的实质根据。但是，仅有实质根据还不够。因为刑法实行罪刑法定原则，构成要件具有罪刑法定主义的机能，只有当加重情节与基本犯的具体构成要件相符合时，才能将加重情节变更评价为基本犯的构成事实。联系刑法分则的具体规定，大体存在如下需要说明的情形：

第一，在基本犯的构成要件对暴力、胁迫等手段及其程度存在要求的场合，只有将表现为特别手段的加重情节作为判断资料才符合基本犯的构成要件要求时，加重情节才能变更评价为基本犯的构成事实。

具体而言，在基本犯不仅要求某种手段，而且要求行为手段达到（足以）压制被害人反抗的程度的情况下，如在一些案件中，若将属于加重情节的特别手段排除在外，行为人的手段不足以压制被害人反抗时，可以将作为加重情节的特别手段评价为基本犯的构成事实，从而符合基本犯的手段及其程度要求。前述冒充军警人员抢劫即适例。

基于同样的理由，如果被害人只是因为行为人携带了枪支而不敢反抗，行为人除了以枪支相威胁外，并无其他暴力、胁迫等压制被害人反抗的手段的，也只能认定为普通抢劫罪。亦即，"持枪"这一加重情节应当变更评价为抢劫罪基本犯的构成事实。反过来说，只有当排除"持枪"情节后，行为人的行为依然成立抢劫罪，才宜适用"持枪抢劫"的加重法定刑。

此外，在基本犯的构成要件对暴力、胁迫等手段及其程度存在要求的场合，如果将加重情节作为判断资料，也不能达到基本犯的手段及其程度的要求时，则不能将加重情节变更评价为基本犯的构成事实。例如，行为人在公共交通工具上对被害人实施恐吓行为，要求被害人交付财物。如果恐吓行为本身没有达到足以压制被害人反抗的程度，就不能仅基于行为人具有"在公共交通工具上"实施行为的情节，将其认定为普通抢劫罪。

第二，在基本犯的成立要求发生具体的构成要件结果的场合，只有将表现为结果的加重情节作为判断资料才符合基本犯的构成要件结果要求时，加重情节才能作为基本犯的构成事实。

例如，《刑法》第291条之一第1款规定，投放虚假的爆炸性、毒害性、放射性、传染病病原体等物质，或者编造爆炸威胁、生化威胁、放射威胁等恐怖信息，或者明知是编造的恐怖信息而故意传播，严重扰乱社会秩序的，处5年以下有期徒刑、拘役或者管制；造成严重后果的，处5年以上有期徒刑。最高人民法院《关于审理编造、故意传播虚假恐怖信息刑事案件适用法律若干问题的解释》对何谓"严重扰乱社会秩序"作出了明确规定，同时将"妨碍国家重大活动进行"规定为"造成严重后果"的情形之一。倘若行为人编造、故意传播虚假恐怖信息，并不存在该解释第2条和第3条规定的"严重扰乱社会秩序"情形，却存在第4条规定的"妨碍国家重大活动进行"情形，由于这一加重情节能够评价为"严重扰乱社会秩序"，故对行为人的行为只能按编造、故意传播虚假恐怖信息罪的基本犯处罚。如若适用加重的法定刑，则属于重复评价，明显不当。

第三，在基本犯以情节严重（恶劣）为要件时，由于情节严重是指不法的情节严重，所以，只要是能够表明不法加重的情节，都可能评价为基本犯的构成事实。

其一，行为造成的加重结果均可能评价为基本犯的构成事实。亦即，加重情节表现为加重结果时，如果除加重结果外不能将案件事实评价为情节严重，则应当将加重结果作为判断资料，认定行为符合基本犯的情节严重的要求，进而认定为基本犯。

例如，《刑法》第260条第1、2款规定，虐待家庭成员，情节恶劣的，处2

年以下有期徒刑、拘役或者管制。犯前款罪，致使被害人重伤、死亡的，处 2 年以上 7 年以下有期徒刑。倘若虐待行为本身没有达到情节恶劣的程度，却引起被害人自杀的，是否定虐待罪的成立，还是认定为普通虐待罪，或是认定为虐待致人死亡（虐待罪的加重犯）？

应该说一概不将引起被害人自杀这一结果作为"情节恶劣"的判断资料，并不合适。所以，虐待行为本身没有达到情节恶劣的程度却引起被害人自杀的行为，成立虐待罪。"两高"等发布的《关于依法办理家庭暴力犯罪案件的意见》规定，因虐待致使被害人不堪忍受而自残、自杀，导致重伤或者死亡的，属于《刑法》第 260 条第 2 款规定的虐待"致使被害人重伤、死亡"。上述司法解释中的"因虐待致使被害人不堪忍受而自残、自杀"而适用加重法定刑的规定，是以虐待行为本身符合情节恶劣的要求为前提的。如若虐待行为本身并非情节恶劣，则不能适用上述规定，即不能适用加重的法定刑。

其二，多次行为可能评价为基本犯的构成事实。亦即，加重情节属于多次行为时，如果除多次行为外不能将案件事实评价为情节严重，则应当将多次行为作为判断资料，认定行为符合基本犯的情节严重的要求，进而认定为基本犯。

例如，《刑法》第 293 条第 1、2 款规定，有下列寻衅滋事行为之一，破坏社会秩序的，处 5 年以下有期徒刑、拘役或者管制：（1）随意殴打他人，情节恶劣的；（2）追逐、拦截、辱骂、恐吓他人，情节恶劣的；（3）强拿硬要或者任意损毁、占用公私财物，情节严重的；（4）在公共场所起哄闹事，造成公共场所秩序严重混乱的。纠集他人多次实施前款行为，严重破坏社会秩序的，处 5 年以上 10 年以下有期徒刑，可以并处罚金。显然，第 1 款前三项均有情节恶劣、严重的要求。在司法实践中，多次实施行为是情节恶劣、严重的表现之一。显然，如果行为人纠集他人 3 次追逐、拦截的，只能构成寻衅滋事罪的基本犯，而不能适用第 2 款的规定。因为"纠集他人多次"这一加重情节，事实上变更为基本犯的构成事实。

其三，刑法条文基本犯虽然没有情节严重的要求，但司法实践事实上要求情节严重，司法解释限制了处罚范围的情形，也完全可能将加重情节变更评价为基本犯的构成事实。

例如，交通肇事罪的保护法益虽然是交通领域的公共安全，但终究是为了保护人的生命与健康。既然肇事行为致人重伤，就表明存在致使被害人死亡的危险，行为人便具有救助义务。在这种情况下，行为人逃离事故现场的行为，就增加了被害人死亡的危险性，即增加了行为的不法程度，从而使加重情节成为基本犯的构成事实。所以，交通肇事致 1 人重伤，负事故全部或者主要责任，又肇事逃逸的，不能评价为作为交通肇事罪加重犯的"交通运输肇事后逃逸"和"因逃逸致人死亡"，只能将肇事逃逸情节评价为交通肇事罪的基本犯（交通肇事致 1 人以上重伤，负事故全部或者主要责任，并为逃避法律追究逃离事故现场），处 3 年以下有期徒刑或者拘役。

总之，在行为排除了加重情节就不成立特定基本犯的场合，只有当加重情节的保护法益与基本犯的保护法益相同或者包含了基本犯的保护法益，而且加重情节符合基本犯的构成要件并提升了基本行为的不法程度时，才能将加重情节变更评价为基本犯的构成事实。

（三）加重情节作用变更的争议问题

1. "恶劣情节"能否变更评价为基本犯的构成事实

由于《刑法》第 237 条和《治安管理处罚法》均规定了对（强制）猥亵行为的处罚，故需要区分刑法上的猥亵行为与《治安管理处罚法》上的猥亵行为。如果行为人实施的是刑法上的猥亵行为，则不管情节是否严重，都成立猥亵犯罪；如果仅属于《治安管理处罚法》上的猥亵行为，则根据该法规定处罚。由于猥亵行为属于性行为，需要根据性行为的部位、行为方式、时间长短等要素进行判断。笔者主要以行为人触摸对方的身体为例，按以下预设结论展开下文讨论：（1）触摸女性最隐私部位（阴部）的行为，不问时间长短，不问手段如何（如不管是否隔着裤子），都应当认定为刑法上的猥亵行为。（2）触摸女性（包括幼女）乳房、臀部的行为，如果没有隔着衣裤，即使时间再短，也应当认定为刑法上的猥亵行为；如果隔着衣裤，只要持续一定时间，也应当认定为刑法上的猥亵行为。（3）隔着衣服短暂触摸女性乳房、臀部的，只能认定为《治安管理处罚法》上的猥亵行为。

《刑法》第 237 条第 2 款与第 3 款第 4 项将"有其他恶劣情节"规定为加重情节。应该说，多次强制猥亵他人或者多次猥亵儿童完全可以成为强制猥亵罪与猥亵儿童罪的加重情节（"恶劣情节"）。倘若上述观点成立，接下来便面临两个问题：其一，如果行为本身仅属于《治安管理处罚法》上的猥亵行为，能否因为行为人多次实施或者针对多人实施，即具有恶劣情节而评价为刑法上的猥亵行为，作为强制猥亵罪或者猥亵儿童罪的基本犯处罚？笔者对此持肯定态度。这是因为，多次实施猥亵行为或者对多人实施猥亵行为，明显增加了行为的不法程度。亦即，对一个人法益的多次侵犯或者多次对多人法益的侵犯，明显增加了行为的不法程度。其二，如果多次实施《治安管理处罚法》上的猥亵行为成立强制猥亵罪或者猥亵儿童罪的基本犯，那么，在公共场所当众多次猥亵他人的，如何处理？换言之，在将多次猥亵这一恶劣情节（加重情节）变更评价为强制猥亵罪或者猥亵儿童罪的构成事实后，能否因为行为人在公共场所当众实施而适用加重法定刑？对此也应持肯定回答。这是因为，既然仅将多次实施这一恶劣情节或加重情节评价为基本犯的构成事实，那么，将"在公共场所当众"实施这一情节另行评价为法定刑升格条件，不仅符合全面评价原则，而且不存在重复评价的缺陷。

例如，被告人刘某于 2019 年 4 月 2 日至 4 月 8 日间，4 次在某小学附近路段，故意迎面走向上下学途中的小学生，用手抓摸女生胸部或者用拳头触碰女生胸部，然后离开（其中两次触摸到女生胸部，两次因女生及时躲避而未得逞）。检察院提出判处 6 年有期徒刑的量刑建议。一审法院认为，被告人刘某多次在公共场所当众猥亵不满 12 周岁的儿童，构成猥亵儿童罪，判处 5 年有期徒刑。① 被告人上诉后，二审法院认为，"上诉人虽有多次猥亵行为，但其中两次未遂，实施猥亵的时间极短，猥亵手段轻微，危害程度并非十分严重，其行为本属于应依照《治安管理处罚法》处罚的违法行为。但结合本案猥亵行为系在公共场所当众实施的情节，上诉人的主观恶性、行为的社会危害性则已达到应予刑罚的程度，应依法追究刑事责任。但该'在公共场所当众猥亵'作为入罪情节认定后，不应再作为量刑情节重复评判对上诉人加重处罚。综合考虑本案的犯罪情节，原审对上诉人量刑过重，应予以纠正"。于是，撤销原判，改判为 2 年有期徒刑。②

应该说，虽然刘某的单次猥亵行为属于《治安管理处罚法》上的猥亵行为，但由于其多次实施，故可以评价为刑法上的猥亵行为。即多次实施虽然原本属于加重情节，但只有将该加重情节评价为基本犯的构成事实，才能达到基本犯的不法程度。换言之，即使刘某多次在非公共场所触碰女生胸部，也应认定其行为构成猥亵儿童罪的基本犯。既然如此，就不应当将"在公共场所当众"实施这一情节再作为基本犯的构成事实。否则，就会得出多次在非公共场所触碰女生胸部的行为也不构成猥亵儿童罪的结论，这恐怕不合适。所以，在上例中，虽然应当将多次实施的加重事实变更评价为基本犯的构成事实，但不应当同时也将"在公共场所当众"实施变更评价为基本犯的构成事实。在《刑法修正案（十一）》施行之前，应当对刘某的行为适用加重犯的规定。由于《刑法修正案（十一）》要求"在公共场所当众猥亵儿童，情节恶劣的"才适用加重法定刑，所以，倘若本案发生在《刑法修正案（十一）》施行之后，既然已经将多次行为作为基本构成事实，但由于在公共场所当众实施的行为缺乏情节恶劣的要素，对刘某就只能以猥亵儿童罪的基本犯处罚。不过，如果可以反过来将"在公共场所当众"变更评价为基本犯的构成事实，则有可能对刘某的行为适用修正后的第 237 条第 3 款第 1

① 参见广东省深圳市南山区人民法院（2020）粤 0305 刑初第 470 刑事判决书。
② 参见广东省深圳市中级人民法院（2020）粤 03 刑终第 1553 号刑事判决书。

项，以猥亵儿童罪的加重犯处罚。这便是下面所要讨论的问题。

2. "在公共场所当众"实施的加重情节，可否变更为基本犯的构成事实

司法实践迄今为止对于在公共场所当众猥亵他人的案件，存在三种处理方式。

第一种处理方式是，只要在公共场所猥亵他人，就作为加重犯适用《刑法》第 237 条第 2 款的规定。

> [**案 1**] 2017 年 8 月 7 日 14 时许，被告人王某某在乘坐的 702 路公交车上，采取用手隔着裙子摸臀部的方式，先后两次对车上乘客被害人戴某某（未满 12 周岁）实施猥亵，被戴某某的父亲发现并制止后报警，警察赶至现场将其抓获。判决指出，被告人王某某在公共交通工具上当众猥亵儿童，其行为侵犯了儿童的身心健康，已构成猥亵儿童罪。被告人到案后如实供述自己的犯罪事实，依法予以从轻处罚，判处有期徒刑 5 年。[①]

不可否认的是，这种处理方式的确导致量刑过重。这是因为，如果撇开"在公共场所当众"实施这一情节不论，"用手隔着裙子摸臀部"的行为，只是《治安管理处罚法》上的猥亵行为。在行为不成立基本犯的情况下，直接适用加重法定刑，并不合适。就猥亵儿童罪而言，《刑法修正案（十一）》将加重情节修改为"在公共场所当众猥亵儿童，情节恶劣的"解决了这一问题，但强制猥亵罪的问题并没有解决。

> [**案 2**] 2015 年 11 月 22 日 18 时许，被告人唐某在某手机店吸食 K 粉后，为了寻求刺激，在街道上强行拦下骑着电动车的被害人叶某，不顾叶某的反抗，用手抚摸叶某的胸部且欲亲吻叶某。叶某摔倒在地后，唐某又上前欲继续抚摸其胸部，因叶某激烈反抗，唐某便返回手机店，后被围观群众围堵。法院认定唐某在公共场所当场强制猥亵他人，判处 5 年有期徒刑。[②]

应该说，由于唐某的猥亵行为本身只是《治安管理处罚法》规制的行为，仅因其在公共场所当众实施就认定为强制猥亵罪的加重犯，导致处罚过重。

第二种处理方式是，从事实上否认行为符合"在公共场所"或者"当众"的要求，仅认定为基本犯。应该说，这种直接否认行为人"在公共场所当众"实施猥亵行为的处理方式，也明显不当。

第三种方式是，将"在公共场所当众"评价为基本犯的构成事实。其中又存在两种情形：

---

① 参见辽宁省大连市西岗区人民法院（2017）辽 0203 刑初第 324 号刑事判决书。
② 参见福建省泉州市鲤城区人民法院（2016）闽 0502 刑初第 9 号刑事判决书。

情形一，行为原本构成强制猥亵罪，但为了避免处罚过重，而将"在公共场所当众"实施综合评价为基本犯的构成事实。

例如，2019 年 7 月某日，被告人王某某（男）在某市正在运营的地铁车厢内，紧贴女生坐下后，以两手交叉为遮挡，将一只手伸进被害人（女，17 岁）的上衣内持续摸其乳房。后又利用下班高峰期间人多拥挤之机，用自己的衣服、手臂等为遮挡，以同样的方法猥亵另外一名成年女性。后因被害人察觉报警案发。检察机关综合考虑本案被告人的作案时间、地点、方法、人数、次数等因素后，以强制猥亵罪对王某某提起公诉。法院经审理后，对王某某以强制猥亵罪判处有期徒刑 6 个月。①

应该说，上述处理存在疑问。将手伸进两名女被害人的上衣内持续摸其乳房，在刑法上是典型的强制猥亵行为，即使在非公共场所实施也成立强制猥亵罪。此外，这种综合评价缺乏具体规则，容易造成基本犯与加重犯认定的恣意性。换言之，就上述案例而言，即使认为判处 5 年以上有期徒刑明显过重，也只能通过适用《刑法》第 63 条减轻处罚。

情形二，行为原本仅属于《治安管理处罚法》上的猥亵行为，但由于行为人"在公共场所当众"实施，便将该加重情节评价为基本犯的构成事实。

[案 3]　2018 年 12 月 14 日 16 时许，被告人陈某（60 余岁），独自在马路上闲逛时，见 12 周岁的初中生余某独自一人背着书包行走，即上前搭讪，之后搂抱余某，隔着羽绒服抚摸余某胸部。余某挣脱，陈某又上前搂抱，再次隔着厚重衣服抚摸余某胸部后离开。

检察机关认定陈某构成猥亵儿童罪，应当以"在公共场所当众猥亵"加重处罚，认为一审法院判处陈某 2 年有期徒刑系适用法律错误，拟提出抗诉。但上级检察机关认为，"在公共场所当众猥亵"可以作为入罪条件，一审法院判决并无不当。对此持赞成态度的检察官指出："对一个案件应该整体、辩证地考虑社会危害性，是否值得入罪进行刑事处罚，不能简单化地'对号入座'，对那些手段、情节、危害一般，介于违法与犯罪之间的猥亵行为样态，如果具备'公共场所当众实施'以及其他相关情节，可以考虑入罪。但是，一次违法犯罪的情节，不能进行两次评判，否则即违背了不得重复评价的原则。本案中，'在公共场所当众猥亵儿童'的加重情节，已经作为入罪条件了，就不应该再抽离出来，再一次作为升

_____

① 参见钟芬、金昀：《猥亵儿童案件中"公共场所当众"的认定及适用》，载《青少年犯罪问题》2020 年第 1 期。

格加重处罚的依据。"① 这种处理方式实际上是将加重情节变更为基本犯的构成事实。

总之，对于上述案1、案2、案3（在公共场所当众实施的猥亵行为内容属于《治安管理处罚法》上的猥亵行为）的处理，在司法实践与刑法理论上存在三种不同观点：（1）由于猥亵行为本身轻微，故不以强制猥亵罪、猥亵儿童罪处理；（2）刑法并没有要求猥亵行为情节严重才构成犯罪，又由于行为人在公共场所当众猥亵他人，故应当认定为强制猥亵罪或者猥亵儿童罪，并适用加重的法定刑；（3）虽然猥亵行为本身相对轻微，但应当将"在公共场所当众"猥亵作为入罪条件，认定为普通情节的强制猥亵罪、猥亵儿童罪。

最后一种观点将加重情节变更评价为基本犯的构成事实。但是，将加重情节变更为基本犯的构成事实，必须符合前述基本条件。所以，需要讨论强制猥亵罪与猥亵儿童罪的保护法益，以及在公共场所当众实施是侵犯了其他法益还是加重了基本犯的不法程度等问题。

虽然猥亵儿童罪的保护法益是性的不可侵犯权，但这一法益只是阻挡层的法益，保护这一法益的目的是保护儿童的健康成长不受性行为的妨碍，或者说是禁止行为人通过性行为妨碍儿童的健康成长。但刑法不可能设立一个无法确定外延的妨碍儿童健康成长罪，只能将妨碍儿童健康成长的典型行为或者类型性行为规定为犯罪。所以，作为解释者，应当看到儿童的性的不可侵犯权背后的真实利益。亦即，凡是通过性行为对儿童的健康成长造成更严重妨碍的，就更严重地侵犯了儿童的性的不可侵犯权。即使在非公共场所对儿童实施的猥亵行为，都会严重妨碍儿童的健康成长，在公共场所当众实施的猥亵行为，更加严重妨碍儿童的健康成长。这是因为，猥亵行为会对儿童心理造成严重伤害，而知道与可能知道的人越多，对儿童的心理造成的伤害就越严重。例如，许多儿童因为被猥亵后被迫转学，试图避开知道真相的人，以便减轻心理伤害程度。在公共场所当众实施的猥亵行为，由于知道真相的人较多，导致需要避开的人更多，转学的可选择性减少，因而更难减轻儿童心理伤害的程度。再如，农村的留守儿童遭行为人当众猥亵后，便会被"污名化"，其健康成长受到严重妨碍。

基于上述理由，应当认为，在上述案1、案2、案3等猥亵行为本身轻微（属于《治安管理处罚法》上的行为）的案件中，由于在公共场所当众实施行为加重了对强制猥亵罪、猥亵儿童罪的保护法益的侵害，达到了可罚的程度，故应认定为强制猥亵罪、猥亵儿童罪。换言之，在上述案件中，可以将"在公共场所当众"

---

① 曹小航：《未规定暴力胁迫等手段行为的猥亵儿童罪是否一经实施即可入罪》，载《上海法治报》2019年11月13日第B05版。

实施评价为基本犯的构成事实，从而肯定强制猥亵罪、猥亵儿童罪基本犯的成立。但由于这一加重情节已被评价为基本犯的构成事实，故不能再适用加重犯的法定刑。①

─────── 疑 难 问 题 ───────

1.《刑法》第236条强奸罪

💬 **成立非强制奸淫幼女型强奸罪，是否需要明知对方是幼女？**

最高人民法院《关于行为人不明知是不满十四周岁的幼女，双方自愿发生性关系是否构成强奸罪问题的批复》规定，行为人明知是不满14周岁的幼女而与其发生性关系，不论幼女是否自愿，均应依照《刑法》第236条第2款的规定，以强奸罪定罪处罚；行为人确实不知对方是不满14周岁的幼女，双方自愿发生性关系，未造成严重后果，情节显著轻微的，不认为是犯罪。

应该说，上述规定分号前的内容旨在表明，不满14周岁的幼女的同意、承诺无效，行为人在"明知"的情况下具有主观故意，应以强奸罪定罪处罚；分号后的内容旨在强调，虽然得到幼女的承诺与其性交的行为具有客观的违法性，但在行为人确实不知对方是幼女时，行为人因为不具有主观故意而不符合强奸罪的主观有责构成要件，因而不成立强奸罪。也就是说，"这一批复的后段并不意味着'行为人确实不知对方是不满14周岁的幼女，双方自愿发生性关系，造成严重后果，情节严重的，以强奸罪论处'；而宜理解为：'行为人确实不知对方是不满14周岁的幼女，双方自愿发生性关系，造成严重后果的，按照后果的性质与责任形式，以相应的犯罪（如故意伤害罪、过失致人重伤罪）论处'"②。

💬 **关于强奸罪既遂标准，应对成年妇女对象采"插入说"而对幼女采"接触说"吗？**

对于奸淫幼女，也应与强奸成年妇女采取同样的既遂标准，即采"插入说"（"结合说"）。因为"奸淫幼女也表现为性交行为，单纯的性器官接触并没有完成性交行为；接触说使奸淫幼女的既遂标准过于提前，导致较轻犯罪（猥亵儿童罪）的基本行为成为较重犯罪（奸淫幼女）的既遂标准（如同将伤害结果作为杀人罪的既遂标准），也不利于正确处理奸淫幼女与猥亵儿童罪的关系；接触说不利于鼓励行为人中止犯罪，也不利于保护被害人的名誉；对奸淫幼女案件的既遂标准采取结合说，也不会降低对幼女的特殊保护；更不能因为'难以插入'而对奸

① 参见张明楷：《加重情节的作用变更》，载《清华法学》2021年第1期。
② 张明楷：《刑法学（第六版）》（下册），法律出版社2021年版，第1138页。

淫幼女的既遂标准采取接触说"①。

● "轮奸"有预备、未遂与中止吗？

笔者认为：（1）由于"二人以上轮奸"在我国系加重法定刑情节，适用的条件是不仅行为人主观上有共同强奸的故意，而且被害人客观上遭受了二人以上强奸的结果。因此，无论多少人参与轮奸，若只有一人奸淫成功，全案不应认定为"轮奸"，不能适用"轮奸"法定刑；只能根据"部分实行全部责任"的原则，全案认定为普通强奸罪的既遂（而非轮奸的未遂），对于实际未奸淫的，可以根据所起作用的大小分别认定为主从犯。（2）无论多少人参与轮奸，只要有两人以上奸淫成功，全案应认定为"轮奸"既遂而适用"轮奸"的法定刑。对于实际奸淫未得逞或者主动放弃奸淫的，根据所起作用的大小，分别认定为主从犯。（3）两个以上的行为人企图轮奸，均因意志以外的原因而未奸淫成功的，全案作为普通强奸罪的未遂处理，而非"轮奸"未遂，不能适用"轮奸"的法定刑。（4）两人以上企图轮奸，部分行为人因意志以外的原因未得逞，部分行为人主动放弃奸淫的，全案认定为强奸罪的未遂，根据作用大小区分主从犯，不能认定为"轮奸"的未遂或中止。（5）两人以上企图轮奸，全部主动放弃奸淫的，全案认定为普通强奸罪的中止，而非"轮奸"中止，不能参照"轮奸"的法定刑减轻处罚。

● 认定奸淫不满10周岁的幼女，是否要求行为人明知对方是不满10周岁的幼女？

由于这里的"不满10周岁的幼女"属于特定对象，是客观构成要件要素，根据责任主义的要求，客观构成要件要素具有所谓的故意规制机能，成立本项犯罪，要求行为人主观上必须明知是不满10周岁的幼女。当然，这里的"明知"，包括确切地知道对方一定是不满10周岁的幼女、明知对方可能是不满10周岁的幼女，以及不管对方是否不满10周岁的幼女而执意与其发生性关系。

● 《刑法》第300条第3款与第259条第2款以强奸罪定罪处罚的规定，是注意规定还是法律拟制？

应该说，《刑法》第300条第3款组织、利用会道门、邪教组织或者利用迷信破坏国家法律、行政法规实施，又奸淫妇女的依照数罪并罚的规定处罚，以及第259条第2款利用职权、从属关系以胁迫手段奸淫现役军人的妻子依照强奸罪定罪处罚的规定，只是注意规定，没有改变强奸罪的构成要件，只有当行为完全符合强奸罪的构成要件，即采用强制手段，违背妇女意志与其发生性关系，才能以强奸罪定罪处罚。

---

① 张明楷：《刑法学（第六版）》（下册），法律出版社2021年版，第1142页。

💬 能否认为强奸罪中的"其他手段"包括欺骗手段？

刑法没有对强奸罪中的"其他手段"进行限定，采用欺骗手段也属于"其他手段"。在我国司法实践中，有不少案件是行为人采取欺骗手段与对方性交，对方也知道是性交行为却仍然同意，也被认定为强奸罪。也有观点认为，既然骗钱都是犯罪，骗奸怎么可能无罪？这其实是对强奸罪手段的误解。虽然强奸罪的手段不要求像抢劫罪一样达到足以压制对方反抗的程度，但根据同类解释规则，强奸罪中的"其他手段"，只能是强制手段。就欺骗行为而言，只能是欺骗行为导致具体的被害人不能自主地作出决定时，才能认为具有强制性。或者说，由于强奸罪的本质是违背妇女意志发生性交，只要能够说明或者证明是违背妇女意志的性交，就可谓强奸罪的强制手段行为。就利用迷信与妇女发生性交而言，只有当被害妇女当时确实以为，如果不与行为人性交，就可能遭受更严重的灾难时，才可以将行为人的欺骗评价为利用迷信的强制手段。

💬 写恐吓信，以及企图到宾馆强奸而在咖啡馆投迷药的，是成立强奸预备还是未遂？

是强奸罪的预备还是着手，要看是否形成奸淫的紧迫危险。例如，通过第三者胁迫或者书面胁迫时，由于不存在奸淫的紧迫危险，还不能认定为强奸罪的着手，而只是强奸罪的预备。再如，行为人以强奸的故意通过电话、短信等方式胁迫被害人前往宾馆某房间的，还不是强奸罪的着手；被害人基于恐惧心理到达宾馆房间后，行为人还没有进一步实施暴力、胁迫等手段，随后被害人乘行为人进入卫生间之机逃走的，也不能认定为强奸罪的着手，只能认定为强奸罪的预备。

💬 如何把握求奸未成与强奸未遂的界限？

在区分求奸未成与强奸未遂的界限时，要考虑行为人是否采用了暴力、胁迫等强制手段，是否适时停止自己的行为，为什么停止行为；要考察妇女的态度与举止。特别需要注意的是，不能把求奸过程中的拉扯行为认定为强奸罪中的暴力手段；也不能将以暴力、胁迫等手段要求妇女同意性交的行为，认定为求奸行为。总之，只能从是否着手实施了强奸，是否违背妇女意志方面进行判断。

💬 如何把握利用职权的强奸与基于相互利用的通奸的界限？

区分的关键在于，是否利用职权进行胁迫，是否违背妇女意志。基于相互利用的通奸行为，没有违背妇女意志。而利用职权从属关系，妇女被迫同意与其发生性关系的，属于违背妇女意志的性交行为，构成强奸罪。

💬 多次强奸同一名妇女，是否属于"强奸妇女多人"？

多次强奸同一名妇女的，不属于"强奸妇女多人"，只能以强奸罪的基本犯同种数罪并罚。

💬 **醉酒的妇女主动要求与男子发生性关系，男子知道妇女处于醉酒状态仍与之性交的，成立强奸罪吗？**

例如，甲女与乙男出去喝酒，大醉，乙男将甲女送回家。乙男准备离开时，甲女不让乙男离开，坚决主动执意要求与乙男发生性关系。乙男便与甲女发生了性关系。甲女醒酒后表示想嫁给乙男，遭拒绝，于是甲女愤而告发乙男强奸。

应该说，如果是乙男利用甲女酒醉不醒的状态，主动和甲女发生性关系，当然构成强奸罪。但本案中是甲女强烈要求乙男与其发生性关系。甲女虽然醉酒，但仍是个具有正常判断能力的人，其主动要求与乙男发生性关系，乙男期待可能性较低，而且乙男也不会认为自己的行为违背妇女意志，所以不成立强奸罪。

💬 **能否将导致被害妇女自杀认定为"致使被害人死亡"或者"造成其他严重后果"？**

由于"致使被害人死亡"作为强奸罪的加重情节能处 10 年以上有期徒刑、无期徒刑或者死刑，所以不符合缓和的结果归属的条件。从罪刑相适应考虑，只能将被害妇女自杀作为强奸罪基本犯的从重处罚情节处理，即在基本法定刑幅度范围内从重处罚。

2.《刑法》第 236 条之一负有照护职责人员性侵罪

💬 **何谓"发生性关系"？**

虽然从理论上说，实施猥亵也可谓发生性关系，但由于本罪成立的前提是得到已满 14 周岁不满 16 周岁的未成年女性的同意，所以应限制其处罚范围，应将"发生性关系"限定为狭义的生殖器性交行为，而不包括实施口交、肛交、接吻、抚摸等猥亵行为。一方面，刑法将本罪设立在强奸罪之后、强制猥亵罪之前；另一方面，根据社会的一般观念，发生性关系仅是实施狭义的生殖器性交行为。

💬 **课外补习班教师与已满 14 周岁不满 16 周岁的女性发生性关系，构成本罪吗？**

本罪的行为主体仅限于对少女负有监护、收养、看护、教育、医疗等特殊职责的人。这里的负有特殊职责并不限于法条明文列举的几种。例如，狱警对被收监的少女也负有看护、教育等特殊职责，也可能成为本罪的主体。不过，不能随意扩大本罪的主体范围（处罚范围）。并不是说只要存在看护、教育、医疗等行为外观，一个人就能成为本罪的行为主体，只有那些对少女的身心健康成长具有实质性的管护、指导等职责的人员，才能成为本罪的行为主体。所谓实质性的职责，应当限定为只有当依法、依规、依条理对少女的健康成长具有某方面的"职责"，使少女在相关领域对行为人形成比较稳定的依赖关系时，行为人才能成为本罪的主体。如果少女的生活等较长时间依赖于特定的行为人，那么行为人就可以成为本罪的行为主体。例如，15 周岁的少女主动要求与男教师发生性关系的，如果少女是在课外的临时性补习班学习期间，自愿与补习班教师发生性关系，那么男教师不构成本罪。但如果是中小学教师，由于在法律上对学生负有特殊职责，其便可以成为本罪的主体，其行为构成本罪。又如，少女身体不舒服，去过一两次医院后，自愿与医务人员发生了性关系。这时，医务人员的行为也不构成本罪，但是如果少女患有某种疾病，在较长时间内依赖于特定医务人员的治疗，对医务人员形成了依赖关系，这时她与男医务人员发生性关系，医务人员的行为就应当成立本罪。

● 成立本罪是否要求行为人认识到对方系"已满 14 周岁不满 16 周岁的未成年女性"？

已满 14 周岁不满 16 周岁是本罪的客观要素，根据构成要件的故意规制机能和责任主义，应当要求行为人认识到对方系已满 14 周岁不满 16 周岁的未成年女性。如果以为对方已满 16 周岁，双方自愿发生性关系的，则因为没有本罪的故意，不成立本罪。如果将已满 14 周岁不满 16 周岁的少女误以为是不满 14 周岁的幼女而双方自愿发生性关系的，由于客观上不存在幼女，行为人又没有使用强制手段，所以不能成立强奸罪，还是只能成立本罪。

● 负有照护职责的人员猥亵少女的，构成犯罪吗？

由于本罪仅规制负有照护职责的人员与少女发生性关系（即生殖器性交）的行为，所以未使用强制手段猥亵少女的，不是刑罚处罚的对象，不构成犯罪。

● 本罪有未遂成立的余地吗？

所谓本罪的未遂其实就是猥亵行为，故虽然从理论上讲本罪有未遂成立的余地，但由于处罚本罪的未遂其实就是变相处罚猥亵行为，而猥亵少女的行为不构成犯罪，所以本罪没有未遂成立的余地。

3.《刑法》第 237 条第 1、2 款强制猥亵、侮辱罪

● 妇女构成强制猥亵罪的范围与男子一样吗？

由于性的羞耻心的差异，妇女构成强制猥亵罪的范围明显窄于男子。例如，虽然男子强行亲吻妇女嘴唇及触摸妇女胸部、臀部，构成强制猥亵罪，但反过来，妇女强行亲吻男子嘴唇及触摸男子胸部、臀部，却很难认定为猥亵。

● 如何认定"聚众"强制猥亵他人、侮辱妇女？

张明楷教授认为，"聚众"是指由首要分子纠集多人实施猥亵、侮辱行为，但不要求参加者均亲手实施猥亵、侮辱行为；一人亲手实施猥亵、侮辱行为其他参加者围观起哄的，也属于聚众实施本罪。①

---

① 参见张明楷：《刑法学（第六版）》（下册），法律出版社 2021 年版，第 1150 页。

笔者认为，"聚众"类似于"二人以上轮奸"，应限定为二人以上共同实施强制猥亵、侮辱行为。理由是，在非公共场所一人亲手实施猥亵、侮辱行为而其他参加者只是围观起哄的行为的法益侵害性，显然与"在公共场合当众"实施猥亵、侮辱行为不相当；《刑法》也只是将"二人以上轮奸"规定为强奸罪的加重犯，而没有将所谓"一人亲手实施强奸其他参加者围观起哄"规定为加重犯，说明"一人亲手实施而其他参加者围观起哄"与"二人以上轮奸"的法益侵害程度不具有相当性。

● 隔着衣服触摸女性胸部、臀部的行为，构成强制猥亵罪吗？

应该说，在通常情况下（如仅实施一次），可以否认犯罪的成立，但如果行为人多次或者在公共场合当众强行隔着衣服触摸女性胸部、臀部的，应认定为强制猥亵罪。也就是说，虽然猥亵行为不严重，但将强制猥亵罪的加重情节作为基本犯的构成要件事实予以评价，使猥亵行为的不法程度达到可罚程度时，则可以认定为犯罪。当然，由于加重情节已经变更评价为基本犯的构成事实，故只能对强制猥亵行为按基本犯处罚，而不能适用加重法定刑。

● 行为人趁他人熟睡时将精液射在他人身体上的，构成犯罪吗？

这种行为虽可谓猥亵行为，但因为没有使用强制性手段，不能认定为强制猥亵罪。

● 行为人以胁迫手段迫使他人向自己发送裸照、手淫等淫秽图片的，构成本罪吗？

应该说，只要不是强迫他人当面、当场（包括通过网络）拍摄裸照、录制淫秽视频的，都不能评价为强制猥亵。散布他人发的裸照、淫秽视频的，构成传播淫秽物品罪。强迫他人与自己进行网上裸聊的，构成强制猥亵罪。

● 单纯偷拍他人隐私部位、偷看他人裸体的，构成犯罪吗？

偷拍他人隐私部位、偷看他人裸体，虽然也可谓利用了被害人不知反抗的状态，但这种行为本身不能评价为强制猥亵行为。如果这种行为也是猥亵行为，那么偷看别人洗澡，也能构成强制猥亵罪。相信没有人会接受这样的观点。在宾馆房间装摄像头的，也不可能认定为强制猥亵罪。

● 在公共场所当众实施仅属于违反《治安管理处罚法》的一般违法行为的猥亵行为，构成加重犯吗？

按照刑法理论通说的观点，成立加重犯的前提是行为符合基本犯的构成要件。成立强制猥亵、侮辱罪的加重犯，也必须行为本身符合强制猥亵、侮辱罪基本犯的构成要件。如果不考虑在公共场所当众实施的因素，行为本身只是违反《治安管理处罚法》的一般违法行为，不构成基本犯，直接认定为加重犯，有违加重犯原理。这时可以考虑将加重情节变更评价为基本犯的构成事实，认定为强制猥亵、侮辱罪的基本犯，适用基本犯的法定刑，而不能适用加重法定刑。

4. 《刑法》第 237 条第 3 款猥亵儿童罪

💬 "猥亵儿童多人或者多次"，包括猥亵未遂吗？

为实现罪刑均衡和避免争议，宜将猥亵儿童多人或者多次限定为每次均既遂，将存在未遂情形的，作为同种数罪并罚处理。

💬 应否将"聚众猥亵儿童"限定为多人亲自实施猥亵儿童行为？

应将"聚众"猥亵儿童，理解为数人亲自实施猥亵儿童行为，即只有至少三人亲自实施了猥亵儿童行为的，才值得以猥亵儿童罪的加重犯科处刑罚。

💬 何谓"造成儿童伤害"？

由于"造成儿童伤害"的处 5 年以上有期徒刑，所以为了实现罪刑均衡，应将"造成儿童伤害"限定为造成了轻伤或者重伤，而不能包括轻微伤。当然，如果行为人很变态，以特别残忍手段进行猥亵，致儿童重伤造成严重残疾的，则成立猥亵儿童罪与故意伤害罪（残忍伤害）的想象竞合。

八

避免将行政违法认定为刑事犯罪

要　旨

　　刑事司法实践之所以大量存在将一般行政违法行为认定为犯罪的现象，主要是因为没有以正当理念为指引，没有作出实质解释，没有进行独立判断。刑事司法人员应当以刑法的自由保障理念、刑法的补充性与预防犯罪的理念为指引，充分保障国民的预测可能性，使刑法真正成为保护法益的最后手段，使刑罚成为预防犯罪的有效工具；不能将一切利益当作刑法的保护法益，不能分解成或者还原为个人法益的所谓公法益，不是刑法保护的法益；行政法的规定以及行政机关对案件事实与处理结论的认定，只具有作为认定犯罪线索的意义，必须根据刑法的特点对构成要件要素、案件事实进行独立判断，独立作出处理结论，不得将行政责任的认定结论与根据直接作为刑事责任的认定结论与根据。

辩点分析

　　近年来，司法机关对一些案件的处理引起了国民的普遍关注。其中最为典型的是，国民普遍认为只是属于行政违法乃至并不违法的行为，却被司法机关认定为犯罪，如"赵春华非法持有枪支案"。还有一些明显不构成犯罪的案件，虽然行为人最终被宣告无罪，但进入了刑事诉讼程序，甚至被一审宣告有罪，如"陆勇销售假药案""王力军非法经营案"等。公检法将行政违法认定为刑事犯罪的原因主要有三点：一是没有以正当理念为指引，即没有正确认识刑法的机能与性质，没有将自由保障、刑法的补充性等理念运用于刑事司法实践；二是没有作出实质解释，即对刑法条文的解释仅停留在字面含义，而没有基于法条目的理解和适用刑法条文；三是没有进行独立判断，即将行政责任的认定结论与根据直接作为刑事责任的认定结论与根据。

（一）理论指引

司法人员在适用刑法时，应当使自己成为一个中立者，而不应当与自己的利益产生任何联系。但是，部分办案人员与办案机关在处理案件时，并没有以刑法理念为指引，而是以自身利益为导向。这是导致将行政违法乃至根本不违法的行为认定为犯罪的重要原因。

1. 自由保障的理念

根据国民预测可能性的原理，实施了符合构成要件的违法行为的行为人，如果不具有违法性认识的可能性，就不能对其进行法的非难。

例如，秦某发现其农田附近的山坡上长着类似兰草的"野草"，便在干完农活回家时顺手采了 3 株，后被森林民警查获。经鉴定，秦某采伐的蕙兰是国家重点保护植物。随即秦某被行政拘留 7 日，后被立案侦查和移送起诉。卢氏县法院以非法采伐国家重点保护植物罪判处秦某有期徒刑 3 年，缓刑 3 年，并处罚金 3000 元。办案人员指出："公民如果法律意识淡薄，一不小心就可能构成犯罪。"①

倘若秦某所在地曾经发生过类似案件，且秦某知情，那么认定秦某的行为构成犯罪是没有疑问的。倘若并非如此，秦某就既没有非法采伐国家重点保护植物罪的故意，也没有违法性认识的可能性，因而不得以犯罪论处。就一般人而言，觉得野花、野草好看而顺手摘几朵、采几株，是再正常不过的事情。在行为人没有认识到野花、野草是国家重点保护植物的情况下，就不能期待行为人不采摘。在实行依法治国的时代，不能使国民"一不小心就可能犯罪"，否则就严重侵害了国民的预测可能性。换言之，如果"一不小心就可能犯罪"，国民就没有自由可言。况且，非法采伐国家重点保护植物罪是故意犯罪，即使是"不小心"也只有过失，而不可能是故意犯罪。

2. 刑法补充性的理念

根据刑法补充性的原理，如果对某种不法行为采取行政措施便足以保护法益，就不应当将这种行为当作犯罪处理。显然，刑法补充性的原理，是处理行政违法行为与犯罪行为关系的重要指导原理。

例如，《刑法》第 140 条规定了生产、销售伪劣产品罪，只要销售金额 5 万元以上就以犯罪论处。问题是，应当如何理解其中的"销售"？假如双方当事人签订买卖合同或者承揽合同，合同约定了产品质量标准、违约责任，出卖人或承揽人

---

① 马建刚等：《采了 3 株"野草"男子获刑 3 年》，载《河南法制报》2017 年 4 月 19 日。

提供了不合格的产品，是否属于《刑法》第 140 条的"销售"？这是在个案发生之前就可以进行解释的，在解释时就必须运用补充性原理，然后将基于补充性原理得出的解释结论指导个案的处理。既然合同明确约定了产品质量标准与违约责任，那么，当出卖人或承揽人提供了不合格产品时，就完全可以通过合同约定的退货、退款、支付违约金等民事方式处理，根本不需要适用《刑法》第 140 条。换言之，在这样的场合，民事方式是比刑事方式更加有效的方式。如果将上述行为认定为销售伪劣产品罪，就必然导致大量的民事责任转化为刑事责任，也必然导致生产厂家不敢与对方签订合同，进而严重妨碍经济发展。所以，应当将《刑法》第 140 条中的"销售"限定为向不特定人的销售，因为当行为人向不特定人销售伪劣产品时，难以通过民事途径予以救济。

总之，在行政规制足以抑制某种行政违法时，就不应当适用刑法；在行政规制并不充分时，如果能够立即完善行政规制手段，也不应当运用刑法手段；即使在由于行政规制手段不完善而采用刑法手段时，也应当注重行政规制手段的完善，并逐步放弃刑法手段。

3. 预防犯罪的理念

刑法的目的是保护法益，刑罚的目的就是预防侵害法益的犯罪行为，包括特殊预防与一般预防。但由于打击犯罪的考核指标泛滥，公检法机关一年比一年的压力大，包括办案数量、定罪数量、处罚程度等，导致被认定的犯罪也越来越多，而在犯罪事实上没有增加时，就会将行政违法行为当作犯罪处理。这样的做法明显不符合预防犯罪的刑罚目的理念。

公检法人员一定要意识到，刑罚的目的是预防犯罪，如果将行为人定罪量刑不利于一般预防与特殊预防，反而导致更多或者更严重的犯罪发生时，就要通过刑法外的其他合法路径处理。例如，许多青少年喜欢仿真枪，其中一些人因网购仿真枪而被追究刑事责任，甚至被判处无期徒刑。[①] 姑且不论仿真枪是否属于刑法上的"枪支"，但可以肯定的是，对于实施越轨行为的青少年，不能轻易拘留、逮捕和科处刑罚。

基于预防犯罪的理念，对于因不知法而触犯刑法的初犯，要尽可能根据刑事诉讼法的相关规定作相对不起诉处理。如果给初犯者贴上罪犯的标签，对其科处刑罚，尤其是科处自由刑，反而不利于预防犯罪。相对不起诉本身就足以使因不知法而触犯刑法的初犯吸取教训，具有预防犯罪的效果。

---

① 参见李明、周佳琪：《少年网购仿真枪被判无期引争议》，载《新京报》2016 年 8 月 14 日。

（二）实质解释

以成文法的形式事先公布刑法，虽然有利于保障国民的预测可能性，但文字的特点必然导致法条内容宽泛、模糊、不确定，使得刑法条文的表述可能包含行政违法行为。

可以肯定的是，即使国民普遍认为某种行为并不构成犯罪，但公检法在将该行为认定为犯罪时，必然找到了刑法条文根据。例如，当行为人搬运祖传象牙时，司法机关之所以认定其构成运输珍贵、濒危野生动物制品罪，就是以《刑法》第341条为法律根据的；因为大象是珍贵濒危野生动物，象牙是珍贵濒危野生动物制品，行为人也确实运输了象牙，于是使得案件事实符合了法定的构成要件。公检法之所以能够将行政违法认定为犯罪，首先是因为成文刑法对犯罪的描述可能包含行政违法行为，其次是因为公检法人员对法条的解释停留在字面含义，没有从实质上理解刑法的规定，没有发现刑法的真实含义。

构成要件是违法类型。构成要件的描述旨在使值得科处刑罚的违法行为处于构成要件之内。所以，即使刑法条文的文字表述将某种行为涵摄在犯罪构成要件之内，但如果该行为没有侵害法益或者侵害程度相当轻微时，司法机关也应当通过实质解释将其排除在犯罪之外。为了避免将行政违法认定为刑事犯罪，司法机关特别需要考察以下三个方面：

1. 值得刑法保护的法益是什么

了解法条的目的何在，也就是要了解值得法条保护的法益是什么。这需要根据法条在刑法分则所处的位置、法条对构成要件行为与结果的描述、法条之间的关系以及社会生活事实、社会的一般观念、国民的生活需求等作出合理判断。

[**案1**]　董某委托汪某为其招募人员前往斯里兰卡务工。汪某将王某介绍给董某，并由王某招募人员。2011年3月31日，董某及汪某在明知所招募的人员所持护照均是旅游签证的情况下，由王某将持旅游签证的常某、李某等22人送至斯里兰卡，交董某安排务工。因上述人员从事的工种不符合其要求，董某要求调换。王某遂于2011年4月13日将持旅游签证的鲁某等22人送至斯里兰卡，交董某安排务工。一、二审法院认定董某、汪某的行为构成组织他人偷越国（边）境罪，判处董某有期徒刑8年，判处汪某有期徒刑3年，缓刑4年。①

---

① 参见江苏省扬州市中级人民法院（2015）扬刑终字第00050号刑事裁定书。

不难看出，上述判决的逻辑是，只要出境人员所持的是旅游签证，而实际目的是务工的，就是偷越国（边）境，相关组织者就构成组织他人偷越国（边）境罪。但是，上述判决并没有考虑组织他人偷越国（边）境罪的保护法益是什么。《刑法》第318条的目的不在于保护取得护照、签证的正当方式与秩序，不在于保证中国公民在境外不实施违法犯罪行为，也不在于保护国家声誉。应当认为，《刑法》第318条的保护法益是国家的出境管理秩序，即中国公民与外国公民按照中国的出境管理法规规定的条件、程序、方式出境的有序性、稳定性。从现实来看，出境管理秩序所要防止的主要是两类现象：一是不经过规定的出境口岸、边防站等地点出境；二是不使用有效的出境证件出境。换言之，如果所有中国公民与外国公民都在规定的出境口岸、边防站持有效证件出境，那么，出境管理秩序就完全正常。

在上例中，所有出境人员均持有合法有效的出境证件，都没有偷越国（边）境。既然如此，又何来组织偷越国（边）境的行为？按照上述判决的逻辑，倘若出境人员原本获得了外国的务工签证，但到达外国后，由于某种原因未能务工，而是旅游了几个月之后回国的，那么也属于偷越国（边）境，组织者也构成组织偷越国（边）境罪。这显然不妥当。由此看来，只要稍微考虑一下组织偷越国（边）境罪的保护法益，就不至于将上述行为认定为本罪。

[**案2**]　钟某、齐某准备以10万元价格将钟某家祖传的豹皮马甲抵押给黄某。在双方准备抵押时，警方及时赶到。经检察院起诉，法院认定钟某、齐某的行为均已构成非法运输、出售珍贵、濒危野生动物制品罪，判处二人有期徒刑5年6个月。法官指出，钟某、齐某虽然没有完成抵押买卖行为，但已经把豹皮马甲从吉林运到沈阳，运输行为属于犯罪既遂。①

不可否认，祖传的豹皮马甲也是珍贵、濒危野生动物制品，钟某、齐某的行为也符合《刑法》第341条的文字表述。然而，如果这样适用法条，那岂不是钟某搬家或者穿着祖传的豹皮马甲外出时，也构成非法运输珍贵、濒危野生动物制品罪？但这样的结论不可能得到国民的认同。这是因为，钟某的豹皮马甲是祖传的，虽然不知道其详细年代，但可以肯定的是，在豹皮马甲制作的年代，刑法还没有对珍贵、濒危野生动物及其制品进行保护，相关行为并没有侵害刑法所保护的法益。基于同样的理由，现在将当时制作的豹皮马甲予以出售等行为，既没有侵害当时的保护法益，也不可能侵害现在的保护法益。既然如此，就不能认定为

---

① 参见王立军、柏楚乔：《祖传豹皮马甲没卖出吉林两名男子穿"马甲"》，载《沈阳晚报》2017年2月10日。

犯罪。

2. 公法益能否还原为个人法益

"国家只不过是为了国民而存在的机构，是为了增进国民的福利才存在的。"①换言之，政府存在的目的就是为了保护国民的法益。我们通常将法益分为公法益和私法益，但这只是就眼前或者表面而言的，事实上，它们最终只能是个人法益。只有当某种公法益与个人法益具有同质性，能够分解或者还原成个人法益，是促进人类发展的条件且具有重要价值时，才是值得刑法保护的法益。概言之，行为仅侵害行政管理秩序时，即使在行政法上被认为侵害了公法益，但如果没有最终侵害个人法益，就只是行政违法行为，而不可能成为犯罪行为。特别是当刑法条文保护的是公法益时，司法机关必须判断，法条文字所指涉的行为是否最终侵害了个人法益。如果得出否定结论，就不得以犯罪论处。

例如，《刑法》第 225 条规定了非法经营罪，其中第 1 项规定的是 "未经许可经营法律、行政法规规定的专营、专卖物品或者其他限制买卖的物品的" 行为。长期以来，司法机关对符合上述规定的行为都以犯罪论处，这是没有进行实质判断的表现。

问题是，是否需要对所有未经许可经营专营、专卖物品或者其他限制买卖的物品的行为，均应以非法经营罪论处？换言之，其中的哪些行为并没有最终侵害国民的个人法益，因而能够将其排除在犯罪行为之外？这需要根据专营、专卖物品以及限制买卖的物品的性质进行判断。关系到公众人身安全的药品、汽油等，如果被随意经营，就会严重侵害公众的人身安全，故需要刑法规制。反之，烟草制品虽然是专卖物品，但即使未经许可而经营的，也不会对公众的法益造成任何威胁，只要 "责令停止经营烟草制品零售业务，没收违法所得，并处罚款"（《烟草专卖法》第 32 条），就足以达到行政法的目的。因为未经允许经营烟草制品，无非是为了营利或者为了省事（不办理行政许可），而没收违法所得并处罚款，就足以抑制这类行为。即使不能完全抑制，也没有必要动用刑罚。

例如，在王力军案中，一审法院认为，王力军违反国务院《粮食流通管理条例》，收购玉米数额达到 21 万余元，数量较大，构成非法经营罪，适用《刑法》第 225 条第 4 项的规定科处刑罚。诚然，王力军的行为当时的确违反了《粮食流通管理条例》，但是，据此认为王力军的行为构成犯罪，则丝毫没有考虑王力军的行为是否侵害了值得刑法保护的法益；即使认为王力军的行为侵害了粮食收购秩序这一公法益，也需要进一步判断，这种法益能否还原为个人法益。个人收购行为最终是否导致粮食减少或者浪费因而影响居民的生活？是否导致粮食变质进而

① 〔日〕前田雅英：《刑法各论讲义（第 2 版）》，东京大学出版会 1995 年版，第 476 页。

影响公众健康？收购附近农户的玉米卖给粮库，是否导致粮食价格上涨？显然都不可能得出肯定结论。再审法院认为，王力军"没有办理粮食收购许可证及工商营业执照买卖玉米的事实清楚，其行为违反了当时的国家粮食流通管理有关规定，但尚未达到严重扰乱市场秩序的危害程度，不具备与《刑法》第225条非法经营罪相当的社会危害性和刑事处罚的必要性，不构成非法经营罪"①。

然而，倘若认为王力军的行为是没有达到严重扰乱市场秩序的危害程度而不成立非法经营罪，那就意味着赵力军、钱力军、孙力军等人在更长时间内收购了更多的玉米或者其他粮食，获利更多时，就会达到严重扰乱市场秩序的危害程度，进而以犯罪论处。这恐怕也不合适。

其实，王力军的行为不构成犯罪的真正理由在于，被《刑法》第225条第1项、第4项的文字所包含的行为，并没有都侵害值得刑法保护的法益。所以，对《刑法》第225条第1、4项规定的行为必须进行限缩解释。只要司法人员以刑法理念为指导，以法条的保护法益为根据，就可以选择正当的解释技巧。

又如沸沸扬扬的"陆勇销售假药案"，也需要从法益保护的角度说明陆勇的行为无罪。不可否认，药品管理秩序是值得刑法保护的法益，但是，保护药品管理秩序这一公法益，是为了保护公众的健康。如果对药品管理秩序的保护不利于保护公众的健康，这种法益就不值得刑法保护。所以，未经批准进口的合格药品，必须被排除在《刑法》第141条的假药之外。换言之，在陆勇案及类似案件中，行为人出售的药品虽然没有取得进口批准，但事实上其针对特定人出售特定合格药品的行为，不可能危害国民的个人法益。因此，对这种行为不应以销售假药罪论处。

3. 对法益的侵害是否达到值得科处刑罚的程度

刑法并不处罚所有的法益侵害行为，只是处罚严重的法益侵害行为。反过来说，犯罪是值得科处刑罚的行为，所以，必须进行实质解释，将字面上符合犯罪的成立条件、实质上不值得科处刑罚的轻微法益侵害行为排除在犯罪之外。

例如，对于合法的生产企业因生产需要超过许可数量购买、储存爆炸物的行为，不应以非法买卖、储存爆炸物罪论处。诚然，该行为违反了行政法，具有一定的危险性。但是，由于该行为的不法侵害没有达到值得科处刑罚的程度，只要进行行政规制即可。因为该行为无非是为了图利或者为了企业的正常生产，而不是危害公共安全，对之予以行政罚款，就足以抑制这种行为。

---

① 内蒙古自治区巴彦淖尔市中级人民法院（2017）内08刑再1号刑事判决书。

（三）独立判断

行政违法与刑事违法存在三种关系：其一，某些刑事违法不以行政违法为前提。例如，故意杀人、强奸、抢劫等自然犯，不管是在刑事立法上还是在刑事司法上，都不以行政违法为前提。其二，某些行政违法行为无论如何都不可能演变或者上升为刑事违法。例如，吸毒与嫖娼是违反行政法的行为，但不管行为人吸毒多少克、嫖娼多少次，都不可能成为刑事违法行为。其三，某些刑事违法以行政违法为前提。亦即只有违反了行政法律，并进一步符合刑法规定的犯罪成立条件，才可能成为刑事违法行为。例如，非法经营行为原本是行政违法行为，但如果情节严重，则可能构成犯罪。

显然，一方面，就前两种情形而言，刑事司法机关必须进行独立判断，而不需要依赖行政法律与行政机关。另一方面，不能笼统地说"严重的行政违法行为就构成犯罪"。换言之，说行政违法情节严重构成犯罪，仅仅适用于第三种情形。

问题是，在上述第三种情形中，行政违法与刑事违法是只有量的区别还是存在质的区别？虽然主张二者只有量的区别的观点（量的差异论）或许是成立的，但是，鉴于我国当下存在将行政违法行为认定为犯罪的现象，为了鼓励司法人员独立判断，应提倡质的差异说。首先，从逻辑上说，犯罪是适合科处刑罚的行为，刑罚与行政处罚具有本质区别，既然如此，行政违法与犯罪就具有本质区别。其次，从实质上说，刑罚的本质是报应，施加刑罚是对行为与行为人的强烈的否定性和谴责性的价值判断；而行政处罚的本质并不是报应，施加行政处罚虽然也是对行为的否定性评价，但并不含有明显的谴责性评价。既然如此，就不能认为行政违法与刑事犯罪仅具有量的区别。再次，行政法重视对公共利益的保护，刑法在保护法益的同时强调自由保障，因此，二者确定的处罚对象会有本质区别。换言之，行政法上侵害公共利益的行为，在刑法上完全可能出于自由保障的理由，而不被规定（认定）为犯罪。复次，即使认为行政违法严重到一定程度时就构成犯罪，也是量变引起了质变。最后，如果认为行政违法与刑事违法只是量的区别，那么，只要行政违法行为的社会危害性严重，就构成了犯罪。而严重的社会危害性这一标准既不明确也不具体，结果是会导致将诸多行政违法行为认定为犯罪。

在当下的刑事司法中，之所以存在诸多将行政违法认定为刑事犯罪的现象，除了没有明确认识行政法与刑法的关系、行政违法与刑事违法的本质区别外，另外一个重要原因是缺乏正义追求与责任担当。有的检察官与法官认为"法律就这么规定的，我也没有办法"；或者认为按行政法规与行政机关的认定结论处理刑事案件，不会给自己带来任何麻烦。同时，在公安机关主张行为构成犯罪的情况下，如果检察机关与法院持相同观点，即使是错案，大家的责任都小；反之，检察官与法官的责任就比较重大。于是，一些检察官与法官不愿意推翻行政机关的认定，而是完全维护前一程序的判断，既不敢于也不愿意独立判断；在某些情况下，也可能缺乏独立判断的能力。于是，不可避免地导致将行政违法认定为刑事犯罪。

然而，刑法是一门独立的法律。犯罪行为是刑法特有的规制对象，而不是刑法与其法律共同的规制对象。刑法并不是对违反其他法律的行为直接给予刑事制裁，而是根据特定目的评价、判断对某种行为是否需要给予刑事制裁。所以，行政法律的规定，只具有作为认定犯罪的线索的意义；刑事司法人员在办案过程中，必须根据刑法的基本原则、刑法条文的具体规定与目的、刑法的补充性原理等，进行独立判断。

1. 构成要件要素的独立判断

即使在刑法条文明示或者暗示某种犯罪的成立以违反行政法律为前提时，对于相关构成要件要素的判断，也需要在行政法律的基础上按照刑法条文的目的作出进一步的独立判断，而不是完全由行政法律决定某种行为是否构成犯罪。这是由刑法不同于行政法的特殊性所决定的。

例如，《刑法》分则第二章"危害公共安全罪"规定了几种枪支犯罪。刑法条文虽然没有将"违反《枪支管理法》的规定"表述为构成犯罪的前提，但事实上，司法机关在认定枪支时，不可能不考虑《枪支管理法》的规定。在此意义上说，刑法上有关枪支犯罪的规范，实际上是默示的空白规范。但刑事司法机关在进行判断时，必须以枪支犯罪的保护法益为指导，而不是单纯以行政机关的规定为依据。

公安部《公安机关涉案枪支弹药性能鉴定工作规定》指出："对不能发射制式弹药的非制式枪支，按照《枪支致伤力的法庭科学鉴定判据》（GA/T 718—2007）的规定，当所发射弹丸的枪口比动能大于等于 1.8 焦耳/平方厘米时，一律认定为枪支。"天津大妈赵春华所持有的气枪，就是据此直接认定其符合非法持有枪支罪的构成要件要素的。二审判决书指出："公安部作为枪支管理主管部门有权制定相关规定，本案鉴定所依据的《公安机关涉案枪支弹药性能鉴定工作规定》《枪支致伤力的法庭科学鉴定判据》均合法有效，应当适用"[1]。但是，行政规章的合法有效，并不意味着可以直接适用于刑事案件。换言之，在刑事司法中，必须对"枪支"这一构成要件要素进行独立判断。

首先，非法持有枪支罪是抽象危险犯。一方面，刑法之所以将有关枪支的犯罪规定在危害公共安全罪中，就是因为枪支具有显著的杀伤力，具有导致不特定

---

[1] 天津市第一中级人民法院（2017）津 01 刑终 41 号刑事判决书。

人或者多数人伤亡的危险。换言之，刑法分则规定的枪支犯罪，不是以保护枪支管理秩序为目的的，而是以保护公众的生命、身体为目的。因此，不能将行政机关出于枪支管理目的所认定的枪支，直接作为刑法上的枪支。另一方面，虽然抽象的危险是不需要司法工作人员具体判断的危险，但是，如果具体案件中的特别情况导致行为根本不存在任何危险，则不能认定为抽象危险犯。

其次，《枪支管理法》第47条第1款规定："单位和个人为开展游艺活动，可以配置口径不超过4.5毫米的气步枪。具体管理办法由国务院公安部门制定。"据此，为了开展游艺活动而使用的气步枪原本就不属于《枪支管理法》所规制的枪支，更不可能属于刑法上的枪支。所以，倘若赵春华使用的气步枪的口径没有超过4.5毫米，就连行政法规也没有违反；即使其所持的气步枪的口径超过了4.5毫米，也只可能违反行政法规，而不会构成犯罪。

总之，在刑事司法中，公安机关制定的枪支鉴定标准，只是判断相关枪形物是否属于刑法上的枪支的参考资料，而不能直接作为认定枪支犯罪的标准。

2. 案件事实的独立判断

案件事实是适用刑法的小前提，如何归纳和认定案件事实，对于案件的处理至关重要。在司法实践中，刑事司法机关对许多事实的认定依赖于行政机关。而行政机关在认定事实时，只是基于行政法的目的。于是，行政违法行为直接上升为犯罪行为。

以交通肇事罪为例。在认定交通肇事罪时，行为人与被害人各负什么责任，是一个非常重要的事实问题。在司法实践中，有关交通事故的责任首先是由交警部门认定，在此基础上，司法机关应当再根据刑法的目的进行独立判断，否则就会导致直接将行政违法行为认定为犯罪的不当现象。在司法实践中，检察院和法院通常直接以交警大队作出的交通事故责任认定书作为认定交通事故因果关系和交通事故责任认定的依据，以至于交警事实上成为交通肇事案的审理法官。

《刑法》第144条规定了生产、销售有毒、有害食品罪，相关行政机关也会规定食品中不得添加某种物品。问题是，当行为人在食品中添加了某种禁止添加的物品时，能否直接根据行政规章认定行为人生产、销售了有毒、有害食品？答案是否定的。国家食品药品监督管理总局等部门于2015年4月发布的第11号公告指出，豆芽生产过程中使用6-苄基腺嘌呤、4-氯苯氧乙酸钠、赤霉素等物质的安全性"尚无结论"，为确保豆芽食用安全，生产者不得在豆芽生产过程中使用上述物质，豆芽经营者不得经营含有上述物质的豆芽。

诚然，在安全性"尚无结论"的情况下，进行行政规制是合适的。但不能据此认为，凡是违反该公告的行为，均构成生产、销售有毒、有害食品罪。这是因为，作为定罪量刑的事实，其有毒性、有害性必须是得到充分证实的，而不可能是"尚无结论"的，否则就属于有罪推定。根据存疑时有利于被告人的原则，不得将违反该公告的行为认定为生产、销售有毒、有害食品罪。

3. 处理结论的独立判断

不可否认的是，受专业知识的限制，对许多以违反行政法为前提的犯罪，刑事司法人员往往直接按照行政主管部门意见作出处理结论。但是，即使在这样的场合，刑事司法人员也要独立地判断行政主管部门根据行政法律、法规作出的处理结论，是否符合刑法的规定；既要注意刑法条文是否存在不同于行政法的规定，也要善于根据刑法的指导原理得出妥当结论；不得将行政责任的认定结论与根据直接作为刑事责任的认定结论与根据。

例如，《禁止传销条例》第7条第3项明文规定，"组织者或者经营者通过发展人员，要求被发展人员发展其他人员加入，形成上下线关系，并以下线的销售业绩为依据计算和给付上线报酬，牟取非法利益的"，属于传销行为。但是，《刑法》第224条之一规定，组织、领导传销活动，"骗取财物，扰乱经济社会秩序的传销活动的"，才成立组织、领导传销活动罪。不难看出，以销售商品为目的、以销售业绩为计酬依据的单纯的"团队计酬"式传销活动，虽然是《禁止传销条例》所规定的传销行为，能被管理部门认定为传销，但由于不符合刑法所规定的"骗取财物"的特征，故不得以组织、领导传销活动罪论处。

又如，《刑法》第343条第1款规定，违反矿产资源法的规定，未取得采矿许可证擅自采矿，情节严重的，构成非法采矿罪。根据相关司法解释，采矿行为"超越许可证规定的矿区范围或者开采范围的"，属于"未取得采矿许可证"擅自采矿。问题是，在刑事司法中，如何认定"矿区范围"？假如被告人具有采矿许可证，但采矿许可证上的坐标标明的矿区范围与实地界桩标明的矿区范围不一致，前者范围小后者范围大，没有证据证明被告人移动了界桩，管理部门也没有埋桩记录，不能否认实地界桩具有真实性，被告人的采矿行为超越采矿许可证坐标所标明的矿区范围采矿，但没有超越实地界桩标明的矿区范围。国土资源管理部门又以坐标标明的矿区范围认定被告人的行为属于非法采矿。姑且不讨论国土资源管理部门的认定结论是否正当，即使正当，刑事司法人员也应当基于以下理由进行独立判断：一方面，法律规范不是道德规范，在面临着两个不同的行为规范时，行为人按有利于自己的行为规范实施行为的并不违法，更不可能构成犯罪；另一方面，根据存疑时有利于被告人的原则，既然不能认定行为人移动了实地界桩，就不能以"实地界桩可以移动"为由，认定行为人超越许可证范围采矿。

总之，刑事司法是将案件事实与刑法规范相对应的过程。在此过程中，刑事司法人员应当以刑法的保护目的（包括法益保护与自由保障）为指引，充分考虑刑罚是不是达到法益保护目的的正确手段。要使刑事司法活动获得正当性，就要求刑罚成为保护重要法益的唯一正确手段。在法益可以通过行政措施等非刑罚手段得到有效保护时，不应当动用刑罚。①

— 疑 难 问 题 —

1.《刑法》第 125 条第 1 款非法制造、买卖、运输、邮寄、储存枪支、弹药、爆炸物罪

💬 组装、改装枪支，是"制造"枪支吗？

应该说，对成套的枪支散件按照说明书进行简单的组合，就如同网上购买家具后在家中按照说明书进行拼装的不是制造家具一样，不能谓之具有创造性的制造枪支活动。对于成套的枪支散件进行组合的，成立非法持有枪支罪。对非成套的枪支零配件进行创造性的组装、改造、改装的，属于制造枪支。

💬 不以出卖为目的的单纯购买枪支的行为，能构成非法买卖枪支罪吗？

应该说，首先，"买卖"的本质特征是一种买进卖出的商业经营活动，仅仅是为自己使用而买入的行为无法称为"买卖"。其次，在枪支犯罪中，或者是出卖，或者是以出卖为目的的买入，才能成立买卖枪支行为。如果既没有出卖事实，也没有出卖目的，无论如何，不能称之为"买卖"行为。单纯的购买行为，应当认定为非法持有行为。正如"为了自己使用而购买的行为，不宜认定为购买假币罪；否则，会造成法定刑的不协调。为了自己使用而购买且已使用的，认定为使用假币罪，没有使用的，可认定为持有假币罪"②。再次，如果将单纯购买枪支行为认定为非法买卖枪支罪，则非法持有枪支罪的成立空间几乎被压缩殆尽。最后，相对于非法持有枪支罪而言，《刑法》对非法买卖枪支罪配置了更重的刑罚，是因为买卖行为较之持有行为具有更重的社会危害：买卖行为引发了枪支的传播与扩散，导致国家对枪支管理的失控，继而成为各类暴力恐怖、黑恶犯罪案件的源头，对公共安全构成了实质的危害与威胁。而对于不以出售为目的的单纯购买枪支行为，行为人往往是基于爱好、收藏等动机或目的，购买后予以存储或者把玩，其终极目的在于维持对枪支的持有，而不是实现对枪支的传播与流转，其行为并未引发枪支的传播与流转，因此，不能认定为非法买卖枪支罪，而应认定为非法持有枪支罪。

💬 被查获的待售枪支，能计入非法买卖枪支罪既遂的数量吗？

应该说，被查获的待售枪支不能计入非法买卖枪支罪既遂的数量。

首先，待售不等于已出售。正如不会有人认为为销售伪劣产品、侵权复制品

---

① 参见张明楷：《避免将行政违法认定为刑事犯罪：理念、方法与路径》，载《中国法学》2017年第 4 期。

② 张明楷：《刑法学（第六版）》（下册），法律出版社 2021 年版，第 984—985 页。

而购入伪劣产品、侵权复制品的，就成立销售伪劣产品罪、销售侵权复制罪的既遂，即将购入待售的数量计入销售既遂的数量。购入待售，因尚未着手出售的，所以至多属于出售、销售的预备。其次，根据所谓当然解释的原理也得不出待售就是出售的结论。认为"根据关于毒品的会议纪要，查获的毒品数量计入贩卖的数量"，待售的枪支的数量也应是出售枪支的数量，属于"依葫芦画瓢""以讹传讹"而殊不可取。最后，虽然持有待售的枪支也"已经形成对公共安全的危险"，但这相对于实际卖出枪支行为而言，对公共安全只具有抽象性危险。

总而言之，非法买卖枪支罪的实行行为只有出售，待售持枪行为只是非法买卖枪支罪的预备，待售枪支的数量无论如何不应计入非法买卖枪支罪既遂的数量。

💬 **在行驶中的交通工具上查获枪支、弹药的，就是非法运输枪支、弹药吗？**

不能认为只要是在行驶的交通工具上查获枪支、弹药的，就成立非法运输枪支、弹药罪。"运输"是与"制造""买卖"并列规定的行为，并且适用同样的最高刑为死刑的法定刑。所以，运输行为必须是与非法制造、买卖相关联的行为，否则只能评价为法定最高刑仅为 7 年有期徒刑的非法持有、私藏枪支、弹药罪。

💬 **为合法生产、经营而未经许可制造、买卖、运输、储存爆炸物的，构成犯罪吗？**

为合法生产、经营而未经许可制造、买卖、运输、储存爆炸物的行为的危害性，显然轻于为实施恐怖活动犯罪而非法制造、买卖、运输、储存爆炸物的行为。所以，因筑路、建房、打井、整修宅基地和土地等正常生产、生活需要，以及因从事合法的生产经营活动而非法制造、买卖、运输、储存爆炸物的，如果以确保安全的方式生产、经营、运输、储存爆炸物，不宜以犯罪论处；如果未以确保安全的方式生产、经营、运输、储存爆炸物，可以认定为"从事危险物品生产、经营、储存等高度危险的生产作业活动"，而构成《刑法》第 134 条之一危险作业罪。

💬 **将为在庙会上燃放而制作烟火药的行为认定为非法制造爆炸物罪的判决，有无疑问？**

例如，公安干警当场查获杨某申为过庙会而用于制造"梨花瓶"的烟火药 15 千克、"梨花瓶"成品 200 个（每个瓶内药量约为 1.46 千克）以及其他原料和工具。经鉴定，烟火药具有爆炸性。检察机关认为，杨某申的行为构成非法制造爆炸物罪。辩护律师提出，被告人制作烟火药不是为了出售牟利或者出于其他违法目的，而是在举办"五道古火会"时进行燃放。最终，法院以非法制造爆炸物罪判处杨某申有期徒刑 4 年 6 个月。[①]

---

① 参见河北省赵县人民法院（2017）冀 0133 刑初 4 号刑事判决书。

我国《宪法》第22条第2款规定："国家保护名胜古迹、珍贵文物和其他重要历史文化遗产。""五道古火会"属于非物质文化遗产。即使认为杨某中的行为符合非法制造爆炸物罪的构成要件，也可以根据《宪法》进行法益衡量，认为其具有实质的违法阻却事由，而不应以犯罪论处。法院的判决是错误的，应当坚决予以纠正。

● 枪支零配件，是"枪支"吗？

刑法禁止非法制造、买卖、运输、邮寄、储存、盗窃、抢夺、持有、私藏、携带的是"枪支"，而非枪支零配件。若认为刑法禁止非法制造、买卖、运输、邮寄、储存、盗窃、抢夺、持有、私藏、携带非成套的枪支散件，应当由刑法进行明确规定。就像《刑法》第350条将非法生产、买卖、运输醋酸酐、乙醚、三氯甲烷或者其他用于制造毒品的原料、配剂或者携带上述物品进出境明确规定为犯罪一样。更何况，很多枪支散件、零配件完全可能用于其他合法的用途，而不是只能用于制造枪支。或许，对于非法制造、买卖、运输、邮寄、储存、盗窃、抢夺、持有、私藏、携带非成套的枪支散件的行为规定进行行政处罚更为可行，但直接将这些枪支散件认定为刑法意义上的"枪支"，还是明显超出一般人的认知范围而有违罪刑法定原则。

● 烟花爆竹，是刑法意义上的"爆炸物"吗？

关于烟花爆竹，目前实务做法是，由于烟花爆竹被普遍接受，所以本身不属于刑法意义上的爆炸物，但制造烟花爆竹所需的黑火药属于爆炸物。"由于烟花爆竹的普遍被接受性、娱乐性、爆炸力被分散性等特点，将烟花爆竹认定为爆炸物会扩大打击面，也与普通民众的认识观念、传统习俗不符，因此，最高人民法院的司法解释没有将烟花爆竹认定为爆炸物。"[①] 这就说明，烟花爆竹在现代风险社会是可接受的危险。既然如此，就不能认为烟花爆竹及其原料黑火药属于爆炸物。非法制造、买卖、运输、邮寄、储存、盗窃、抢夺烟花爆竹的，不能成立非法制造、买卖、运输、邮寄、储存、盗窃、抢夺爆炸物罪。如果行为人未以确保安全的方式生产、经营、储存，可以认定为《刑法》第134条之一的危险作业罪。

● 违规制造、销售弹药、爆炸物的，构成非法制造、买卖弹药、爆炸物罪吗？

《刑法》第126条规定了依法被指定、确定的枪支制造、销售企业，违规制造、销售枪支的，构成法定刑低于非法制造、买卖枪支罪的违规制造、销售枪支罪，却没有规定依法被指定、确定的弹药、爆炸物制造、销售企业违规制造、销

---

① 参见最高人民法院研究室《关于生产烟花爆竹配置烟火药行为是否构成非法制造、买卖爆炸物罪的答复》。

售弹药、爆炸物的犯罪。对此有三种处理思路：（1）虽然也认定为非法制造、买卖弹药、爆炸物罪，但在处刑上要低于非依法被指定、确定的弹药、爆炸物制造、销售企业非法制造、买卖弹药、爆炸物的情形。因为前者可谓法定犯，后者是自然犯。法定犯的危害性通常轻于自然犯。这是我国自然犯与法定犯一体化的立法体例背景下必须面临的问题。（2）若未能以确保安全的方式制造、销售，则构成《刑法》第 134 条之一的危险作业罪。（3）若以确保安全的方式违规制造、销售的，不作为犯罪处理。

2.《刑法》第 125 条第 2 款非法制造、买卖、运输、储存危险物质罪
💬 违规制造、销售危险物质的，无罪吗？

《刑法》第 126 条针对依法被指定、确定的枪支制造、销售企业违规制造、销售枪支的行为规定了法定刑相对较低的违规制造、销售枪支罪，却没有规定违规制造、销售危险物质罪。由于危险物质的危险性或者杀伤力不及枪支，对于依法被指定、确定的危险物质制造、销售企业违规制造、销售危险物质的，如果是以确保安全的方式生产、经营，可以进行行政处罚，不值得作为犯罪处理；如果未以确保安全的方式生产、经营，则可能成立《刑法》第 134 条之一的危险作业罪。

3.《刑法》第 126 条违规制造、销售枪支罪
💬 "依法被指定、确定的枪支制造企业、销售企业"，是必须具备的客观要素吗？

应当认为，"依法被指定、确定的枪支制造企业、销售企业"并不是为违法性、有责性提供根据的客观要素，不是必须具备的要素，而系表面的构成要件要素、划分界限的要素。例如，甲以为自己企业具有制造、销售枪支的资格，其具有违规制造、销售枪支的故意，虽然客观上不具备制造、销售枪支的资格，也不妨碍违规制造、销售枪支罪的成立。

4.《刑法》第 128 条非法持有、私藏枪支、弹药罪
💬 将非法持有的枪支进行切割销毁的，还能构成非法持有枪支罪吗？

持有型犯罪是一种作为，不是不作为。行为人非法持有枪支的行为本身对公共安全具有抽象性危险。行为人对非法持有的枪支进行了切割处理，就是消除了这种危险状态。不能因为行为人没有上缴枪支给有权管理枪支的部门而构成不作为犯罪。虽然在行为人切割枪支之前，非法持有枪支的状态也对公共安全具有抽象性危险，但毕竟行为人通过切割枪支的方式消除了这种抽象性危险，并未对公共安全造成具体性危险和实害，故可以认为行为人及时中止了犯罪。根据《刑法》第 22 条规定，对于中止犯，没有造成损害的，应当免除处罚。不能认为切割枪支

之前形成的所谓抽象性危险也是"损害"。所以，即便按照中止犯理论和刑法规定，对于切割所持有的枪支的行为，不应认定为非法持有枪支罪而科处刑罚。正如行为人放火后即便形成了具体的危险状态，只要行为人主动及时灭火，没有造成人身、财产损害的，也应认定为没有造成损害的放火罪的中止而应免除处罚。更何况，非法持枪对公共安全还只是具有抽象性危险。

💬 **将手榴弹解释为弹药的司法解释规定，有无疑问？**

最高人民法院《关于审理非法制造、买卖、运输枪支、弹药、爆炸物等刑事案件具体应用法律若干问题的解释》第 5 条规定，非法持有、私藏手榴弹 1 枚以上的，构成非法持有、私藏弹药罪。

应该说，手榴弹是爆炸物，不是弹药，上述将手榴弹解释为弹药的司法解释规定是类推解释，应予废除。虽然刑法没有设置非法持有、私藏爆炸物罪的罪名，但不将爆炸物硬性解释为弹药，也不至于形成处罚漏洞。大量存放手榴弹、手雷、炮弹等爆炸物的，可以认定成立非法储存爆炸物罪。

💬 **妻子明知丈夫将枪支藏于家中而放任不管，构成非法持有、私藏枪支罪的共犯吗？**

认定持有型犯罪的共犯的关键是认定行为人的作为义务问题。一般来说，夫妻之间、父母与精神正常的成年子女之间没有阻止对方犯罪的义务，也没有法益保护的义务。妻子明知丈夫将枪支藏于家中而放任不管的，不成立非法持有、私藏枪支罪的共犯。但如果妻子将该枪支转移至更隐秘的场所藏匿，则能成立非法持有、私藏枪支罪的共犯。

5.《刑法》第 129 条丢失枪支不报罪

💬 **是否需要"不及时报告"与"造成严重后果"之间具有因果关系？**

"丢失枪支"与"造成严重后果"之间必须具有因果关系，这毫无疑问。问题是，是否要求"不及时报告"与"造成严重后果"之间也必须具有因果关系？质言之，若严重后果在行为人发现枪支丢失之前就已经造成，是否还构成该罪？对此，理论上存在两种观点。否定说认为："'不及时报告'与'严重后果'之间并不存在因果关系，报告的及时与否在一般情况下不能保证'严重后果'的不发生。如果必须谈及因果关系，倒是丢失枪支的行为本身与'严重后果'在某种程度上存在因果关系。"[1] 肯定说认为："'不及时报告'行为与'严重后果'之间具有引起和被引起关系，造成'严重后果'的原因应该是'不及时报告'行为。"[2]

---

[1] 随庆军：《丢失枪支不报罪的立法缺陷与完善》，载《河北法学》2005 年第 3 期。

[2] 徐立、韩光军：《关于丢失枪支不报罪客观方面若干问题的认定》，载《河北法学》2004 年第 8 期。

　　笔者赞成肯定说。"法律不强人所难"，法律只能将行为人可以控制或者说可以避免的结果归责于行为人。若严重后果在行为人能够及时报告之前已经造成，由于不是行为人可以控制的结果，行为人也没有违反及时报告的义务，不应将严重后果归责于行为人，否则就是结果责任。若不及时报告与严重后果之间没有因果关系，不能以丢失枪支不报罪追究行为人的刑事责任，但如果行为人对于枪支的丢失负有责任的，则可能构成玩忽职守罪。

九

责任形式的确定

要　旨

确定具体犯罪的罪过形式时，不能以"事实上能否出于过失"的归纳取代"法律有无规定"的判断，而应当充分考虑并贯彻《刑法》第15条第2款"过失犯罪，法律有规定的才负刑事责任"的规定。将某种犯罪确定为过失犯罪的法定标准，是法律有文理规定。根据尊重人权主义的原理，对于法益侵害并非严重的行为，不宜确定为过失犯罪；按照责任主义原理，不能出现某种犯罪只能由过失构成而不能由故意构成的局面；依循刑法的谦抑性原理，罪过形式的确定，不能以其他法领域规定的过错形式为标准。

辩 点 分 析

根据《刑法》第14、15条的规定，"故意犯罪，应当负刑事责任"，"过失犯罪，法律有规定的才负刑事责任"。从实质上说，上述两条规定表明，我国刑法以处罚故意犯罪为原则，以处罚过失犯罪为例外，这也是当今世界各国刑法的通例。从形式上讲，上述两条规定表明，刑法分则（以及"其他有刑罚规定的法律"）条文仅描述客观要件，没有规定责任形式（或罪过形式）的犯罪，只能由故意构成；只有当"法律"对处罚过失犯罪"有规定"时，才能将该犯罪确定为过失犯罪。因此，确定责任形式的核心任务，在于判断哪些犯罪属于"法律有规定"的过失犯罪（其余均为故意犯罪）。如果刑法仅规定处罚故意犯罪，而理论与实务界却认为该犯罪属于"法律有规定"的过失犯罪，就违反了罪刑法定原则，侵犯了行为人的自由。同时，在没有法律根据的情况下，对过失行为与故意犯罪适用同一法定刑，也有悖于罪刑相适应原则。①

　　但是，我国刑法学论著在确定具体犯罪的责任形式时，大多没有重视《刑法》第 15 条第 2 款的规定，没有分析"法律有规定"的含义，也没有讨论确定责任形式的标准与方法。有论著在论述《刑法》第 186 条违法发放贷款罪的责任形式时指出："本罪的主观方面，可以是过失，即行为人应当预见违法发放的贷款有可能给银行造成重大损失，但由于疏忽大意而没有预见，或者已经预见但轻信能够避免；也可以是间接故意，即行为人已经预见违法发放贷款的行为可能给银行造成重大损失，而放任损失的发生，但行为人对违法发放贷款则可能出于故意（包括直接故意与间接故意）。"② 有刑法通说教科书在论述《刑法》第 189 条对违法票据承兑、付款、保证罪的责任形式时指出："本罪在主观上为故意，即对违反票据法规定的票据予以承兑、付款或者保证持故意心态，但对造成重大损失的结果可能出于过失。"③ 应该说，类似这种表述，都只是对相关行为人的心中事实进行分析与归纳，仅仅考虑了行为人通常可能出于何种心理状态实施某种犯罪的客观行为，而没有关注相关犯罪是否属于《刑法》第 15 条第 2 款所称的"法律有规定"的过失犯罪，也未能提出确定责任形式的标准与方法。结局是，只要行为人事实上可能出于过失心理状态实施《刑法》第 186、189 条规定的客观行为，就成立过失犯罪。于是，是否追究过失行为的刑事责任，不是取决于"法律有规定"，而是取决于"事实上能否出于过失"。应当认为，类似的观点与做法，不符合罪刑法定原则。

　　可以说，正是因为刑法理论在确定具体犯罪的责任形式时，没有考虑《刑法》第 15 条第 2 款的规定，只是将行为人的心理状态归纳为法定的责任形式，所以对同一犯罪的责任形式出现了形形色色的观点。例如，关于《刑法》第 337 条妨害动植物防疫、检疫罪的责任形式就存在故意说、过失说和故意过失兼有说三种观点。对于《刑法》第 129 条、第 169 条、第 186 条、第 188 条、第 189 条、第 250 条、第 284 条、第 330 条、第 331 条、第 332 条、第 334 条、第 339 条第 2 款、第 397 条、第 403 条等规定的犯罪，也存在类似争议。

　　必须指出的是，由于刑法理论没有充分考虑《刑法》第 15 条第 2 款的规定，没有分析何种犯罪属于"法律有规定"的过失犯罪，从而导致罪刑法定原则、罪刑相适应原则未能得到充分贯彻，造成不当扩大过失犯罪处罚范围的局面。

---

　　① 参见张明楷：《罪过形式的确定——刑法第 15 条第 2 款"法律有规定"的含义》，载《法学研究》2006 年第 3 期。

　　② 马克昌主编：《经济犯罪新论：破坏社会主义经济秩序罪研究》，武汉大学出版社 1998 年版，第 331 页。

　　③ 高铭暄、马克昌主编：《刑法学（第十版）》，北京大学出版社 2022 年版，第 417 页。

应该说，责任形式的确定，主要取决于如何理解和贯彻《刑法》第15条第2款的"法律有规定"这一法定的标准。与此同时，还需要牢记并落实尊重人权主义、责任主义以及刑法的谦抑性等原理。

（一）法定的标准

《刑法》第15条第2款的"法律有规定"，显然是指法律对"过失"犯罪有规定，联系国外刑法理论的相关学说，大体而言，对"法律有规定"可能存在以下见解：

第一，将"法律有规定"理解为"法律有明文规定"，即只有当法律条文对某种犯罪使用了"过失""疏忽"等明确指示过失犯罪的用语时，该犯罪才属于"法律有规定"的过失犯罪。该观点可谓"明文规定说"。

应该说，明文规定说特别忠实于罪刑法定主义，明确划定了过失犯的处罚范围。但是，我们还不能贯彻这种学说。因为我国刑法分则并没有对所有过失犯罪使用"过失""疏忽"等概念。根据明文规定说，连交通肇事罪这种典型的过失犯也会被确定为故意犯罪，这不符合司法现实。

第二，将"法律有规定"理解为"法律有实质的规定"，即为了实现刑法分则条文的法益保护目的，只要有必要处罚过失行为，即使没有"明文规定"，也应认定为"法律有规定"。该观点可谓"实质规定说"。

实质规定说着眼于刑法的法益保护目的，试图使侵害法益的过失行为受到处罚，似乎具有合理性。因为刑法的目的是保护法益，所以，行为所侵害的法益是否具有重大性，是否需要通过处罚过失行为实现法益保护目的，是决定能否处罚过失行为的重要根据。尽管如此，还是不能赞成实质规定说。根据罪刑法定原则的"法律主义"的要求，即使行为侵害了重大法益，但如果刑法没有明文将其规定为犯罪，也不得定罪处罚。也就是说，刑法只能在罪刑法定原则的框架内发挥法益保护的机能。所以，仅以法益保护目的或者实质的处罚根据为由，将"法律有规定"理解为"法律有实质的规定"，必然架空罪刑法定原则，使过失犯处罚具有恣意性。

第三，将"法律有规定"理解为"法律有文理的规定"，即法条虽然没有使用"过失""疏忽"之类的用语，但根据具体条文的文理，能够合理认为法律规定了过失犯的构成要件时，就属于"法律有规定"，因而处罚过失犯。该观点可谓"文理根据说"。

张明楷教授主张文理根据说，他认为：（1）分则条文使用"过失"概念的，其规定的犯罪无疑属于"法律有规定"的过失犯罪，如《刑法》第115条第2款、

第 119 条第 2 款、第 124 条第 2 款、第 233 条、第 235 条、第 324 条第 3 款、第 369 条第 2 款、第 398 条、第 432 条所规定的犯罪。（2）分则条文使用"严重不负责任"表述的，一般应确定为"法律有规定"的过失犯罪，如《刑法》第 167 条、第 168 条、第 229 条第 3 款、第 335 条、第 399 条第 3 款、第 400 条第 2 款、第 406 条、第 408 条、第 409 条、第 412 条第 2 款、第 413 条第 2 款、第 419 条所规定的犯罪。（3）分则条文使用"发生……事故"之类的表述，虽然是对客观构成要件要素的规定，但通常也能表明该犯罪属于"法律有规定"的过失犯罪，如《刑法》第 131—139 条、第 408 条、第 436 条所规定的犯罪。（4）分则条文使用的"玩忽职守"一词，首先是对行为的描述，同时也表明该犯罪属于"法律有规定"的过失犯罪。例如，《刑法》第 397 条玩忽职守罪与第 425 条玩忽军事职守罪，由于对应的滥用职权罪与擅离职守罪属于故意犯罪，所以可以认为"玩忽职守"表明了该犯罪属于"法律有规定"的过失犯罪。

虽然文理根据说具有相当的合理性，但有时也需要进行一定的实质性判断。例如，《刑法》第 363 条第 2 款为他人提供书号出版淫秽书刊罪，条文表述中并无过失犯的文理根据，但张明楷教授还是认为本罪是过失犯罪。[①] 又如，虽然《刑法》第 339 条第 2 款擅自进口固体废物罪，条文表述中存在"造成重大环境污染事故"这种确定过失犯罪的文理根据，但张明楷教授却认为本罪是故意犯罪。[②]

仅以分则条文的用语含义为根据，也可能难以确定责任形式或者得出不同结论。在这种情况下，需要根据条款关系进行逻辑分析。一般来说，当一个条文的第 1 款规定的犯罪属于故意犯罪，而第 2 款规定的客观行为与第 1 款规定的客观行为相同或者基本相同，具有上述表明过失犯罪的用语，并明确要求发生严重结果，且法定刑轻于第 1 款的法定刑时，可以从文理上认为第 2 款规定的犯罪属于"法律有规定"的过失犯罪。例如，《刑法》第 229 条第 3 款、第 400 条第 2 款、第 412 条第 2 款以及第 413 条第 2 款就属于这种情形。令人困惑的是同一条文使用了相互冲突的用语（既有表明故意的用语，也有表明过失的用语）的情形，对此，应当根据用语之间的关系、条文的体系地位等诸多信息，综合判断该条文规定的犯罪是否属于法律有文理规定的过失犯罪。

例如，《刑法》第 304 条规定，邮政工作人员严重不负责任，故意延误投递邮件，致使公共财产、国家和人民利益遭受重大损失的，处 2 年以下有期徒刑或者拘役。其既使用了象征过失的"严重不负责任"一语，也使用了"故意"概念，因而完全可能产生三种观点：故意说、过失说和故意过失兼有说。应该说，在刑

---

① 参见张明楷：《刑法学（第六版）》（下册），法律出版社 2021 年版，第 1543 页。
② 参见张明楷：《刑法分则的解释原理》（上册），高等教育出版社 2024 年版，第 134 页。

法分则没有明文规定的情况下，肯定一个犯罪既可以由故意构成，也可以由过失构成，是存在重大疑问的。凡是分则条文使用了"故意"用语的，都不宜确定为过失犯罪，否则不仅会产生文理上的混乱，而且容易导致分则条文与总则条文的冲突。所以，应认为本条规定的是故意犯罪。

又如，《刑法》第134条第2款规定，强令他人违章冒险作业，或者明知存在重大事故隐患而不排除，仍冒险组织作业，因而发生重大伤亡事故或者造成其他严重后果的，处5年以下有期徒刑或者拘役；情节特别恶劣的，处5年以上有期徒刑。《刑法》第138条规定，明知校舍或者教育教学设施有危险，而不采取措施或者不及时报告，致使发生重大伤亡事故的，对直接责任人员，处3年以下有期徒刑或者拘役。这两个法条既有表明过失的"发生……事故"一语，又有象征故意的"明知"一词，因而从用语上会得出不同结论。

张明楷教授认为，可以将上述两罪归纳为故意犯罪，但"重大伤亡事故或者造成其他严重后果"是客观的超过要素，不需要行为人具有认识与希望或者放任的态度，即从主观方面来说，只要行为人明知存在重大事故隐患或者危险，并且希望或者放任危险的发生，就具备故意的认识因素与意志因素。换言之，要求行为人对危险结果具有故意，但不要求行为人对实害结果具有故意。就《刑法》第134条第2款规定的犯罪行为而言，如果行为人虽不明知存在隐患，但主观上有过失，则只能认定为《刑法》第134条第1款重大责任事故罪。就《刑法》第138条规定的犯罪行为而言，如果行为人不明知危险的存在，但主观上有过失，则只能认定为其他犯罪（如过失致人死亡罪）或者按不作为犯罪处理。[①]

应该说，将上述两罪的责任形式确定为故意，会与相关的责任事故犯罪极不协调。同时，一方面认为"发生重大伤亡事故或者造成其他严重后果"属于客观的要素，另一方面又认为其属于不需要行为人主观上认识的所谓的客观的超过要素，有违客观构成要件的故意规制机能的原理。行为人虽然明知存在重大事故隐患而不排除，仍冒险组织作业，或者明知校舍或者教育教学设施有危险，而不采取措施或者不及时报告，但其主观上无疑并不希望发生重大伤亡事故或者造成严重后果。所以，应认为组织他人冒险作业罪与教育设施重大安全事故罪的责任形式是过失。

（二）实质的理由

上述法定的标准，为确定责任形式提供了重要依据。但是，相同的用语可能

① 参见张明楷：《刑法分则的解释原理》（上册），高等教育出版社2024年版，第127—128页。

导致人们得出不同的结论，而且单纯根据形式的标准确定责任形式也会不当扩大过失犯的处罚范围，所以，对责任形式的确定需要更为实质的理由。概言之，只有当法律有文理规定，而且具有处罚过失犯罪的实质理由时，行为才属于"法律有规定"的过失犯罪；除此以外的其他犯罪，只能确定为故意犯罪。

第一，根据尊重人权主义的原理，即使具有法律的文理规定，也只有当客观行为严重侵害了法益时，才能将其确定为过失犯罪。

刑法分则明确规定的过失犯罪主要有三种类型：一是过失行为直接侵害生命、身体的犯罪，其中也包括过失危害公共安全的犯罪，如《刑法》第 115 条第 2 款、第 119 条第 2 款、第 233 条规定的犯罪；二是过失行为间接地侵害生命、身体的犯罪，如《刑法》第 370 条第 2 款过失提供不合格武器装备、军事设施罪；三是负有特定职责的国家工作人员严重违反注意义务造成严重危害后果的犯罪，如《刑法》第 167 条签订、履行合同失职被骗罪，第 168 条国有公司、企业、事业单位人员失职罪，以及《刑法》分则第九章"渎职罪"中的过失渎职罪。这也说明，只有当过失行为侵害了重大法益，或者行为主体因为特殊身份而严重侵害了法益时，才宜将其确定为过失犯罪。

基于上述考虑，应认为只有过失行为直接或者间接侵害了他人生命、身体，或者国家工作人员严重违反注意义务造成法益侵害结果时，才有可能被确定为过失犯罪；除此以外的其他情形，不宜被确定过失犯罪。

（1）对于仅造成财产损失的行为，不宜将其确定为过失犯罪。《刑法》分则第五章"侵犯财产罪"仅规定了故意毁坏财物罪，没有规定过失毁坏财物罪。这说明，对于仅造成财产损失的行为，不应确定为过失犯罪。即使以《刑法》第 115 条第 2 款的规定为根据，也不能得出仅造成重大财产损失的行为可成立过失犯罪的结论。因为《刑法》分则第二章"危害公共安全罪"所规定的过失危害公共安全的犯罪，都是以危害不特定或者多数人的生命、身体安全为前提的。换言之，只有当某种过失行为具有危害不特定或者多数人的生命、身体安全的性质，并造成人身伤亡或者财产损失后果时，才能将其认定为过失危害公共安全的犯罪。例如，过失行为单纯造成重大财产损失，而没有危害不特定或者多数人的生命、身体安全的，不能被认定为失火罪。所以，《刑法》第 115 条第 2 款的"使公私财产遭受重大损失"，应是以危害不特定或者多数人的生命、身体安全为前提的。《刑法》第 119 条第 2 款、第 124 条第 2 款所规定的过失犯罪，也均以危害不特定或者多数人的生命、身体安全为前提。

基于以上考虑，对于刑法分则中仅将造成财产损失作为构成要件结果的犯罪，不宜确定为过失犯罪。例如，《刑法》第 186 条违法发放贷款罪，第 187 条吸收客户资金不入账罪，第 188 条违规出具金融票证罪，以及第 189 条对违法票据承兑、付款、保证罪等，虽然属于妨害金融管理秩序的犯罪，但也有"造成重大损失"的要求，又由于其中的"损失"是指财产损失，而对过失造成财产损失的行为不宜以过失犯罪论处，所以，不宜将上述犯罪确定为过失犯罪。

（2）对于过失破坏经济秩序与过失扰乱公共秩序的行为，不宜确定为过失犯罪。真正意义上的破坏经济秩序与扰乱公共秩序的犯罪，其结果往往表现为无形的、非物质性的形态。与物质性结果相比，非物质性结果往往难以认定。例如，保险诈骗行为对保险秩序的侵害结果很难认定，但对保险诈骗行为造成的财产损失结果，则容易判断。如果将难以认定的非物质性结果作为过失犯罪的危害结果，进而肯定过失行为造成非物质性结果时也构成过失犯罪，其结局必然是，只要过失实施一定行为，不管是否发生危害结果都成立过失犯罪。这明显违反了《刑法》第15条的规定，不当扩大了过失犯罪的处罚范围。例如，《刑法》第284条规定，非法使用窃听、窃照专用器材，造成严重后果的，处2年以下有期徒刑、拘役或者管制。如果重视"法律有规定"的法定标准，考虑非法使用窃听、窃照专用器材所侵害的法益不具有重大性，就会否认本罪可以由过失构成。

（3）对于侵犯知识产权的行为，不宜确定为过失犯罪。

（4）对于非国家工作人员实施的没有侵害重大法益的行为，不宜确定为过失犯罪。由于国家工作人员负有与一般人不同的高度的注意义务，因此，以国家工作人员为主体的过失侵害法益的行为，可能被确定为过失犯罪。这从另一角度说明，一般人违反注意义务的过失行为，如果只是侵害了非重大法益，便不宜将其认定为过失犯罪。因此，普通业务人员没有履行注意义务，签订履行合同失职被骗的，没有被刑法规定为犯罪。基于同样的理由，当刑法分则条文规定的犯罪主体不要求是国家工作人员，所规定的犯罪并没有侵害生命、身体等重大法益时，不宜将其确定为过失犯罪。前述《刑法》第186—189条规定的犯罪，也能以此为由，将其限定为故意犯罪。

第二，按照责任主义原理以及刑法的基本原则，将某种犯罪确定为过失犯罪时，以存在对应的故意犯罪为前提。换言之，在将某种犯罪确定为过失犯罪时，并无对应的故意犯罪，那么这种结论就不具有妥当性。

在客观事实相同或基本相同的情况下，不应出现非难可能性小的行为构成犯罪，非难可能性大的行为反而不构成犯罪的局面。从立法论上说，故意犯罪的法定刑通常远远重于对应的过失犯罪的法定刑；从量刑上说，在客观事实相同或基本相同的情况下，对过失犯罪的量刑一般也远远轻于对故意犯罪的量刑。因此，在刑法分则缺少对应的故意犯罪的情况下，将某种犯罪确定为过失犯罪，是存在疑问的。

例如，有观点认为，《刑法》第 129 条丢失枪支不报罪的责任形式是过失。[①]应该说，主张丢失枪支不报罪属于过失犯罪的学者，必须考虑行为人出于故意时构成何罪。如果声称某种犯罪由过失构成，而根本不考虑故意行为是否符合其他犯罪的构成，可能就会出现不协调、不公平的现象。还有观点认为，丢失枪支不报罪既可能是过失犯罪，也可能是间接故意犯罪。[②] 这种观点也难以成立。因为在我国刑法中，间接故意与直接故意均属于故意，而且直接故意的非难可能性甚至重于间接故意的非难可能性。如果认为本罪可以由间接故意构成，不可能由直接故意构成，或者认为本罪由间接故意构成，若出于直接故意则构成其他犯罪，便明显违背刑法理论。所以，认为某些犯罪只能由过失或者间接故意构成，而不能由直接故意构成的观点，也缺乏合理性。

第三，依据刑法的谦抑性与刑罚的目的，对责任形式的确定，不能以其他法律领域规定的过错形式为标准。换言之，在其他法律针对同一事实既处罚故意行为，又处罚过失行为，刑法也处罚该行为时，不能直接以其他法律规定为依据，将刑法中的犯罪确定为过失犯罪。

由于过失犯罪的非难可能性小，预防必要性小，而且采用民事的、行政的甚至道德的制裁就足以防止许多实害结果的发生，因此，就过失犯而言，尤其应当贯彻刑法的谦抑性原则。质言之，民法、商法、经济法、行政法等规定的违法行为，并不必然也无必要全部成为刑法上的犯罪行为。基于同样的理由，其他法律领域中的过失违法行为，并不当然成为刑法上的过失犯罪。对于过失侵犯商业秘密、过失使用窃听、窃照专用器材等行为，给予经济法、行政法上的制裁便能充分发挥抑制效果的，完全没有必要确定为刑法中的过失犯罪。

民法、商法等法律规定法律后果的目的，主要在于赔偿被害人的损失，因此，只要行为人有过失，就应当承担赔偿责任，甚至还存在主观过错形式并不是特别重要的无过错责任。所以，民法、商法乃至经济法、行政法中的违法行为，大多可由过失构成。但是，刑罚的目的与其他法律制裁的目的并不相同。刑罚是对犯罪人最严厉的谴责，其目的是预防犯罪；而在考虑能否实现预防犯罪目的时，必然以行为人的责任形式与内容为重心。因此，近现代刑法特别重视区分故意与过失。同一过失行为，在民法、商法、经济法等领域，可能需要承担责任，但不一定要承担刑事责任。例如，公司基于过失提供了虚假财务会计报告，也应承担商法规定的法律后果，但不可能承担刑事责任。所以，不能直接将其他法律领域的过失违法行为，作为刑法上的过失犯罪处理。换言之，不能以其他法领域规定的

<hr>

① 参见高铭暄、马克昌主编：《刑法学（第十版）》，北京大学出版社 2022 年版，第 355 页。
② 参见中国检察理论研究所编写：《刑法新罪名通论》，中国法制出版社 1997 年版，第 34 页。

过错形式为标准确定刑法上的责任形式。

综上，在确定具体犯罪的责任形式时，不能以"事实上能否出于过失"的归纳取代"法律有规定"的判断，而应充分考虑并严格贯彻《刑法》第15条第2款"过失犯罪，法律有规定的才负刑事责任"的规定。将某种犯罪确定为过失犯罪的法定标准是"法律有规定"，而"法律有规定"则是指法律有文理规定。在符合"法律有规定"的前提下，还需要考察是否存在将某种犯罪确定为过失犯罪的实质理由；根据尊重人权主义的原理，对于法益侵害并非严重的行为，不宜确定为过失犯罪；依照责任主义原理以及刑法的基本原则，不能出现某种犯罪只能由过失构成、不能由故意构成的局面，也不能出现某种犯罪只能由过失与间接故意构成、不能由直接故意构成的现象；依据刑法的谦抑性与刑罚的目的，在确定责任形式时，不能以其他法律规定的过错形式为标准；其他法律领域中的过失违法行为，不一定属于刑法中的过失犯罪。

根据上述分析，一方面，对于《刑法》第129条、第169条、第186条、第188条、第250条、第284条、第330条、第332条、第337条、第403条、第405条规定的犯罪，以及对于《刑法》第397条滥用职权罪，因为缺乏"法律有规定"这一要素，只能确定为故意犯罪。《刑法》第331条、第334条第2款规定的犯罪，虽然几乎没有争议地被确定为过失犯罪，但由于缺乏"法律有规定"的文理根据，将其确定为故意犯罪似乎更为合理。另一方面，《刑法》第339条第2款规定的犯罪，虽然存在"法律有规定"的部分文理根据，但由于缺乏确定为过失犯罪的实质理由，也宜确定为故意犯罪。

───── ∽ ───── 疑 难 问 题 ───── ∽ ─────

1. 《刑法》第397条滥用职权罪、玩忽职守罪

💬 **只要死了人，就得追究国家机关工作人员渎职罪的刑事责任吗？**

渎职罪中因果关系的确认，历来是司法实践的认定难点。司法实践中，被告人也几无例外地以缺乏刑法上的因果关系为由，否定有罪指控。因果关系的判断之所以成为渎职罪认定的难点，是因为"重大损失"的结果通常并非由渎职行为直接造成，而是由他人"自我答责"的行为所引起。监管类渎职犯罪，如食品监管渎职罪、环境监管失职罪、传染病防治失职罪等，在学理上属于一种监督管理过失责任。理论与实务界仍然试图运用传统的必然因果关系、条件因果关系、相当因果关系理论破解渎职罪因果关系认定的难题。

既然渎职行为通常只是造成"重大损失"的间接原因，套用传统的因果关系理论未必行得通。应当根据规范的保护目的，或者说规制国家机关工作人员的行为的行政法规本来的宗旨和目的，以及被害人"自我答责"的范围进行考量，看能否将"重大损失"的结果全部或者部分归属于渎职行为人。

实践中存在唯结果论，混淆事实因果关系与刑法上的因果关系（法律因果关系），只要发生了他人死伤或者单位、个人财产损失的结果，就认为符合了渎职罪"重大损失"的要件，满足了刑法上因果关系的要求，进而以渎职罪定罪处罚，这不当扩大了渎职罪的处罚范围，背离了责任主义及一般预防的要求。

💬 徇私、舞弊是主观要素，还是客观构成要件要素？

应该说，徇私属于犯罪动机，是一种主观要素。

渎职罪的主体是国家机关工作人员，其基本特征之一是从事公务，而公务的重要特征是具有裁量性。有些裁量性事务，需要国家机关工作人员具有较高的法律素质、政策水平、技术能力，这种事务容易出现差错；有的裁量性事务，对国家机关工作人员的法律素质、政策水平、技术能力的要求则相对低一些，这种事务一般不会出现差错。分析刑法分则关于渎职罪的规定就可以清楚地看出，凡是规定了徇私要件的渎职罪，其职责内容都是需要国家机关工作人员具有较高的法律素质、政策水平、技术能力的裁量性事务；刑法之所以将徇私规定为主观的构成要件要素，显然是为了将国家机关工作人员因为法律素质、政策水平、技术能力不高而出现差错的情形排除在渎职罪之外。换言之，当国家机关工作人员不是因为法律素质、政策水平、技术能力不高造成差错，而是基于徇私的内心起因违背职责时，便以渎职罪论处。所以，将徇私解释为犯罪的动机，是比较符合刑法规定与现实情况的。

关于舞弊的性质，刑法理论上争议不多。笔者认为，舞弊不是犯罪动机，而是指弄虚作假、玩弄职权的行为。如果说舞弊是犯罪动机，则意味着国家机关工作人员犯渎职罪时，是出于舞弊的内心起因而实施舞弊行为。如果说舞弊是犯罪动机，则不要求客观上有舞弊行为，这便难以解释一些刑法条文，导致有的渎职犯罪没有客观行为（如《刑法》第405、418条）。所以，舞弊属于客观的构成要件要素。

"徇私舞弊"作为一个术语适用，多多少少是出于习惯用法与语感要求。即使徇私与舞弊分别属于主观的责任要素与客观的构成要件要素，也应承认在不同的条文中，徇私舞弊一语侧重点不同：在有的条文中，徇私舞弊的侧重点在徇私，如《刑法》第401—404、410—414条等；在有的条文中，徇私舞弊的侧重点在舞弊，如《刑法》第418条。

💬 "舞弊"是实行行为吗？

舞弊作为一种客观的构成要件要素，在渎职罪中分为两种情形：

一种情形是，刑法分则条文规定了渎职行为的具体内容，舞弊只是渎职行为的同位语，并不具有超出具体渎职行为之外的特别含义。换言之，舞弊只是对具体渎职行为的一种归纳与概括（绝大多数条文中的"舞弊"属于这种情形）。例如，就《刑法》第 401 条而言，"对不符合减刑、假释、暂予监外执行条件的罪犯，予以减刑、假释或者暂予监外执行"，就是舞弊行为，但这并不是指在上述渎职行为之外另有舞弊行为。再如，就《刑法》第 402 条而言，只要行政执法人员"对依法应当移交司法机关追究刑事责任的不移交"，就应认定为舞弊。如行政执法人员长期将卷宗材料锁在保险柜而不移送司法机关的，就属于舞弊，并非只有伪造了虚假材料或者销毁了真实材料的才属于舞弊。《刑法》第 403 条也是如此。

另一种情形是，刑法分则条文没有规定具体的渎职行为，舞弊成为具有特定含义的、具体的渎职行为。属于这种情形的有《刑法》第 405、418 条。根据第405 条的规定，舞弊是指不应发售发票而发售发票，不应抵扣税款而抵扣税款，不应退税而予以退税的行为；根据第 418 条的规定，舞弊是指明知不合格而招收，或者故意拒绝招收应当招收的合格人员的行为，而不是其他表述的同位语。

💬 如何认定"徇私"？

应该说，只要行为人故意实施了刑法规定的渎职行为，而且该行为不是由于行为人法律素质、政策水平、技术能力低所致，就应认定或推定行为人出于徇私动机。徇私是一种犯罪的动机，不要求有与之相对应的客观行为。但是，在现实案件中，并不排除行为人将徇私动机客观化（即实施徇私行为）的情形。所以，当客观上的徇私行为又触犯其他罪名时，便存在一罪与数罪的认定问题。例如，税务机关工作人员因收受贿赂而不征、少征应征税款，致使国家税收遭受重大损失的，应当认定为数罪，实行并罚。

💬 渎职罪的追诉期限何时起算？

就渎职罪而言，只有行为犯、实害犯、情节犯三种类型。笔者认为，就私放在押人员罪、徇私枉法罪等行为犯类型渎职罪而言，行为进展到一定程度致使犯罪成立时，即开始计算追诉时效；而实害犯的追诉时效，应以实害发生之日起开始计算；对于情节犯，可以认为情节具备之日开始计算追诉期限。对于以"重大损失"作为犯罪成立条件的，若损失在持续性扩大的，可以从损失不再蔓延扩大时开始计算追诉时效。

💬 渎职罪有未遂成立的余地吗？

笔者认为，渎职罪是否存在未遂，与其属于何种犯罪类型有关。结果犯存在未遂，而实害犯没有未遂。对于行为犯，原则上存在未遂，如私放在押人员罪。对于情节犯，由于相当于实害犯，通常也应认为没有未遂成立的余地。徇私枉法罪作为行为犯，原则上有成立未遂的余地。只要着手徇私枉法，如开始伪造证据，在徇私枉法行为完成之前，因为意志以外的原因未能完成徇私枉法行为的，还是有未遂成立的可能。当然，所谓行为实施完成，并不需要已经实现枉法追诉或放纵犯罪的目的。例如，行为人向合议庭完整表述了自己的意见，就意味着行为已经实施完成，即便最终被审判委员会否决，也不妨碍犯罪既遂的成立。而就食品监管渎职罪而言，由于以"导致发生重大食品安全事故或者造成其他严重后果"为成立条件，属于实害犯或者情节犯，故应认为该罪没有未遂成立的余地。

2.《刑法》第399条徇私枉法罪，民事、行政枉法裁判罪，执行判决、裁定失职罪，执行判决、裁定滥用职权罪

😕 **枉法调解的，构成民事、行政枉法裁判罪吗？**

民事诉讼法明确区分了判决书、裁定书与调解书，也区分了诉讼与调解，这表明调解不属于审判、裁判范围。如果司法工作人员违反其中一方或者双方意愿，强迫他人达成调解协议内容的，其中并不存在"审判"与"裁判"行为，故不应认定为本罪，只能以滥用职权罪等罪论处。不过，为执行或者不执行生效的调解书所作的枉法裁定，属于本罪的枉法裁判。

😕 **过失枉法裁判的，构成犯罪吗？**

民事、行政枉法裁判罪的责任形式为故意，即明知自己故意违背事实和法律进行枉法裁判的行为会发生侵害民事、行政审判活动公正性与当事人合法权益的结果，并且希望或者放任这种结果发生。徇私、徇情不是本罪的主观要素。因法律适用能力低下造成枉法裁判后果的，不以本罪论处。

本罪之所以强调"故意"，就是为了把过失导致枉法裁判的行为排除在犯罪之外。事实上，民事、行政裁判活动也是最复杂、最具难度、最有技术性的司法裁量活动。为了鼓励民事、行政法官能够秉持公心，大胆自由地进行裁判，对于过失导致枉法裁判结果的，不应作为犯罪处理。如果认为过失导致民事、行政枉法裁判结果的也值得以犯罪论处，则立法者就会像规定执行判决、裁定滥用职权罪与执行判决、裁定失职罪那样，一并规定"民事、行政裁判滥用职权罪"与"民事、行政裁判失职罪"。这充分说明，过失导致民事、行政枉法裁判结果的，不值得以犯罪论处，不构成玩忽职守罪。

3.《刑法》第400条私放在押人员罪、失职致使在押人员脱逃罪

😕 **本罪可以由不作为构成吗？**

本罪不能由不作为构成。刑法以处罚作为为原则，处罚不作为为例外。不能认为，凡是可以由作为构成的犯罪，都可以由不作为构成。考夫曼（Armin Kaufmann）等学者一直认为处罚不真正不作为犯，是违反罪刑法定原则的。国外一般仅承认少数几个严重犯罪的不真正不作为犯，如杀人、放火、诈骗罪。即便认为可以同时由作为和不作为构成，也要求不作为必须与作为具有等价性。私放在押人员罪，不能算是重罪，而且也很难认为，"明知罪犯脱逃而故意不阻拦、不追捕"与故意"私放"具有等价性。将这种不阻拦评价为脱逃的共犯，将不追捕评价为故意不履行职责的滥用职权罪，可能更为妥当。

4.《刑法》第413条动植物检疫徇私舞弊罪、动植物检疫失职罪
💬 应将本罪的主体限定为国家机关工作人员吗？

渎职罪的主体均为国家机关工作人员，除非《刑法》个别条文的明文规定，如故意（过失）泄露国家秘密罪与枉法仲裁罪。本罪属于渎职罪，当然应将其主体限定为国家机关工作人员。

5.《刑法》第414条放纵制售伪劣商品犯罪行为罪
💬 应否将"情节严重"限定为造成重大损失的实害结果的情形？

本罪作为特殊的滥用职权罪，法定刑比滥用职权罪还轻，而滥用职权罪的成立条件是"致使公共财产、国家和人民遭受重大损失"，是实害犯，所以宜将本罪中的"情节严重"理解为"致使公共财产、国家和人民利益遭受重大损失"，本罪也是实害犯。

6.《刑法》第417条帮助犯罪分子逃避处罚罪
💬 成立本罪，是否必须利用职务便利？

帮助犯罪分子逃避处罚的行为，应与行为主体的职责相关联，如将基于职务而获悉的相关信息告诉犯罪分子，利用职务之便为犯罪分子提供便利。如果提供的是与国家机关工作人员职责无关的便利，不应构成本罪。最高人民检察院《关于渎职侵权犯罪案件立案标准的规定》中关于"向犯罪分子提供钱物、交通工具、通讯设备、隐藏处所等便利条件的"，以及"帮助、示意犯罪分子隐匿、毁灭、伪造证据，或者串供、翻供的"，应予立案的规定，显然存在疑问。只有所提供的便利与其职责有关，才能成立本罪，否则只能以帮助毁灭、伪造证据罪及窝藏罪等罪论处。

7.《刑法》第418条招收公务员、学生徇私舞弊罪
💬 学校的教师和领导能成立本罪吗？

学校的教师和领导属于文教事业单位人员，不属于国家机关工作人员，因此不能成为本罪的主体。教师接受委托或者聘请临时担任考试监考员等与招收学生相关职务的，并不具有国家机关工作人员身份，同样不能成为本罪的犯罪主体。

💬 过失为之的，无罪吗？

本罪的责任形式是故意，过失为之的，只能评价为玩忽职守罪，只是不能判处超过本罪法定刑的刑罚。

十

禁止间接处罚

❦ —— 要　　旨 —— ❧

若将并非罪刑规范所欲阻止的结果（即不仅行为触犯的罪刑规范并不阻止这种结果，而且其他罪刑规范也不阻止这种结果），作为量刑情节进行评价，就形成了间接处罚，应予禁止。刑法的目的是保护法益，刑法分则各条都是为了保护特定的法益。如果某种结果并不表现为对刑法所保护的法益的侵害，就不能说明违法性的程度，不能作为量刑情节考虑。某种结果是否对刑法所保护的法益具有侵害，不能抽象地考察，还必须将主客观结合起来具体地判断。将罪刑规范并不阻止的结果作为量刑的从重处罚情节，实际上违反了罪刑法定原则。

❦ —— 辩 点 分 析 —— ❧

例如，甲的过失行为导致乙死亡，在乙死亡之前被送往医院抢救，导致乙的家属花费 50 万元。可以肯定的是，甲的过失行为造成了乙的家属 50 万元的财产损失。那么，这一财产损失的结果，能否影响量刑进而成为从重处罚的根据？再如，A 在抢夺 B 的财物时，导致 B 身体遭受轻微伤，B 的轻微伤能否成为对 A 从重量刑的根据？笔者持否定回答。

（一）原因剖析

首先，刑法的目的是保护法益，刑法分则各条都是为了保护特定的法益。如果某种结果并不表现为对刑法所保护法益的侵害，就不能说明违法性的程度，不应作为量刑情节考虑。

其次，某种结果是否对刑法所保护的法益造成侵害，不能抽象地考察，还必须将主客观结合起来具体判断。换言之，某种结果是否属于罪刑规范所阻止的结果，不能仅从客观方面考察，还要联系行为人的主观方面进行判断。例如，当故意行为造成他人财产损害时，应当认为是对刑法所保护的法益的侵害，或者说罪刑规范阻止故意造成的毁坏财产的结果；但当过失行为造成他人财产损害时（具有公共危险与职务过失的除外），则不能认为是对刑法所保护的法益的侵害。换言之，罪刑规范只阻止故意造成的财产损害，而不阻止过失造成的财产损害。因为违法性（法益侵害性）是由符合构成要件的事实来说明的，而刑法并不处罚过失毁坏财产的行为，即刑法没有设立过失毁坏财物罪。所以，过失造成的财产损害，不是对刑法所保护的法益的损害，对财产损害的过失也不是罪过内容。既然如此，这一财产损害就不能说明过失致人死亡罪的违法程度，对财产损害的过失也不能说明过失致人死亡罪的责任程度，因此，对确定责任刑不起作用（显然，对确定预防刑也不会起作用）。

再次，将罪刑规范并不阻止的结果作为量刑时从重处罚情节，实际上违反了罪刑法定原则。一方面，罪刑法定原则不仅支配定罪，而且支配量刑。换言之，量刑也必须受罪刑法定原则的支配。根据罪刑法定原则，过失造成财产毁损的行为，属于法无明文规定不处罚的行为；不管是对过失毁损财产的行为单独定罪处罚，还是在处罚其他犯罪时附带对过失毁损财产的行为进行处罚（即间接处罚），都违反了罪刑法定原则。另一方面，为了贯彻罪刑法定原则，必须将犯罪划分为不同的具体犯罪，各种具体犯罪都有自己的构成要件，只有符合具体犯罪构成要件的行为才成立犯罪。所以，犯罪构成具有罪刑法定主义的机能。但是，一个犯罪构成不可能保护所有法益，换言之，一个具体的犯罪构成只能保护特定的法益。将罪刑规范并不阻止的结果作为量刑的从重处罚情节，意味着一个犯罪构成所保护的法益无边无际，这便导致犯罪构成丧失罪刑法定主义的机能。

在前述案例中，如果将乙家属 50 万元的财产损失作为从重处罚的情节，则形成了间接处罚。即某种行为及其结果原本不是刑罚处罚的对象，但由于该行为及其结果存在于某一犯罪中，导致对该行为及其结果给予刑罚处罚。详言之，过失导致他人 50 万元财产损失的行为，原本不成立犯罪，不会受刑罚处罚。如果过失致人死亡的行为同时导致他人财产损失，进而在量刑时从重处罚，便间接地处罚了过失毁坏财产的行为。假定上述甲的过失致人死亡的行为，原本只应判处 3 年有期徒刑，但法官考虑到其行为造成了他人 50 万元的财产损失，便判处 5 年有期徒刑。这意味着过失毁坏财产行为受到了 2 年有期徒刑的处罚。然而，这种行为原本在刑法上不受刑罚处罚，这便形成了应当禁止的间接处罚。再如，如果将上述 B 的轻微伤作为抢夺罪从重处罚的根据，也形成了间接处罚。即单纯故意或者过失致人轻微伤的行为（具有公共危险性质等行为除外），原本不是刑罚处罚的对象，但由于该行为及其结果存在于抢夺犯罪中，导致对该行为及其结果给予刑罚处罚。详言之，故意或者过失导致他人轻微伤的行为，原本并不成立犯罪，不会受刑罚处罚。如果抢夺行为同时导致他人轻微伤，进而在量刑时从重处罚，便间接地处罚了轻微伤害行为。假定上述 A 的抢夺行为，原本只应判处 1 年有期徒刑，但法官考虑到其行为造成了 B 的轻微伤，便判处 3 年有期徒刑。这意味着轻微伤害行为受到了 2 年有期徒刑的处罚。然而，这种行为原本在刑法上并不会受刑罚处罚，这同样形成了应当禁止的间接处罚。

最后，将罪刑规范并不阻止的结果作为量刑的从重处罚情节，有悖刑法的性质。一方面，刑法因具有补充性，而必然具有不完整性（刑法谦抑性的内容之一）。从应然层面来说，刑法不可能介入国民生活的各个角落，不可能处罚所有的法益侵害行为，只能处罚值得科处刑罚的法益侵害行为。从实然层面来说，刑法不可能将所有的法益侵害行为规定为犯罪。也正因如此，刑法实行罪刑法定原则。但是，间接处罚的做法，势必导致任何法益侵害行为都可能受到刑罚处罚。例如，过失毁坏财物、故意或者过失造成轻微伤、过失造成名誉毁损等等，原本处于刑法并不介入的"角落"。如果直接或者间接处罚这种行为，则导致刑法丧失补充性与不完整性，使刑法介入国民生活的各个方面，造成刑法处罚的膨胀化，结局是过于限制国民的自由。另一方面，过失造成的财产毁损、故意或过失造成的轻微伤、过失造成的轻伤、过失造成的名誉毁损等结果，只是民法规制的现象，而不是罪刑规范禁止的结果，所以，对于犯罪行为造成的这类结果，只能采取刑事附带民事等方式处理，而不能作为量刑时从重处罚情节。如果仅因行为人的相关行为成立犯罪，便将原本只能通过民事赔偿方式处理的现象（结果）提升为犯罪结果的一部分，从而作为从重量刑的情节，就混淆了刑法与民法的关系，导致刑法不当地介入民法领域。

（二）结论

联系上述几种情形考虑，笔者得出如下结论：当行为人实施 A 罪行为时，只有当 A 罪的非法定刑基础的结果，是有关 A 罪的罪刑规范所欲阻止的结果的强化或者加重，或者属于有关 B 或 C 等罪的罪刑规范所欲阻止的结果时，才能在对 A 罪的量刑时考虑该结果。如果行为人在实施 A 罪行为时，造成的结果不是任何犯罪的法定刑基础的结果，或者说不是任何罪刑规范所欲阻止的结果，就不是量刑所应考虑的结果。换言之，作为影响量刑的结果，必须是罪刑规范所阻止的结果。而罪刑规范是否阻止该结果，不能仅从客观上进行抽象判断，而应从主客观统一的角度进行考虑。

我国的司法实践中，一些没有法律根据的、隐形的量刑观点，事实上不当地起着重大作用，大量的间接处罚现象便说明了这一点。即只要某种犯罪行为造成了某种结果，不管该结果是否属于对法益的侵害，都成为从重处罚的情节。这也是我国量刑较重的原因之一。例如，我国的司法实践在量刑时普遍考虑犯罪行为造成的社会影响，但这种考虑存在疑问。一方面，许多所谓的社会影响并不是犯罪行为本身造成的，将它们归责于行为本身并不合适；另一方面，罪刑规范并没有阻止行为本身的社会影响，所以，将行为造成的社会影响作为从重处罚情节，也属于间接处罚。①

值得研究的是，虽然是罪刑规范所欲阻止的结果，但并不是某个具体罪刑规范所欲阻止的结果时，能否评价为处罚中止犯中的"造成损害"？例如，行为人迫不及待地撕毁贵妇的貂皮大衣欲行强奸，但看到贵妇哀怨的眼神后放弃了强奸。行为人虽然中止了奸淫行为，但暴力行为已经导致被害人的巨额财产损失（价值昂贵的貂皮大衣被毁损）。故意造成他人财产损失，显然是罪刑规范（故意毁坏财物罪）所阻止的结果。若认为这里的财产损失属于中止犯处罚中的"造成损害"，则对行为人只能减轻处罚；若认为不是，则可以免除处罚。

应该说，虽然故意造成他人财产损失是罪刑规范所欲阻止的结果，但不是强奸罪所欲阻止的结果。强奸罪是侵害妇女的性行为自己决定权的人身犯罪，并不保护财产，不能认为一个罪名保护所有法益。刑法中的某个罪名，只能保护根据其具体构成要件所指向、行为通常所侵害的法益，而不是保护任何法益。所以，不能将强奸中止前损坏被害妇女财产的结果评价为"造成损害"而只能减轻处罚。

司法实践中，对实施财产犯罪导致被害人自杀的，往往将其评价为"其他严重情节"与"其他特别严重情节"。② 这可能存在疑问。因为自杀在我国并不构成犯罪，自杀不是罪刑规范所欲阻止的结果。所以，将被害人自杀的结果归属于财产犯罪，属于典型的间接处罚，应予纠正。

— 疑 难 问 题 —

1. 《刑法》第 340 条非法捕捞水产品罪

💬 **成立本罪，行为人对禁渔区、禁渔期以及禁用的工具、方法是否应有认识？**

本罪的责任形式是故意。禁渔区、禁渔期以及禁用的工具、方法属于客观的

---

① 参见张明楷：《结果与量刑：结果责任、双重评价、间接处罚之禁止》，载《清华大学学报（哲学社会科学版）》2004 年第 6 期。
② 参见"两高"《关于办理诈骗刑事案件具体应用法律若干问题的解释》第 2 条、"两高"《关于办理抢夺刑事案件适用法律若干问题的解释》第 3 条。

构成要件要素。成立本罪，行为人对禁渔区、禁渔期以及禁用的工具、方法必须存在认识。当然，这种认识不需要达到确切知道的程度，只要知道有可能是禁渔区、禁渔期以及禁用的工具、方法，就能肯定故意的成立。

◉ 本罪的既遂标准是什么？

非法捕捞水产品罪作为一个法定最高刑只有 3 年有期徒刑的轻罪，即便其犯罪成立条件是"情节严重"，也应认为本罪是实害犯。也就是说，只有实际捕捞到水产品的，才能成立犯罪。未实际捕捞到水产品的，只是犯罪未遂，不值得作为犯罪处理。

2.《刑法》第 341 条第 1 款危害珍贵、濒危野生动物罪

◉ 人工驯养繁殖的动物是否属于危害珍贵、濒危野生动物罪的行为对象？

张明楷教授认为，人工繁殖的动物是否属于本罪对象，不可一概而论。需要根据人工繁殖的目的、难度、数量及动物的珍贵、濒危程度等进行判断。例如，人工繁殖的大熊猫，应是本罪的对象。但以食用为目的人工大量繁殖的动物，不是本罪的对象。[1]

笔者认为，只要是人工繁育的动物，自己进行捕杀、运输、加工、出售，都没有破坏"野生"动物资源，不应作为犯罪处理。

◉ 将捡到已经死亡的重点保护野生动物制成标本后运输的，成立犯罪吗？

由于野生动物已经死亡，行为人捡到后加工利用的，并没有侵害或者威胁国家的珍贵、濒危野生动物资源，不能认定成立危害珍贵、濒危野生动物罪。

3.《刑法》第 341 条第 3 款非法猎捕、收购、运输、出售陆生野生动物罪

◉ 以食用为目的猎捕人工繁育的陆生野生动物的，构成本罪吗？

有观点认为，应全面禁止食用国家保护的"有重要生态科学、社会价值的陆生野生动物"以及其他陆生野生动物，包括人工繁育、人工饲养的陆生野生动物。[2]

既然是人工繁育的，就不属于"在野外环境自然生产繁殖的陆生野生动物"，所以本罪的对象"不包括人工驯养繁殖的陆生动物"[3]，以食用为目的猎捕、收购、运输、出售人工繁育的陆生动物的，不构成犯罪。

4.《刑法》第 342 条非法占用农用地罪

◉ 在农用地上堆放东西，属于"占用"农用地吗？

本罪中的"占用"，不在于"占"，而在于"用"，本质是改变被占用的农用

① 参见张明楷：《刑法学（第六版）》（下册），法律出版社 2021 年版，第 1492 页。
② 参见周光权：《刑法各论（第四版）》，中国人民大学出版社 2021 年版，第 498 页。
③ 高铭暄、马克昌主编：《刑法学（第十版）》，北京大学出版社 2022 年版，第 599 页。

地的用途。在他人耕地上种庄稼，将他人的耕地围起来，都不能评价为非法占用农用地。在农用地上堆放东西，只要很容易清除，不会造成农用地的毁坏，也不能认定为非法占用农用地。

💬 **本罪的实行行为是什么？**

只要行为人改变了农用地的用途，就成立非法占用农用地罪。也就是说，本罪的构成要件行为即实行行为，是改变农用地的用途，而不是占有农用地。单纯的占用行为，如在别人的耕地上种庄稼，或者把别人的耕地围起来，只要没有改变农用地的性质，在我国就不一定构成犯罪。这种行为在国外可能构成侵夺不动产罪。简言之，非法占用农用地罪的实行行为，是改变农用地的用途，这才是核心。

💬 **本罪可以由不作为构成吗？**

虽然一般认为凡是可以由作为构成的犯罪都可以由不作为构成，但不真正不作为犯的不作为也要符合作为犯的法条表述。或者说，姑且不论成立不真正不作为犯要求不作为与作为必须具有等价性，不作为也必须与法条表述构成要件行为所使用的动词相符合，才能认定其构成犯罪。承认不作为的杀人，是因为不作为致人死亡的行为本身可以评价为杀人行为。但不将建设用地改为农用地的不作为，不能评价为改变了农用地的用途，或者说不能评价为将农用地改变为建设用地。《刑法》第342条中的"改变被占用土地用途"，显然是指"改变被占用的农用地的用途"。没有将建设用地恢复为农用地的行为明显不符合"改变被占用的农用地的用途"这一要求。所以说，不能认为不作为也能成立非法占用农用地罪。

5.《刑法》第344条危害国家重点保护植物罪

💬 **成立本罪，是否需要行为人认识到是珍贵树木、国家重点保护的植物？**

本罪中的珍贵树木和国家重点保护的其他植物属于客观构成要件要素，根据责任主义，成立本罪要求行为人必须认识到所采伐、毁坏、收购、运输、加工、出售的系珍贵树木或者国家重点保护的其他植物。列入国家重点保护的年代久远的古树名木，应由有关行政主管部门作出鉴定后予以挂牌公示。有关行政主管部门未进行登记、鉴定、挂牌、公示的树木，不能认定为"古树名木"，行为人也无法认识到系珍贵树木，对之进行采伐、毁坏、收购、运输、加工、出售的，不能构成危害国家重点保护植物罪。

十一
片面对向犯

要　旨

　　片面对向犯的问题在于，刑法分则未规定受处罚的一方能否作为受处罚一方的共犯加以处罚。有关片面对向犯的处罚根据，主要存在不罚说、立法者意思说、并用说、可罚的规范目的说和实质说五种学说。实质说因契合了犯罪的实体——违法与责任而具有合理性。为了与教唆、帮助受处罚一方的第三人的处罚相协调，只要片面对向的一方不是法益承受者，也不缺乏期待可能性，具有值得科处刑罚的实质违法性，原则上就不能排除共犯的成立。

辩点分析

　　[案1]　"购买淫秽物品案"：A恳求到外地出差的B顺便带一些淫秽光盘回来，答应高价购买。B原本拒绝，但经不住A的"软磨硬泡"和高价诱惑，购买了100张淫秽光盘带回来交给A，说把本钱给他就可以了，但A坚持给B三倍的价钱，B也接受了。

　　[案2]　"购买假文凭案"：2001年3月13日，被告人严某在街头遇到正在招揽假证生意的被告人郑某。二人商量，严某出100元，由郑某为其伪造一张东北某大学的毕业证书。次日二人交接时被民警抓获。法院以伪造事业单位印章罪的共犯分别判处二人有期徒刑6个月。

　　[案3]　"挪用公款案"：甲是某国有企业的财务主管，其外甥乙因炒股被套牢资金，请甲帮忙想办法从企业挪出100万元给其周转，甲照办。

　　[案4]　"购买使用医用器材案"：王某是某医院院长，授意购买了一台不符合保障人体健康的国家标准、行业标准的CT设备，用于病患检查。

　　[案5]　"违法发放贷款案"：张某因公司资金紧张，找到其做银行行长的大学同学李某帮忙。李某碍于同学情面，明知张某不符合贷款条件，还是批给其1000万元贷款用于公司经营。后张某因经营不善公司破产，贷款本息分文未还。

　　[案6]　"购买毒品案"：陈某吸毒，委托朋友赵某购买毒品。赵某向毒贩钱某购买毒品后如数转交给陈某，未从中牟利。

　　[案7]　"帮助毁灭证据案"：杨某杀人后逃亡途中，想起杀人用的匕首还留在杀人现场，于是打电话给朋友刘某，请其想办法找到这把匕首后扔到远处的河里。

　　[案8]　"容留卖淫案"：丙系卖淫女，要求其朋友丁提供一间住房供其"接客"。

　　以上均是片面对向犯的适例。所谓片面对向犯，是指刑法条文仅规定处罚一方，而不处罚必要参与的另一方的犯罪，如贩卖淫秽物品罪，只处罚卖方，而不处罚买方。然而问题是，对未设置罚则的一方的对向行为，是否不仅不能作为正犯加以处罚，而且不能作为受处罚一方的共犯予以处罚？如何确定片面对向犯的处罚根据与处罚范围，成为困扰刑法理论与司法实务的难题。

　　对此，我国部分司法解释认为，对于未被刑法明文规定处罚的片面对向犯，一概作为受处罚的一方的共犯或者单独作为正犯加以处罚。例如，"两高"《关于办理生产、销售伪劣商品刑事案件具体应用法律若干问题的解释》（以下简称《办理生产、销售伪劣商品案解释》）第6条规定，医疗机构或者个人，明知是不符合标准的医用器材而购买、使用，对人体健康造成严重危害的，以销售不符合标准的医用器材罪定罪处罚。又如，"两高"《关于办理伪造、贩卖伪造的高等院校学历、学位证明刑事案件如何适用法律问题的解释》（以下简称《贩卖假文凭解释》）规定，明知是伪造高等院校印章制作的学历、学位证明而贩卖的，以伪造事业单位印章罪的共犯论处。还如，最高人民法院《关于审理挪用公款案件具体应用法律若干问题的解释》（以下简称《挪用公款解释》）第8条规定，挪用公款给他人使用，使用人与挪用人共谋，指使或者参与策划取得挪用款的，以挪用公款罪的共犯定罪处罚。

　　然而，这类司法解释的规定可能有悖片面对向犯的原理。在我国自然犯与法定犯一体化的立法体例下，片面对向犯的罪名多而繁杂，有些罪名即使形式上不属于对向犯，但只要客观上或者事实上可能存在对向犯，就需要对其展开研究。因此，面对如此复杂的片面对向犯，就必须对国内外的相关理论加以梳理并对片面对向犯进行类型化的分类，方可真正解决片面对向犯的中国问题。

（一）片面对向犯的处罚根据

综观国内外学者们的讨论，有关片面对向犯中必要参与行为的处罚根据与处罚范围，主要存在不罚说、立法者意思说、并用说、可罚的规范目的说和实质说（即个别的实质说）五种观点。

1. 不罚说

不罚说认为，刑法既然规定只处罚贩卖者，即便购买者在客观上引起了向本人贩卖的行为，也应排除在处罚范围之外；刑法规定的是销售不符合标准的医用器材的行为，而不包括购买、使用不符合标准的医用器材的行为，因而《办理生产、销售伪劣商品案解释》的规定有越权之嫌，明显有悖罪刑法定原则。①

2. 立法者意思说

立法者意思说认为，在具有对向犯性质的 A、B 两个行为中，立法者仅将 A 行为作为犯罪定型予以规定时，当然可以定型性地预想到 B 行为的存在，既然立法者没有规定处罚 B 行为，就表明立法者不想处罚 B 行为。倘若将 B 行为作为共犯（教唆犯或者帮助犯）加以处罚，就违背了立法者的意思。在立法者意思说看来，之所以不处罚 B 行为，是因为其对向性的参与行为具有定型性、通常性；如果参与行为超出了定型性、通常性的范畴，就应以教唆犯、帮助犯论处。例如，就散布淫秽物品罪而言，倘若仅仅是说"卖给我吧"，这种行为还不具有可罚性，但如果是"特别积极地给对方做工作，鼓动对方出售目的物的场合，就应认定构成教唆犯"②。

3. 并用说

张明楷教授主张并用说。他认为在某些场合，立法者意思说的确可以清晰地确定哪些必要参与行为不可罚，因而为不处罚部分对向犯的必要参与行为提供了线索，为判断某种必要参与行为是否符合罪刑法定原则、罪刑相适应原则提供了体系解释的依据；既可能以立法者意思说限制实质说的处罚结论，也可能以实质说限制立法者意思说的处罚结论。当然，张明楷教授也承认，"犯罪的实体是违法与责任，是否处罚必要参与行为，只能从违法与责任这两个方面寻找实质的理由"。既然如此，所谓"立法者意思说实际上是要求我们考虑法条之间的协调关系，实现刑法的公平正义"，③说到底还是在探寻必要参与行为的违法性与有责性是否达到值得科处刑罚的程度。因此，并用说不过是想出罪时就以立法者意思说

---

① 参见陈兴良：《论犯罪的对合关系》，载《法制与社会发展》2001 年第 4 期。
② 〔日〕团藤重光：《刑法纲要总论（第 3 版）》，创文社 1990 年版，第 432—433 页。
③ 参见张明楷：《对向犯中必要参与行为的处罚范围》，载《比较法研究》2019 年第 5 期。

为根据出罪，想入罪时就以实质说为由入罪而已。

4. 可罚的规范目的说

可罚的规范目的说认为，不处罚片面对向犯一方的参与行为，是基于犯罪论上的实质理由与处罚必要性意义上的政策判断；实质说所举之例，并非完全没有违法性或者责任，只是缺乏可罚的违法性与可罚的责任；将必要参与行为排除在构成要件之外，本来不过是立法性政策的当罚性判断；不处罚片面对向犯一方的必要参与行为，是因为从规范目的出发，基于对处罚目的的考虑和刑事政策的可罚性评价的判断而不可罚。①

5. 实质说

实质说，也称个别的实质说。该说主张个别地、实质地说明片面对向犯的必要参与行为的可罚性。实质根据之一是，当处罚规定以保护实施参与的被害人为目的，即处于"被害人"的地位时，由于参与行为缺乏违法性而不可罚。例如，由于散布淫秽物品罪的保护法益系个人的性操守，而购买者正处于受该罪保护的地位，即属于"被害人"，因此购买者不受处罚。实质根据之二是，片面对向犯的必要参与者缺乏有责性。例如，虽然本犯自己隐灭证据、藏匿犯人，也可谓妨碍了国家的司法职能，具有违法性，但因为本犯实施缺乏期待可能性，而被排除在隐灭证据、藏匿犯人罪的正犯之外。本犯连作为正犯实施都不具有期待可能性，作为共犯实施就更不具有期待可能性了，因而不可罚。②

笔者赞成实质说。首先，应该肯定贩卖淫秽物品牟利罪所侵害的是社会法益，即社会的善良风俗，否则根据被害人承诺的原理，得到了被害人的同意，连贩卖淫秽物品的行为也不可能构成犯罪。其次，作为超个人法益的社会法益、国家法益，最终都可以还原为个人法益，而离开了具体的个体，超个人法益也就不复存在。例如，离开对具体的淫秽物品购买者的保护，惩罚贩卖淫秽物品行为（贩卖给未成年人的除外）就失去了意义。所以，即使认为某些片面对向犯所侵害的是社会法益，但由于购买者是法益或者犯罪后果的承受者，其购买淫秽物品行为的违法性较轻，不值得科处刑罚。再次，无论违法性还是有责性，都有程度之分。根据实质违法性原理，行为只有达到值得科处刑罚程度的违法性，才能作为犯罪处罚。就购买淫秽物品而言，由于不是为了贩卖而购买，其行为不具有扩散性，违法性较轻而不具有实质的违法性，不值得科处刑罚。最后，即便不以缺乏期待可能性为由，否定本犯唆使他人隐灭自己刑事案件的证据或者藏匿自己行为的可罚性，也可以行为不符合"隐灭他人刑事案件的证据""藏匿他人"的构成要件

① 参见〔日〕山中敬一：《刑法总论（第 3 版）》，成文堂 2015 年版，第 839 页。

② 参见〔日〕平野龙一：《刑法总论 II》，有斐阁 1975 年版，第 379 页以下。

要素，没有引起构成要件结果为由，否定可罚性。总之，由于犯罪的实体是违法与责任，刑法只会将严重侵害法益，即具有实质违法性的行为规定为犯罪。从违法性、有责性的有无和程度，以及刑法条文之间的协调、罪刑均衡等方面进行综合考量和判断，能够确定片面对向犯的必要参与行为是否具有可罚性。

综上，实质说主张个别地、实质地说明片面对向犯的必要参与行为的可罚性与否，契合了犯罪的实体——违法与责任，因而具有相当的合理性。

（二）实质说的贯彻

对片面对向犯进行合理的分类是一揽子解决片面对向犯的中国问题的前提。德国学者格罗普（Gropp）提出了"离心型犯罪"（离心犯）与"向心型犯罪"（向心犯）的概念。所谓离心型犯罪，是指行为人作为中心，其行为能向不特定人不断发送诱惑性的危险信息，当与需要该信息的人发生联系时，就可能导致法益侵害结果发生的犯罪类型，传播、贩卖类犯罪是其典型。所谓向心型犯罪，是指行为人作为中心，非常容易使第三者前来诱惑其实施违法行为的犯罪类型，德国刑法中的背叛当事人罪是其适例。二者的区别在于，前者是易于引诱他人实施违法行为的危险源，是将危险散布出去，而后者是易于受他人引诱实施违法行为的危险源，是将危险吸引进来。二者的共同点在于，作为行为与结果的危险源，行为人始终处于核心地位，因为行为人的存在，整个行为才具有发散性，危害性才能呈几何倍数反复发生，而受其吸引或者吸引他的对方，仅仅在与其发生关联的单次行为中参与制造和实现危险，因而始终属于边缘人物，双方由此形成"危险落差"。区分离心型犯罪与向心型犯罪旨在说明，作为边缘人物的片面对向犯的必要参与行为虽然也有违法性，但结合比例原则，一般不应认为其行为具有可罚性，处罚作为危险源的行为人就够了。[①]

笔者认为，虽然认为离心型犯罪与向心型犯罪的必要参与行为通常不具有可罚性的观点过于绝对，但这种分类对于我们分析判断必要参与行为的违法性的轻重的确颇有启发。借鉴上述学者的观点，笔者将片面对向犯分为离心型、向心型、行为对象型与本犯教唆型四种类型。

1. 离心型片面对向犯

属于离心型片面对向犯的罪名主要有：（1）《刑法》第126条违规销售枪支罪；（2）第128条第2、3款非法出租、出借枪支罪；（3）第140条销售伪劣产品罪；（4）第141条销售、提供假药罪；（5）第142条销售、提供劣药罪；（6）第

---

① 参见何庆仁：《论必要共犯的可罚性》，载《法学家》2017年第4期。

143 条销售不符合安全标准的食品罪；（7）第 144 条销售有毒、有害食品罪；（8）第 145 条销售不符合标准的医用器材罪；（9）第 146 条销售不符合安全标准的产品罪；（10）第 147 条销售伪劣农药、兽药、化肥、种子罪；（11）第 148 条销售不符合卫生标准的化妆品罪；（12）第 176 条非法吸收公众存款罪；（13）第 177 条之一第 1 款妨害信用卡管理罪；（14）第 177 条之一第 2 款非法提供信用卡信息罪；（15）第 179 条擅自发行股票、公司、企业债券罪；（16）第 181 条第 2 款诱骗投资者买卖证券、期货合约罪；（17）第 182 条合谋、串通型操纵证券、期货市场罪；（18）第 209 条出售非法制造的用于骗取出口退税、抵扣税款发票罪，出售非法制造的发票罪，非法出售用于骗取出口退税、抵扣税款发票罪，非法出售发票罪；（19）第 214 条销售假冒注册商标的商品罪；（20）第 215 条销售非法制造的注册商标标识罪；（21）第 217 条侵犯著作权罪；（22）第 218 条销售侵权复制品罪；（23）第 227 条倒卖伪造的有价票证罪，倒卖车票、船票罪；（24）第 228 条非法转让、倒卖土地使用权罪；（25）第 234 条之一组织出卖人体器官罪；（26）第 253 条之一侵犯公民个人信息罪；（27）第 256 条贿赂型破坏选举罪；（28）第 280 条伪造公司、企业、事业单位、人民团体印章罪；（29）第 283 条非法销售专用间谍器材、窃听、窃照专用器材罪；（30）第 284 条之一第 3 款非法出售、提供试题、答案罪；（31）第 285 条第 3 款提供侵入、非法控制计算机信息系统程序、工具罪；（32）第 325 条非法向外国人出售、赠送珍贵文物罪；（33）第 326 条倒卖文物罪；（34）第 327 条非法出售、私赠文物藏品罪；（35）第 329 条第 2 款擅自出卖、转让国有档案罪；（36）第 334 条第 1 款非法供应血液、血液制品罪；（37）第 334 条第 2 款供应血液、血液制品事故罪；（38）第 347 条贩卖毒品罪；（39）第 355 条非法提供麻醉药品、精神药品罪；（40）第 363 条第 1 款贩卖、传播淫秽物品牟利罪；（41）第 363 条第 2 款为他人提供书号出版淫秽书刊罪；（42）第 364 条第 1 款传播淫秽物品罪；（43）第 364 条第 2 款组织播放淫秽音像制品罪；（44）第 370 条故意提供不合格武器装备、军事设施罪；（45）第 375 条第 3 款非法提供武装部队专用标志罪；（46）第 439 条非法出卖、转让武器装备罪；（47）第 442 条擅自出卖、转让军队房地产罪；等等。

由于离心型片面对向犯罪名繁多，只能就比较典型的有争议的几个罪名进行探讨。

关于购买淫秽物品，应该认为购买淫秽物品者无论如何都不能成立贩卖淫秽物品牟利罪的共犯。理由在于：其一，虽然成年购买者并非严格意义上的受害人，但毕竟是犯罪行为的具体承受者，或者说是本罪法益的承受者，其对贩卖行为的促进相对于非购买者而言，违法性程度相对较低；其二，购买淫秽物品供自己欣赏，不具有传播、扩散性，相对于贩卖行为而言违法性要轻得多；其三，贩卖淫秽物品牟利罪在犯罪学上属于没有被害人的犯罪（对成年购买者而言），对这种行为只要处罚作为危险源的贩卖行为就足以遏制和预防，处罚购买者不符合比例、经济原则。由此，案1中的A不构成贩卖淫秽物品牟利罪的共犯。

关于医疗机构购买、使用不符合标准的医用器材，应该说，《办理生产、销售伪劣商品案解释》的问题仅在于，不应笼统地规定购买、使用不符合标准的医用器材构成销售不符合标准的医用器材罪，让人误以为本来只是预备行为的"购买"，也能评价为"销售"实行行为甚至既遂。由此，案4中的王某，购买不符合标准的医用器材不是自用，而是给患者使用，表面上没有转移商品，实质上是有偿地逐步转移商品所有权的"销售"行为，所以应成立销售不符合标准的医用器材罪的正犯。

关于购买、贩卖假文凭、证件问题，应该说，问题的根源在于，我国刑法对伪造犯罪的规定存在严重疏漏。虽然《刑法修正案（九）》规定了买卖、使用身份证件的犯罪，但没有规定买卖、使用公司、企业、事业单位、人民团体文书、证件以及使用国家机关公文、证件、印章的犯罪。对于贩卖假文凭，如果没有参与伪造的过程，只是在伪造完成后购买出售，由于伪造事业单位印章的行为已经既遂，所以不可能成立伪造事业单位印章罪的共犯，故《贩卖假文凭解释》的相关规定存在疑问。当然，如果购买者参与了伪造高等院校印章的行为，则应当以伪造事业单位印章罪的共犯追究其刑事责任。由此，案2中的严某虽与郑某商量，但并没有超出购买的范畴，其对郑某伪造事业单位印章的贡献还没有达到值得评价为共犯的程度，即不具有值得科处刑罚的实质违法性，因而不构成伪造事业单位印章罪的共犯，法院认定严某成立共犯的判决是错误的。

关于代购毒品，笔者认为，代购毒品行为成立贩卖毒品罪的正犯或者共犯。首先，以代购者是否牟利为标准判断代购毒品行为是否成立贩卖毒品罪，并不妥当。其次，无论哪种情形，代购者都不是将毒品无偿交付给吸毒者，而是将毒品有偿地交付给吸毒者。既然如此，就表明上述各种情形都符合贩卖毒品罪的构成要件，没有理由因为该行为属于代购毒品，而将其排除在贩卖毒品罪之外；不能因为购买毒品用于吸食的购买行为不构成犯罪，就将代购行为归入购买行为，进而不以贩卖毒品罪论处。最后，刑法之所以不将购买毒品的行为规定为犯罪，是因为购买毒品的吸毒者本身是被害人、法益承受者，但代购毒品者不是吸毒者，其代购毒品的行为客观上促进了他人的贩毒行为，导致了毒品的扩散，其主观上对此也具有认知，因而没有理由不以贩卖毒品罪的正犯或者共犯论处。由此，案6中的赵某，主观上认识到钱某在贩毒，其代购毒品的行为客观上促进了毒品的蔓延，其不是法益承受者，也不缺乏期待可能性，故应以贩卖毒品罪的共犯论处。

关于购买增值税专用发票以外的其他发票，虽然刑法规定非法购买增值税专用发票的行为构成犯罪，但对购买增值税专用发票之外的"可以用于骗取出口退税、抵扣税款的其他发票以及普通发票"的行为是否构成犯罪却未予明确。问题在于，购买增值税专用发票以外的发票的行为是否构成相应出售犯罪的共犯。对此，张明楷教授持否定立场，理由是，对增值税专用发票规定既处罚出售行为也处罚购买行为，而对后两种发票仅规定处罚出售行为，"这清楚地说明，非法购买第 209 条规定的三种发票（即增值税专用发票以外的发票——引者注）的行为不构成犯罪，否则，立法者会像第 208 条那样作出规定。如果将非法购买第 209 条规定的三种发票的行为以出售行为的共犯论处，既有违反罪刑法定原则之嫌，也必然违反罪刑相适应原则"①。这其实是立法者意思说的立场。持并用说的张明楷教授也承认，"从刑法分则的规定中只能得出对片面对向犯中的必要参与行为不得以正犯论处的结论，而不能得出其不成立共犯的结论"②。也就是说，"仅凭分则有无明文规定，就得出片面对向参与行为不可罚的结论，无疑是困难甚至是错误的"③。

片面对向一方的行为是否成立受处罚一方的共犯，或者说是否值得作为犯罪处理，还得从违法与责任这一犯罪的实体出发，进行实质判断。可以认为，立法者之所以将购买增值税专用发票的行为作为正犯加以规定，是因为这种行为具有值得科处刑罚的类型性的法益侵害性。而购买增值税专用发票以外的发票的行为，由于法益侵害性相对较小，不具有类型性的值得科处刑罚的法益侵害性。但不可否认，这种行为客观上也促进了他人出售发票的行为，主观上也知道他人在出售发票。不能认为购买这种发票自用，违法性轻于其他教唆、帮助出售发票的行为，以及期待可能性较低。如果认为这种行为一概不作为犯罪处罚，就会与购买者以外的教唆、帮助出售发票行为的处罚不协调，违反了"平等适用刑法"的原则。

总而言之，为了自用而购买增值税专用发票以外发票的行为，不存在可以宽恕的因素，即既不是法益承受者，也不缺乏期待可能性，与其他诱发、促进出售发票的行为在违法性与有责性上没有差异，如果购买的发票数量巨大，还是有可能作为相应出售行为的共犯加以处罚的。

综上，不具有交易性质的共同犯罪原则上都要处罚，没有理由认为，只要具有交易性质，系为自己谋取利润，即所谓白领犯罪，就不应受罚。对于离心型片面对向犯，虽然以单独处罚作为危险源的一方的行为为原则，但如果对向性的参与一方，既不是被害人（法益的承受者），也不缺乏期待可能性，参与行为的法益侵害性达到了值得科处刑罚的程度，即具有实质的违法性时，是有可能作为规定

---

① 张明楷：《对向犯中必要参与行为的处罚范围》，载《比较法研究》2019 年第 5 期。
② 同上。
③ 王彦强：《对向参与行为的处罚范围》，载《中外法学》2017 年第 2 期。

受处罚一方的共犯追究刑事责任的。

2. 向心型片面对向犯

属于向心型片面对向犯的罪名大致有：（1）《刑法》第162条之二转移、处分财产型虚假破产罪；（2）第165条为他人经营型非法经营同类营业罪；（3）第169条徇私舞弊低价折股、出售国有资产罪；（4）第169条之一背信损害上市公司利益罪；（5）第175条高利转贷罪；（6）第180条第1款内幕交易、泄露内幕信息罪；（7）第180条第4款利用未公开信息交易罪；（8）第186条违法发放贷款罪；（9）第187条吸收客户资金不入账罪；（10）第188条违规出具金融票证罪；（11）第189条对违法票据承兑、付款、保证罪；（12）第205条之一虚开发票罪；（13）第219条披露、允许他人使用型侵犯商业秘密罪；（14）第229条提供虚假证明文件罪；（15）第272条挪用资金罪；（16）第384条挪用公款罪；（17）第398条故意泄露国家秘密罪；（18）第403条滥用管理公司、证券职权罪；（19）第404条徇私舞弊不征、少征税款罪；（20）第405条第1款徇私舞弊发售发票、抵扣税款、出口退税罪；（21）第405条第2款违法提供出口退税凭证罪；（22）第407条违法发放林木采伐许可证罪；（23）第408条之一食品监管渎职罪；（24）第410条非法批准征收、征用、占用土地罪，非法低价出让国有土地使用权罪；（25）第412条商检徇私舞弊罪；（26）第413条动植物检疫徇私舞弊罪；（27）第415条办理偷越国（边）境人员出入境证件罪；（28）第432条故意泄露军事秘密罪；等等。

关于挪用公款罪，之所以有人批评《挪用公款解释》，是因为将挪用公款罪作为片面对向犯看待，根据立法者意思就可能得出不可罚的结论。其实问题在于对挪用公款罪实行行为的理解。挪用公款罪的实行行为并非"挪+用"，而是只有"挪"。虽然不能对挪用公款的接受者、使用者以挪用公款罪的共犯定罪处罚，但无论是使用者还是第三人，只要促进了"挪"的行为，且没有特别的理由，就不能否认共犯的成立。因为公款的使用者既不是被害人，也不缺乏期待可能性，既然"伙同贪污的，以共犯论处"，就没有理由否认"伙同挪出公款的，以共犯论处"。换言之，问题不在于是否使用挪出的公款，而在于参与行为是否促进了"挪出"公款的行为，所以说《挪用公款解释》没有问题，而且这种规定只是列举性的规定，可能构成共犯的，并不限于该解释规定的情形。由此，案3中乙的行为，明显属于对甲"挪"出公款的教唆行为，乙既不是法益承受者，也不缺乏期待可能性，所以对乙应以挪用公款罪的共犯进行评价。

关于违法发放贷款，张明楷教授认为，对要求、唆使金融机构违法向自己发放贷款的行为不能认定为违法发放贷款罪的共犯，理由在于：一是基于立法者的意思，既然刑法仅将骗取贷款的行为规定为犯罪，如果将没有采取欺骗手段申请贷款的情形，按照违法发放贷款罪的共犯论处，就违反了罪刑法定原则，也违反了罪刑相适应原则；二是基于实质的判断，该行为的违法性与有责性没有达到值得科处刑罚的程度。① 但张明楷教授同时也承认，"单纯为发放贷款的行为提供帮助或者实施教唆行为的，如果违法性与有责性并没有减少，则应认定为共犯"②。

笔者认为，这基本上还是立法者意思说或者不罚说的观点且有自相矛盾之嫌。从立法者仅规定了骗取贷款罪与贷款诈骗罪，得不出申请获取贷款的行为不构成骗取贷款罪与贷款诈骗罪的，就不值得科处刑罚的结论；立法者没有明文将要求金融工作人员违法向其发放贷款的行为作为正犯加以规定，不能得出这种行为不成立规定受处罚一方的共犯的结论；骗取贷款罪的法定刑轻于违法发放贷款罪，也不能由此得出唆使他人违法向其发放贷款以共犯论处会导致罪刑失衡的结论，因为即使成立共犯，也可能仅成立从犯而可以从轻减轻处罚；获得贷款的行为人既不是法益承受者，也不缺乏期待可能性，其在违法性与有责性上与教唆、帮助金融工作人员违法向其他人发放贷款的行为没有差别，若不处罚要求、唆使金融工作人员违法向自己发放贷款的行为，就有违"平等适用刑法"原则，也不利于保护法益。所以，"如借款人教唆他人违法发放贷款，本没有犯罪故意的人产生了违法发放贷款的犯罪故意，进而实施犯罪，其教唆行为超出了借款行为的范围，可以作为违法发放贷款罪的共犯认定"③。但考虑到借款人的处境，对于不是积极推动金融工作人员违法发放贷款，也就是对于犯罪的促成没有起到支配性作用的，一般不值得作为共犯处罚。由此，案 5 中张某的行为，明显属于教唆行为，其既不是法益的承受者，也不缺乏期待可能性，为了与第三人实施的教唆帮助行为作为共犯处罚相协调，没有理由否认张某成立共犯。

综上，向心型对向犯多半属于所谓"受益型"对向犯，"对于'受益型'对向犯，只要受益者的参与行为符合教唆、帮助的共犯条件，就应当以对向犯的共犯论处"④。根据实质说，"对参与人是否需要给予处罚还得进一步考量其参与行为是否已达到值得给予刑罚处罚的程度（违法的量的相对性）"⑤；只要对向参与方不是法益的承受者，也不缺乏期待可能性，为了与教唆、帮助受处罚一方实施犯罪的第三人的处罚相协调，原则上不能否认片面对向犯的参与行为成立规定受处罚一方的共犯。

---

① 参见张明楷：《对向犯中必要参与行为的处罚范围》，载《比较法研究》2019 年第 5 期。
② 同上。
③ 孙国祥：《对合犯与共同犯罪的关系》，载《人民检察》2012 年第 15 期。
④ 王彦强：《对向参与行为的处罚范围》，载《中外法学》2017 年第 2 期。
⑤ 钱叶六：《对向犯若干问题研究》，载《法商研究》2011 年第 6 期。

3. 行为对象型片面对向犯

属于行为对象型片面对向犯的罪名大致如下：（1）《刑法》第 120 条之一第 2 款招募、运送人员型帮助恐怖活动罪；（2）第 164 条第 2 款对外国公职人员、国际公共组织官员行贿罪；（3）第 236 条第 2 款奸淫幼女型强奸罪；（4）第 237 条猥亵儿童罪；（5）第 240 条拐卖儿童罪；（6）第 244 条之一雇用童工从事危重劳动罪；（7）第 248 条第 2 款指使型虐待被监管人罪；（8）第 256 条贿赂型破坏选举罪；（9）第 259 条破坏军婚罪；（10）第 262 条拐骗儿童罪；（11）第 262 条之二组织未成年人进行违反治安管理活动罪；（12）第 295 条传授犯罪方法罪；（13）第 316 条劫夺被押解人员罪；（14）第 317 条第 2 款聚众持械劫狱罪；（15）第 333 条非法组织卖血罪；（16）第 336 条非法行医罪、非法进行节育手术罪；（17）第 354 条容留他人吸毒罪；（18）第 358 条组织卖淫罪；（19）第 359 条容留卖淫罪；（20）第 365 条组织淫秽表演罪；（21）第 373 条雇用逃离部队军人罪；（22）第 379 条战时窝藏逃离部队军人罪；（23）第 400 条私放在押人员罪；（24）第 411 条放纵走私罪；（25）第 414 条放纵制售伪劣商品犯罪行为罪；（26）第 415 条放行偷越国（边）境人员罪；（27）第 418 条招收公务员、学生徇私舞弊罪；等等。

对于这类片面对向犯的可罚性，也应根据实质说进行个别判断。如果行为对象是被害人（法益的承受者），则原则上应否定成立规定受处罚一方的共犯。首先，强奸罪、猥亵儿童罪、雇用童工从事危重劳动罪、拐卖儿童罪、组织未成年人进行违反治安管理活动罪等犯罪的保护对象通常是幼女、儿童、童工、未成年人等弱势群体，这类人一般不具有承诺能力，因此，这类人教唆他人实施针对自己的犯罪的，一般不成立规定受处罚一方的共犯。其次，即使不是这类弱势群体，但如果是法益的承受者，如非法组织卖血罪、非法行医罪、非法进行节育手术罪，或者作为正犯实施都不值得作为犯罪处罚，即只是一般违法行为，如容留他人吸毒罪、容留卖淫罪、组织卖淫罪，一般也应否定成立规定受处罚一方的共犯。相反，如果不是上述两种情形，则有可能成立规定受处罚一方的共犯，如招募、运送人员型帮助恐怖活动罪，对外国公职人员、国际公共组织官员行贿罪，指使型虐待被监管人罪，贿赂型破坏选举罪，传授犯罪方法罪，组织淫秽表演罪，招收公务员、学生徇私舞弊罪。最后，对向参与行为本身构成犯罪，原则上仅成立作为正犯所触犯的罪名，而不作为规定受处罚一方的共犯进行评价，如破坏军婚罪中对向一方可能构成重婚罪，被雇用、窝藏的逃离部队的军人可能构成战时临阵脱逃罪，被私放、劫夺、劫狱的在押人员可能构成脱逃罪，被放纵的走私者可能构成走私罪，被放纵的制售伪劣商品犯罪行为者可能成立生产、销售伪劣商品罪，被放行的偷越国（边）境人员可能构成偷越国（边）境罪。由此，案 8 中的丙，是容留卖淫罪的法益承受者，其教唆丁容留其卖淫的行为不具有实质的违法性，故不成立丁所构成的容留卖淫罪的共犯。

4. 本犯教唆型片面对向犯

属于本犯教唆型片面对向犯的罪名主要有：（1）《刑法》第191条洗钱罪；（2）第305条伪证罪；（3）第307条第2款帮助毁灭、伪造证据罪；（4）第310条窝藏、包庇罪；（5）第312条掩饰、隐瞒犯罪所得、犯罪所得收益罪；（6）第349条包庇毒品犯罪分子罪，窝藏、转移、隐瞒毒品、毒赃罪；（7）第399条徇私枉法罪，民事、行政枉法裁判罪，执行判决、裁定滥用职权罪；（8）第399条之一枉法仲裁罪；（9）第401条徇私舞弊减刑、假释、暂予监外执行罪；（10）第402条徇私舞弊不移交刑事案件罪；（11）第417条帮助犯罪分子逃避处罚罪；（12）第447条私放俘虏罪；等等。

所谓本犯教唆型片面对向犯的可罚性问题，是指本犯自己实施不构成犯罪，教唆他人实施的，能否成立被教唆的犯罪的共犯。一般认为，作为正犯实施之所以不构成犯罪是因为缺乏期待可能性，既然作为正犯实施不具有期待可能性，作为比正犯更轻的教唆犯的形式实施，更不具有期待可能性，因而不构成所教唆犯罪的共犯。例如，本犯甲自己作案后毁灭、伪造证据，逃匿，以及窝藏赃物等因为缺乏期待可能性，而不构成犯罪。甲教唆乙毁灭、伪造自己刑事案件的证据，窝藏甲或者藏匿甲实施犯罪所得的赃物的，也不成立乙所触犯的帮助毁灭、伪造证据罪，窝藏罪，窝藏、转移、隐瞒毒品、毒赃罪，掩饰、隐瞒犯罪所得、犯罪所得收益罪的共犯。对于洗钱罪，徇私枉法罪，徇私舞弊减刑、假释、暂予监外执行罪，徇私舞弊不移交刑事案件罪，帮助犯罪分子逃避处罚罪，私放俘虏罪等，也是如此。本犯指使他人作伪证包庇自己的，由于存在《刑法》第307条第1款妨害作证罪的规定，只有本犯以暴力、威胁、贿买以外的方法指使他人作伪证包庇自己的，才不成立妨害作证罪的正犯以及伪证罪、包庇罪、包庇毒品犯罪分子罪的共犯。由此，案7中的杨某自己毁灭证据缺乏期待性，教唆刘某帮助毁灭证据同样缺乏期待可能性，所以不构成帮助毁灭证据罪的共犯。

综上，对于本犯教唆型片面对向犯，除非存在明文规定，如妨害作证罪，否则因为缺乏期待可能性，一般不能成立所教唆犯罪的共犯。

疑 难 问 题

1.《刑法》第120条之一帮助恐怖活动罪

💬 **如何认定本罪的既遂？**

本罪虽然是帮助犯的正犯化，但犯罪的本质是侵犯法益，刑法的目的是保护法益，只有严重侵犯法益的行为才能作为犯罪处理。虽然成立本罪不以恐怖活动组织或者人员实施具体的恐怖活动犯罪为前提，但只有行为人所提供的资助被恐怖活动组织或者人员所接收，才能成立本罪的既遂。若资助不被恐怖活动组织或者人员所接收，只能成立本罪的未遂。就招募、运送恐怖活动人员而言，只有所招募、运送的人员被恐怖活动组织或者人员所接收，才能成立本罪的既遂；若所招募、运送的人员未被恐怖活动组织或人员所接收，只能成立本罪的未遂。

2.《刑法》第169条徇私舞弊低价折股、出售国有资产罪

😑 有关"国家出资企业中的国家工作人员将国有资产低价折股或者低价出售给其本人未持有股份的公司、企业或者其他个人，致使国家利益遭受重大损失的，依照徇私舞弊低价折股、出售国有资产罪定罪处罚"的司法解释规定，有无疑问？

司法解释是在有意偷换概念。"国家出资企业"不一定是"国有公司、企业"，而"国家出资企业中的国家工作人员"，也不一定是国有公司、企业的主管人员。所以，上述司法解释规定存在疑问。

3.《刑法》第175条高利转贷罪

😑 取得贷款时没有转贷牟利的目的，事后转贷牟利的，构成高利转贷罪吗？

有观点认为，关于"转贷牟利"的目的产生时间，一般表现为行为人在申请信贷资金之前具有犯意，也可以产生在套取金融机构信贷资金之后。[①] 这恐怕有问题。根据责任主义原理，只有在套取金融机构信贷资金时就具有转贷牟利的目的，才可能构成本罪。也就是说，"转贷牟利"的目的必须产生于套取金融机构信贷资金之前或者之时。取得金融机构信贷资金后才产生转贷牟利目的的，不能成立本罪。

😑 套取贷款后平息转贷的，构成本罪吗？

若套取贷款后只是平息转贷，由于不可能有违法所得，所以不可能构成本罪。

4.《刑法》第186条违法发放贷款罪

😑 小额贷款公司及其工作人员能成为本罪主体吗？

《刑法》之所以规定本罪，是因为就银行等吸收公众存款的金融机构而言，金融机构本身及其工作人员的渎职失职行为会损害公众（如存款人）的利益，也就是说会危及国家的金融安全。而小额贷款公司并不吸收公众存款，公司本身及其工作人员的渎职失职行为只是给公司造成财产损失，而不会损害公众利益，不会危及国家金融安全。所以，虽然作为被害主体时，小额贷款公司属于金融机构（可以成为贷款诈骗罪、骗取贷款罪的被害人），但作为行为主体时，小额贷款公

① 参见王新：《刑法分论精解》，北京大学出版社2023年版，第118页。

司不是违法发放贷款罪中的金融机构。

简言之，小额贷款公司虽然可以成为骗取贷款罪和贷款诈骗罪的被害人，却不能成为违法发放贷款罪的犯罪主体。

5.《刑法》第 234 条之一组织出卖人体器官罪

💬 **出卖者（供体）和购买接受人体器官的人（受体），能成立本罪共犯吗？**

由于本罪仅处罚"组织"他人出卖人体器官的行为，他人是本罪所保护的对象，所以出卖者（供体）不可能构成本罪的共犯。而购买接受人体器官的人（受体），因为缺乏期待可能性，即便教唆组织他人出卖人体器官给自己，也不值得科处刑罚，不能成立本罪的共犯。

6.《刑法》第 262 条之二组织未成年人进行违反治安管理活动罪

💬 **本罪中的"未成年人"的年龄，是指 18 周岁以下吗？**

理论上普遍认为，未满 18 周岁的自然人都属于本罪中的未成年人，同时认为已满 16 周岁的未成年人都可以成为本罪的主体。[①] 这就奇怪了：16 周岁的可以组织 17 周岁的人进行违反治安管理活动。不像组织残疾人、儿童乞讨罪，成立本罪不要求使用暴力、胁迫手段。在不使用暴力、胁迫手段的情况下，很难想象 16 周岁的人通过做"思想政治工作"，组织 17 周岁的人进行违反治安管理活动。所以说，虽然一般而言，未成年人的年龄是 18 周岁以下，但那是考虑到未成年人的承诺能力，如《刑法》第 234 条之一第 2 款特意强调摘取不满 18 周岁的人的器官的，即便得到不满 18 周岁的人的同意，也不影响故意伤害罪的成立。本罪是侵犯未成年人的身心健康成长的犯罪，一般来说已满 16 周岁的人完全能够认识到违反治安管理活动的性质与意义，也正因为此，刑法才将刑事责任年龄确定为 16 周岁以上。所以，应将作为本罪对象的未成年人的年龄限定为 16 周岁以下。"组织"已满 16 周岁不满 18 周岁的人进行所谓违反治安管理活动的，不应认定为本罪，而应认定成立盗窃、诈骗、抢夺、敲诈勒索等犯罪的共犯。

7.《刑法》第 305 条伪证罪

💬 **不作为能成立伪证罪吗？**

从理论上讲，伪证行为并不限于作为，证人在陈述过程中，对自己记忆中的事项的全部或者部分保持沉默，使整体上的陈述成为虚假陈述时，可以成立不作为的伪证罪，但单纯保持沉默而不作任何陈述的行为，不成立伪证罪。

---

① 参见高铭暄、马克昌主编：《刑法学（第十版）》，北京大学出版社 2022 年版，第 495 页；冯军等主编：《中国刑法评注》（第 2 卷），北京大学出版社 2023 年版，第 2399 页。

● 证人拒不作证的，能成立伪证罪吗？

虽然刑事诉讼法规定凡是知道案件情况的人都有作证的义务，但如果知道案件情况却拒不作证的，即使具有隐匿罪证的意图，也不能认定为伪证罪。因为不作证并不符合"作虚假证明"的构成要件。

● 证人按照司法工作人员的要求作伪证的，能成立伪证罪吗？

证人按照办案人员的要求作伪证的，即使明知是伪证而作出的，由于缺乏期待可能性，对证人也不能以伪证罪论处，可追究办案人员的伪证罪的教唆犯与徇私枉法罪的正犯的刑事责任，从一重处罚。

● 配偶、直系亲属作伪证的，能成立伪证罪吗？

我国自古以来就有"亲亲相容隐"的传统。应该认为，配偶、直系亲属作伪证的，因为缺乏期待可能性，不应认定为伪证罪。当然，配偶、直系亲属以暴力、威胁、贿买等方法指使他人作伪证的，可以成立妨害作证罪。

● 侦查人员未事先告知证人作伪证的法律后果，证人作虚假证明的，能成立伪证罪吗？

刑事诉讼法规定，司法工作人员在调查取证前应告知证人作伪证的法律后果。如果侦查人员虽然出示了工作证件，但没有就案件性质作必要说明，没有告知证人应当如实提供证据、证言和有意作伪证或隐匿证据要负的法律责任，证人作虚假证明的，不应当以伪证罪论处，可以追究侦查人员渎职罪的刑事责任。

8.《刑法》第306条辩护人、诉讼代理人毁灭证据、伪造证据、妨害作证罪

● 律师毁灭同事案头上的证据的，构成本罪吗？

虽然条文中没有强调辩护人、诉讼代理人成立本罪必须利用职务上（业务上）的便利，或者说必须毁灭、伪造的是自己所承办案件的证据，但应认为本罪中的辩护人、诉讼代理人身份是违法身份，不是责任身份。也就是说，如果辩护人、诉讼代理人所毁灭、伪造的不是自己所承办的案件的证据，则其毁灭、伪造证据的行为和一般人没有什么不同，没有进行特殊评价的必要。应当认为，辩护人、诉讼代理人只有利用职务上的便利，毁灭、伪造自己所承办案件的证据，才构成本罪。没有利用职务上的便利，如律师毁灭同事案头上的证据的，只能成立《刑法》第307条第2款规定的帮助毁灭证据罪。

● 本罪可以由间接故意构成吗？

《刑法》第306条第2款规定，辩护人、诉讼代理人提供、出示、引用的证人证言或者其他证据失实，不是有意伪造的，不属于伪造证据。该规定显然旨在强调本罪只能由故意构成。为了鼓励辩护人、诉讼代理人积极地调查收集证据，以查明案件真相，只要不是有意即积极追求妨害司法公正的结果，即便放任所提供、

出示、引用的证人证言或者证据失实的结果，也不应作为犯罪处理。也就是说，虽然根据故意的统一性原理，凡是可以由故意构成的犯罪，一般都不能排除间接故意，但考虑到刑事诉讼活动的特殊性，应将辩护人、诉讼代理人出于间接故意实施的毁灭、伪造证据、妨害作证的行为排除在本罪的处罚范围之外。

💬 **律师唆使他人帮助毁灭、伪造证据的，如何处理？**

由于本罪中的辩护人、诉讼代理人是一种违法身份，不是责任身份，如果律师没有利用职务上的便利，唆使他人毁灭、伪造不是其所承办的案件的证据的，律师与他人成立《刑法》第 307 条第 2 款帮助毁灭、伪造证据罪的共犯。如果律师利用职务上的便利，唆使他人毁灭、伪造其所承办的案件的证据，则律师成立《刑法》第 306 条辩护人、诉讼代理人毁灭、伪造证据罪，他人成立帮助毁灭、伪造证据罪。

9.《刑法》第 307 条第 1 款妨害作证罪

💬 **在民事、行政诉讼中妨害作证的，能构成妨害作证罪吗？**

我国刑法理论通说认为，本罪既可能发生在刑事诉讼中，也可能发生在民事诉讼或行政诉讼中。[①]

笔者认为，本罪只能发生在刑事诉讼中。理由是，既然伪证罪仅限于刑事诉讼，就没有理由认为妨害作证罪可以发生在其他诉讼领域；若认为本罪可以发生在民事、行政诉讼中，将会形成指使他人在民事、行政诉讼中作伪证的成立犯罪，而在民事、行政诉讼中作伪证的行为本身不成立犯罪的不协调的局面。

💬 **同案犯之间的串供行为，构成妨害作证罪吗？**

同案犯之间的串供行为缺乏期待可能性，因而不宜认定为妨害作证罪。

💬 **共犯人阻止同案犯作供述或者指使同案犯作虚假供述，成立妨害作证罪吗？**

由于同案犯的供述对于其他共犯人而言，属于证人证言，因此共犯人采取暴力、威胁、贿买等方法阻止同案犯作供述或者指使同案犯作虚假供述的，可能构成妨害作证罪。但如果采取一般性的请求、劝诱方法阻止同案犯作供述或者指使同案犯作虚假供述的，则因为缺乏期待可能性，而不宜以犯罪论处。

💬 **司法工作人员妨害作证未利用职权的，能从重处罚吗？**

《刑法》第 307 条第 3 款规定，司法工作人员犯妨害作证罪的，从重处罚。虽然法条没有要求司法工作人员"滥用职权""利用职权"，但如果司法工作人员没有滥用职权或者利用职权，便缺乏从重处罚的理由。

---

① 参见高铭暄、马克昌主编：《刑法学（第十版）》，北京大学出版社 2022 年版，第 564 页。

10.《刑法》第 307 条第 2 款帮助毁灭、伪造证据罪
💬 **毁灭、伪造自己刑事案件的证据，构成犯罪吗?**

毁灭、伪造自己刑事案件证据的行为因为缺乏期待可能性，不应构成犯罪。《刑法》第 307 条第 2 款规定"帮助"当事人毁灭、伪造证据，就是旨在将本犯毁灭、伪造自己刑事案件证据的行为排除在犯罪之外。

💬 **帮助民事、行政诉讼当事人毁灭、伪造证据，构成帮助毁灭、伪造证据罪吗?**

我国刑法理论通说认为，本罪中的当事人，不仅指刑事诉讼中的当事人，也包括民事诉讼和行政诉讼中的当事人。也就是说，帮助民事、行政诉讼中的当事人毁灭、伪造证据的，也能构成帮助毁灭、伪造证据罪。[①]

笔者认为，本罪应仅限于帮助毁灭、伪造刑事诉讼证据。在民事、行政诉讼中作伪证的不构成犯罪，所以帮助当事人毁灭、伪造证据的，也不应构成犯罪。本罪的法定最高刑只有 3 年，明显属于轻罪。如果认为本罪中的证据包括民事和行政诉讼的证据，则明显与伪证罪仅限于刑事诉讼，在民事、行政诉讼中作伪证不构成犯罪不协调。

💬 **误以为是自己刑事案件的证据而毁灭、伪造，构成帮助毁灭、伪造证据罪吗?**

本犯毁灭、伪造自己刑事案件的证据的行为缺乏期待可能性，误以为是自己刑事案件的证据而毁灭、伪造的，因为没有帮助当事人毁灭、伪造证据的意思，即缺乏犯罪的故意，不构成帮助毁灭、伪造证据罪。相反，误以为是他人刑事案件的证据而毁灭、伪造，但事实上是自己刑事案件的证据，行为人虽然有帮助毁灭、伪造证据罪的故意，但没有帮助当事人毁灭、伪造证据的客观事实，所以也不构成帮助毁灭、伪造证据罪。

💬 **行为人毁灭、伪造共犯证据的，成立帮助毁灭、伪造证据罪吗?**

当行为人与其他人均为案件当事人时，如果行为人所毁灭、伪造的证据在客观上仅对（或者主要对）其他当事人起作用，或者行为人主观上专门（或者主要）为了其他人而毁灭、伪造证据，则因为并不缺乏期待可能性，应认定为毁灭、伪造其他当事人的证据，构成帮助毁灭、伪造证据罪。相反，如果所毁灭、伪造的证据仅对（或者主要对）自己起作用，或者行为人主观上专门（或者主要）为了自己而毁灭、伪造证据，则因为缺乏期待可能性，而不能成立帮助毁灭、伪造证据罪。

① 参见高铭暄、马克昌主编:《刑法学（第十版）》，北京大学出版社 2022 年版，第 564 页。

11. 《刑法》第 307 条之一虚假诉讼罪

💬 **以捏造的事实"提起"民事诉讼与虚假应诉，有无不同？**

以捏造的事实"提起"民事诉讼，不同于虚假应诉。前者强调以虚假的事实"启动"民事诉讼程序，后者表明在诉讼过程中存在伪造证据、虚假陈述、虚构事实或者隐瞒真相的情节。不应将在诉讼过程中提供伪造的证据材料、隐瞒真相进行虚假诉讼的行为，作为虚假诉讼罪处理，而变相处罚当事人毁灭、伪造证据的行为。

💬 **在民事诉讼中，单纯提供虚假证据反驳诉讼请求的，构成犯罪吗？**

在民事诉讼中，单纯提供虚假证据反驳对方诉讼请求的，并没有"提起"一个民事诉讼程序，所以不能成立虚假诉讼罪。不过，作为民事诉讼中的被告提供虚假证据欺骗法官，导致法官作出了错误判决，进而非法占有他人财物或者逃避合法债务的，可能成立诈骗罪，但不成立虚假诉讼罪。

💬 **行为人提出的事实是真实的，但理由是虚假的，构成本罪吗？**

任何民事诉讼的提起，都需要有事实和理由。所谓事实，是指作为诉讼标的的法律关系发生、变更或者消灭的事实，如合同纠纷中，合同签订、履行的时间、地点及合同内容等属于事实。而理由，是指提出诉讼的原因与法律依据，如要求对方赔偿，是因为对方侵害自己的人身造成损害赔偿，要求承担违约责任是因为对方迟延交付货物。显然，理由只是一种价值判断，而不是事实本身，而虚假诉讼罪规定的是以捏造的"事实"提起民事诉讼。只要行为人提出的事实是真实的，即使理由是虚假的，也不可能成立本罪。

12. 《刑法》第 354 条容留他人吸毒罪

💬 **将身份证借给他人在宾馆开房间吸毒的，能构成容留他人吸毒罪吗？**

行为人将身份证借给吸毒者，由吸毒者在宾馆开房后在房间吸毒的，不成立容留他人吸毒罪。因为身份证并不等于宾馆房间，利用身份证支配宾馆房间还需要一定的程序和对价。按照社会的一般观念，不能认为用谁的身份证订了房间谁就支配了房间，开房间并拿着房卡的人，才是支配房间的人。所以，不能将提供身份证件的行为直接评价为提供场所的行为。司法实践中将这种情形认定为犯罪是错误的。

💬 **应否对本罪的适用进行目的性限缩？**

按照共犯的从属性的原理，成立共犯的前提是正犯必须实施了符合构成要件的不法行为。但在我国，吸毒行为只是一般违法行为，不是犯罪。正如，自杀不是犯罪，要处罚教唆、帮助自杀的行为，必须有刑法的明文规定。当然，可以将容留他人吸毒罪理解为共犯的正犯化。但是，毕竟吸毒只是一般违法行为，将帮助一般违法行为的行为评价为犯罪还是缺乏实质的合理性。所以笔者主张对容留他人吸毒罪进行限制解释，应仅限于宾馆、酒吧、舞厅、茶室、饭店等大型的公共娱乐性场所，不应包括私人住宅、办公室、会议室、出租车等小型私密场所和火车、汽车、轮船、飞机等公共交通工具。客人在私人住宅吸毒，主人不予制止的，不宜认定为犯罪；出租车司机不阻止乘客在车上吸毒的，不构成犯罪；房东不阻止房客在出租屋内吸毒的，也不构成犯罪。

💬 **不制止共同居住者吸毒的，构成容留他人吸毒罪吗？**

共同居住者都对房屋存在支配权，每个人都没有对房屋形成排他性支配，所以不制止同住者吸毒的，不构成犯罪。

💬 **本罪是作为犯还是不作为犯？**

例如，酒吧里张贴了禁止吸毒的标语，客人到酒吧房间后，服务员甲为客人提供相应的服务。在客人吸毒时，服务员甲放任不管，任由客人在房间吸毒。

本案中，如果甲是酒吧特定房间的固定服务员，酒吧的管理者也要求服务员禁止他人在房间吸毒，则服务员可能构成容留他人吸毒罪。

容留，是指允许他人在自己管理的场所吸食、注射毒品或者为他人吸食、注射毒品提供场所的行为。容留是一种作为，是行为人将自己事先已经支配的场所提供给他人吸毒。所谓容许他人在自己支配的场所吸毒，就是将自己支配的场所提供给他人吸毒。不能认为行为人支配了场所，行为人就产生了作为义务。

13. 《刑法》第 358 条第 1 款组织卖淫罪

💬 **组织进行口交、肛交、舌舔、手淫、阳具插入，能构成组织卖淫罪吗？**

组织卖淫罪属于重罪（基本犯法定刑比强奸罪还重），而且没有被害人。从立法论上讲，这种没有被害人，也不能还原为侵害个人法益的犯罪，应当废除。对于没有被害人的重罪理应限制其处罚范围。由于《刑法》第 358 条第 1 款规定的是组织"他人"卖淫，而不排除组织男性向男性卖淫。男性向男性卖淫因为生理所限，通常只能通过肛交来满足性欲。虽然也不排除女性向女性卖淫，但囿于生理限制，也只能是通过接吻、舌舔下身，或者借助阳具插入阴道、口腔、肛门以满足性欲。但是，在人们普遍将强奸方式限定为传统的生殖器媾合的现状下，将法定刑很重且没有被害人的组织卖淫罪扩大到包括口交等进入式性行为，难言具有合理性。所以，应限制组织卖淫罪的成立范围，将卖淫限定为异性生殖器性交和男性之间的肛交。此外的口交、肛交、手指、脚趾等身体部位和借助阳具等物体插入对方口腔、肛门、阴道等所谓进入式性行为，以及手淫、女性单纯用乳房摩擦男性生殖器等，都不宜纳入组织"卖淫"范畴，定组织卖淫罪。简单地讲，除男性之间的肛交和作为强奸方式的异性之间的生殖器性交外，人们传统上视为猥亵行为的，都不是组织卖淫罪中的"卖淫"方式。

💬 **组织他人被特定人"包养"的，成立组织卖淫罪吗？**

卖淫的对象必须是不特定的。组织女性被特定人包养的，不应认定为组织卖淫罪。

💬 **组织卖淫罪的既遂标准是什么？**

只有被组织者实际实施了卖淫行为的，才能成立组织卖淫罪的既遂。

14. 《刑法》第363条第1款制作、复制、出版、贩卖、传播淫秽物品牟利罪

💬 **认为淫秽电子信息和淫秽语音信息属于淫秽"物品"的司法解释规定，是否属于类推解释？**

司法解释将淫秽电子信息和淫秽语音信息都认定为淫秽物品。虽然国外，如日本、德国，也处罚传播淫秽电子信息的行为，但其一般都是通过修改法条，直接规定淫秽电磁记录为淫秽犯罪的对象。我国《刑法》第363条规定的是淫秽"物品"，认为淫秽电子信息和淫秽语音信息属于淫秽"物品"，不得不说是不当的类推解释，应当通过修改刑法来解决这一问题。

💬 **如何界分淫秽物品与科学艺术作品？**

界分淫秽物品与科学艺术作品，应当坚持三个原则：一是整体性原则；二是客观性原则；三是关联性原则。如果一部作品中既有淫秽性的描写，又有科学艺术价值，判断它是不是淫秽物品，就要看性的描写是否露骨、详细，采取的是怎样的描写方法，在作品中的比重，是不是表现作品的思想、艺术所必需，以及是不是能被作品的科学性、艺术性、思想性所缓和与淡化。

💬 **本罪可以由不作为构成吗？**

虽然理论上认为，凡是可以由作为构成的犯罪都可以由不作为构成，但只有不作为与作为具有等价性时，而且是侵害重大法益的犯罪，才宜处罚不真正不作为犯。很难认为具有消除淫秽物品义务的人的不消除淫秽物品的不作为与作为的贩卖、传播行为具有等价性，而且难以认为贩卖、传播淫秽物品犯罪是侵害重大法益的犯罪。所以，笔者认为不宜处罚不作为的传播淫秽物品的行为。

15. 《刑法》第364条第1款传播淫秽物品罪

💬 **微信群主不删除群成员所发布的淫秽视频的，构成犯罪吗？**

本罪是轻罪，不能认为不作为实施与作为实施具有等价性，应认为本罪不能由不作为构成。例如，微信群主不阻止、不删除群成员发布的淫秽视频的，不宜认定为传播淫秽物品罪。群成员在微信群发布淫秽视频的，因为是作为，群成员可能成立传播淫秽物品罪。当然，考虑到微信群通常是封闭性的，如果微信群成员较少，则可以不对群成员发布淫秽视频的行为认定为传播淫秽物品罪。

16.《刑法》第 364 条第 2 款组织播放淫秽音像制品罪

💬 **聚集多人收听、收看淫秽音像制品的，能构成组织播放淫秽音像制品罪吗？**

有观点认为，组织播放淫秽音像制品罪，是指组织播放或者聚集多人收听、收看淫秽音像制品的行为。[①]

上述观点可能存在疑问。本罪系片面对向犯，刑法仅处罚组织播放淫秽音像制品的行为，而不处罚收听、收看淫秽音像制品的行为，当然也就不会处罚聚集、召集、组织收听、收看淫秽音像制品的人。质言之，本罪仅处罚组织播放淫秽音像制品的行为，而不处罚组织收听、收看淫秽音像制品的行为。

💬 **组织播放给特定或者少数人观看，能构成组织播放淫秽音像制品罪吗？**

应该说，只有将淫秽的音像制品展现给不特定或者多数人观看，才值得科处刑罚。若收听、收看的对象限于特定人或者少数人，则行为的法益侵害性有限，不值得科处刑罚。所以从实质违法性考虑，组织播放应是使多数人或者不特定人可视可闻的行为。当然，如果收听、收看的对象是儿童，则即便是特定人或者少数人，也可能作为犯罪处罚。

17.《刑法》第 365 条组织淫秽表演罪

💬 **成立本罪，需要具有公开性吗？**

组织淫秽表演罪也是侵害性行为秩序、破坏性行为非公开性原则的犯罪。所以，只有组织淫秽表演给不特定或者多数人观看，才能侵害本罪所保护的法益，才值得科处刑罚。也就是说，只有所组织的淫秽表演具有公开性，才可能成立犯罪。

---

① 参见张明楷主编：《刑法学（第七版）》，中国政法大学出版社 2024 年版，第 669 页。

十二
中立的帮助行为

CRIMINAL LAW

要　旨

　　中立帮助行为人主观上存在明知，客观上促进了他人犯罪，因此，中立帮助行为的出罪根据只能是客观行为本身；中立帮助行为本身不是犯罪行为，不符合帮助犯的客观不法构成要件，他人利用之实施犯罪的，根据溯责禁止原理，应属于故意的正犯的自我答责的领域。我国有关共犯的司法解释规定似乎说明我国司法实务在中立帮助行为处罚问题上，采取了与国外限制中立帮助行为处罚范围的趋势不一致的立场。其实不然，这类规定只是一种"注意性规定"，旨在提醒司法工作人员不要忽视对深度参与他人犯罪，原本就符合帮助犯成立条件的犯罪团伙成员的打击，而非意味着将从事具有中立性质的日常生活行为、正常业务活动的人作为共犯"一网打尽"。

辩点分析

　　[案1]　"出售机械设备案"：甲明知乙一直在生产、销售假冒伪劣烟草制品，还向其出售生产烟草制品的通用机械设备。

　　[案2]　"运输伪劣皮鞋案"：专门从事货运业务的丙，明知丁委托其运输的物品系假冒他人注册商标的伪劣皮鞋，仍予以承运。

　　[案3]　"出租门面房案"：张三明知李四专门从事假冒伪劣烟酒批发零售兼营业务，仍将自己所有的门面房出租供其经营使用。

　　[案4]　"车贷首付融资案"：王某为向银行申请无抵押车贷而编造虚假材料，赵某明知王某没有偿还银行贷款的能力和意愿，但为了赚取高额利息（月息三分）仍借钱给王某支付购车首付款（车价的50%）。

[**案 5**]　"还债助杀人犯逃匿案"：陈某 10 年前借给其同学刘某 50 万元用于购房，之后一直没有催要。某日，陈某因情感纠葛酒后杀人，跑路前找到刘某要求还钱，刘某遂凑齐 50 万元一次性还清债务。

[**案 6**]　"寻衅滋事案"：被告人宋某斌以公安局不为其儿子宋某涛取消通缉就不离开为由，在公安局政委办公室内吃、住、小便，共滞留九日。其间，被告人宋某斌的妻子（宋某涛母亲）赵某云多次为宋某斌送饭，法院据此认定赵某云构成寻衅滋事罪的共犯。①

[**案 7**]　"运输死因不明狗肉案"：洪某进收购了大量来源不明且无屠宰检疫及动物产品检疫证明的狗肉，被告人陈某顺知道上述情况还为其提供运输服务。法院认为，被告人陈某顺明知洪某进为销售牟利而大量购进死因不明且未经检验检疫的狗肉，仍为其提供车辆及运输的便利，依法应按销售不符合安全标准的食品罪的共犯论处。②

[**案 8**]　"还债助人逃匿案"：被告人李某明知债权人刘某杀人后欲逃跑，仍应其要求还债。对于此案，有法官认为，"如果孤立地从民法的角度来分析，李某的行为似乎无可非议，但是在实质上其却实施了刑法所规定的不得向明知是犯罪的人提供财物，帮助其逃匿的行为，违背了法的价值冲突规则，从而侵害了社会公共利益"，理当构成窝藏罪。③

[**案 9**]　"出租房屋开设赌场案"：被告人连某洪将其沿街店面租给林某兰供其设置赌博机使用。法院认为，连某洪虽只是出租房业主，但其在出租店面经过一段时间后，知道了林某兰开设赌场后仍提供场所，应成立赌博罪的共犯。④

以上事例的争议核心在于：外观上无害但客观上促进了他人犯罪的行为，即国内外刑法理论上一直关注的所谓中立帮助行为是否构成犯罪？国外刑法理论界早期曾有全面处罚说的探讨，这与我国司法实务界一直秉持的传统帮助犯的观念不谋而合。我国司法实务一贯认为，只要行为人明知他人实施犯罪还提供帮助，即行为人主观上有帮助的故意，客观上促进了他人犯罪，帮助行为与正犯行为及其结果之间存在因果关系，就应毫无例外地作为帮助犯予以处罚。

问题是，中立帮助行为通常具有日常生活性、业务性、中立性、非追求犯罪目的性、反复持续性、可取代性、非针对特定对象性等特征，如果全都作为帮助

---

①　参见黑龙江省五常市人民法院（2016）黑 0184 刑初 30 号刑事判决书。
②　参见浙江省温州市鹿城区人民法院（2013）温鹿刑初字第 1133 号刑事判决书。
③　参见金首峰：《向犯罪分子归还欠款助其逃匿的行为如何定性》，载《江苏法制报》2006 年 12 月 13 日第 3 版。
④　参见姚万勤：《中立的帮助行为与客观归责理论》，载《法学家》2017 年第 6 期。

犯加以处罚，将不可避免地"使处于日常生活的公民陷入恐慌，无法正常进行经营活动，阻碍社会经济的发展，有损社会的稳定"①。因此，限制中立帮助行为的处罚范围业已成为理论与实务界的共识。寻找限制处罚中立帮助行为的路径，明确不可罚的中立帮助行为与可罚的帮助犯的界限，也就成为刑法学者共同努力的方向。

（一）中立帮助行为的出罪根据

关于中立帮助行为的出罪根据，总体而言，在德国主要有主观说（包括罗克辛的"故意二分说"）、客观说（包括各种客观归责论）和折中说（即综合说）的争议；在日本则存在着客观说、客观归责论与折中说的分歧。近年来，随着德日中立帮助行为理论的引入，尤其是广受关注的"深圳快播案"判决的尘埃落定，我国刑法学界对中立帮助行为出罪根据的理论研究也逐渐成熟，已经形成了一些代表性的学说。

应该说，关于中立帮助行为出罪根据的各种学说，除主观说和折中说存在方向性错误外，其他学说均着眼于中立帮助行为的客观方面，因而具有一定的合理性。

中立帮助行为人与通常的帮助犯的共同点在于：行为人主观上具有帮助的故意，即行为人对他人可能利用其提供的帮助实施犯罪存在认识；客观上其提供的帮助行为促进了他人犯罪的实施，因而与正犯行为及其结果之间具有不可否认的因果关系。不同点在于：通常的帮助犯与正犯之间存在意思联络（片面共犯除外），致使帮助行为与正犯行为及其结果之间具有心理的因果性；而中立帮助行为人与正犯之间缺乏意思联络，因而中立帮助行为可谓一种片面的帮助犯。既然中立帮助行为人主观上的帮助故意和客观上的（物理）因果性不容否认，那么出罪的唯一途径就是进行利益衡量，从而否认帮助行为本身的犯罪性，即否认帮助行为是符合犯罪构成客观违法要件的行为。

中立帮助行为从自然意义上看与犯罪行为似乎没有本质上的区别，如卖给杀人犯一把菜刀与在杀人现场递给他人一把菜刀，出租车司机将杀人犯载至杀人现场，与朋友用私家车将杀人犯送到杀人现场，产生的实际效果没有什么不同。但应该看到，前者是不针对特定对象、符合行业规范的正常业务行为，而后者却是专门促进他人犯罪的帮助行为。正如法警执行死刑与杀人犯枪杀他人，在自然意

① 刘艳红：《网络中立帮助行为可罚性的流变及批判——以德日的理论和实务为比较基准》，载《法学评论》2016 年第 5 期。

义上都是射击行为，但法律意义却迥然不同，前者是合法行为，后者是犯罪行为。再说，任何行为离开其所处的具体场景，均无法判断其行为性质。例如，为他人盗窃望风的行为，自然意义上属于"看风景"，法律意义上却是盗窃的帮助。

在案 6 "寻衅滋事案"中，被告人赵某云为寻衅滋事的丈夫送饭，只是履行妻子应尽的义务，这种为他人洗衣、做饭、送饭等满足人的基本生活需要的行为，明显属于日常生活行为，不具有犯罪性质，刑法不应予以谴责。因此，法院认定赵某云给丈夫送饭的行为构成寻衅滋事罪的共犯，是明显错误的。

综上，中立帮助行为人主观上有帮助的故意，客观上促进了他人犯罪而与他人犯罪行为及其结果之间具有（物理）因果性，因此出罪的唯一途径就是否认中立帮助行为本身是犯罪行为，判断的标准就是从行为人是否遵守行业规范，即行为本身是否被法律所禁止，行为本身所带来的利益与被他人利用来实施犯罪所可能造成的法益侵害结果之间的比较，来进行综合衡量。

（二）有关共犯司法解释的再解释

我国有关共犯的司法解释始终固守传统帮助犯的观念。例如：（1）"两高"《关于办理生产、销售伪劣商品刑事案件具体应用法律若干问题的解释》（以下简称《伪劣产品解释》）第 9 条规定，行为人知道或者应当知道（其实是推定知道）他人实施生产、销售伪劣商品犯罪，而为其提供贷款、资金、账号、发票、证明、许可证件，或者提供生产、经营场所或者运输、仓储、保管、邮寄等便利条件，或者提供制假生产技术等帮助的，以生产、销售伪劣商品犯罪的共犯论处；（2）"两高"《关于办理非法生产、销售烟草专卖品等刑事案件具体应用法律若干问题的解释》（以下简称《烟草专卖品解释》）第 6 条规定，行为人明知他人实施生产、销售伪劣卷烟、雪茄烟等烟草制品，而为其提供贷款、资金、账号、发票、证明、许可证件，或者提供生产、经营场所、设备、运输、仓储、保管、邮寄、代理进出口等便利条件，或者提供生产技术、卷烟配方等帮助的，应当按照共犯追究刑事责任；（3）"两高"、公安部《关于办理侵犯知识产权刑事案件适用法律若干问题的意见》（以下简称《知识产权意见》）规定，行为人明知他人实施侵犯知识产权犯罪，而为其提供生产、制造侵权产品的主要原材料、辅助材料、半成品、包装材料、机械设备、标签标识、生产技术、配方等帮助的，以侵犯知识产权犯罪的共犯论处；（4）"两高"、公安部《关于办理电信网络诈骗等刑事案件适用法律若干问题的意见》规定，行为人明知他人实施电信网络诈骗犯罪，而为其提供信用卡、资金支付结算账户、手机卡、通讯工具、互联网接入、服务器托管、网络存储、通讯传输、改号软件、通话线路、资金、场所、交通、生活保障等帮助的，以诈骗共犯论处；（5）"两高"、公安部《关于办理利用赌博机开设赌场案件适用法律若干问题的意见》规定，明知他人利用赌博机开设赌场，而提供赌博机、资金、场地、技术支持、资金结算服务的，以开设赌场罪的共犯论处，等等。这些司法解释的一个共同点是，只要一个行为客观上对犯罪行为有帮助作用，行为人主观上也对此明知，该行为就应当按照帮助犯处理。

理论界也普遍认为，有关共犯的司法解释是对传统帮助犯概念的强调和重申，即只要帮助行为客观上促进了他人的犯罪，行为人主观上对此也存在认识和容认，就应以帮助犯论处，并不考虑帮助行为是否具有日常生活、业务交易等中立性因素，而完全排除了中立帮助行为出罪的可能性。[①] 如果这样理解相关司法解释，的确彻底封堵了中立帮助行为的出罪通道。但是，应当认识到，司法解释毕竟只是对刑法的"解释"，并非"刑法"本身，只要刑法没有封堵中立帮助行为的出罪通道，司法解释就不可能"越俎代庖"堵死中立帮助行为的出罪之路。为了给中立帮助行为留一条出罪的通道，完全可以对有关共犯的司法解释进行另一番解释，即共犯的司法解释只是对帮助犯成立条件的强调，旨在提醒司法工作人员不要忽视对符合帮助犯成立条件的共犯团伙成员的打击。

例如，《伪劣产品解释》第9条的规定，旨在提醒司法工作人员：实践中从事生产、销售伪劣产品犯罪活动的，往往是以内部存在严密分工的犯罪团伙组织出现，在对这类犯罪进行打击时，不要忽略对助力他人生产、销售伪劣产品的犯罪团伙成员的打击。这些犯罪组织成员均系深度参与他人的犯罪活动，与犯罪组织的首要分子和骨干成员形成"同心一体"的关系。这些犯罪组织成员，只是内部分工的不同，但都对犯罪的最终完成做出了"重要贡献"，因而应作为共犯予以打击。换言之，司法解释的意思并不是要将提供具有中立性质的融资借贷、房屋出租、运输、仓储、保管、邮寄等业务的人，也作为生产、销售伪劣产品罪的共犯"一网打尽"。若如此，必然导致社会上正常从事的出租、运输、仓储、保管、邮寄等业务活动的停滞，而阻碍社会经济的发展。在案2"运输伪劣皮鞋案"中，由于丙从事的是不针对特定对象的中立的运输业务行为，其责任仅在于保证运输活动本身的安全，而不负有保证所运输的物品质量的义务，所运输物品的质量好坏，属于委托其运输的丁的自我答责范畴。因此，丙不应与丁成立销售伪劣产品罪、销售假冒注册商标的商品罪的共犯。

又如，《烟草专卖品解释》中有关共犯的规定，也旨在强调对存在内部分工、事先具有意思沟通、与正犯结果之间具有物理和心理因果性的犯罪团伙成员的打

---

① 参见周光权：《中性业务活动与帮助犯的限定——以林小青被控诈骗、敲诈勒索案为切入点》，载《比较法研究》2019年第5期。

击,而非不分"青红皂白"地将对销售伪劣烟草制品客观上具有加功作用的任何人,都作为共犯予以打击。对于那些从事具有中立性质业务的行为人,其行为原本就不符合帮助犯的成立条件,而不属于该解释所规定的作为共犯处罚的情形。例如,在案1"出售机械设备案"中,由于甲出售的系烟草生产的通用设备,非专门用于制造伪劣烟草产品,这种销售行为具有中立业务行为的性质,故甲不应与乙成立生产、销售伪劣产品罪及假冒注册商标罪的共犯。另外,由于出租房屋属于日常生活行为,房东的义务仅在于保证所出租房屋本身的安全,而不负有监督、阻止房客犯罪的义务,所以,在案3"出租门面房案"中,张三也不与李四构成销售伪劣产品罪、销售假冒注册商标的商品罪的共犯。

再如,《知识产权意见》中的共犯规定,也是强调对原本符合帮助犯成立条件的共犯的打击,而不是将具有日常生活、业务活动性质的行为一概纳入共犯的打击范畴。很明显,即便行为人知道他人在生产、销售伪劣产品或假冒注册商标,而为其提供重要原材料、辅助材料、半成品、包装材料、机械设备、生产技术、配方等,只要所提供的这些材料、技术、服务不是专门用于生产、销售伪劣产品或假冒商标,就不能作为共犯予以打击。正如即便行为人知道对方系重污染企业而向其提供生产所用的原材料,由于污染企业用所提供的原材料生产产品的行为本身是正当的、对社会有利的,因而不可能被作为污染环境罪的共犯予以处罚一样。①

综上,有关共犯的司法解释可谓一种"注意性规定",旨在提醒司法工作人员不要忽视对存在内容分工协作关系的、符合帮助犯成立条件的犯罪团伙成员的打击,并不意味着将实施具有中立性质的日常生活行为、正常业务活动的人也一并纳入共犯的打击范畴,因而未排除中立帮助行为出罪的可能性。

总之,有关共犯的司法解释不是中立帮助行为出罪的法律上的障碍,中立帮助行为是否值得处罚,还是应当回归到中立帮助行为本身,进行具体利益衡量的判断。

(三) 中立帮助行为的具体事例分析

中立帮助行为存在各种类型,这里仅探讨商品销售、运输服务、房屋出租、融资借贷、偿还债务等五种类型。

1. 商品销售

理论上关于商品销售的中立帮助行为的事例,通常是明知他人打算盗窃还向

---

① Vgl. Claus Roxin, Strafrecht Allgemeiner Teil, Band Ⅱ, C. H. Beck, 2003, S. 206ff.

其出售螺丝刀的所谓"螺丝刀案"，明知他人购买菜刀是为了杀人仍向其出售菜刀的所谓"菜刀案"，以及明知他人购买面包是用于填充毒药后杀人还向其出售面包的所谓"面包案"。针对此类型事例，通常情况下，主观说和折中说（综合说）均肯定帮助犯的成立，而客观说则否定构成犯罪。

在笔者看来，只要所出售的并非国家禁止或者限制销售的商品，即只要出售商品的行为本身没有违反行业性的禁止规范，出售行为就不具有违法性，他人利用这种普遍出售的商品实施犯罪的，根据溯责禁止理论，应属于故意的正犯的自我答责领域。对于向正在店前斗殴的一方出售菜刀的所谓"店前斗殴售刀案"，在德国，无论持客观说还是持主观说的学者，均肯定帮助犯的成立，这应该与其刑法中存在"见危不救罪"的规定有关，而我国刑法中不存在这种单纯违反道德义务的规范，所以不能"东施效颦"得出成立帮助犯的结论。至于明知他人购买面包是为了投毒，而特意为他人制作便于装填毒药的面包的所谓"特制面包案"，之所以肯定帮助犯的成立，不是因为帮助行为与正犯结果之间具有物理的因果性，而是因为答应为投毒者特制便于投毒的面包的行为本身，强化了他人犯意，因而与正犯结果之间具有心理的因果性。

虽然我国有关共犯的一系列司法解释规定，明知他人实施某种犯罪还向其提供原材料、辅料、半成品、机械设备、配方等，成立相应犯罪的共犯，但应认为，这是指出售这种商品的人员已经成为犯罪组织体的一个有机组成部分，其与正犯之间配合默契、心意相通，因而与正犯结果之间不仅具有物理的因果性，更具有心理的因果性。这类成员与其说成立帮助犯，还不如说成立"共谋共同正犯"更名副其实。换言之，如果不具有这种"精诚合作""心心相印""休戚与共"的关系，而只是单纯针对不特定对象的商品销售行为，应否定共犯的成立。

总之，只要所销售的商品不是专门用于违法犯罪的目的（如出售造假币的专用材料、模板），就应认为商品销售行为本身属于合法行为，不成立犯罪。

2. 运输服务

众所周知，我国刑法关于出租运输相关规定的规范保护目的在于保证运输的安全，而不包括保证所运输商品的品质纯正和乘客的人品端正。即便行为人明知所运输的是假冒伪劣产品或者杀人犯，也不成立相关犯罪的共犯。如上所述，虽然司法解释规定，明知他人实施某种犯罪而为其提供运输服务的成立相关犯罪的共犯，但对此应限于深度参与他人犯罪活动而成为犯罪有机组织体的一部分的情形，如犯罪团伙中专门负责运输工作的成员，应银行抢劫犯的要求将出租车停在银行附近待命接应，以及让出租车司机特意靠近其意图夺包的路边行人等，才有可能成立共犯。例如，在案7"运输死因不明狗肉案"中，由于被告人陈某顺提供的是不针对特定对象的正常的运输服务行为，具有中立性质，不属于刑法评价的犯罪行为，故认定构成生产、销售不符合安全标准的食品罪共犯的判决存在疑问。

值得讨论的是，由于我国刑法规定了容留吸毒罪，对于出租车司机容忍乘客在其车上吸毒的"出租车容留吸毒案"，是否可认为司机构成容留吸毒罪，理论上存在一定争议。有观点认为，默认的方式也符合"容留"的内涵与外延，从主观要件看，司机不仅不阻止，反而予以配合，故将其认定为容留吸毒罪并未违反罪刑法定原则。① 笔者对此不能认同。诚然，我国刑法有共犯正犯化的容留吸毒罪的规定，但应基于立法的目的对其构成要件进行限缩解释以限制其适用。共犯正犯化，本来就是一种突破了共犯从属性的例外规定，而且这种规定违反了任何人都没有阻止他人犯罪义务的一般原理。因此，应将容留吸毒罪的主体限定为在大型公共场所从事旅馆、饮食、文化娱乐业等服务行业的经营者，而不包括提供小型空间的出租车这类情形。具体到"出租车容留吸毒案"，作为提供运输服务的出租车司机，只有保证乘客运输安全的责任，而不负有阻止乘客在车内违法犯罪的义务，故出租车司机不应承担容留吸毒罪的刑事责任。

3. 房屋出租

司法解释规定，明知他人实施犯罪还为其提供生产、经营场所的，成立相关犯罪的共犯。应该说，出租房屋形成的是民事契约关系，房东的义务就是保证房屋本身的安全，而不负有阻止房客在出租房内违法犯罪的义务。也许有人会说，我国刑法规定了容留卖淫罪、容留吸毒罪，但如前所述，基于立法目的，对两罪的主体应该进行限制解释，将其限定于大型公共场所的服务业的经营者。同时，房东一旦将房屋租出去，就不再是空间的支配者，房东未经房客允许进入出租屋构成非法侵入住宅罪也说明了这一点。所以，出租房屋的人不对发生在出租屋内的违法犯罪活动负责。明知他人租房是用于实施违法犯罪，或者出租后发现房客在出租屋内从事违法犯罪活动而不予阻止的，既不能成立相关犯罪的共犯，也不能单独成立容留他人吸毒罪、容留卖淫罪的正犯。案 9 "出租房屋开设赌场案"中，被告人连某洪出租房屋的行为具有中立性，法院认定其构成赌博罪的共犯是错误的。

4. 融资借贷

司法解释规定，明知他人实施犯罪还为其提供贷款、资金的融资借贷行为成立相应犯罪的共犯。但众所周知，有关银行贷款的金融法规的规范保护目的在于保证银行信贷资金的安全，而非保证他人不会利用银行贷款实施生产、销售伪劣产品、侵犯他人知识产权等犯罪活动。换言之，银行审批贷款时关注的只是银行

① 参见姚万勤：《中立的帮助行为与客观归责理论》，载《法学家》2017 年第 6 期。

信贷资金的安全，而不会关心与银行资金回收无关的他人犯罪活动。要求银行在审批贷款时注意防范他人的犯罪活动，发放贷款后发现他人利用银行贷款实施犯罪活动，应当予以阻止或者及时收回贷款，均属对银行科以难以承受的义务。发放贷款的银行没有阻止犯罪的义务，提供民间借贷融资服务的行为人更没有阻止他人犯罪的义务，即便明知他人可能利用其提供的资金实施犯罪，只要所提供的资金本身被用于正当的用途（如用于购买生产所用的原材料），而不是用于走私、贩毒等专门的犯罪用途，行为人就不应对他人的犯罪行为负责。

在案 4 "车贷首付融资案"中，赵某借钱给王某是用于购车这种正当的用途（不是用于购买毒品、枪支之类的违法犯罪用途），至于王某利用赵某提供首付的条件向银行骗取贷款，则明显属于王某自我答责的领域，不应追究赵某贷款诈骗罪共犯的刑事责任。道理很简单，即便行为人明知他的朋友会利用其提供的购房首付作为条件向银行骗取贷款以支付房款，也不能因此追究行为人贷款诈骗罪共犯的刑事责任。

综上，即便明知他人将要实施犯罪仍向其提供贷款或者借款，只要贷款、借款本身不是专门用于走私、贩毒等犯罪用途，而是用于购买原材料、支付车辆房屋首付款、支付员工工资、还债等正当合法用途，即使因拥有特殊身份单独成立违法发放贷款罪的正犯，也不应成立生产、销售伪劣商品罪，侵犯知识产权犯罪，以及污染环境罪等犯罪的共犯。

5. 偿还债务

如前所述，有法官认为，民事义务应让位于刑事义务。也就是说，偿还债务这一民法上债务人履行债务的合法行为，在刑法上可能被评价为犯罪。但这种观点明显违反了"民法或行政法允许的行为，必然不具有刑事违法性"的法秩序统一性原理。[①] 案 5 "还债助杀人犯逃匿案"中，刘某还陈某 50 万元欠款，属于履行民事义务的合法行为，其若拒绝还债则属于民事违约行为。偿还债务这种民法上合法的行为，根据法秩序统一性原理，不可能在刑法上评价为犯罪，故刘某不成立窝藏罪。同样道理，案 8 "还债助人逃匿案"中李某还债的行为系民事上的合法行为，不应在刑法上评价为犯罪，故法官的看法是错误的，李某的行为不应构成犯罪。

需要指出的是，虽然有观点认为，中立帮助行为应限于"帮助"行为，而不能包括正犯行为、实行行为，[②] 但是，"中立性"并非帮助行为的专有属性，而且实行行为与帮助行为的区分具有相对性。就窝藏罪而言，其实早期是作为事后共

---

① 参见王昭武：《法秩序统一性视野下违法判断的相对性》，载《中外法学》2015 年第 1 期。
② 参见张明楷：《快播案定罪量刑的简要分析》，载《人民法院报》2016 年 9 月 14 日第 3 版。

犯对待的，从这个意义上讲，也不失为一种帮助行为。所以，不能以行为属于实行行为为由，否定适用中立帮助行为理论，进而肯定犯罪的成立。

综上，根据法秩序统一性原理，偿还债务这种民事法上的合法行为，不能成立刑事上的帮助犯或者正犯。

---------- 疑 难 问 题 ----------

1.《刑法》第 287 条之二帮助信息网络犯罪活动罪

💬 能认为本罪的增设封堵了中立帮助行为的出罪通道吗？

帮信罪只是将不具有中立性、业务性，而专门用于违法犯罪活动，深度参与了他人的违法犯罪活动的帮助行为上升为正犯行为。例如，专门为他人制作钓鱼网站，为他人设计提供赌博软件、非法经营软件。即便增设了本罪，也不可能将提供基础设施和技术服务的中国电信、中国移动、中国联通、微软公司等作为犯罪处理。所以，不能简单地认为，本罪就是中立帮助行为的正犯化，此罪的增设就封堵了中立帮助行为的出罪通道。

💬 如何把握本罪与不可罚的中立帮助行为的界限？

本罪与不可罚的中立帮助行为的区别或者界限在于，行为本身是否违反了相关法律法规或者行业的禁止性规定，是专门或者主要用于违法犯罪活动，还是本身有正当的用途，以及行为人是否深度参与了他人的犯罪活动。凡是违反了法律法规或者行业的禁止性规定，主要用于违法犯罪目的，深度参与了他人犯罪活动的，就不再是不可罚的中立帮助行为，而是可罚的帮助犯。

💬 成立本罪，是否要求他人已经利用信息网络着手实行了犯罪？

从实质违法性和共犯的实行从属性角度考虑，应将本罪中的"利用信息网络实施犯罪"限制解释为"利用信息网络实行犯罪"，即只有他人利用行为人提供的技术支持等帮助着手实行了犯罪，才能成立本罪。

💬 被帮助者的行为并不是犯罪，只是一般违法行为，帮助者的行为是否成立帮信罪？

应该说，只有当被帮助者的行为符合具体犯罪的构成要件且违法（不法层面的犯罪）时，亦即被帮助者的行为符合刑法分则规定的行为类型，且达到立法或者司法解释规定的数额、情节、后果等罪量标准时，帮助者的行为才可能成立帮信罪。

2.《刑法》第 294 条第 1 款组织、领导、参加黑社会性质组织罪

💬 **如何把握本罪与不可罚的中立帮助行为的界限？**

为黑社会性质的组织提供洗衣做饭等日常生活服务的，是中立帮助行为，不应认定为参加黑社会性质组织罪。司法实践中，对于主观上没有加入黑社会性质组织的意愿，受雇到黑社会性质组织开办的公司、企业、社团工作，未参与或者仅参与少量黑社会性质组织的违法犯罪活动的人员，一般也没有以犯罪论处。

💬 **适用本罪应如何避免重复评价？**

笔者认为，对于参加者而言，如果只是参与实施一般违法活动，不值得以参加黑社会性质组织罪定罪处罚，而实施犯罪活动的，应该评价为参加黑社会性质组织罪与所实施的具体犯罪的想象竞合犯，从一重处罚即可。对于组织者、领导者而言，如果组织仅实施违法活动，不可能被评价为黑社会性质组织。也就是说，只有多次实施了不同的犯罪活动（多个罪名），才有可能被评价为黑社会性质组织，所以这时既以组织、领导黑社会性质组织罪论处，又另外定罪，并且实行并罚，还是有重复评价的嫌疑。

因此笔者提出一个折中方案：只有组织者、领导者在实施已达罪量要求的犯罪之外，还实施了未达罪量，尤其是通常并不处罚的性质一般的犯罪的未遂，如盗窃、诈骗数额较大的未遂，这时可考虑将这些因未达罪量而本来不处罚的"犯罪"（定性意义上）行为，评价为黑社会性质组织的行为特征，若同时具备其他特征，就可以评价为组织、领导黑社会性质组织罪，进而与另外实施的构罪的具体犯罪数罪并罚。之所以这样处理，是考虑到，既然立法上没有废除组织、领导、参加黑社会性质组织罪这个罪名，不得已只能尽量限缩其适用。

💬 **对于参加者所实施的具体犯罪，是想象竞合从一重还是应数罪并罚？**

参加黑社会性质组织罪是一种犯罪活动，其犯罪性就体现在参加者所实施的具体违法犯罪活动上。也就是说，如果参加者不实施具体的违法犯罪活动，不可能认定为"参加"黑社会性质组织罪。质言之，参加黑社会性质组织罪的实质，是参加黑社会性质组织的违法犯罪活动。所以，对于参加者而言，要么认定为参加黑社会性质组织罪，要么根据其实施的具体犯罪活动进行认定，二者系想象竞合关系，而不应数罪并罚。

💬 **黑社会性质组织所犯的全部罪行，是指黑社会性质组织成员所犯的全部罪行吗？**

对于黑社会性质组织的组织者、领导者，应当按照其所组织、领导的黑社会性质组织所犯的全部罪行处罚。但黑社会性质组织所犯的全部罪行，并不是指黑社会性质组织成员所犯的全部罪行，而是应限于组织、领导者所组织、发动、指挥实施的全部罪行。

3.《刑法》第303条第2款开设赌场罪

🔘 **将为赌博、开设赌场提供帮助的所有人员作为共犯处罚，有无疑问?**

为赌博、开设赌场提供的日常生活和业务性质的服务，具有日常生活性、业务性、中立性、非针对特定对象性、非追求犯罪目的性和持续性，属于中立帮助行为，一般不应作为共犯处罚。司法实践中，对于受雇用为赌场从事接送参赌人员、望风看场、发牌坐庄、兑换筹码等活动的人员，除参与赌场利润分成或者领取高额固定工资的以外，一般不追究刑事责任，可由公安机关依法给予治安管理处罚。只有专门服务于他人违法犯罪活动，主要用于非法用途，深度参与他人的违法犯罪活动的，才丧失中立帮助行为的性质，而成立相关犯罪的共犯。

🔘 **如何界分开设赌场罪与聚众赌博?**

之所以开设赌场罪的法定刑（法定最高刑为10年有期徒刑）远高于赌博罪的法定刑（法定最高刑为3年有期徒刑），就是因为开设赌场者不仅提供赌博场所，而且经营、支配、控制、管理赌博场所。开设赌场者通过提供、经营、支配、控制、管理赌博场所获利。所以，"组织"3人以上赌博并抽头渔利的，不是聚众赌博，而是开设赌场。虽然聚众赌博者也有营利的目的，但其营利来自赌博活动本身，而不是聚集、召集行为。聚众赌博与以赌博为业并列规定，说明聚众赌博的本质还是赌博，之所以在以赌博为业之外规定聚众赌博，就是为了扩大赌博罪的处罚范围，将不是以赌博为业但召集他人赌博的人纳入刑事处罚的范畴。

综上，可以认为开设赌场罪与聚众赌博的区别主要在于：（1）开设赌场者，提供赌博场所，经营赌博场所，支配、管理、控制参赌人员和赌博活动，通常制定赌博规则，提供资金支付结算服务，而聚众赌博，系召集他人从事赌博活动，本人一般亲自参加赌博活动;（2）开设赌场者系通过经营、管理赌博场所和赌博活动获利，而聚众赌博者是通过赌博活动本身获利;（3）开设赌场通常具有持续性、稳定性，而聚众赌博一般具有偶然性、随机性。

4.《刑法》第343条第1款非法采矿罪

🔘 **如何在确定非法采矿罪直接责任人员的范围时贯彻中立帮助行为的理念?**

司法解释规定，"对受雇佣为非法采矿、破坏性采矿犯罪提供劳务的人员，除参与利润分成或者领取高额固定工资的以外，一般不以犯罪论处，但曾因非法采矿受过处罚的除外"①。

上述司法解释将参与利润分成的人纳入处罚范围是正确的，但将领取所谓高

---

① "两高"《关于办理非法采矿、破坏性采矿刑事案件适用法律若干问题的解释》第11条。

额工资的人都作为犯罪处理还是存在疑问的。因为即便领取所谓高额工资，其对犯罪过程也未必具有支配作用，对其进行处罚也未必能发挥预防犯罪的效果和实现刑罚的目的。所以对于非法采矿罪，一般只需要将投资者、经营管理者作为犯罪处理就可以了。

● **行为人虽未取得采矿许可证，但地方政府要求或者同意行为人采矿并缴纳相关费用的，构成本罪吗？**

行为人虽未取得采矿许可证，但地方政府要求或者同意行为人采矿并缴纳相关费用的，可以认为行为人缺乏违法性认识的可能性，或者认为阻却违法性，而不宜认定为非法采矿罪。

5. 《刑法》第 359 条第 1 款引诱、容留、介绍卖淫罪

● **将身份证借给他人开房间卖淫，能构成容留卖淫罪吗？**

身份证不等于宾馆房间，借身份证给他人在宾馆开房间卖淫的，不能成立容留卖淫罪。

● **出租车司机不阻止乘客在车内卖淫的，能构成容留卖淫罪吗？**

从理论上讲，由于卖淫本身不构成犯罪，根据共犯的从属性原理，也不应处罚帮助他人卖淫的行为。正如，吸毒不构成犯罪，帮助他人吸毒（如提供吸毒的工具）的，也不应构成犯罪一样。此外，容留卖淫罪也没有被害人。要求出租车司机阻止乘客在车内卖淫，也缺乏期待可能性。所以，出租车司机不阻止乘客在车内卖淫的，不应作为容留卖淫罪科处刑罚。

从实质解释论角度，可以考虑对容留卖淫罪进行目的性限缩，将容留卖淫罪的主体限定为饭店、宾馆、歌舞厅、酒吧等大型公共服务性场所的支配者，以及私有住宅或者租用房屋的支配者。小型出租车作为营运的交通工具，乘客上车后事实上也支配着出租车上的空间。也就是说，小型出租车内的空间是由司机和乘客共同支配的，不能认为空间的共同支配者不阻止其他支配者在公共空间内卖淫吸毒的，构成容留卖淫罪与容留他人吸毒罪。正如不阻止室友在寝室内卖淫吸毒的，不能认定成立容留卖淫罪与容留他人吸毒罪。

十三

共犯脱离

要　　旨

共犯脱离是学者按照单独犯预备、未遂、中止的成立条件苛求共犯未完成形态而"炮制"出的一个理论概念。共犯的未完成形态存在两种类型：一是按照单独犯预备、未遂、中止的成立条件来把握的典型的未完成形态，如要求同时具备"自动性"与"有效性"的共犯中止；二是根据共犯的特点和共犯的处罚通过因果共犯论来把握的专属于共犯的未完成形态——共犯脱离。共犯脱离成立的判断标准是基于因果共犯论的"因果关系切断说"。脱离者切断了与剩余共犯的行为及其结果之间的因果关系，就当然符合了成立犯罪预备、未遂、中止所要求的"未着手实行""未得逞""自动有效地防止犯罪结果发生"的条件，而分别成立犯罪预备、未遂与中止。

辩　点　分　析

[案1]　甲、乙、丙三人商议第二天凌晨 3 点抢劫某珠宝店，邀请丁帮忙望风。结果丁因闹钟故障一觉醒来已是第二天早上 8 点。甲、乙、丙三人在没有丁望风的情况下抢劫了该珠宝店。

[案2]　A、B、C、D 四人预谋抢劫银行，由 A、B 负责拿枪威胁银行职员，C、D 负责装钱。D 在准备装钱时因疾病发作突然晕厥，A、B、C 三人坚持完成抢劫并带上昏迷不醒的 D 逃离现场。

[案3]　张三、李四将王五带到张三的家里进行殴打。殴打半小时后李四说了句"我走了"，就独自离开了。李四走后，因为王五"不老实"，张三又对王五殴打了半个多小时。王五终因伤势过重而死亡，但不能查明致命伤

是发生在李四离开之前还是之后。

[**案4**]　　陈某、赵某、李某三人共谋伤害刘某，在三人共同对刘某施暴过程中，李某动了恻隐之心，试图劝说阻止二人继续伤害刘某，反被二人打晕在地。之后陈某、赵某继续对刘某实施暴力致其伤势过重死亡，但不能查明致命伤是产生于李某昏迷之前还是之后。

[**案5**]　　王某应张某要求偷配雇主黄某家钥匙后提供给张某去黄某家行窃。王某在张某出发前反悔，劝张某放弃盗窃并坚持要回了自己之前提供给张某的钥匙。张某表面答应放弃，却用自己偷配的钥匙盗窃了黄某家的财物。

[**案6**]　　吴某为杀蔡某准备了尖刀并邀请王某帮忙。二人在蔡某回家的路上将其拦住，吴某一刀扎进蔡某的腹部，蔡某负伤逃跑。恰逢警察经过，二人慌忙逃窜，王某逃回家就睡觉了。吴某躲在现场待警察离开后找到蔡某，连捅数刀致蔡某死亡。

[**案7**]　　林某和梁某合谋绑架10岁男孩唐某勒索财物，在二人挟持唐某前往外县途中梁某反悔，劝说林某放弃无效后独自离开。梁某离开后，林某因唐某吵闹不休一怒之下将其杀害。

以上均为共犯脱离的适例。共犯脱离是指在共同犯罪过程中，个别共犯人从中退出而由剩余共犯完成犯罪的一种现象。共犯脱离的核心问题在于，脱离的共犯应否对脱离之后剩余共犯实施的行为及其结果（通常是指既遂结果）承担刑事责任，以及对其脱离之前的行为应承担何种刑事责任。众所周知，共同犯罪不同于单独犯罪，共同犯罪的进程由共同犯罪人共同控制，即使个别共犯人中止自己的行为而从共犯中退出，剩余共犯人也可能将犯罪进行到底。既然犯罪不以行为人的意志被推进到下一阶段甚至既遂，按照传统中止犯的"中止的有效性"（既遂结果的不发生）要件，就不能成立中止犯。但是，让脱离者与继续实施犯罪的共犯承担同样的刑事责任（未遂或者既遂），可能有违罪刑均衡原则，有悖刑罚个别化原理，也不利于法益的保护。值得注意的是，我国刑法总则并未专门规定共犯的中止与脱离问题。因此，如何在现有的法律框架内，通过对《刑法》第22、23、24条规定的"犯罪预备""犯罪未遂"以及"犯罪中止"进行合理的解释，合理确定共犯脱离者的归责范围与归责程度，是当前妥当处理共犯脱离理论亟待解决的问题。

笔者的基本立场是：（1）共犯脱离是不同于共犯中止的另一种犯罪未完成形态；（2）即使发生了未遂（危险结果）和既遂结果，脱离者仍然可能仅承担犯罪预备或者未遂的责任，而且在脱离具有自动性的情况下，还能够成立犯罪中止；（3）无须为共犯脱离进行专门立法，通过对我国刑法总则中关于犯罪预备、犯罪未遂与犯罪中止规定的重新诠释，就能妥当处理共犯脱离的中国问题。

(一) 共犯脱离的理论定位

关于共犯脱离的理论定位，涉及共犯脱离的界定、共犯脱离与共犯中止的区分两方面问题。

1. 共犯脱离的界定

所谓共犯脱离，是指在共同犯罪过程中，部分共犯人中途退出共同犯罪，其余共犯继续实施犯罪而发生了未遂（危险结果）、既遂结果或者加重结果的情形。从共犯脱离发生时空上看，可以发生于着手实行之前（预备阶段），也可以发生于着手实行之后（实行阶段），甚至可以发生在既遂结果（如基本犯、结合犯的前罪既遂）出现之后、加重结果出现之前。部分共犯人既可能基于自己的意志主动退出，也可能基于意志以外的原因被动退出。

2. 共犯脱离与共犯中止的区分

众所周知，成立中止犯必须具备"自动性"（"任意性"）和"有效性"（既遂结果的不发生）要件。应该说，该要件作为单独犯下成立中止犯的判断标准来说"合情合理"，因为对于单独犯而言，中止自己的行为基本上就可以踩下犯罪的"刹车"而阻止犯罪。但对于共犯来说却"不近人情"，因为共同犯罪的进程由多人共同支配，共同犯罪的结果是多人协力的结果，在共同犯罪状态下，即便部分共犯人不干了，共同犯罪未必就此按下"暂停键"，其余共犯人完全可能"勇往直前"地将犯罪进行到底。若按照单独犯中止的成立条件，因为不符合中止犯的"有效性"要件，对于退出者就应与剩余共犯承担同样的刑事责任，显然有失刑法适用的公平正义性，不利于分化瓦解犯罪共同体和保护法益。基于此问题意识，日本学者大塚仁率先提出了作为中止犯"救济之策"的共犯脱离理论（"障碍未遂准用说"）。

虽然共犯脱离当初是作为中止犯的"救济之策"而提出来的，但应该认识到，共犯脱离毕竟不符合"共同正犯中的一部分正犯，基于自己的意志停止犯罪，且阻止其他正犯实行犯罪，或防止结果的发生时，这部分正犯就是中止犯；其他正犯成立障碍未遂"的共犯中止的成立条件，[1] 二者之间存在明显区别。

共犯脱离与共犯中止的区别主要在于两点：一是成立条件不同，成立共犯中止必须满足"自动性"和"有效性"要件，而成立共犯脱离恰恰以发生了未遂、既遂甚至加重结果为前提，而且不需要具有"自动性"；二是二者的法律效果不

---

① 参见张明楷：《外国刑法纲要（第三版）》，法律出版社 2020 年版，第 303 页。

同，成立共犯中止只有"没有造成损害的，应当免除处罚；造成损害的，应当减轻处罚"一种后果，而成立共犯脱离后却要根据是否具有"自动性"以及犯罪的进程，分别按照预备、未遂、中止与基本犯既遂处理。不过，共犯脱离与共犯中止之间虽然存在区别，但也可能存在交集，在脱离者具有"自动性"时，脱离者本人其实享受的就是共犯中止的待遇。

（二）共犯脱离的判断标准

共犯脱离不同于共犯中止，其有自身独特的判断标准。可以说，共犯脱离的判断标准是解决共犯脱离问题的关键。

按照作为通说的共犯处罚根据的因果共犯论，"对于与自己的共犯行为（教唆行为、帮助行为或者共同正犯行为）欠缺因果关系的构成要件该当事实，不能追究其作为共犯的罪责"①，因此，基于因果共犯论所提出的"因果关系切断说"，基本上是可取的。至于如何判断因果关系的切断，必须考虑具体个案中行为人脱离时所处的犯罪进程，在共同犯罪中所处的地位、所发挥的作用，对犯罪进程的支配控制程度，对剩余共犯行为影响力的大小等因素，并从罪刑均衡、法益保护、预防犯罪等方面进行综合考量，得出是否值得评价为共犯脱离的结论。

（三）共犯脱离的具体认定

犯罪的进程与脱离者的角色差异，会影响到对脱离者的要求以及因果关系切断与否的判断。根据脱离的时点，可以将共犯脱离分为着手实行前、着手实行后（基本犯）既遂前以及（基本犯）既遂后的脱离三种类型。根据共犯的类型，共犯脱离可以分为教唆犯、帮助犯和共谋共同正犯的脱离。

1. 着手实行前、着手实行后既遂前与既遂后的脱离认定

虽然一般认为行为人在着手实行之前脱离，由于对法益的威胁很小，不值得作为共犯处罚，但还是应根据是否为犯罪的主谋、教唆犯，是否提供了工具等物质性帮助，以及犯罪性质的严重与否，而对脱离者有消除剩余共犯的犯意、收回所提供的工具等要求，决定是否值得科处刑罚。例如，案1中的丁和案5中的王某，因为既不是主谋，也不是教唆犯，所以单纯的放弃望风和收回所提供的钥匙，应该认为就已经切断了先前行为与脱离后剩余共犯的行为及其结果之间的因果关系。虽然案5中张某因偷配了王某所提供的钥匙，而使得王某提供钥匙的行为事

---

① 〔日〕山口厚：《刑法总论（第3版）》，有斐阁2016年版，第376页。

实上与盗窃结果之间存在因果性，但考虑到王某在共犯中所处的地位，并从奖励脱离者、分化瓦解犯罪分子的刑事政策考虑，还是应当肯定王某共犯脱离的成立。

对于着手实行前的脱离，根据是否具有"自动性"，而分别成立犯罪预备与预备阶段的中止。虽然对于犯罪预备阶段的中止一般不值得科处刑罚，但对于杀人、抢劫等重大犯罪的犯罪预备，还是有可能作为共犯追究刑事责任的。

着手实行后既遂前脱离的，由于已经对法益形成了具体、现实、紧迫的危险，除附和随从者外，一般会要求脱离者采取阻止犯罪的积极行动，否则难以认定其切断了与剩余共犯行为及其结果之间的因果关系。如案 2 中，由于 D 突然晕厥而不可能对其晕厥之后的抢劫事态产生因果性影响，所以应肯定切断了因果关系而成立共犯脱离。案 3 中，李四说了句"我走了"就离开了，而没有采取措施阻止张三对被害人王五可能继续实施的伤害行为。考虑到因为李四的参与致使被害人陷于不能自救的危险境地，如果李四能够预见到张三可能会对被害人王五实施进一步的伤害行为，李四单纯地离开还不够，还应将王五带到室外以消除其不能自救的状态，或者极力说服张三放弃继续伤害王五的行为，必要时可以通过报警以避免被害人受到进一步的伤害。所以本案不能肯定共犯脱离的成立，李四应当承担故意伤害致死共犯的刑事责任。案 4 中，李某极力阻止同伙继续伤害反被打晕，应该说已经切断了因果关系，成立共犯脱离，不对被害人的死亡结果负责。案 6 中，考虑到王某是应吴某邀请参加杀人，王某逃回家的行为本身就切断了因果关系，而应肯定共犯脱离的成立，仅承担杀人未遂的责任。

所谓既遂后的脱离，通常是指在结果加重犯和结合犯中，发生基本犯结果或前罪结果后，行为人脱离，而由剩余共犯继续实施犯罪，进而发生结果加重犯的加重结果或者结合犯的后罪结果的情形，如故意伤害致死、绑架杀人。如果能够认定脱离者脱离前的行为与加重结果的发生没有因果性，就应肯定共犯脱离的成立，如案 4。在案 7 中，杀害人质并非二人事先共谋的内容，而且人质也不处在脱离者梁某的支配领域内，因而应该肯定因果关系的切断和共犯脱离的成立，梁某仅承担绑架罪基本犯的刑事责任，不负作为绑架罪加重犯的绑架杀人的刑事责任。

2. 教唆犯、帮助犯与共谋共同正犯的脱离认定

一般认为，要成立教唆犯的脱离，必须切断因教唆行为所产生的心理的因果性，因而仅仅向被教唆者表达脱离的意思还不够，还必须努力说服被教唆者放弃犯罪，如果不能消除被教唆者的犯意，还必须采取报警、通知被害人等必要措施以阻止犯罪的发生。当然，一旦正犯放弃犯意，即便日后再基于自己的意思实施犯罪，依然可以肯定教唆犯的脱离。

对于帮助犯的脱离而言，要区分所提供的是物理性帮助、技术性帮助还是心理性帮助而进行具体判断。对于提供钥匙、刀具等物理性帮助的，收回所提供的

物品，一般就可以肯定帮助犯的脱离。如果收回钥匙后，剩余共犯利用偷配的钥匙继续实施犯罪的，考虑到提供钥匙的人在共犯中的地位作用，一般来说让使用复制钥匙实施犯罪的人独自承担刑事责任，更符合罪刑均衡、法益保护和刑事政策的要求，因而依然可以肯定共犯脱离的成立，如案 5。如果提供的是被害人的住所等个人信息，或者传授犯罪方法等无形帮助，通常需要说服接受技术性帮助的人放弃犯罪，必要时采取积极的措施阻止犯罪，才能肯定共犯脱离。对于强化犯意的心理性帮助犯而言，考虑到其在共同犯罪中的地位作用，通常来说，只要以语言或者行动表达了脱离的意思，让"实行犯认识到，共犯在退出之后不再为实行犯的行为提供支持，就不能认定存在心理的因果关系"[1]，即可肯定帮助犯脱离的成立。

关于共谋共同正犯的脱离判断，要相对复杂一些。理论上根据共谋者参与共谋的程度、在共同犯罪中所处的地位、所发挥作用的不同为标准，将共谋共同正犯分为"追随型""平等型"和"首谋型"三种类型。由于不同共谋类型在共同犯罪中的地位作用、对犯罪进程的控制程度、对犯罪完成的贡献大小存在明显差异，对共犯脱离的成立要求也应不同。也就是说，共谋共同正犯"防止因果性的努力程度得看脱离者在共谋关系中的地位高低"[2]。对于追随型共谋共同正犯而言，只要明示或者默示（如以实际行动）表明脱离的意思并使剩余共犯知晓，就可以肯定共犯脱离的成立。我国司法实践中一般也没有追究中途退出的附和随从者的刑事责任。对于平等型共谋共同正犯而言，在着手实行前脱离，只要极力说服剩余共犯放弃犯罪，即使其他共犯坚持继续实施犯罪，也可以肯定共犯的脱离。在着手实行后脱离，则应努力消除脱离前行为对其他共犯所形成的物理或者心理性影响，必要时应采取措施有效阻止犯罪的继续和犯罪结果的发生。由于首谋型共谋共同正犯通常是"造意"者、犯罪进程的推动者，因此，对于首谋者而言，仅自己放弃犯罪并向剩余共犯表明脱离的意思还不够，还应劝说剩余共犯放弃犯罪，若劝说无效，应当考虑通过报警或者通知被害人等以阻止犯罪结果的发生。

对于实行共同正犯，一般而言应根据脱离者在共同犯罪中所处的地位、所发挥的作用，脱离前对犯罪的支配程度、对剩余共犯影响力的大小，确定应采取的措施。如果脱离者在共同犯罪中起支配性作用，应采取有效措施阻止剩余共犯继续实施犯罪。若平等参与或者仅起次要作用，通常而言只要以言语或者行动表达脱离的意思并被剩余共犯所知晓，同时收回所提供的犯罪工具等物理性帮助，就

---

① 〔日〕町野朔：《惹起说的整理、点检——共犯中的违法从属与因果性》，载〔日〕松尾浩也、芝原邦尔编：《内藤谦先生古稀祝贺——刑事法学的现代状况》，有斐阁 1994 年版，第 136 页。

② 吴昌植：《论共谋关系的脱离》，载陈兴良主编：《刑事法评论》（第 31 卷），北京大学出版社 2012 年版，第 236 页。

可以肯定共犯脱离的成立。

3. 典型案例分析

[案8] （日本"900日元案"）：X、Y共谋闯入A家抢劫，二人持刀威胁A，A妻子B说"我们是教师，没钱，只有学校的公款7000日元左右"。对此，X说"那种钱不能要"，当B从衣柜拿出900日元时，X又说"这种钱也不要！我们就是因为没钱才来的，如果你们家没钱的话，就不要了，你就只当我们拿走了，去给孩子买点衣服什么的"，然后又催促Y说"走吧"，说完便自己先出去了。Y随后拿走了这900日元出来。最终X、Y一同将抢来的900日元用于游玩。

对于本案，日本最高裁判所认为，"即便如被告X辩方所言，被告离开了A家，但对于属于共谋者Y强取钱款的行为，只要被告X没有阻止而是放任，就不能如辩方所言仅认定被告成立中止犯"，进而判定被告X成立抢劫罪的共同正犯。显然，法院以被告X未能有效阻止共谋者Y强取财物为由否定共犯脱离的成立。

对于本案，考虑到X并非主谋者，没有控制犯罪的进程，其退出了就切断了对于犯罪进程的影响，要求其必须采取措施完全阻止共谋者Y强取财物的行为，其实是按照典型共犯中止的成立条件来要求脱离者，不符合共犯脱离制度的宗旨。应该说，本案中因为X的主动退出，无疑大为减轻了被害人法益受侵害的风险，而且X系主动退出，也表明其特殊预防的必要性大为降低，因而值得肯定共犯脱离的成立而予以奖励。

[案9] （德国"偷配钥匙案"）：A将自己打工商店的钥匙交给企图进入该商店行窃的B和C，但交出钥匙后很快就后悔了，马上从B、C处要回钥匙，并让B、C明确保证放弃盗窃。后来B、C利用事先偷配的钥匙实施了盗窃。德国法院认为B、C的入室盗窃是基于新的犯罪决意而实施的，因此只要A没有再度参与这一新的犯行，A就不可罚。

对于本案，法院是基于"让B、C明确保证放弃盗窃"而认定B、C是基于新的犯意实施犯罪，而肯定共犯脱离（德国刑法规定为共犯中止的一种情形）。在笔者看来，即便A只是单纯要回钥匙而没有积极劝说B、C放弃犯罪，也应肯定共犯脱离的成立。因为A并不控制犯罪的进程，其反悔后要回钥匙的行为本身，就说明其违法性与特殊预防必要性降低，之后的行为与结果应完全归属于B、C。显然，本案中肯定A成立共犯脱离，符合"在犯罪中止之外为被告人开辟另外一条轻罚甚至出罪通道，以降低被害人的风险，弱化共犯人的犯罪意志，分化瓦解共犯组织"的共犯脱离制度的宗旨。①

[案10]（日本"我走了案"）：被告人 X、Y 深夜在酒馆喝酒，与被害人 A 发生争执，二人强行将被害人 A 带到 Y 的住所，在长达 1 个多小时的时间里，数次用竹刀、木刀殴打 A 的面部、背部（第一暴力）。之后，X 说了句"我走了"就径直离开了 Y 的住所，既未要求 Y 不再殴打，也未要求 Y 将 A 送往医院。X 走后没多久，Y 再次被 A 的言行所激怒，而继续对 A 实施暴力，用木刀捅 A 的面部（第二暴力）。A 最终因骨折引起的颈部压迫而窒息死亡，但不能查明 A 的死亡结果是 X、Y 共同实施的第一暴力还是 Y 单独实施的第二暴力所引起。日本最高裁判所认为，在被告 X 离开时，存在 Y 继续伤害被害人 A 的危险，被告人 X 却未采取有效措施消除这种危险，而是自行离开现场任由事态发展，因此，不能说 X 与 Y 之间当初的共谋关系已经解除，认定 Y 此后实施的暴力是基于当初的共谋是妥当的，即使 A 的死亡结果是由第二暴力所造成，X 也应负伤害致死罪的刑事责任。

显然，判决否定共犯脱离的成立。本案的特殊性在于，X 配合 Y 将被害人带至与外界相对隔离的封闭的 Y 的住所，置被害人 A 于不能自保的危险境地，因此，单纯地说"我走了"，并不能切断脱离前行为与 Y 实施的第二暴力行为及其结果之间的因果性，而应否定成立共犯脱离，肯定 X 承担伤害致死的刑事责任是合适的。

[案11]（德国"共谋抢劫银行案"）：A 男与 B 女、C 女共谋抢劫银行。A、C 先盗窃了用于往返现场的自行车。A、B、C 还在抢劫银行的前夜到银行附近踩点。行动当天，B、C 二人骑自行车前往现场，A 则步行前往。按照计划，B、C 用手枪威胁，由 A 夺取现金。行至途中，A 反悔，虽在银行前劝说 B 中止行动，但 B 不愿意放弃，A 遂独自离去。B、C 继续实施至既遂。德国法院判决认为，本案中不存在中止犯问题，A 参与盗窃自行车、现场踩点之类的准备、援助行为以及计划制订过程，心理加功并未失去意义，即 A 心理加功的因果关系仍在持续，因此 A 应与 B、C 成立抢劫恐吓的共同正犯或者从犯。

显然，判决以因果关系尚未切断为由否定了共犯脱离的成立。不过，笔者认为，由于很难认为事先参与盗窃自行车、踩点、制订计划的因果性影响还在持续，考虑到 A 并非该案的主谋者及犯罪进程的积极推动者、控制者，A 的脱离行为降低了被害人法益侵害的风险，表明特殊预防必要性减少，故而还是认定其成立共

---

① 参见刘艳红：《共犯脱离判断基准：规范的因果关系遮断说》，载《中外法学》2013 年第 4 期。

犯脱离为宜。

[案 12]　A、B、C 三人共谋杀害 D。在动手之前，A 反悔，试图阻止 B、C 实施杀人行为。但由于 B、C 心意已决，最终还是将 D 杀害。

[案 13]　甲、乙、丙三人共谋强奸丁女，在乙、丙二人对丁女实施暴力行为将其制服的过程中，甲反悔，试图阻止乙、丙二人继续对丁女实施奸淫行为，但乙、丙不顾甲的阻挠仍奸淫了丁女。

对于上述两个案例，有学者认为，A 和甲虽不成立中止犯，但属于共谋共同正犯的脱离犯。① 笔者赞同该观点。上述两案显然属于平等型共谋共同正犯，A 和甲不是犯罪的主谋，不是犯罪进程的推动、控制者，脱离前的参与行为也没有使被害人处于法益不能自保的危险境地，所以二人单纯中止自己行为，就切断了与剩余共犯行为及其结果之间的因果关系，从罪刑均衡、法益保护、预防犯罪的角度综合考量，认定成立共犯脱离是合适的。

[案 14]　A、B、C 三人某晚在酒吧饮酒，酒精上脑想"搞点节目"，于是尾随 D 女前往地下车库将其拖入 A 的车内，用衣物将其捆绑。A 发现 D 女正值月经期，认为晦气，还担心弄脏车，便表示"没意思，不要搞了"，将 D 松绑，并说"真倒霉，快让她滚，我回上面喝酒去了"。A 锁好车门就径行离去。B、C 继续在地下车库实施了轮奸行为。

对于本案，有学者认为，"如果 D 当时所处的地下车库属于较为封闭的空间，以及 B、C 饮酒后的控制能力下降的精神状态，仅靠单纯的脱离意思表示很难认定 A 完全涤除之前参与行为在 B、C 后续轮奸行为中的心理因果残余"，也就是说，要成立共犯脱离，"A 不仅需要进行上述脱离意思的现实表示，还需阻止 B、C，并一同离开地下车库"。A "单纯地停止犯行径直离去的行为并不能彻底消除心理因果关系的残余，不能评价为心理因果关系的彻底遮断"。所以，A 的行为不能成立共犯的脱离。②

笔者不赞成上述学者的观点。该学者显然按照共犯中止的成立条件判断共犯脱离的成立。本案中，地下车库不是相对封闭而是相对开放的场所，三人是尾随 D 女到达地下车库，而不是挟持 D 女到地下车库。A 给 D 女松绑，因怕把车子弄脏，而让 D 女从 A 的车子出来。这说明，到此为止，A 已经完全解除了 D 女的危

① 参见王志祥、韩雪：《共谋共同正犯脱离制度在我国刑法中的确立》，载《国家检察官学院学报》2015 年第 2 期。

② 参见王霖：《共犯责任退出机制的反思性检讨：修正因果关系遮断说的构建》，载《政治与法律》2017 年第 6 期。

险状态，切断了先前行为的物理因果性。A 不是主谋，不是犯意的发起者，其并没有义务消除 B、C 的犯意，所以不能认为 A 没有作出真挚的努力消除 B、C 的犯意，就没有切断心理的因果性而否认共犯脱离的成立。可以认为，A 退出时的表现已经完全切断了脱离前行为与剩余共犯随后实施的轮奸行为的因果关系，应当肯定共犯脱离的成立。

[**案 15**]　甲、乙二人共谋相约翌日到丙家共同杀害丙。第二天，甲如期到丙家，而乙未去，甲不等乙，一个人将丙杀害。对于此案，一种观点认为，乙应负故意杀人罪既遂的责任。[①] 另一种观点认为，对此不能一概而论，取决于甲与乙共谋的内容："如果乙与甲共谋了杀害丙的地点、方法等内容，甲按照共谋的内容杀害了丙，或者共谋内容表现为乙促使甲产生杀害丙的决意，都可以肯定乙的共谋行为与甲杀害丙的结果之间具有因果性；倘若甲提出杀害丙而邀约乙一同前往丙家共同杀害丙，或者让乙为自己的杀害行为望风，乙次日却没有到达现场的，则不能认为乙的共谋行为与甲的杀害结果之间具有因果性。此时，脱离了共犯关系，充其量仅成立故意杀人的预备犯（也可能成立预备阶段的中止犯）"[②]。

笔者赞成上述第二种观点。对于共谋共同正犯，是否成立脱离，取决于共谋的内容以及共谋者在共谋形成中的作用。上述案件中，如果乙参与的共谋对甲单独实施的杀人行为产生影响，乙单纯不前往杀人现场，还不能认为切断了与甲实施的杀人行为及其结果之间的因果关系。但如果乙并非主谋者，则一般来说单纯以自己的言行表达脱离的意思，让甲认识到自己不再得到乙的支持，就可以肯定共犯脱离的成立。

综上，共犯脱离不同于共犯中止，不需要付出真挚的努力而具有"任意性"（"自动性"），不以结果的不发生即"有效性"为条件。只要不是教唆犯，不是主谋，不是犯罪进程的推动者、控制者，通常来说，只要中止自己的行为就可以认为已经切断了与脱离后剩余共犯行为及其结果之间的因果关系。教唆犯与主谋者，应努力消除剩余共犯的犯意，必要时应通过报警或者通知被害人以有效避免犯罪结果的发生。提供犯罪工具等物理性帮助的，应收回所提供的工具，以切断脱离前行为与结果之间的物理因果性。提供信息、作案方法等技术性帮助的，通常要求说服剩余共犯放弃犯罪，必要时应采取报警或者通知被害人以有效防止犯罪结果的发生。对于强化他人犯意的心理帮助犯，只要以自己的言行表明脱离的

① 参见高铭暄主编：《刑法专论》（上编），高等教育出版社 2002 年版，第 362—363 页。
② 张明楷：《刑法学（第六版）》（上册），法律出版社 2021 年版，第 607 页。

意思并为剩余共犯所知晓，让其认识到不再得到脱离者的支持，就可以肯定脱离者切断了心理的因果性，而成立共犯脱离。

（四）共犯脱离的处理

共犯脱离并非法定概念，肯定共犯脱离成立后，如何处理或者说如何适用法律，显然是一个值得探讨的问题。目前学界的共识是，脱离者不对脱离之后剩余共犯实施的行为及其结果承担共犯责任，而仅就脱离之前的行为承担责任。但仍然存有分歧：一是肯定共犯脱离成立后，具体应按照预备、未遂、中止、既遂哪种犯罪形态处理？二是现行刑法中有关犯罪预备、未遂、中止的规定，能否适用于共犯脱离，是否只能通过完善立法来处理共犯脱离问题？

应该说，对于行为人解除了共犯关系却又不符合中止犯成立所必须具备的"自动性"与"有效性"条件的，"我国刑法理论和司法实践常常是偏向于一律认定为犯罪既遂"①。

笔者认为，关于共犯脱离，必须回答三个问题：一是如何认定共犯脱离；二是所成立的共犯脱离属于何种犯罪形态；三是对于共犯脱离如何适用法律。目前学界的主流观点都没有全面回答这三个问题。

关于第一个问题，笔者主张"因果关系切断说"，当然因果关系切断与否，少不了规范、价值的判断。

关于第二个问题，笔者认为，认定共犯脱离不是目的，目的是认定为现行刑法所规定的何种具体犯罪形态。对于着手实行前脱离的，根据是否具有"自动性"，认定成立犯罪预备或者预备阶段的中止；着手实行后既遂前脱离的，根据脱离者是否具有"自动性"，认定为未遂或者实行阶段的中止；对于既遂后脱离的，除成立基本犯既遂外，还可能成立加重犯的未遂或者中止。

关于第三个问题，则完全可以通过对《刑法》第22、23、24条关于犯罪预备、未遂、中止的规定进行"扩容"，将共犯脱离的内容吸纳进去。表面上看，现行刑法中未完成形态是针对单独犯作出的规定。但既然共同犯罪也是"犯罪"，就不能将共同犯罪排除在犯罪预备、未遂、中止规定中的"犯罪"之外。质言之，刑法关于单独犯未完成形态的规定完全适用于共同犯罪。问题仅在于，对于共同犯罪中的单个共犯，是否按照单独犯的"成立预备，必须是着手实行之前"和"认定未遂和中止，必须是结果未发生"的条件来要求？

笔者认为，根据因果共犯论，共犯承担刑事责任的根据也是因为其行为与法

---

① 刘艳红：《共犯脱离判断基准：规范的因果关系遮断说》，载《中外法学》2013 年第 4 期。

益侵害结果之间具有因果性，其与单独犯的区别仅在于侵害法益的样态不同。因此，只要认为脱离者切断了与剩余共犯的行为及其结果之前的因果关系，在着手之前脱离的，完全符合"未着手实行"的条件，而成立犯罪预备或者预备阶段的中止；在着手实行后既遂前脱离的，完全符合"未得逞"或者"自动放弃犯罪或者自动有效地防止犯罪结果发生"的条件，而成立未遂或者实行阶段的中止；既遂之后脱离的，由于所发生的加重结果与脱离人脱离前的行为没有因果关系，所以还是可以认为"未发生加重结果"，而仅成立基本犯的既遂，同时成立加重犯的未遂或者中止。因此，只要以因果共犯论为根据，从共犯的角度把握犯罪预备、未遂、中止的成立条件，就完全可以得出共犯脱离原本就符合犯罪预备、未遂、中止的成立条件，可以而且应该适用现行刑法中关于犯罪预备、未遂与中止的规定。应该说，共犯的预备、未遂与中止存在两种类型，一种是单独犯意义上的预备、未遂与中止，另一种是共犯意义上的预备、未遂与中止。

总之，人们之所以陷入共犯脱离与共犯中止纠缠的"迷雾"中，就是因为不自觉地按照单独犯预备、未遂、中止的成立条件来判断共犯脱离的成立，而未能从共犯的特点和共犯的处罚根据——因果共犯论的视角，判断共犯脱离的成立和法律适用依据。共犯脱离的判断标准是基于因果共犯论的"因果关系切断说"，共犯脱离成立后分别归属于犯罪预备、未遂与中止三种犯罪形态（不考虑既遂后脱离）。因此，共犯脱离所适用的法律根据就是《刑法》第22、23、24条关于犯罪预备、未遂与中止的规定，而无须进行专门立法。

疑难问题

1.《刑法》第171条第1款出售、购买、运输假币罪

💬 成立运输假币罪需要行为人主观上"明知"是假币，是否意味着成立出售、购买假币罪不需要行为人主观上"明知"是假币？

笔者认为，刑法分则中的"明知"规定都是注意性规定。只要是故意犯罪，按照刑法总则关于故意犯罪的规定，要求行为人主观上必须认识到客观要素的性质，这就是所谓客观构成要件要素的故意规制机能。法条之所以在运输假币罪的规定中强调必须"明知"是伪造的货币而运输，是因为人们出门一般都会携带一定数量的货币，行为人完全可能不知道是伪造的货币而运输。但如果行为人不明知是伪造的货币而运输，就没有犯罪故意，不值得以犯罪论处。所以，立法者特意强调只有明知是伪造的货币而运输才构成犯罪，旨在提醒司法人员本罪只能由故意构成，过失为之的不构成犯罪。

而出售、购买假币的行为人主观上一般是明知的。因为出售假币通常表现为以多（假币）换少（真币），而购买假币通常是以少（真币）换多（假币），因而行为人不可能不明知是假币而出售、购买。如果行为人出售、购买假币是采用等额交换，如在黑市上以人民币兑换美元的汇率用真人民币买到假美元的，由于行为人没有认识到购买的是假币，就没有犯罪故意，当然不能以购买假币罪定罪处罚。所以，虽然条文没有强调出售、购买假币罪的行为人必须明知是假币而出售、购买，但故意犯罪的性质决定了行为人主观上必须明知是假币而出售、购买。如果行为人确实不知是假币而出售、购买的，因为没有认识到犯罪对象的性质而缺乏犯罪故意，不能构成本罪。

🗨 乘车将假币携带到外地使用的，构成运输假币罪吗？

运输假币罪是与出售、购买假币罪并列规定的。所以，只有与出售、购买假币有关联的运输假币行为，才宜评价为运输假币罪，否则只能认定为持有、使用假币罪。行为人为了使用假币而乘车或者驾车将假币携带到外地的，由于与出售、购买假币没有关联，不能认定为运输假币罪，只能认定成立持有、使用假币罪。

🗨 本想购买假币，结果买到一叠报纸，构成购买假币罪的未遂吗？

将一叠报纸冒充假币出卖给他人的，由于没有假币的存在，不会侵犯货币的公共信用，只会侵犯他人的财产权，所以不能成立出售假币罪，只能成立诈骗罪。对方本想购买假币结果买到的是一叠报纸（假币）的，属于购买假币罪的对象不能犯，不成立购买假币罪的未遂，不构成犯罪。

2.《刑法》第171条第2款金融工作人员购买假币、以假币换取货币罪

🗨 普通人教唆金融工作人员购买假币、以假币换取货币的，构成金融工作人员购买假币、以假币换取货币罪的共犯吗？

由于金融工作人员购买假币罪的成立，并不要求利用职务上的便利，所以就金融工作人员购买假币罪而言，"金融工作人员"只是一种责任身份。因此，普通人教唆金融工作人员购买假币的，普通人成立购买假币罪，而金融工作人员成立金融工作人员购买假币罪。就金融工作人员以假币换取货币罪而言，金融工作人员是一种违法身份，因而普通人教唆金融工作人员以假币换取货币的，普通人与金融工作人员成立金融工作人员以假币换取货币罪的共犯，但对普通人应当减轻处罚。

🗨 应否将本罪中的金融工作人员限定为金融机构中可能接触、支配现金的人员？

虽然成立金融工作人员购买假币罪不要求利用职务上的便利，所以其中的"金融工作人员"可谓责任身份，但如果行为人并不是金融机构中可能接触、支配现金的人员，如银行信贷员、保险公司工作人员，则即便作为责任身份，也没有

单独评价的必要。可以说，即便是金融工作人员购买假币罪，也是因为行为人可能接触、支配现金的身份决定了其具有利用身份将假币换取真币的危险性。不具有这种身份的人，其购买假币行为的法益侵害的危险性与普通人就没有什么不同。所以，即便是金融工作人员购买假币罪的主体身份，也应限于金融机构中可能直接接触、支配现金的人，而不是金融机构任何工作人员。

3.《刑法》第172条持有、使用假币罪

☻ 盗窃假币后持有，需另定持有假币罪吗？

持有型犯罪的正当性根据在于，为了保护重大利益，在来源和去向难以查明时，将行为人非法控制某种物品的现状评价为犯罪。因此，能够查明来源或者去向的，应当以来源或者去向进行评价，而排除持有型犯罪的适用。除非法持有枪支罪外，不能认为持有型犯罪是抽象危险犯。盗窃假币后持有的，由于来源清楚，应以假币的来源进行评价而定盗窃罪，不另外认定持有假币罪。

☻ 将假币作为证明自己信用能力的资本而给他人察看的，属于使用假币吗？

所谓"使用"假币，应是指将假币作为真货币直接置于流通的行为，如用假币购买商品、存入银行、存入自动柜员机、在自动贩卖机上购买商品、赠予他人、用假币向官员行贿、用假币缴纳罚款、将假币用于赌博、用假币交付彩礼，只要对方不知情，都可谓使用假币。将假币作为证明自己信用能力的资本而给他人察看的，由于不是将假币作为真货币直接置于流通，所以不属于使用假币，不构成使用假币罪。

☻ 如何区分出售假币罪与使用假币罪？

出售假币罪与使用假币罪的关键区别在于对方是否知情，对方知情的，是出售假币，不知情的是使用假币。但是，也不能认为二者是对立关系。只要是使币直接置于流通的行为，就至少成立使用假币罪，若对方知情，则成立出售假币罪，对方构成购买假币罪。

4.《刑法》第177条伪造、变造金融票证罪

☻ 成立本罪，是否需要使用的目的？

不具有使用目的的伪造、变造，其实施的可能性不大，即使实施，量也不会太大，而不值得科处刑罚。因此，虽然《刑法》并没有将本罪规定为目的犯，但将使用或行使的目的作为本罪的不成文的责任要素，是比较合理的。

☻ "明知是伪造、变造的金融票证而贩卖，以伪造、变造金融票证罪论处"的准司法解释规定，有无疑问？

这种规定违反了共犯的基本原理。因为只要没有事先通谋，在犯罪既遂之后参与的，不可能对犯罪行为和结果有因果性贡献。本质上，除继续犯外，共犯只

能在既遂之前参与，既遂后参与的，只可能成立赃物犯罪。所以，伪造、变造金融票证既遂之后参与的，不可能成立伪造、变造金融票证罪的共犯。

5.《刑法》第 177 条之一妨害信用卡管理罪

💬 **误以为持有的是他人真实的信用卡，实际上是伪造的信用卡，能否以持有伪造的信用卡认定而不需要"数量较大"？**

有观点认为，本罪中的"非法持有他人信用卡"限于他人真实的信用卡。[1] 笔者认为，"非法持有他人信用卡"中的信用卡，虽然一般是指真实的信用卡，但为了避免在认识错误时出现处罚漏洞和为当事人逃避处罚指明方向，应该认为其中的"他人信用卡"不限于真实的信用卡，而是包括伪造的信用卡。也就是说，当行为人误以为持有的是真实的信用卡，实际持有的是伪造的信用卡时，还是应当评价为"非法持有他人信用卡"，而要求"数量较大"才构成犯罪。相反，若行为人误以为持有的是伪造的信用卡，而实际上持有的是真实的信用卡，由于客观上持有的是真实信用卡，也要求达到"数量较大"，才构成妨害信用卡管理罪。

💬 **盗窃信用卡后非法持有的，如何处理？**

若盗窃信用卡行为本身构成盗窃罪，如扒窃、入户盗窃信用卡，则盗窃后非法持有的，由于来源清楚，仅成立盗窃罪，不成立本罪。若盗窃信用卡行为不构成盗窃罪，则成立本罪。

---

[1] 参见王新：《刑法分论精解》，北京大学出版社 2023 年版，第 128 页。

十四
承继的共犯

要 旨

　　承继共犯论争论的焦点在于，后行为人应否对前行为及其结果承担共犯的责任。完全肯定说因明显违反因果共犯论而如今鲜有支持者；限定肯定说因将后行为人认识并积极利用前行为引起的状态或者效果等同于后行为引起了该种状态或者效果，同样有违结果不能出现于原因行为之前的因果性常识，而不具有合理性；任何人都只对与自己行为具有因果性的法益侵害结果负责，因此，完全否定说可谓因果共犯论的必然归结。

辩 点 分 析

　　[**案1**] "抢劫案"：甲企图抢劫乙，打晕乙后，邀请碰巧路过的丙共同取走乙身上的财物。

　　[**案2**] "抢劫致死案"：张三意图抢劫李四的财物，杀死李四后，邀请碰巧路过的朋友王五共同取走李四身上的财物。

　　[**案3**] "事后抢劫案"：甲盗窃了A的财物，被A发现后紧追不舍，甲邀请碰巧经过的朋友乙阻止A的追赶，乙遂一拳击倒A（未造成伤害结果），致使甲携赃顺利逃脱。

　　[**案4**] "诈骗案"：G对H实施诈骗，在H陷入认识错误后，G让I向H受领财物。

　　[**案5**] "伤害案"：D对E拳打脚踢，碰巧D的朋友F路过，于是D邀请F一起揍E，E受伤，但不能查明E的伤害结果是产生于F参与进来之前还是之后。

上述案例都是国外讨论承继共犯问题的经典案例。所谓承继共犯，是指在前行为人实施部分行为后，后行为人基于意思联络参与进来，单独或者共同完成犯罪的情形。承继共犯理论所要解决的就是后行为人刑事责任的范围问题，或者说，后行为人应否对前行为人的行为及其结果负刑事责任的问题。

关于承继共犯的处理，理论上有所谓全面肯定说、全面否定说以及各种中间说。如果持全面肯定说（以下简称"肯定说"），对于案1至案5，可能分别得出成立抢劫共犯、抢劫致死共犯、事后抢劫共犯、诈骗共犯以及伤害既遂的结论。若持全面否定说（以下简称"否定说"），则可能分别得出成立盗窃共犯、盗窃或者侵占共犯、单独成立窝藏罪、不成立犯罪（或者成立侵占罪）以及伤害未遂的结论。如果持中间说或者限定肯定说，则可能分别得出成立抢劫共犯、抢劫共犯、事后抢劫共犯、诈骗共犯以及伤害既遂的结论。

（一）主要学说评析

1. 肯定说的问题

肯定说的基本立场是，后行为人也应全面承担与前行为人同样的责任，即后行为人应对前行为人的行为及其结果承担责任。肯定说的主要理由在于：一是完全犯罪共同说、罪名从属性以及一罪的不可分割性；二是只要后行为人认识并利用了前行为人的行为及其结果，从价值判断的角度就与事前通谋的情形没有本质差异；三是在日本，尤其是在暴力、伤害的场合，连不存在共犯关系的同时犯都能适用《日本刑法典》第207条的特例得到妥当处理，而这种至少存在部分共犯关系的承继共犯的情形，反而排除该特例的适用，便说不过去。

我国司法实践与理论通说遥相呼应，基本上秉持的也是肯定说立场，如下例：

[**案6**] "砸车案"：王某搭乘彭某的车，彭某在驾车行驶途中撞上了被害人停在路边的车，王某出于泄愤目的，先行下车砸被害人的车，彭某随后也下车参与砸车。针对中途参与砸车的彭某的刑事责任，法院认为，二人之间的行为具有相互鼓励、相互补充的关系，双方临时达成了犯意的联络，从而形成了一个共同犯罪的整体，共同推进了犯罪的实施，造成了犯罪后果，彭某应当与王某共同承担寻衅滋事的刑事责任，故对彭某提出的"作为承继的共犯，其犯罪金额未达2000元，不构成犯罪"的上诉理由，法院不予采纳。①

---

① 参见贵州省遵义市中级人民法院（2016）黔03刑终字第318号刑事裁定书。

[案7] "取款案"：樊某、金某骗得被害人夏某的一张银行卡及密码，李某在明知上述银行卡及密码系樊某等人诈骗所得的情况下，仍积极帮助樊某，通过银行自动柜员机从骗得的银行卡中取走人民币 53900 元，并分赃。对于中途加入实施取款行为的李某，法院认为构成诈骗罪共犯。①

[案8] "运输假烟案"：2015 年 9 月底至 2015 年 10 月 22 日，姚甲等人生产假烟。同年 10 月 21 日晚，同案人以每次 200 元的报酬雇请被告人姚乙驾驶货车运输生产伪劣卷烟的原材料及伪劣卷烟等烟草制品。对于 10 月 21 日才加入的姚乙的涉案金额问题，法院认为，被告人姚乙加入不久即被抓获，但其供述第一次受雇运输时就发现是制作假烟的窝点，即明知是犯罪而参与进来，构成承继的共同犯罪。根据"部分实行全部承担"的原则，要对犯罪的全部后果承担责任，而不能只就其加入后的实行行为部分所造成的后果承担责任。②

"全面肯定说虽然一度是日本判例和通说的立场，但现在在日本已经丧失了支持者"③。肯定说之所以"风光不再"，是因为其本身存在严重问题：首先，作为曾经的通说，完全犯罪共同说如今已经被部分犯罪共同说和行为共同说所取代，因而罪名的从属性以及所谓"一罪的不可分割性"也就失去了基础；其次，如果仅因为行为人对他人的行为或者结果存在认识、容忍乃至利用，就要因此承担责任，无疑是心情刑法的体现，违背了罪责自负的原则；最后，利用前行为所形成的事态或者效果，并不意味着行为人对这种事态或者效果的形成具有因果性贡献，让后行为人对已经形成的事态或者结果负责，显然有悖结果只能产生于原因行为之后的常识，违反因果共犯论原理。因此，肯定说不应得到支持，我国司法实践中前述完全肯定承继共犯的判决，也就存在疑问。

2. 限定肯定说的缺陷

限定肯定说的基本立场是，后行为人对前行为引起的状态或者效果存在认识并积极加以利用的，对前行为人的行为也要承担责任。虽然各种中间说的观点未必完全一致，但均认为，后行为人对于参与之前已经发生的结果不应承担责任（即否定结果承继），而仅对前行为所形成的状态或者效果积极加以利用的，在该限度内肯定共犯的成立（即肯定效果承继）。

如今在日本，限定肯定说基本上处于通说的地位。在我国，限定肯定说也得

---

① 参见浙江省宁波市中级人民法院（2006）甬刑终字第 208 号刑事判决书。
② 参见江西省赣州市中级人民法院（2016）赣 07 刑终字第 350 号刑事裁定书。
③ 姚培培：《承继共犯论的展开》，载陈兴良主编：《刑事法评论：教义学的犯罪论》，北京大学出版社 2017 年版。

到如张明楷教授、黎宏教授等著名学者的支持。例如，张明楷教授采取立足于肯定说的中间说：原则上后行为人参与的行为性质与前行为人的行为性质相同，如中途参与他人抢劫行为的成立抢劫罪，中途参与他人杀人行为的成立故意杀人罪，中途参与他人诈骗行为的成立诈骗罪，如此等等；之所以在前行为人实施了暴力、胁迫等行为后，后行为人参与取走财物的行为，成立抢劫罪而非盗窃罪，是因为在我国，抢劫罪是一个独立的犯罪类型（不像在日本属于暴行罪与盗窃罪的结合犯），后行为人所参与的就是抢劫行为，当然应成立抢劫罪，如果认为后行为人不是成立抢劫而是成立盗窃共犯，则由于我国盗窃罪一般以数额较大为起点，可能导致后行为人不承担刑事责任；不过，利用前行为人已经造成的结果不等于后行为人的行为与该结果之间具有因果关系，后行为人不应对与自己行为没有因果关系的结果承担责任，因此，在他人抢劫致人死亡后参与夺取财物的，不是成立"抢劫致人死亡"的共犯，而是仅成立普通抢劫的共犯。①

黎宏教授所持的折中说实则为上述限定肯定说。他认为，虽然从因果共犯论角度而言，对于前行为人所引起的行为和结果，不能追究后行为人的刑事责任，但是如果前行为所引起的被害人不敢反抗、不能反抗或者不知反抗的状态在后行为人介入之后仍然持续，并且后行为人将其作为自己犯罪的手段积极利用的，则后行为人对于利用这种状态所造成的结果，要承担刑事责任；在他人抢劫致人重伤、死亡后，参与共同取走被害人财物的，虽不成立"抢劫致人重伤、死亡"的共犯，但成立抢劫罪基本犯的共犯；要区分"积极利用"与"有意利用"，对于暗中观察他人将被害人打晕后离去，跳出来取走被害人身上财物的，属于"有意利用"，不成立抢劫共犯，因此，关于积极利用，还是要从客观方面对其加以限制，不是仅指后行为人对前行为人的行为和结果的有意利用，而是指这种利用行为已达到了和自己亲自动手实施实行行为没有什么两样的程度。②

我国司法实践中也存在按照限定肯定说下判的案例。如"何某某参与劫财案"：被告人何某某在侯某某、匡某某出于抢劫的目的杀害被害人后，应匡的要求，与侯、匡二人一起在被害人衣裤内及室内劫取1000余元财物后离开现场。针对本案中何某某的刑事责任，判决指出，何某某在明知侯、匡二人为抢劫而实施暴力并已致被害人死亡的情况下，应匡的要求参与共同非法占有被害人财物的行为，系在抢劫犯罪过程中的帮助行为，亦构成抢劫罪的共同犯罪，在共同犯罪中起辅助作用，系从犯；考虑到在被害人死亡前何某某并无与侯、匡二人共同抢劫的主观故意和客观行为，故对其应适用《刑法》第263条抢劫罪基本犯的规定予

① 参见张明楷：《刑法学（第六版）》（上册），法律出版社2021年版，第587—588页。
② 参见黎宏：《刑法学总论（第二版）》，法律出版社2016年版，第278—279页。

以处罚。①

应该说，限定肯定说因为排除了后行为人对前行为引起的重伤、死亡等明显的结果的承继，而相对于肯定说有一定的进步，但还是存在如下明显的缺陷：

首先，根据因果共犯论，行为与法益侵害结果之间具有因果性是承担刑事责任的根据。根据常识，行为不可能与发生在之前的行为和结果具有因果性。同时，"对效果的'利用'，不能代替'因果性'"②。即便后行为人可以利用前行为所形成的状态或者效果，但也不可能认为后行为人对已经形成的状态或者效果具有因果性的贡献。应该说，重伤、死亡固然是抢劫行为导致的结果，但暴力、胁迫行为所引起的被害人不能反抗的状态或者效果，又何尝不是一种结果呢？既然否认重伤、死亡结果的承继，就应一并否认发生在后行为人介入之前已经形成的被害人不能反抗的状态或者效果的承继。就案1（"抢劫案"）而言，后行为人单纯参与取财的行为，虽然对被害人最终遭受的财产损失具有因果性贡献，但对被害人陷入昏迷的状态缺乏贡献，或者说对被害人"因为被压制反抗而遭受财产损失"的结果没有因果性。

其次，如果认为利用被害人不能反抗的状态取走被害人的财物，等同于自己实施暴力、胁迫行为压制被害人反抗后取走其财物，则不仅躲在暗处目睹他人使用暴力压制被害人反抗（如致使被害人昏迷或者将被害人捆绑结实）离开后，跳出来利用被害人不能反抗的状态取走财物的，可能成立抢劫罪，就连行为人本来没有抢劫的意思，但在使用暴力致被害人死伤后方产生非法占有被害人财物的意思进而取走被害人财物的，也成立抢劫罪，而不是盗窃。这显然不能被人接受。③

再次，区分"积极利用"与"有意利用"，认为躲在暗处的属于"有意利用"，而应邀参与的属于"积极利用"，因为"这种利用行为，已达到了和自己亲自动手实施实行行为没有什么两样的程度"④，也似是而非。其实所谓"有意利用"与"积极利用"的区别，不过在于是否基于意思联络完成剩下的行为，即在于主观上的差别。但是，即便基于意思联络单独或者共同完成余下的行为，也丝毫不可能回溯性地认为介入行为对于介入前已经形成的结果或者状态具有因果性的贡献。按照因果共犯论，还是不应追究其导致这种状态的刑事责任。所以，在被害人被压制反抗后，无论是躲在暗处跳出来取走被害人的财物，还是应邀共同取走被害人的财物，后行为人均只成立盗窃罪或者侵占罪（被害人死亡）。

① 参见最高人民法院刑事审判一至五庭主编：《中国刑事审判指导案例4：侵犯财产罪》，法律出版社2012年版，第205—209页。
② 〔日〕松原芳博：《刑法总论》，日本评论社2013年版，第384页。
③ 参见〔日〕前田雅英：《刑法总论讲义（第6版）》，东京大学出版会2015年版，第360页。
④ 黎宏：《刑法学总论（第二版）》，法律出版社2016年版，第279页。

复次，在被害人被压制反抗后取走其财物，只能是盗窃行为，这与抢劫罪是否为结合犯无关；也不能因为我国"盗窃罪一般以数额较大为起点，如果将后行为人认定为盗窃罪的正犯，可能导致后行为人不承担刑事责任"①，而将本与后行为无因果性贡献的"压制被害人反抗"勉强归属于后行为人。

最后，担心若不承认在中途参与伤害的情形的承继，可能导致反而无法适用《日本刑法典》第207条关于同时伤害的特例而形成处罚漏洞，其实是混淆了承继与否与因果关系认定的问题。就案5（"伤害案"）而言，即便不适用《日本刑法典》第207条关于同时伤害的特例，前行为人D总是要对被害人E的伤害结果负责即负伤害既遂的责任，如果不能排除伤害结果产生于F介入之前，则根据"事实存疑时有利于被告人"原则，F仅负伤害未遂的责任。

综上，限定肯定说只否认重伤、死亡等明显结果的承继，而肯定所谓效果的承继，"将利用先行为造成的状态与参与引起这种状态的先行行为等同起来，导致理论上不能自洽"②，这可谓限定肯定说的致命缺陷，跟肯定说一样难逃属于心情刑法的指摘，有悖罪责自负原则和因果共犯论原理，因而不具有合理性。对于参与抢劫以及抢劫杀人的，后行为人均成立盗窃罪或者侵占罪共犯（被害人死亡，且不承认死者的占有）。前述"何某某参与劫财案"的判决也存在疑问，何某某不构成抢劫共犯，而是成立盗窃罪（承认死者占有）或者侵占罪的共犯。

3. 否定说的合理性

"如果严格地坚守因果共犯论的立场，全面否定说就是最能够与因果共犯论的实质相一致的，因为后行为人的参与和先行者已经造成的损害之间没有因果关系，其能够支配的只能是其参与之后的犯罪事实"③。也就是说，否定说可谓因果共犯论的必然归结。

否定说受到的质疑在于：如果将否定说贯彻到底，在前行为人实施了诈骗、恐吓行为之后，受邀从被害人处受领财物的，不能成立诈骗、敲诈勒索的共犯，只能宣告无罪，这可能会形成处罚漏洞。应该说，这种质疑并不成立。就案4（"诈骗案"）而言，I虽然没有参与诈骗行为，但明知他人陷入了认识错误，还利用他人陷入认识错误的状态受领财物，明显属于利用他人有瑕疵的意志获取财物，而符合诈骗罪的实质。从这个意义上讲，成立诈骗罪并不需要实施欺骗行为，而只要利用他人的认识错误即违背他人的真实意志获取财物，即成立诈骗罪。就中途参与敲诈勒索而言，后行为人虽然没有实施恐吓行为，但在明知他人陷入恐惧心理，获取财物违反他人的真实意志，还坚持受领财物的，也完全符合敲诈勒

① 张明楷：《刑法学（第六版）》（上册），法律出版社2021年版，第587页。
② 郑泽善：《论承继共犯》，载《法治研究》2014年第5期。
③ 周光权：《刑法总论（第四版）》，中国人民大学出版社2021年版，第350页。

索罪的本质，因而不影响敲诈勒索罪的成立。也就是说，就交付罪（诈骗、敲诈勒索）而言，只要明知对方陷入了认识错误或者恐惧心理，还接受对方的交付，就不影响诈骗、敲诈勒索罪的成立。其实财产犯罪的本质不在于手段，而在于对方是在什么状态下失去财物。盗窃罪是违反被害人的意志获取财物，所以盗窃罪可谓转移占有的取得型犯罪的兜底性犯罪；抢劫、抢夺犯罪是通过压制对方反抗或者使对方来不及反抗获取财物；诈骗罪是利用对方的认识错误获取财物；而敲诈勒索罪是利用对方的恐惧心理获取财物。

综上，只要坚守因果共犯论，认为结果只能出现于原因行为之后，就应主张否定说，坚持后行为人只对其介入之后的行为和结果承担责任。

（二）否定说的贯彻

下面以事后抢劫、结合犯、继续犯、加重犯、盗窃信用卡并使用为例，探讨承继共犯的中国问题。

1. 事后抢劫

对于前述案 3（"事后抢劫案"），张明楷教授主张成立事后抢劫的共犯，理由在于：（1）乙的行为与甲最终取得财物之间具有因果性；（2）乙的行为并不是单纯的暴力与暴力威胁，而是同时具有使盗窃等前行为成为事后抢劫的实行行为的机能，因而应当肯定乙的行为对甲的行为转化为事后抢劫起到了作用，乙理当承担事后抢劫的责任；（3）否定说是将事后抢劫作为结合犯理解的，似乎割裂了前行为与后行为之间的主客观关联性，本案中，乙表面上参与的只是暴力行为，但该行为是事后抢劫的一部分，故乙参与的是事后抢劫的一部分，而非独立的行为，同时，乙是在知情后对被害人实施暴力，而其中的"知情"包括乙明知甲是为了窝藏赃物，故乙具有事后抢劫的故意的特定目的。①

笔者认为上述理由不能成立。首先，固然乙的行为与甲最终取得财物之间具有因果性，但不能认为乙的行为对于甲先行实施的盗窃行为具有因果性。其次，由于盗窃行为已经结束，即便因为乙应邀阻止被害人的追赶，使得甲的行为转化为抢劫，使得甲先行实施的盗窃行为成为事后抢劫的实行行为的一部分，也不能据此认为乙相当于参与实施了盗窃行为。最后，虽然我国刑法中没有规定暴行罪，对乙的行为不评价为事后抢劫的共犯，也未必会形成处罚漏洞。对乙的行为有两种入罪路径：一是如果盗窃行为既遂，则被害人存在返还请求权这一财产性利益，乙使用暴力妨碍这一财产性利益的实现，可以成立（财产性利益）抢劫罪；二是

---

① 参见张明楷：《事后抢劫的共犯》，载《政法论坛》2008 年第 1 期。

乙明知甲作案后逃跑，还阻止他人追赶以帮助他人逃跑，无疑成立窝藏罪。总之，根据因果共犯论，由于乙的行为对于甲已实施完成的盗窃行为没有因果性贡献，乙只能对其参与之后的行为和结果负责；如果盗窃既遂，则乙的行为能够成立（财产性利益）抢劫罪，即便盗窃未遂，对乙的行为也能评价为窝藏罪。因此，否定事后抢劫的承继共犯，应是承继共犯否定说的当然结论。

2. 结合犯

结合犯，是指将原本独立成罪的，因为常常容易一起发生，而且一起发生时导致不法程度明显加重的两个以上的行为，结合成为一罪的情形。结合犯存在两个行为，因而存在承继共犯的问题。例如，虽然一般认为有效控制人质即成立绑架罪的既遂，但绑架后勒索财物的，一般也仅成立绑架罪一罪，因此从一定意义上可以认为绑架罪是非法拘禁罪与敲诈勒索罪的结合犯。如果甲绑架控制人质后，邀请其朋友乙向人质家属打勒索财物的电话，若坚持承继共犯肯定说，就可能认为乙与甲不是成立敲诈勒索罪共犯，而是成立绑架罪共犯。

我国司法实践中也存在相关的判例。例如，有判决认为："被告人章甲虽然是在被告人章乙绑架行为之后才应邀帮助实施勒索行为的，但她也正是接受并利用了这种绑架行为向被害人的亲属实施勒索行为的，没有前面的绑架也就没有后面的勒索，此时绑架与勒索均在其共同犯意之内。因此，章甲不仅要对勒索行为负责，也应对绑架行为负责，即对绑架罪的整体负责。因此，对章甲应以绑架罪论处。"[1]

不得不说，该判决存在疑问。只要认为后行为人应邀打勒索电话的行为本身没有增加被绑架人在本来的生活状态下的行动自由以及身体安全的危险，就不能认定后行为人参与打勒索电话的行为与前行为人构成绑架罪的共犯，而应认为仅在敲诈勒索罪范围内与前行为人成立共犯。理论上有观点认为，绑架后受邀打勒索电话的，如上述"章甲参与绑架勒索案"，虽然不成立绑架罪的共同正犯，但可以成立绑架罪的帮助犯。[2] 应该说，无论是成立共同正犯还是帮助犯，都以其行为与法益侵害结果之间具有因果性为前提，即因果共犯论适用于所有共同犯罪人；是成立共同正犯还是帮助犯，是在肯定共犯成立之后根据行为人在共同犯罪中实际发挥作用的大小进行的责任划分。

又如，绑架罪中的"杀害被绑架人"可谓结合犯，如果后行为人是在他人绑架既遂之后参与杀人行为，由于与绑架行为没有因果性，后行为人仅承担故意杀人罪的刑事责任，而不承担"杀害被绑架人"的刑事责任。

---

① 最高人民法院刑事审判一至五庭主编：《中国刑事审判指导案例3：侵犯公民人身权利、民主权利罪》，法律出版社2012年版，第555页。

② 参见郑泽善：《论承继共犯》，载《法治研究》2014年第5期。

再如，拐卖妇女、儿童罪中的"奸淫被拐卖的妇女"，也可谓结合犯。如果行为人仅仅参与奸淫行为，而不参与拐卖行为，则后行为人仅在强奸罪范围内成立共犯，而不成立拐卖妇女、儿童罪的共犯。

综上，对于结合犯而言，如果后行为人在前行为既遂之后参与实施后行为，其仅在后行为所触犯罪名的范围内与前行为人成立共犯，而非与前行为人成立结合犯的共犯。

3. 继续犯

继续犯是相对于状态犯而言的。所谓状态犯，是指随着法益侵害结果的发生，犯罪达到既遂，犯罪也同时结束，此后只是法益受侵害的状态在持续，盗窃罪是其典型；所谓继续犯，是指不仅法益受侵害的状态在持续，而且该当构成要件的行为本身也被认为在持续，非法拘禁罪是其典型。

继续犯可能存在承继共犯的问题。例如，甲非法拘禁他人 12 个小时后邀请朋友乙继续非法拘禁 12 个小时，乙参与非法拘禁的时间只有 12 个小时，因为没有达到非法拘禁他人 24 小时的立案标准，而不会被立案，但甲无疑因为非法拘禁了他人 24 小时而符合非法拘禁罪的立案条件。值得研究的是，哪些罪名属于继续犯？如果不能正确厘定继续犯的范围，就可能不当扩大承继共犯成立的范围。例如，倘若认为收买被拐卖的儿童罪和拐骗儿童罪属于继续犯，则在家人收买、拐骗儿童后参与抚养的，就可能认为成立收买被拐卖的儿童罪、拐骗儿童罪的共犯。如果认为持有型犯罪都是继续犯，发现家人藏有毒品后视而不见的，都可能认为成立非法持有毒品罪的共犯。

根据"法益每时每刻都受到同等程度的侵害"的继续犯判定的实质标准，以及出于法益的重要程度和相关犯罪的处罚协调考虑，应当认为，我国刑法中只有非法拘禁罪、绑架罪、非法侵入住宅罪、危险驾驶罪、非法持有枪支罪属于继续犯；非法持有枪支罪以外的持有型犯罪，窝藏罪，掩饰、隐瞒犯罪所得、犯罪所得收益罪，遗弃罪，虐待罪，拐卖妇女、儿童罪，收买被拐卖的妇女、儿童罪，拐骗儿童罪，重婚罪，诽谤罪，私自隐匿邮件、电报罪，拒不执行判决、裁定罪，以及脱逃罪等，均不宜归入继续犯范畴。因此可以认为，在家人收买被拐卖的儿童、拐骗儿童后参与抚养的，不成立收买被拐卖的儿童罪、拐骗儿童罪的共犯；发现家人藏有毒品后放任不管的，不成立非法持有毒品罪的共犯；亲人从监狱脱逃或者逃离部队后加以收留的，也不成立脱逃罪、逃离部队罪的共犯。

综上，由于继续犯在犯罪既遂之后犯罪仍然在持续，因而有成立承继共犯的可能。只有严格厘定继续犯的范围，才不至于不当扩大继续犯承继共犯的成立范围。

4. 加重犯

所谓加重犯，是指因为存在加重情节（或者因素）导致违法性增加进而规定了加重法定刑的犯罪。从理论上看，我国刑法中的加重犯大致可以分为结果加重犯、结合犯、数额加重犯、对象加重犯、场所加重犯、手段（方式）加重犯、后果加重犯、作用（地位）加重犯、多人（次）加重犯、情节加重犯等类型。

应该说，单行为和多行为的加重犯都存在承继共犯的问题。例如，故意伤害致死可谓单行为加重犯的典型，假定乙中途参与甲对丙的故意伤害行为，最终导致被害人死亡，根据承继共犯否定说，除非能够证明致命伤产生于乙参与进来之后，否则只能追究甲故意伤害致死的刑事责任，而乙成立故意伤害既遂或者未遂。一句话，"存疑时有利于被告人原则"同样适用于承继共犯的处理，承继共犯不应成为因果关系难以查明时追究行为人刑事责任的"救命稻草"。

就多行为（包括多次）的加重犯的承继共犯的处理，也应秉持否定说的基本立场。例如，甲抢劫两次后邀请乙共同参与第三次抢劫，很显然，只有甲成立"多次抢劫"，乙仅成立抢劫罪的基本犯。又如，前行为人强奸既遂后，邀请后行为人强奸同一被害人，很显然，只有前行为人成立"二人以上轮奸"，后行为人仅成立强奸罪的基本犯。

总之，虽然从理论上讲不能排除加重犯存在承继共犯的可能，但仍应秉持否定说的立场，即后行为人仅对参与之后的行为和结果负责，而不对前行为人已经引起的结果或者已经形成的状态、效果承担刑事责任。

5. 盗窃信用卡并使用

《刑法》第196条第3款规定，盗窃信用卡并使用的，成立盗窃罪。假定甲盗窃信用卡后告知乙真相，让乙去商场刷卡消费。对于这种明知是他人盗窃的信用卡而使用的案件，张明楷教授也坚持认为属于"盗窃信用卡并使用"而定盗窃罪。理由在于，"既然乙在使用时明知信用卡为甲盗窃所得，那么，就应认为乙使用甲盗窃的信用卡的行为，是《刑法》第196条第3款所规定的盗窃罪的一部分"；虽然有观点认为对乙只能认定为冒用他人信用卡类型的信用卡诈骗罪，但是"由于在数额较大、巨大的情况下，盗窃罪的法定刑低于信用卡诈骗罪的法定刑，所以，这样的观点会导致对乙的处罚反而重于甲，明显不合适"①。

应该说，张明楷教授的上述主张是其在承继共犯问题上坚持限定肯定说的当然结论。但是，乙明知是盗窃的信用卡而使用，也不能改变其对"盗窃"信用卡的行为本身没有贡献的事实。因此，根据因果共犯论，只能评价乙事后使用信用卡的行为事实。本案中乙的行为，应成立信用卡诈骗罪。至于张明楷教授关于对

---

① 张明楷：《刑法学（第六版）》（下册），法律出版社2021年版，第1044页。

乙若以信用卡诈骗罪进行评价，处罚反而重于甲的担心，完全是多余的。因为虽然信用卡诈骗罪第一、二档次的法定刑幅度分别为 5 年以下、5 年以上 10 年以下，表面上重于盗窃罪的 3 年以下、3 年以上 10 年以下，但由于司法实践中对盗窃罪数额较大、数额巨大掌握的标准（1000 元至 3000 元以上为数额较大的起点、3 万元至 10 万元以上为数额巨大的起点），远低于信用卡诈骗的标准（数额较大为 5000 元以上、数额巨大为 5 万元以上），因而实际上对乙以信用卡诈骗罪定罪，在处罚上也不会重于甲的盗窃罪。

综上，"盗窃信用卡并使用"可谓复行为犯，不参与盗窃而仅事后参与使用的，只能单独评价使用行为，不成立"盗窃信用卡并使用"的共犯。

───────── 疑 难 问 题 ─────────

1.《刑法》第 196 条信用卡诈骗罪

💬 **行为人透支时不具有非法占有目的，相反具有归还意图，但在发卡银行催收后产生非法占有目的，超过透支期限仍不归还的，应当如何处理？**

行为人在透支时不具有非法占有目的，相反具有归还意图，但在发卡银行催收后产生非法占有目的，超过透支期限仍不归还的，不构成信用卡诈骗罪。如同以合法手段取得贷款后单纯不归还贷款的，不成立贷款诈骗罪，只能作为债务纠纷处理。但是，行为人在发卡银行催收后，虚构事实、隐瞒真相，使发卡银行免除自己归还债务的，则成立免除债务的财产性利益诈骗罪。

司法实践中，之所以 90% 以上的信用卡诈骗案件都是恶意透支型信用卡诈骗罪，就是因为在认定恶意透支型信用卡诈骗罪时无视信用卡诈骗罪的构造，将透支时不具有非法占有目的（即钱不是骗来的），事后经银行催收仍不归还的均作为恶意透支型信用卡诈骗罪处理了，这就如同将借钱后不还的一律认定为诈骗罪一样，而明显有悖诈骗罪的构造和责任主义原理。

💬 **能否承认所谓"事后故意"与"事后非法占有目的"？**

根据目的（责任）与行为同时存在的原则，只有当持卡人在实施透支行为时就具有非法占有目的，才能认定为持卡人具有非法占有目的，不能承认所谓"事后故意"与"事后非法占有目的"。由于非法占有目的存在于持卡人的内心，需要基于各种资料进行综合判断，"经发卡银行催收后仍不归还"只是一种判断资料。非法占有目的是主观的超过要素，在部分案件中是可以由事实证明的，在部分案件中只能基于相关事实进行推定而得出结论。对于非法占有目的的推定显然只是事实推定，而不是法律推定，故而可以推翻。

💬 **"恶意透支数额较大，在提起公诉前全部归还或者具有其他情节轻微情形的，可以不起诉；在一审判决前全部归还或者具有其他情节轻微情形的，可以免予刑事处罚"的司法解释规定，有无疑问？**

"两高"《关于办理妨害信用卡管理刑事案件具体应用法律若干问题的解释》第10条作了如是规定。但该规定存在疑问。由于"经发卡银行催收后仍不归还"是客观处罚条件，在持卡人全部归还后不起诉或者免予刑事处罚均具有合理性，但在不具备客观处罚条件的情况下，就"应当"不处罚，而不是"可以"不处罚。所以，建议司法机关将上述司法解释中的"可以"理解成"应当"，不能因为司法解释中使用了"可以"，就发动刑罚权。

💬 **盗刷他人社保卡的，构成信用卡诈骗罪吗？**

虽然社保卡也具有信用卡的存取款、转账、银联消费等功能，但社保卡的发放主体不是金融机构，而是人力资源和社会保障部门，卡内的社保款项也只能在定点医院、药店就医购药时刷卡使用，不能提取现金。因此，社保卡不能等同于信用卡。如果行为人非法使用（盗刷）他人社保卡，只能成立普通诈骗罪，而不是信用卡诈骗罪。虽然理论上认为在机器上使用他人社保卡的成立盗窃罪，但这种情形目前似乎还不可能出现。

2.《刑法》第310条窝藏罪

💬 **单纯的知情不举，构成犯罪吗？**

明知发生犯罪事实或者明知犯罪人的去向，而不主动向公安、司法机关举报的行为，属于单纯的知情不举行为，不成立犯罪。

💬 **犯罪的人窝藏共犯人的，如何处理？**

"两高"《关于办理窝藏、包庇刑事案件适用法律若干问题的解释》第8条规定，共同犯罪人之间互相实施的窝藏、包庇行为，不以窝藏、包庇罪定罪处罚，但对共同犯罪以外的犯罪人实施窝藏、包庇行为的，以所犯共同犯罪和窝藏、包庇罪并罚。

上述司法解释规定过于绝对。犯罪的人窝藏共犯人，如果专门是为了使共犯人逃避法律责任而窝藏的，成立窝藏罪；反之，若专门是为了使本人或者既为本人也为共犯人逃避法律责任而窝藏的，则不宜认定为本罪。

💬 **犯罪的人的配偶、近亲属对犯罪的人实施窝藏行为的，构成犯罪吗？**

我国自古以来就有"亲亲相容隐"的传统。犯罪的人的配偶、近亲属对犯罪的人实施窝藏行为的，由于缺乏期待可能性，不宜以本罪论处。

3.《刑法》第 312 条掩饰、隐瞒犯罪所得、犯罪所得收益罪

💬《刑法修正案（十一）》将"自洗钱"入罪，是否意味着"自窝藏"也构成犯罪？

自洗钱入罪是因为《刑法》第 191 条的明文规定。而赃物犯罪明确规定的是"明知是犯罪所得及其产生的收益而予以窝藏、转移"，说明本罪的犯罪主体不包括本犯。所以，本犯自己窝藏、转移、销售赃物的，因为缺乏期待可能性而不成立本罪。不过，问题在于如何区分洗钱罪与本罪。例如，受贿犯罪分子用银行卡取出受贿款，若认为这种行为属于洗钱行为，则行为人在受贿之外还成立洗钱罪；若认为这种行为不是洗钱行为，而是转移赃物的行为，则仅成立受贿罪，而不另外成立掩隐罪。

💬 数人单独实施的普通盗窃行为均未达到数额较大标准，但收购者总共收购的数额超过盗窃罪数额较大起点的，能否认定为收购"犯罪所得"？

既然没有达到普通盗窃行为成立犯罪的数额较大的标准，所盗窃的财物就不是"犯罪"所得，收购这种财物的，就不属于收购犯罪所得。因为赃物犯罪是与本犯相关联的犯罪，如果没有本犯，就没有掩饰、隐瞒犯罪所得罪。不过，如果本犯成立值得处罚的未遂犯，如行为人本打算盗窃数额巨大的财物，但因为意志以外的原因，仅盗得数额不大的财物，收购这种赃物的，也会妨害司法，所以也成立本罪。

总的来说，"犯罪所得及其产生的收益"中的"犯罪"，是指既遂，或者说虽然未遂但已终结的犯罪，而且是值得处罚的未遂犯。行为人在既遂前故意参与的，应认定为本犯的共犯，而不是赃物犯罪。

💬 既遂之前参与的，成立掩隐罪吗？

掩隐罪在传统上属于事后共犯，因此，成立本罪还是本犯的共犯，关键看是在本犯既遂之前参与，还是在本犯既遂之后参与。既遂之前参与的，成立本犯的共犯，如事前通谋事后收购赃物的，成立本犯的共犯；在本犯既遂之后参与的，单独成立本罪。

💬 对官员受贿的房屋进行装修、对盗窃的原油质量进行鉴定，能构成本罪吗？

本罪是妨害司法的犯罪，对官员受贿的房屋进行装修和技术人员对盗窃的原油质量进行鉴定，并没有妨害司法和赃物的追缴、返还、没收，因此不构成本罪。

💬 "应当知道"是"明知"吗？

本罪中规定"明知"，旨在强调过失不构成犯罪和本犯不构成本罪。明知，是指知道、认识到、预见到，包括确知和知道可能，不包括可能明知和可能知道，

也不包括"应当知道"。"应当知道"是赃物，无论如何都不属于"明知"是赃物，否则便否认了过失与故意的区别；如果将"应当知道"是赃物的情形也认定为赃物犯罪，则意味着处罚过失赃物犯罪，但刑法并没有规定过失赃物犯罪，相反，刑法明文要求行为人"明知"是赃物。当然，为了避免放纵犯罪，不宜对"明知"作出过于狭窄的限定。

可以采用推定的方法认定"明知"。例如，以下情形可以推定行为人明知是赃物：商定在秘密地点交付财物；以明显低于市场的价格进行收购；对方交付的是个人不可能持有的公用设施器材或其他零部件，但又没有单位证明的；购买没有合法有效的来历凭证，或者发动机号、车辆识别代号有明显更改痕迹且没有合法证明的机动车，等等。当然，既然是推定就可能出错，应允许行为人提出辩解。

💬 **他人通过污染环境的手段生产或者制造的物品，是否属于犯罪所得？**

虽然污染环境行为本身构成犯罪，如非法焚烧电路板提炼出铝锭，但提炼铝锭的行为本身并不是犯罪，只是在提炼铝锭的过程中违反国家规定污染了环境而构成污染环境罪，但不能将提炼的铝锭本身认定为犯罪所得。

💬 **能否根据获利多少及掩饰、隐瞒财产数额大小确定罪与非罪、罪轻罪重？**

本罪不是财产犯罪，而是妨害司法的犯罪，不应根据行为人获利多少和所掩饰、隐瞒的财产数额大小确定罪与非罪、罪轻罪重的标准，而应根据行为对刑事司法活动本身的妨害程度，如本犯的性质和法定刑的轻重，对追缴、追求权实现的妨害程度等，评价本罪的严重程度。

💬 **行为没有达到司法解释所要求的数额标准，如盗窃 500 元、职务侵占 2 万元、集资诈骗 9 万元，是否属于犯罪所得？**

本罪的对象是犯罪所得及其产生的收益，所以只有掩饰、隐瞒"犯罪"所得及其产生的收益，才能成立本罪。盗窃的 500 元、职务侵占的 2 万元、集资诈骗的 9 万元，由于不是"犯罪"所得，不能成立本罪的对象。当然，虽然没有达到数额较大的要求，但成立值得处罚的未遂犯，如行为人本打算职务侵占 100 万元的财物，客观上也可能侵占 100 万元的财物，但因为意志以外的原因仅侵占 2 万元的财物，这种财物也是犯罪所得。此外，虽然集资诈骗 9 万元，不是集资诈骗犯罪所得，但属于诈骗犯罪所得，所以还是可以成为本罪对象。

十五
包括的一罪

要　　旨

　　所谓包括的一罪，是指虽然实施了数个行为、发生了数个法益侵害事实或者结果、数次符合同种或者异种犯罪构成要件，但从罪刑相适应和诉讼便利考虑，基于"法益侵害的实质同一性"而可以包括性地评价为一罪的情形。罪数涉及一事不再理、一罪超过追诉时效、诉讼上难以证明、缺乏责任能力、缺乏告诉时能否以另罪追诉、溯及力等具体适用问题，认定应特别慎重。对于只有一个行为的罪数形态（法条竞合、想象竞合、继续犯），应维持既判力，受一事不再理约束；对于原本存在数个行为的（包括的一罪、并罚的数罪），则不受一事不再理约束，不过，对于实质上仅侵害他人一个法益的包括的一罪，可以考虑撤销原判重新以重罪定罪处罚。

辩 点 分 析

　　由于包括的一罪系数次符合同种或者异种构成要件的罪数形态，故可以将包括的一罪大致分为同质的包括一罪与异质的包括一罪。其中，同质的包括一罪大致有集合犯、接续犯、连续犯、发展犯（也可能包括异质的情形），异质的包括一罪大致有伴随犯（即附随犯）、共罚的事前行为（也存在同质的情形）与共罚的事后行为、混合的包括一罪。

(一) 包括的一罪的范围

1. 集合犯

学者大多主张将集合犯纳入包括的一罪中进行讨论。出于反复实施的意思非法行医一次，可以成立非法行医罪，多次非法行医的，也还是仅成立一个非法行医罪，因此，认为集合犯属于数行为造成数个法益侵害事实，数次符合构成要件而归入包括的一罪，较为妥当。

2. 接续犯

接续犯与连续犯的区别仅在于间隔时间相对较短，如一晚上多次从同一个仓库偷运大米的"偷运大米案"，但倘若连续几天甚至数月持续从同一个仓库偷运大米，应属于连续犯而不是接续犯。在我国，即便将接续犯的成立限定为侵害同一法益，为避免罪刑失衡，在应否将接续犯作为包括的一罪进行处理的问题上，也还应考虑所侵害的是不是一身专属法益以及法定刑的轻重。例如，在几个小时以内，行为人分别剁掉了同一被害人双手和双脚的小指头（一共四个小指头），由于故意伤害罪（轻伤）的法定最高刑仅为 3 年有期徒刑，加之身体的安全属于一身专属法益，因此，为做到罪刑相适应，不应认定成立故意伤害罪的包括的一罪，而应成立四个故意（轻）伤害罪，作为同种数罪并罚处理。

3. 连续犯

日本刑法曾经规定了连续犯这一罪数形态，后来由于该规定会带来既判力所及范围过宽的问题，于是在 1947 年废止了该规定。不过，如果将原来作为连续犯处理的情形全部作为数罪（并合罪）处理，也会带来诉讼上的不便。因此，日本在立法上废除连续犯之后，理论与实务界还是以连续的一罪或者接续犯的名头作为包括的一罪进行处理。

不同于域外刑法，我国犯罪概念定性又定量，不仅法定刑重，而且法定刑档次多、幅度大。故而，不管是否承认连续犯概念，只要不违背罪刑相适应原则，即只要规定有多个法定刑幅度，能够将连续实施的情形评价为"多次""多人"，或者"数额巨大""数额特别巨大""情节严重""情节特别严重"，而适用升格法定刑的，通常就可以直接作为一罪处理，如连续盗窃、诈骗、抢劫、强奸以及拐卖妇女、儿童等。如果虽然有多个法定刑幅度，但连续多次实施也不符合法定刑升格条件的，或者法定刑很低，尤其是只有一个法定刑幅度时，就不应作为连续犯认定为包括的一罪，而应作为同种数罪并罚处理。例如，多次强奸同一名妇女，由于不能评价为"强奸妇女、奸淫幼女多人"而不能适用强奸罪的加重法定刑，唯有根据强奸的次数作为强奸罪的同种数罪并罚，才能做到罪刑相适应。① 又如在我国，连续轻伤多人、非法拘禁多人（或者多次非法拘禁同一人），由于故意伤害罪（轻伤）的法定最高刑仅为 3 年，加之难以将轻伤多人评价为重伤而适用升格法定刑；同样地，由于非法拘禁罪基本犯的法定最高刑仅为 3 年，而且难以将连续多次非法拘禁一人或者非法拘禁多人，评价为非法拘禁致人重伤或者死亡而适用非法拘禁罪的加重法定刑，因此，均不能认定为连续犯而作为包括的一罪处理，而只能根据被害者人数或者侵害行为次数，按照故意伤害（轻伤）罪、非法拘禁罪（基本犯）的同种数罪并罚处理。

4. 发展犯

所谓发展犯，是指针对同一法益，根据其阶段性的发展形态，被设计为复数的犯罪类型。之所以连续实施从预备到既遂的杀人行为，仅成立故意杀人罪（既遂）的包括的一罪，是因为法益侵害由抽象到具体，实质上仅侵害了一个生命法益，而且预备是达到既遂通常的犯罪阶段。

5. 伴随犯（附随犯）

所谓伴随犯，是指由一个行为引发了数个法益侵害，但是将次要的法益侵害作为主要的法益侵害的框架内情节来参考的情形，由主要的法益侵害的刑罚来对次要的法益侵害的刑罚进行吸收。伴随犯的适例是杀人时毁坏被害人衣服的所谓"杀人毁衣案"。将其作为故意杀人罪包括的一罪处理的理由是，杀人行为通常伴随着毁坏他人衣服（除非在澡堂或者游泳池杀人）。如果这个理由成立，则刺伤、强奸、强制猥亵他人同时毁坏被害人衣服的，也仅成立包括的一罪。这恐怕存在疑问。一则，故意杀人也未必会毁坏衣服，如毒杀他人；二则，我们很难想象，立法者在制定杀人罪条文的时候，会因为杀人行为同时弄坏了被害人衣物，才将其法定刑设置为死刑、无期徒刑或者 10 年以上有期徒刑；三则，一旦认定仅成立故意杀人罪包括的一罪，被害人就失去了就被毁坏的昂贵的衣服提起附带民事诉讼的权利，这显然不利于对被害人法益的全面保护。因此，从实际上仅实施一个行为（原本不符合成立包括的一罪必须是实施了数个行为的前提），而侵害了数个法益（生命和财产法益）来看，完全符合想象竞合犯的成立条件，没有理由不以故意杀人罪与故意毁坏财物罪的想象竞合犯（具有明示机能）进行评价。因此，无论杀人毁衣、击脸损坏眼镜，还是强奸、强制猥亵时毁坏被害人衣服，都应成立想象竞合犯，而不是包括的一罪。

① 将这种情形认定为"强奸妇女、奸淫幼女情节恶劣"而适用强奸罪的加重法定刑，也不失为一种解释思路。

6. 共罚的事前（后）行为

"杀人预备案"既是发展犯的适例，也是共罚的事前行为的适例。盗窃枪支虽然也可谓杀人的预备行为，但由于盗窃枪支的行为另外侵害了公共安全法益，因此必须实行数罪并罚。可见，所谓共罚的事前行为，不过是由于事前行为本身没有另外侵害法益，而能被事后行为予以包括性评价。正因如此，为了骗取保险金，故意杀死被保险人或者故意烧毁投保的财产，不可能作为保险诈骗罪包括的一罪处理。

至于共罚的事后行为，如盗窃后毁坏赃物的所谓"盗后毁赃案"，以前称为不可罚的事后行为，后来人们认识到，事后行为并非本身不可罚，而是因为事后行为与本来的行为实质上侵害的是同一法益，为避免重复评价，而以本来的行为如盗窃罪进行包括性评价。因此，不仅单独参与事后行为（如参与毁坏赃物、消费赃物），可以成立事后行为的共犯，而且在前行为由于诉讼上难以证明、主体缺乏刑事责任能力（精神不正常或者未达到法定刑事责任年龄），而难以按照本来的行为（如盗窃罪）定罪处罚时，完全可能以事后行为（如故意毁坏财物罪、侵占罪）定罪处罚。不过，虽然事后行为本来也是成立犯罪的，但如果以事后行为定罪有违立法宗旨，则不能以事后行为定罪。例如，侵占受委托的财物（或者遗忘物），事后加以毁坏，或者消费处分后待被害人索要时谎称被盗，也不能以故意毁坏财物罪或者诈骗罪判处更重的刑罚，否则有违立法者特意设置较低法定刑的旨趣。此外，对于告诉才处理的侵占罪在缺乏告诉时，也不能以事后行为所触犯的故意毁坏财物罪、诈骗罪起诉定罪。当然，如果事后行为侵害了新的法益，则不排除数罪并罚的可能。例如，不知道是枪支而盗窃后加以私藏，入户盗窃他人存折后到银行柜台挂失取款，盗窃毒品后贩卖，因为侵害了新的法益，而可能数罪并罚。

概言之，所谓共罚的事前行为、共罚的事后行为，只有实质上仅侵害了同一法益，才能作为包括的一罪进行评价。

7. 混合的包括一罪

所谓混合的包括一罪，是指除伴随犯、共罚的事前（后）行为之外，将具有密切关系的符合不同罪名构成要件的犯罪，作为一罪进行包括性评价的情形。对于盗窃、诈骗后为避免赃物返还或者被追索欠款而实施暴力的所谓"盗窃诈骗转化抢劫案"，由于数个行为实质上仅侵害同一法益，因此在国外普遍作为包括的一罪进行处理。值得讨论的是所谓"暴行后抢劫案"。日本判例认为，对于行为人实施暴行之后产生抢劫的意思并再次实施暴行，但无法证明究竟哪一个暴行引起了伤害结果的案件，构成伤害罪与抢劫罪的包括的一罪。① 日本刑法理论与实务界之所以认为这种情形可以作为伤害罪与抢劫罪混合的包括一罪进行处理，是因为在不能证明伤害结果是由行为人产生抢劫的意思之后所实施的暴力行为造成时，不能追究行为人抢劫致伤罪的刑事责任，但作为伤害罪与抢劫罪的并合罪处理，处罚可能反而重于抢劫致伤罪，因而最终作为包括的一罪进行处理。很显然，之所以作为包括的一罪处理，只是因为这种处理最有利于行为人。倘若这样的案件发生在我国，以故意伤害罪与抢劫罪基本犯数罪并罚，并不会比作为抢劫罪的加重犯抢劫致伤处罚更重。因此，以故意伤害罪与抢劫罪的基本犯数罪并罚即可。换言之，包括的一罪并不能解决因果关系难以查明的问题，不能代替因果关系的认定。

张明楷教授指出，以下具体情形可以成立包括的一罪：（1）抢劫信用卡后在自动柜员机上取款的，成立抢劫罪与盗窃罪的包括的一罪；（2）盗窃后使用暴力避免财物返还的，成立抢劫罪与盗窃罪的包括的一罪；（3）以欺骗方式取得欠条后采用绑架的手段兑现欠条的，成立绑架罪与诈骗罪的包括的一罪；（4）盗得他人土地使用权证后骗领土地置换费的，成立盗窃罪与诈骗罪的包括的一罪；（5）强迫他人打下欠条后借此提起诉讼，成立抢劫罪与诈骗罪的包括的一罪；（6）骗取"滴滴出行"优惠券然后套现的，成立诈骗罪的包括的一罪；（7）诈骗后骗免债务的，属于共罚的事后行为，成立诈骗罪的包括的一罪；（8）盗得他人房屋产权证后出售房屋，由于被害人最终只有一个财产损失，成立盗窃罪与诈骗罪的包括的一罪；（9）行为人采用欺骗手段取得被害人债权，然后再用欺骗方法实现债权的，由于是同一被害人，被害人最终也只有一个财产损失，故成立诈骗罪的包括的一罪；（10）先实施欺骗后以敲诈勒索的手段索债的，由于二者最终只侵害一个法益，故成立诈骗罪与敲诈勒索罪的包括的一罪；（11）先职务侵占本单位财物后采用欺骗手段避免返还的，由于被害人所损失的只有一个法益，故成立职务侵占罪与诈骗罪的包括的一罪；（12）吃"霸王餐"后使用暴力手段迫使店主免除餐费的，由于最终只侵害一个法益，成立诈骗罪与抢劫罪的包括的一罪。② 以上行为之所以均成立包括的一罪，是因为"最终只侵害一个法益"。

综上，成立包括的一罪，应以法益侵害的实质同一性为前提，以避免对法益侵害事实的重复评价，在此基础上考虑罪刑相适应与诉讼便利的要求，因而可以大致认为，我国包括的一罪，包括集合犯、接续犯、连续犯、发展犯、共罚的事前（后）行为以及混合的包括一罪这几种类型。

---

① 参见日本《高等裁判所刑事判例集》第 12 卷第 2 号，第 77 页。
② 参见张明楷：《刑法的私塾（之二）》（上下册），北京大学出版社 2017 年版，第 188、226、467、509、514、599、707、713、738、760、777、814 页。

（二）既判力（一事不再理）

众所周知，罪数问题不仅关系到实体上是成立一罪还是数罪以及数罪时如何处罚，而且一旦被认定为成立上的一罪或者科刑上的一罪，对全体犯罪通常会产生诉讼法上的一事不再理效果。如前所述，之所以日本刑法废除连续犯概念，在很大程度上是因为作为一罪处理会产生一事不再理的效力而可能放纵犯罪。固然"我们国家并没有严格实行一事不再理的制度"①，但我们应该认识到，"一事不再理"原则已为大陆法系各国法律普遍规定，是维持既判力的原则，其宗旨在于强调法的安定性，而在英美法系国家，系作为正当程序核心内容之一的"禁止双重危险"原则。

一事不再理中的"一事"，应是指自然意义上的一个行为，因此对于法条竞合、想象竞合、继续犯这些本来只有一个行为的一罪，应当受一事不再理约束。换言之，如果行为人开一枪导致一死一伤的结果，假定仅查明受伤结果而以故意伤害罪或者过失致人重伤罪起诉定罪，即便以后查明遗漏了死亡结果，也不能以故意杀人罪或者过失致人死亡罪另行追诉。再如，即使行为人实际非法拘禁他人一年，但仅查明非法拘禁他人一个月的事实而起诉定罪，以后也不能以实际非法拘禁他人一年而另行追诉。

对于包括的一罪，国外有学者认为，"对于可以包含在包括的一罪的范围之内的余罪也具有既判力，产生一事不再理的效力"②。应该说，虽然由于包括的一罪所侵害的法益具有实质的同一性（即实质上仅有一个法益侵害事实），本来也应受一事不再理约束，但考虑到我国并未实行严格的一事不再理制度，而且包括的一罪事实上存在数个行为，故可以考虑不受一事不再理原则的约束。换言之，本来仅查明部分生产、销售伪劣产品（集合犯）的事实，后来发现遗漏了部分生产、销售伪劣产品的犯罪事实，可以作为漏罪按照《刑法》第70条的规定作为同种数罪并罚。又如，本来仅查明毁坏他人财物的事实而以故意毁坏财物罪定罪后，查明所毁坏的财物实际上是其盗窃所得，可以盗窃罪另行追诉，但考虑到实质上仅侵害他人一个财产法益，可以考虑撤销原判而以盗窃罪一罪定罪处罚。同样，开始仅查明骗吃骗喝而以诈骗罪定罪，后查明还有为免付餐费而使用暴力迫使对方放弃支付餐费请求的，也可以考虑撤销原判而以抢劫罪一罪定罪处罚。

概言之，对于只有一个行为的罪数形态，应当维持既判力，受一事不再理约

---

① 张明楷：《刑法的私塾（之二）》（下册），北京大学出版社2017年版，第646页。
② 〔日〕西田典之：《刑法总论（第二版）》，弘文堂2010年版，第414页。

束；若原本存在数个行为，则可以不受一事不再理约束，不过如果实质上仅侵害被害人一个法益的，可以考虑撤销原判重新以重罪定罪处罚。

疑 难 问 题

1.《刑法》第 270 条侵占罪

💬 误以为是遗忘物而取走的，是侵占还是盗窃？

将他人占有的财物误以为是遗忘物，属于事实认识错误，阻却故意，仅成立侵占罪。

💬 如何区分盗窃与侵占？

盗窃与侵占区分的关键在于占有归属的判断。在判断占有关系时，一是要考虑财物本身的性质（如大小、携带的可能性等）；二是虽然物理性支配较弱，如果物主有强烈的支配意思，则可能认为并未丧失占有；三是应考虑被害人对于财物物理支配力的强弱，要具体分析场所的性质、物主离开财物的时间长短和距离远近，若能确切证明行为人取得被害人财物的时点，则应以此时物主离开财物的时间、距离长短，作为判断占有是否丧失的基准。

💬 名义人处分"错误汇款"与"错误记账"，是盗窃、诈骗还是侵占？

由于汇款人或者银行的错误，导致名义人账号上的存款额增加，账号中的存款显然不属于汇款人占有，也不宜评价为银行占有（银行在汇款业务中不过就是履行快递公司的机能），故难以评价为他人占有的财物，而是属于自己偶然占有的财物，跟误投的邮件和楼上邻居偶然飘落的衣物一样，属于脱离占有物；由于对存款不具有实质性权利，作为所有者对存款进行利用处分的，成立侵占罪。

💬 毁坏受托保管的财物成立故意毁坏财物罪，谎称被盗成立诈骗罪吗？

无论是毁坏代为保管的财物，还是谎称代为保管的财物被盗而拒绝返还，违法性也仅限于将自己占有的财物变为自己所有。换言之，受委托保管苹果的人，是直接把苹果吃到自己肚子里而不能返还，还是卖掉后谎称被盗而拒绝返还，又或是扔到大海里而不能返还，结局都是将自己占有的他人财物据为己有，或者作为所有权人进行利用处分，违法性和有责性都没有什么差异。而诈骗罪说和故意毁坏财物罪说导致明显的罪刑失衡，吃到自己肚子里的，以侵占罪最终判处 5 年有期徒刑；扔到大海里，以故意毁坏财物罪最重可以判处 7 年有期徒刑；卖掉或者吃到自己肚子里后谎称被盗欺骗对方使对方放弃追索的，以诈骗罪最重可以判处无期徒刑。这完全有悖立法者特意对侵占罪设置较低法定刑的旨趣。因此笔者认为，对于代为保管的财物，无论是单纯毁坏还是谎称被盗而拒绝返还，都仅成立侵占罪，最重判处 5 年有期徒刑。

2.《刑法》第 271 条职务侵占罪
💬 职务侵占罪的本质是什么？

职务侵占罪是一种业务侵占罪，客观方面表现为将自己基于职务或者业务占有的本单位财物据为己有或者使第三者所有的行为，除非《刑法》的特殊规定（如第 183 条第 1 款）。公司、企业或者其他单位的人员窃取、骗取事先不属于自己占有的本单位财物，不成立职务侵占罪，而是成立盗窃、诈骗罪。职务侵占罪所保护的是本单位的财产，本质是一种背信行为，是单位职员将基于职务或者业务占有的本单位财物据为己有，从而侵害了本单位的财产，单位成为本罪的被害人。

💬 何谓"利用职务上的便利"？

职务侵占罪中的"利用职务上的便利"的含义，就是行为人将自己基于职务或者业务所占有的本单位财物据为己有。职务侵占罪与盗窃、诈骗罪的区别就在于财物占有的归属不同。针对自己事先占有的财物，只能成立职务侵占罪；侵害他人占有的财物，只能成立盗窃罪、诈骗罪。

3.《刑法》第 274 条敲诈勒索罪
💬 为协助警察逮捕罪犯而交付财物的，成立敲诈勒索罪既遂吗？

不能认为只要行为人实施了威胁、恐吓行为，就可以成立敲诈勒索罪的既遂。例如，行为人的威胁行为没有使被害人产生恐惧心理，但被害人基于怜悯或者其他原因交付了财物，只能成立敲诈勒索罪的未遂。又如，行为人的胁迫行为虽然使被害人产生了恐惧心理，之后被害人报了警，警察为了抓捕行为人，便让被害人前往约定地点交付财物。在这种情况下，虽然被害人交付了财物，但被害人并不是在处分财物，而是在协助警察抓捕罪犯，即便最后因为警察处置不当，导致财物实际被行为人取走，行为人的行为也只能成立敲诈勒索罪的未遂。

💬 区分敲诈勒索罪与抢劫罪，应坚持"两个当场"吗？

抢劫罪的"两个当场"，即当场使用暴力或者以暴力相胁迫等手段，并且当场取得财物，能够契合抢劫罪与敲诈勒索罪之间法定刑的差异化设置，能够准确区分二罪，并做到罪刑相适应，所以应当予以坚持。

💬 吃出铁钉要求饭店赔 500 万，否则诉诸媒体和法律，构成敲诈勒索罪吗？

在不少情况下，行为人为了行使自己的民事权利而使用胁迫手段。应当认为，行使民事权利的行为，阻却敲诈勒索罪的违法性。这里的民事权利，是法定的民事权利，或者说具有民事根据的民事权利，而不是行为人自己主张的道德权利。

损害赔偿请求权的行使，原则上也不成立敲诈勒索罪。例如，行为人在饭店点菜吃饭，菜中吃出铁钉，以向媒体反映或者向法院起诉相要挟，要求饭店赔偿500万元的，虽然赔偿数额偏高，也不能认为构成敲诈勒索罪。因为行为人的手段和目的均具有正当性，至于赔偿数额，则取决于双方的商谈。饭店要是觉得赔偿数额太高，可以选择接受媒体曝光和官司。但是，如果行为人以杀伤饭店老板或者放一把火烧掉饭店相威胁，而且所要求的赔偿数额明显超过应当赔偿的数额的，由于手段不具有相当性，目的超出了应当赔偿的范围，应以敲诈勒索罪论处。

总之，区分权利行使与敲诈勒索罪，关键在于行为人有无索取财物的合法根据，以及手段是否具有正当性。

💬 群众以上访要挟政府给予赔偿或者补偿，一定构成敲诈勒索罪吗？

应该说，正常上访是公民的宪法性权利。因此，群众向有关部门反映权利受侵害的事实，有关部门主动提出给予赔偿或者补偿，行为人接受赔偿或者补偿的，无论如何都不能成立犯罪。这种情形不存在符合任何犯罪构成要件的事实，不存在任何客观不法与主观责任。我们应当坚决摒弃"先主动补偿，后科处刑罚"的司法实践的错误做法。

不过，也不能认为凡是有上访理由的都一概不能成立敲诈勒索罪，应当考虑上访理由与取得"补偿"的关联性。例如，行为人承包的土地被征收后一直没有得到合理的补偿，于是上访。政府派人要将行为人找回来，行为人说如果不给予合理补偿，就一直上访，政府就给了行为人一笔钱。这样的案件，无论如何都不能认定为敲诈勒索罪。一方面，从构成要件的层面来说，这种行为本身就难以评价为敲诈勒索行为，因为他并不是以恶害相通告；另一方面，从主观要素来说，行为人的目的具有正当性，而不是具有"非法"占有目的。但是，如果上访人检举、揭发镇长的贪污行为却一直没有人管，上访人以此为由上访，但同时声称如果给自己一笔钱就不再上访的，则能成立敲诈勒索罪。

💬 盗窃、捡拾财物向物主领取赏金或索要赎金，一定构成敲诈勒索罪吗？

一开始就以领取赏金或者索要赎金为目的盗窃他人视为宝贝"儿子"的宠物狗后，领取狗主人悬赏的奖金的，如何处理？如果认为领取赏金也可谓对于狗的利用意思，则可对盗狗的行为认定为盗窃罪。事后谎称捡拾宠物狗而领取或者索要宠物狗赏金的，可能成立诈骗罪。若以杀害宠物狗相威胁索要赎金的，则成立敲诈勒索罪。单纯以不归还宠物狗相威胁的，不能成立敲诈勒索罪，只能对宠物狗本身成立盗窃罪或者侵占罪。

捡拾他人重要证件或者文件资料后，单纯以不归还相威胁索要赎金的，不成立敲诈勒索罪，但如果以毁坏相威胁的，则可能成立敲诈勒索罪。

十六

区分继续犯与即成犯、状态犯

 要　旨

　　准确厘定继续犯的罪名范围，对于追诉时效、溯及力、故意、责任能力、承继共犯、案件管辖、结果加重犯、正当防卫等问题的处理，具有重要的现实意义。继续犯的本质在于，每时每刻法益都受到同等程度的侵害，因而能够肯定行为及构成要件符合性在持续。理论与实务界所广泛承认的继续犯罪名中，只有非法拘禁罪、绑架罪、非法侵入住宅罪、危险驾驶罪、非法持有枪支罪属于继续犯。非法持有枪支罪以外的持有型犯罪，窝藏罪，赃物罪，遗弃罪，虐待罪，拐卖妇女、儿童罪，重婚罪，诽谤罪，私自隐匿邮件、电报罪，拒不执行判决、裁定罪，以及脱逃罪等，均不宜归入继续犯范畴。

 辩 点 分 析

　　[案1]　"重婚案"：甲女出生在偏远贫穷的山区，芳龄二十，聪明伶俐，五官端正，其有一个智障且身体残疾的哥哥，年纪已三十有六，尚未婚配，父母决定将其兄妹与邻村情况相似的兄（乙男）妹换亲。甲女虽以死抗争终无济于事，举行婚礼当晚，甲女就被智障且身体残疾的乙男强奸。后甲女冒死逃出魔掌到深圳打工，工作中遇到聪明、温柔、能干、帅气、年方二十有六，同样有被逼婚经历的丙男，二人一见钟情，坠入爱河。二人虽未办理结婚登记手续，但二人相濡以沫生活20年，育有一儿一女，婚姻生活甚是幸福美满。

　　问题：如果认为重婚罪是继续犯，那么追诉时效应从二人重婚同居行为终了之日起计算，由于本案未过追诉时效，因而能以重婚罪追究甲女与丙男二人的刑事责任；但如果认为重婚罪不是继续犯而是状态犯，则追诉时效应从开始以夫妻名义共同生活之日起计算，本案已过追诉时效，不能追究二人重婚罪的刑事责任。很显然，重婚罪是否属于继续犯，成为解决本案是否超过追诉时效、能否追究二人重婚罪刑事责任的关键。

[**案 2**] "脱逃案"：田某 1992 年因犯盗窃罪被判处有期徒刑 4 年，服刑 3 个月后利用外出劳动的机会脱逃，直到 2015 年才被抓获。脱逃期间田某使用假名办理了身份证并结婚生子，脱逃期间未发现其有新的犯罪行为。

问题：法院在审理该案时就是否超过追诉时效产生两种对立性观点。如果认为脱逃罪属于继续犯，则追诉时效应从结束脱逃状态之日起开始计算，本案尚未超过追诉时效；如若认为脱逃罪属于状态犯，则追诉时效应从脱离监管之日起计算，本案便早已超过脱逃罪 10 年的追诉时效。

由上可以看出，具体罪名属于继续犯还是状态犯（或者即成犯），直接关系到是否超过追诉时效、能否追究行为人刑事责任的重大问题。不仅如此，具体罪名是否属于继续犯，还与共犯的成立范围、溯及力、案件管辖、结果加重犯、正当防卫等问题息息相关。然而，我国通说教科书及司法实践，在确定具体罪名属于何种犯罪类型方面不够严谨。这显然不利于合理确定刑法的处罚范围，不利于法益保护与人权保障。因此，准确厘定我国刑法分则罪名中继续犯的范围，正确处理继续犯相关问题，具有重要的理论与实践意义。

（一）区分继续犯、即成犯、状态犯的意义及标准

1. 区分的意义

关于区分继续犯与即成犯、状态犯的意义，大多认为对于追诉时效的计算、中途参与的共犯成立范围、溯及力即跨法犯时间效力问题的处理，以及案件管辖即犯罪地的确定等具有重要意义。以非法拘禁罪为例，继续犯的效果如下：（1）追诉时效应从结束非法拘禁状态，即被害人重获自由（如主动释放、被解救、被害人逃跑等）开始计算。即使非法拘禁被害人长达 30 年，只要被害人没有重获自由，追诉时效就没有开始计算，始终能以非法拘禁罪进行追诉。（2）在非法拘禁期间，他人参与看管被害人的，能够成立非法拘禁罪的共犯。当然，若只是接受委托给被害人送饭，则不宜认定为共犯，因为给被害人送饭是降低被害人风险的行为。（3）在非法拘禁期间，法律发生变更的，由于评价上或者拟制非法拘禁行为（如把被害人锁在房间里丢下一些食物后外出看世数月未归）尚未终了，

因此其间法律发生变更的，可以适用"行为时"的新法。（4）开始因不小心非法拘禁了他人，后来意识到了且能够释放却不释放的，之后成立非法拘禁罪。（5）未满 16 周岁时非法拘禁他人，持续到 16 周岁以后仍继续非法拘禁他人的，之后的行为成立非法拘禁罪。（6）非法拘禁行为持续期间，犯罪地可能发生变更，如从安徽合肥辗转到江苏南京，只要非法拘禁行为没有中断，应认为非法拘禁行为始终在持续，因而合肥、南京均属犯罪地，均有案件管辖权。（7）在非法拘禁行为持续过程中，被害人的人身自由法益持续性地受到侵害，而且每时每刻都受到同等程度的侵害，行为始终处于犯罪过程中，因此被害人始终有权实施正当防卫。（8）由于犯罪行为一直处于持续过程中，因此非法拘禁行为导致被害人重伤、死亡的，成立非法拘禁罪的结果加重犯。

2. 区分的标准

由于我国刑法理论主要继受日本，在犯罪类型（即犯罪形态）的分类上大多坚持三分法，即分为继续犯、即成犯与状态犯，而德国的学者通常采取二分法，仅分为继续犯与状态犯，而不进一步区分即成犯与状态犯。三分法认为，所谓即成犯，是指一旦发生法益侵害结果，犯罪即告终了，法益侵害状态也随之结束，杀人罪是其典型；所谓状态犯，是指随着法益侵害结果的发生，犯罪达到既遂，犯罪也同时结束，此后只是法益受侵害的状态在持续，盗窃罪是其典型；所谓继续犯，是指不仅法益受侵害的状态在持续，该当构成要件的行为本身也被认为在持续，非法拘禁罪是其典型。从定义看，即成犯与状态犯的区别在于，法益侵害状态是否在持续。

的确，在法益侵害结果发生，犯罪达到既遂，犯罪也随之结束这一点上，即成犯与状态犯是共通的，因而在追诉时效、溯及力、共犯、案件管辖等问题的处理上二者并无不同。在笔者看来，状态犯不同于即成犯的一点在于，状态犯犯罪终了后存在需要恢复到合法状态的违法状态的存在。质言之，所谓状态犯，是还存在需要改变的违法状态，而不像即成犯，法益受侵害的状态不会再发生改变。例如，盗窃犯盗窃既遂后，犯罪虽然终了，但非法占有他人财产的状态，是需要通过追缴、退赔等手段返还被害人的。而故意毁坏财物的，就不存在需要恢复到合法状态的违法状态，因此故意毁坏财物罪是即成犯而非状态犯。既然状态犯还存在需要恢复到合法状态的违法状态，因此，被害人还可能通过自力救济（不是正当防卫）将法益恢复到应有的状态。如果认为脱逃罪是状态犯，则国家随时可以将脱逃犯抓回监狱服刑。据此，笔者倾向认为拐卖妇女、儿童罪是即成犯，而收买被拐卖的妇女、儿童罪与拐骗儿童罪属于状态犯，就是因为后者还存在需要恢复到合法状态的违法状态。所以，状态犯既遂后还存在赃物犯罪等所谓事后"共犯"行为。不仅如此，是确定为即成犯还是状态犯，对于追诉时效的起算也不是完全没有意义。例如，如果认为故意伤害罪是即成犯，则伤害行为结束就应开始计算追诉时效。但这样处理并不合理。为了最大限度地保护法益，应当认为，在让被害人服用的药物持续性发挥功效等原因导致被害人伤情持续恶化的场合，也应认为犯罪尚未终了，追诉时效应从伤情稳定之日起开始计算。同样，行为人实施放火行为，即使认为形成独立燃烧放火即告既遂，但只要火势还在蔓延，就不应开始计算追诉时效。从这个意义上讲，无论是继续犯，还是即成犯、状态犯，都应将我国《刑法》第 89 条中"追诉期限从犯罪之日起计算"中的"犯罪之日"，理解为"犯罪终了之日"。

虽然即成犯与状态犯之间存在些许差别，但总体而言，二者属于同一阵营，在追诉时效、共犯、溯及力、案件管辖、正当防卫、结果加重犯等问题的处理上与继续犯截然不同。因此，继续犯与即成犯、状态犯，尤其是与状态犯的区分，至为重要。

全世界公认非法拘禁罪与盗窃罪分别是继续犯与状态犯的典型。通常认为，只要行为人不释放被害人使其重获自由，非法拘禁行为就始终在持续，犯罪尚未终了。其实，非法拘禁行为的持续只是评价上的、拟制性的。行为人把被害人锁在家里并丢下一些食物和水后，出门周游列国一年才回来释放被害人，虽然自然意义上的锁门动作早已终了，但由于锁门这一动作导致对被害人的场所移动自由每时每刻都受到同等程度的侵害这一点，能持续性得到肯定，因此，能够肯定非法拘禁行为在持续，非法拘禁行为的构成要件符合性在持续，或者说非法拘禁行为人对法益的侵犯在持续。相反，状态犯发生侵害法益的结果后，行为人行为的构成要件符合性没有持续（如没有持续地"窃取"他人财物）。

也就是说，所谓继续犯中行为的持续只是评价上的、拟制性的，是因为可以认为被害人的法益每时每刻都受到了同等程度的侵害，因而能够持续性地肯定构成要件符合性。反之，如果不能认为被害人的法益每时每刻都受到同等程度的侵害，就不能肯定构成要件行为在持续，就不能持续性肯定构成要件符合性。之所以人们普遍认为盗窃罪属于状态犯，而不是继续犯，一方面是因为按照社会的一般观念，盗窃既遂之后不能认为行为人还在持续性"盗窃"被害人的财物；另一方面，盗窃既遂之后，难以认为盗窃时以及盗窃行为完成后，被害人的法益每时每刻都受到同等程度的侵害，而能够持续性地肯定盗窃罪的构成要件符合性。此外，之所以认为盗窃罪只是状态犯而不是继续犯，也与盗窃罪只是财产犯罪而非人身犯罪有关。非法拘禁罪之所以公认为继续犯，是因为其所侵害的是公民的人身自由，而人身自由法益显然比财产法益更为重要。因此，在确定某个具体罪名是否属于继续犯时，对法益的重要程度也应予以考量。

综上，继续犯与状态犯（包括即成犯）的本质区别，在于前者符合构成要件的行为在持续，能够持续性地肯定构成要件符合性。亦即，根据人们的一般观念以及法益的重要性，能够肯定被害人的法益每时每刻都受到同等程度的侵害。

(二) 理论上界定的继续犯罪名范围

我国学者认为属于继续犯的罪名主要有：非法拘禁罪，窝藏罪，窝藏毒品、毒赃罪，遗弃罪，虐待罪，持有型犯罪，绑架罪，拐卖妇女、儿童罪，重婚罪，危险驾驶罪，诽谤罪（网络诽谤行为），私自隐匿邮件、电报罪，以及拒不执行判决、裁定罪等罪名。当然，除了公认为继续犯的非法拘禁罪以外，其他罪名是否属于继续犯都存在不同程度的分歧。

(三) 争议罪名犯罪类型辨析

1. 持有型犯罪

我国刑法分则中持有型罪名呈现日益扩张的趋势，目前主要有：非法持有宣扬恐怖主义、极端主义物品罪，非法持有枪支、弹药罪，持有假币罪，持有伪造的发票罪，非法持有国家绝密、机密文件、资料、物品罪，非法持有毒品罪等。至于巨额财产来源不明罪，其实行行为是持有（拥有）来源不明的巨额财产，还是拒不说明财产来源的不作为，即该罪是否属于持有型犯罪，理论上尚存争议。

虽然国内外均有不少学者主张持有型犯罪属于继续犯，但笔者仍抱有疑问。持有型犯罪的正当化根据在于，立法者为了避免对重大法益保护的疏漏，在行为人不能合理说明特定对象的来源和去向时，根据行为人明知对象性质而持有的现状，推定来源或者去向非法，进而以持有型犯罪定罪处罚。因此，除非法持有、私藏枪支、弹药罪之外，难以认为其他持有型犯罪在持有行为的持续期间，对法益存在持续性的威胁或者侵害，难以肯定构成要件的持续符合性而属于继续犯。况且，若将枪支、弹药以外的持有型犯罪均确定为继续犯，进而认为应从持有状态的结束之日起计算追诉时效，也会导致与相关犯罪追诉时效的处理不协调。例如，即便贩卖了1吨海洛因，20年之后通常都会因为超过追诉时效而不再被追诉，但若认为非法持有毒品罪属于所谓的继续犯，则因捡拾并长期持有一小包海洛因，而始终可能被追究刑事责任。又如，倘若认为持有伪造的发票罪是继续犯，则即便虚开或者非法出售大量的增值税专用发票，经过20年通常也不再被追诉，但捡拾并长期持有一叠伪造的普通发票，却始终可能被追究刑事责任。这明显不协调！

总之，为了与相关即成犯、状态犯追诉时效的处理相协调，除非法持有、私藏枪支、弹药罪之外（因为非法持有枪支、弹药的行为本身对公共安全存在持续性的抽象危险），不宜将其他持有型犯罪归入继续犯，不应认为持有型犯罪的追诉期限均从结束非法持有状态之日起计算，而是应从明知是禁止持有的违禁品而非法持有之日起计算。

值得一提的是，虽然盗窃、抢夺、抢劫罪与盗窃、抢夺、抢劫枪支罪均可谓状态犯，但从对公共安全的持续性抽象危险来看，盗窃、抢夺、抢劫枪支后的非法持有枪支行为，可以评价或者拟制为一直在持续，因而可以肯定非法持有枪支罪的构成要件符合性在持续。从这个意义上讲，盗窃、抢夺、抢劫枪支罪作为状态犯，超过一定时间后可以认为因超过追诉时效而不能被追诉，但盗窃、抢夺、抢劫枪支后的非法持枪行为，可谓继续犯，而能以非法持有枪支罪追究刑事责任。

2. 拐卖妇女、儿童罪，收买被拐卖的妇女、儿童罪，以及拐骗儿童罪

由于在拐卖妇女、儿童过程中一般伴随非法拘禁行为，因而看似拐卖妇女、儿童的行为在持续，其实是其中的非法拘禁行为一直在持续。如果不伴随非法拘禁行为，如父母等小孩一出生就出卖的，也就不存在所谓行为的持续。因此，准确地讲，不是拐卖妇女、儿童的行为具有持续的性质，而是拐卖妇女、儿童过程中通常伴随的非法拘禁行为具有持续的性质，而拐卖之后，由于被拐卖的妇女、儿童已经完全转移至收买者的支配、控制之下，因而整体上应将拐卖妇女、儿童罪看作即成犯。对于收买被拐卖的妇女、儿童罪以及拐骗儿童罪，考虑到两罪相对较低的法定刑，为了与拐卖妇女、儿童罪追诉时效的处理相协调，宜认为两罪属于状态犯（持续的只是需要恢复到合法状态的违法状态），追诉时效应从收买、拐骗行为完成之日起计算，之后他人的参与行为没有成立共犯的余地，如果行为人存在非法拘禁行为，则由于非法拘禁罪属于继续犯，可据此处理追诉时效、共犯、溯及力等问题。

3. 窝藏罪与窝藏毒品、毒赃罪

只要犯罪人一直藏匿于行为人所提供的处所，似乎可能得出窝藏行为一直在持续的结论。但是，如果认为窝藏罪属于继续犯，就会得出所窝藏的杀人犯因超过20年追诉时效而可能不再追诉，而为杀人犯提供藏匿处所的人却始终没有超过追诉时效而有被追究刑事责任的可能性，这明显不协调，此其一。其二，窝藏罪作为妨害司法的犯罪，本来仅具有事后"从犯"的性质，法益侵害性不可能超过本犯，不属于侵害重要法益的犯罪，难以与持续性侵害人身自由权这一重要法益的非法拘禁罪的法益侵害性相提并论，窝藏行为缺乏像非法拘禁罪那样对行为评价或者拟制为一直在持续的基础。赃物犯罪也是如此。至于窝藏犯罪人、保管赃物的行为人当初不知情，知情后继续窝藏犯罪人、保管赃物的，能否作为犯罪处理，理论上存在争议。应该说，将其看作不作为犯罪，而不是认为窝藏、保管行

为本身一直在持续，可能更为妥当。

总之，从法益的重要程度，以及与本犯在追诉时效等问题处理上的协调，将窝藏罪、赃物罪作为状态犯或者即成犯对待，而不是归入继续犯，可能更为合适。

4. 遗弃罪与拒不执行判决、裁定罪

如果将遗弃罪与拒不执行判决、裁定罪等不作为犯罪均归入继续犯的范畴，会导致与相关犯罪处罚的不协调。例如，行为人直接杀死需要救助的被害人，20年后通常不再被追诉，而行为人离家出走将需要救助的被害人独自留在家里，或者将被害人放在民政局、警察局门口看到被害人被收留后离开，则可能因为行为人持续性负有扶养义务而犯罪尚未终了，始终未超过追诉时效而有被追诉的可能性，导致处理结论的明显不协调。同样，具有履行判决、裁定的能力而一直拒不履行判决、裁定的，也得不出法益每时每刻都受到同等程度的侵害、行为人每时每刻均具有作为的可能性，因而可以评价或者拟制认为不作为本身在持续，犯罪尚未终了，追诉时效始终不应开始计算的结论。

总之，对于不作为犯而言，如果被害人的法益始终处于危险状态，而且行为人存在作为的可能性，也只可以持续性地肯定行为人负有作为的义务，但并不能得出犯罪尚未终了，不作为行为以及不作为犯罪构成要件符合性一直在持续，而属于继续犯的结论。

5. 虐待罪

虽然虐待罪中常常有"今日打骂、明日冻饿、后日不予看病"这一系列的动作，但难以认为虐待行为本身一直在不间断地持续，也难以肯定被害人的法益每时每刻都受到同等程度的侵害，不能与非法拘禁中被害人的人身自由法益持续性受到侵害相提并论。其实，虐待罪类似于集合犯中的常习犯，将其归属于继续犯显然不合适。

6. 私自隐匿邮件、电报罪

表面上看，只要一直隐匿着邮件、电报，似乎行为本身一直在持续，但从与毁弃邮件、电报罪（典型的即成犯）在追诉时效问题处理上的协调性考虑，以及该罪的法益并不重要，法定刑也较轻来看，没有必要将该罪归入继续犯，而让行为人在追诉时效等的处理上承担过于严厉的责任。

7. 诽谤罪（网络诽谤行为）

有观点认为，诽谤罪的诽谤行为不必具有持续性，但网络诽谤行为完全可能成为继续犯。如果这种观点成立，则在大街上拉一条诽谤他人的横幅，只要行为人不撤下横幅，诽谤罪的追诉时效就始终不会开始计算，行为人就始终存在被以诽谤罪追究刑事责任的可能性。这可能存在疑问。应该说，上述观点是将犯罪终了的确定时间与继续犯行为本身的持续相混淆了。因为即便是盗窃罪（如持续性偷电用于自家的冷库制冷）、伤害罪（伤害行为结束后伤情持续恶化）这类典型的状态犯，以及故意杀人罪（投毒后毒药持续发作）、放火罪（放火行为结束后火势持续蔓延），也存在犯罪行为终了与法益侵害、犯罪结果终了时间不一致的问题，但显然不能认为这些犯罪也是继续犯。

从这个意义上讲，《刑法》第 89 条中"追诉期限从犯罪之日起计算"中的"犯罪之日"，并不是通说所解读的"犯罪成立之日"或者"犯罪实施并既遂之日"，而应与连续犯、继续犯同样为"犯罪终了之日"。也就是说，所谓网络诽谤，不过意味着如果行为人不采取相应的移除措施将导致被害人的名誉持续性地受到损害，这与放火后的火势蔓延、伤害后的伤情恶化、投毒杀人后的毒药持续发作、偷电引入冷库后持续用电等的状态没有什么不同，只是意味着犯罪尚未终了。换言之，如果网络舆情已经转移，即便行为人不移除网络上的诽谤言论，对被害人名誉的损害没有持续性扩大，也会认为犯罪已经终了，而应开始计算追诉时效。关于追诉时效制度的根据或者目的，理论上存在改善推测说、证据湮灭说、准受刑说、规范感情缓和说、尊重事实状态说。根据证据湮灭说与尊重事实状态说，都可能得出所谓犯罪之日应为犯罪终了之日的结论。因此，所谓网络诽谤行为并没有什么特殊性，只可能意味着犯罪尚未终了而不能开始计算追诉时效，并不能得出诽谤罪（网络诽谤行为）属于继续犯的结论。若认为属于继续犯，则在追诉时效、溯及力、共犯等问题的处理上，都可能难以得出妥当的结论。

8. 重婚罪

笔者认为，无论法律重婚还是事实重婚，均为状态犯。一则，根据追诉时效制度的根据或者目的中的"尊重事实状态说"，应得出 5 年之后不应追诉的结论。因为婚姻以感情为基础，同居 5 年以上，说明已经建立稳定的夫妻感情，形成稳定的婚姻家庭关系。追究行为人重婚罪的刑事责任，反而是对稳定的家庭关系的破坏。如案 1 "重婚案"，甲女和丙男，为了逃避换亲带来的不幸婚姻，情投意合走到一起，相濡以沫、相亲相爱、生儿育女，早已形成稳定的夫妻家庭关系，这种情况下若以重婚罪属于继续犯为由追究二人重婚罪的刑事责任，明显是对事实上已经形成的稳定的社会关系的破坏，违背了刑法保护人、促进善的本旨。二则，根据重婚罪 2 年有期徒刑的法定最高刑的配置，无论从一夫一妻制法益的重要程度，还是从预防犯罪的必要性大小上看，都不适合在追诉时效问题的处理上过于严厉，否则既是对现存稳定社会关系的破坏，也是对司法资源的浪费，同时有悖法不进入家庭的基本理念。因此，重婚罪应属于状态犯，案 1 中的甲女与丙男的重婚行为早已超过追诉时效，不应被追究刑事责任。

9. 非法侵入住宅罪

无论在非法侵入住宅罪所侵害的法益问题上持旧住宅权说、安宁说（平稳说）还是新住宅权说，由于公民的住宅法益是公民最重要的法益之一，即便自然意义上的侵入住宅的动作已经结束，但评价上或者拟制上认为非法侵入住宅行为一直在持续，因为被害人的住宅法益每时每刻都受到同等程度的侵害，因而能够肯定非法侵入住宅罪构成要件的持续符合性，应当认为非法侵入住宅罪属于继续犯。换言之，虽然非法侵入住宅罪的法定刑并不重（与非法拘禁罪的基本犯一样，仅为3年有期徒刑），但因为其与非法拘禁罪一样，保护的是重要的人身法益，所以能够肯定法益侵害以及构成要件符合性一直在持续。

10. 危险驾驶罪

危险驾驶罪属于继续犯。理由在于，只要行为人持续性危险驾驶（追逐竞驶、醉酒驾驶等），对公共安全的抽象性危险就持续存在，而且可以认为公共安全法益每时每刻都受到同等程度的侵害，危险"驾驶"行为一直在持续，危险驾驶罪的构成要件符合性一直在持续。换言之，虽然危险驾驶罪的法定刑并不重（法定最高刑仅为6个月拘役），但因为危险驾驶行为关涉公共安全，而且危险驾驶期间，对公共安全的危险持续存在，可以认为法益每时每刻都受到同等程度的侵害。

11. 脱逃罪

脱逃罪是继续犯还是状态犯，理论与实务界均存在不小争议，实践中存在对脱逃22年后仍以脱逃罪属于继续犯为由进行追诉的案例。[①]

笔者认为，脱逃罪不是继续犯，而是状态犯。认为脱逃罪不属于继续犯，不是因为脱逃行为已经结束，而是因为，一则，脱逃过程中难以肯定法益每时每刻都受到同等程度的侵害；二则，出于同本来犯罪的追诉时效相协调的考虑，不能得出故意杀人的20年后不再被追诉，而杀人犯脱逃后反而始终具有被追诉的可能性的结论；三则，若认为是继续犯，在溯及力、共犯、案件管辖等问题的处理上可能得出不合理的结论；四则，即便不将脱逃罪认定为继续犯，只要及时立案侦查，根据《刑法》第88条第1款关于追诉时效延长的规定，也不至于放纵犯罪。因此，对于案2"脱逃案"，应认为已经超过追诉时效，不能以脱逃罪追究其刑事责任。

---

① 参见林国强：《脱逃罪的追诉时效探析——基于刑法目的解释维度》，载《人民论坛》2016年第17期。

〜〜〜〜〜〜 疑 难 问 题 〜〜〜〜〜〜

1.《刑法》第 238 条非法拘禁罪

💬 趁他人熟睡时锁门又在他人醒来前开门的，构成非法拘禁罪吗?

例如，被害人喝醉了酒，在房间里睡觉，A 在其睡觉期间将房门锁了，但在被害人酒醒之前，就把门打开了。

根据可能的自由说，A 的行为构成非法拘禁罪，因为被害人随时可能醒来移动自己的身体。但是根据现实的自由说，最多只能成立非法拘禁罪的未遂。如果 A 每时每刻观察被害人的举止，一旦酒醒了就立即开锁，就连未遂也不能成立。

非法拘禁罪所保护的法益是所谓的场所移动自由，那么，这里的"自由"是指现实的自由还是可能的自由？可能的自由说认为，非法拘禁罪保护的法益是只要想活动身体就可以活动的自由。而现实的自由说认为，非法拘禁罪保护的法益是在被害人打算现实地活动身体时就可以活动的自由。相对而言，现实的自由说更为合理。也就是说，非法拘禁罪所保护的法益是被害人打算现实地活动身体时就可以活动的自由。因为非法拘禁罪不是危险犯，而是实害犯。只有对法益造成了实际损害，才能成立该罪。

2.《刑法》第 239 条绑架罪

💬 扣留岳母以要求妻子早日从娘家返回的，能构成绑架罪吗?

由于《刑法修正案（七）》增设了绑架罪的减轻法定刑幅度（5 年以上 10 年以下有期徒刑），因此，没有必要还将绑架罪构成要件中的"不法要求"限定为重大不法要求，这是一方面；另一方面，提出的是容易满足的轻微的不法要求，而且人质并没有生命、身体安全之忧的，尤其是发生在亲属、邻里等熟人之间的，一般不宜认定为绑架罪，因为即便是绑架罪的减轻法定刑幅度的最低刑 5 年也比非法拘禁罪的最高刑 3 年要重得多。所以，是定非法拘禁罪还是绑架罪，不能仅看是否提出了不法要求，是否侵害了第三人的自决权，主要还是要考虑对人质的生命、身体安全的威胁程度，对第三人自决权的侵害程度，综合判断是否达到了值得科处绑架罪刑罚的程度。

💬 他人绑架人质后受邀打勒索财物电话的，能构成绑架共犯吗?

绑架罪的实行行为只有绑架，未参与绑架行为，仅在他人绑架既遂后参与勒索财物的（如受邀打勒索财物的电话），不仅对绑架行为没有贡献，而且是降低风险的行为，因为越早打勒索财物的电话，人质往往能越早得到释放。所以，他人绑架人质后受邀打勒索财物的电话，只能与"绑匪"成立敲诈勒索罪的共犯，而不能成立绑架罪的共犯。

💬 **在以实力控制被害人后，让被害人隐瞒被控制的事实向亲属打电话索要财物的，构成绑架罪吗？**

不能成立绑架罪，只能成立抢劫罪。

💬 **没有参与绑架的人在他人绑架既遂后参与杀害被绑架人的，成立绑架杀人吗？**

杀害被绑架人是结合犯，根据结合犯和承继共犯的原理，没有参与绑架的人在他人绑架既遂后参与杀害被绑架人的，由于对绑架没有贡献，所以仅成立故意杀人罪的共犯，不能成立"杀害被绑架人"的共犯。

💬 **能否将本罪中情节较轻的情形理解为基本规定？**

1997 年《刑法》对绑架罪的法定刑规定得太重，《刑法修正案（七）》增加了情节较轻的处 5 年以上 10 年以下有期徒刑的规定。应该说，除了绑架时间长、严重虐待被绑架人、造成伤害或者死亡结果以及已经向第三者勒索到财物等情形外，一般都属于情节较轻的行为。其实，完全可以将《刑法》第 239 条第 1 款中的情节较轻的情形理解为基本规定。换言之，对犯绑架罪的，首先考虑的是判处 5 年以上 10 年以下有期徒刑，而不是 10 年以上有期徒刑或者无期徒刑。[①]

3. 《刑法》第 240 条拐卖妇女、儿童罪

💬 **本罪的实行行为是"拐骗、绑架、收买、贩卖、接送、中转"六种行为之一，还是只有"拐卖"？**

拐卖妇女、儿童罪的实行行为只有"拐卖"，第 240 条第 2 款的规定，只是一种关于共犯行为的注意性规定，而不是对该罪实行行为的规定。

💬 **能否认为只要实施了《刑法》第 240 条第 2 款规定的行为之一，就构成拐卖妇女、儿童罪的既遂？**

认为一个犯罪存在多个既遂标准，显然有悖一个犯罪只有一个犯罪既遂标准的常识；主张只要行为人实施完成了拐骗、绑架、收买、接送、中转的行为之一就成立本罪的既遂，也不利于鼓励行为人及时中止犯罪（如在出卖前将被拐卖人送回原处），避免法益侵害结果的发生；我国的拐卖妇女、儿童罪与其他国家和地区的买卖人口罪的实质，都是将他人当作商品予以出售，所以，应以出卖行为的完成，即卖出为本罪的既遂。

💬 **得到承诺的拐卖，还能构成拐卖妇女、儿童罪吗？**

笔者赞成折中说，即成年妇女的承诺有效，但儿童承诺无效。因为，《刑法》分则"侵犯公民人身权利、民主权利罪"一章都是侵害个人法益的犯罪（重婚罪

---

① 参见张明楷：《侵犯人身罪与侵犯财产罪》，北京大学出版社 2021 年版，第 132 页。

除外），而个人法益除生命承诺无效之外（有观点认为重大健康的承诺也无效），个人承诺放弃的，一般都应尊重当事人的意志自由，法律不应干涉。

💬 认为区分民间送养与出卖亲生子女的关键在于是否具有非法获利目的的司法解释规定，有无疑问？

如果父母不想抚养子女或者由于某种原因不能抚养子女，在调查了解了对方的家庭环境、接受儿童的目的后，认为对方会抚养好儿童，然后将儿童交付给对方的，无论收取了多少钱，也不论是以什么名义收钱，都不宜认定为拐卖儿童罪。反之，如果明知对方不会抚养好儿童，甚至知道对方会虐待、残害儿童，而将儿童有偿交付给对方的，即使要的钱很少，也应当认定为拐卖儿童罪。有的父母为了通过出卖亲生子女获利，而根本不关心接收者如何对待儿童，对此一般能认定为拐卖儿童罪。

💬 "造成被拐卖的妇女、儿童或者其亲属重伤、死亡"，包括自杀、自残吗？

有观点认为，"造成被拐卖妇女、儿童或者其亲属重伤、死亡或者其他严重后果"，包括由于犯罪分子的拐卖行为或者侮辱、殴打等行为引起被害人或者其亲属自杀、精神失常或者其他严重后果。[①] 应该说，由于"造成被拐卖的妇女、儿童或者其亲属重伤、死亡"是拐卖妇女、儿童罪的加重情节，法定刑很重，所以拐卖行为引起被拐卖的妇女、儿童或者其亲属自残、自杀的，不符合缓和的结果归属的条件，不宜将引起自杀、自残评价为拐卖妇女、儿童罪的加重情节。

4.《刑法》第241条收买被拐卖的妇女、儿童罪
💬 在他人收买儿童后参与抚养的，能成立收买被拐卖的儿童罪的共犯吗？

收买被拐卖的妇女、儿童罪是状态犯，不是继续犯，收买行为完成，即被拐卖的妇女、儿童被置于收买者的实力支配下就成立本罪的既遂，之后只是不法状态的持续。在他人收买妇女、儿童后与被拐卖的妇女、儿童共同生活的，不构成共犯；参与抚养儿童的，属于降低风险的行为，不成立收买被拐卖的儿童罪的共犯。当然，若实施了非法拘禁、虐待、强奸、侮辱等犯罪行为，完全可以单独或共同成立非法拘禁、虐待、强奸、侮辱罪，但还是不能成立收买被拐卖的妇女、儿童罪的共犯。

💬 认为"提供户籍证明的构成收买被拐卖的妇女、儿童罪的共犯"的司法解释规定，有无疑问？

"两高"等发布的《关于依法惩治拐卖妇女儿童犯罪的意见》规定："明知他人收买被拐卖的妇女、儿童，仍然向其提供被收买妇女、儿童的户籍证明、出生证明或者其他帮助的，以收买被拐卖的妇女、儿童罪的共犯论处，但是，收买人

---

① 参见刘宪权主编：《刑法学（第六版）》，上海人民出版社2022年版，第592页。

未被追究刑事责任的除外。"

应该说，认为收买行为完成即既遂，之后提供帮助的也能成立共犯，违背了共犯只能在正犯既遂之前参与的常识。也就是说，如果收买行为已经完成，再提供户籍证明、出生证明等帮助的，不可能评价为收买被拐卖的妇女、儿童罪的共犯。

5.《刑法》第245条非法侵入住宅罪

● "经要求退出而不退出"，是非法"侵入"住宅吗？

我国《刑法》第245条规定的只是非法"侵入"住宅，但我国刑法通说教科书却认为"非法侵入住宅罪，是指未经允许非法进入他人住宅或者经要求退出无故拒不退出的行为"[①]。的确，在德国、日本以及民国刑法中，不退去是与侵入相并列的两种行为，也就是说，不退去不属于侵入。但我国现行《刑法》并没有规定不退去行为，而刑法理论却想当然地认为不退去也属于侵入。应该说，这是照抄民国和域外刑法教科书的结果，是一种类推解释，因为不退去不符合侵入的要求。质言之，只有未经允许进入的才是非法侵入住宅，经过允许进入后经要求退出而拒不退出的，不属于非法侵入，不构成非法侵入住宅罪。

● 读中学的女儿不顾父母反对，带男朋友进入自己卧室的，构成非法侵入住宅罪吗？

谈恋爱的中学生女儿只是把男朋友带到自己卧室的，不构成非法侵入住宅罪，但如果把男朋友带到父母卧室发生性行为的，恐怕就构成非法侵入住宅罪了。丈夫出差，妻子将情人带到家里幽会的，因为得到房屋共有者妻子的同意，不成立非法侵入住宅罪。

● 应否进行实质解释要求成立本罪也必须情节严重？

本罪罪状的表述与《治安管理处罚法》的规定没有什么不同，但一个是犯罪，一个只是一般违法行为。所以应对本罪成立条件进行实质解释，即只有严重侵犯住宅权也就是"情节严重"的行为，才能成立犯罪。我国司法实践中也只将严重侵犯法益的行为作为本罪处理，如将棺材抬到别人家客厅，并长期滞留在别人家里。当然，既然认为本罪的法益不是住宅的安宁而是住宅权，就可以适当扩大本罪的处罚范围，未经允许进入他人住宅的，原则上都可以作为犯罪处理。

6.《刑法》第246条侮辱罪、诽谤罪

● 对所谓"诽谤官员案"，应该定罪吗？

虽然作为诽谤罪对象的"他人"并不排斥公众人物，但是，根据我国宪法规

---

① 高铭暄、马克昌主编：《刑法学（第十版）》，北京大学出版社2022年版，第482页。

定的言论自由的核心目的，刑法必须适当降低对公众人物名誉的保护规格。对所谓"诽谤官员案"，不宜以犯罪论处。

💬 **只是意见表达，也能构成诽谤罪吗？**

我国《刑法》第246条诽谤罪规定的是"捏造事实诽谤他人"，很显然，诽谤的内容限于"事实"，而非"意见"。因此，诽谤的内容是属于事实陈述还是意见表达，直接关系到诽谤罪成立与否。

💬 **散布有损他人名誉的真实事实，客观上保护了公共利益的，构成侮辱罪吗？**

"公众人物无隐私"。如果对象是公众人物，所散布的事实关涉公共利益，这时应优先保护民众的知情权，而非公众人物的个人名誉权。所以，散布有损公众人物名誉的真实事实，客观上保护了公共利益的，不构成犯罪。

7.《刑法》第258条重婚罪

💬 **婚姻法上事实婚姻无效，刑法上还应肯定事实重婚吗？**

一般认为，虽然婚姻法上事实婚姻无效，但刑法上还是应肯定事实重婚罪的成立。笔者认为，由于事实婚姻中所谓"以夫妻名义共同生活"，实际很难判断。从法秩序统一性原理和罪刑法定原则的明确性要求考虑，不宜将事实重婚纳入重婚罪的范畴。

8.《刑法》第313条拒不执行判决、裁定罪

💬 **行为人单纯不遵守管制规定的，能成立本罪吗？**

行为人单纯不遵守管制规定的，不成立本罪，但在管制期间逃往外地摆脱管制的，可能成立本罪。

💬 **行为人单纯不执行刑事判决的，能否成立本罪？**

拒不执行可谓不作为犯，但由于本罪的成立以情节严重为要件，所以，只有当国家机关执行判决、裁定的内容时，行为人拒不执行的，才应以本罪论处。例如，行为人单纯不缴纳罚金的，或者危险驾驶的行为人被外地法院判处拘役后，不主动回审判地服刑的，均不成立本罪。

9.《刑法》第316条第1款脱逃罪

💬 **事实上无罪的人，能否成为本罪的行为主体？**

被非法关押的人脱逃的，不可能成立犯罪。国家有错在先，不能期待国民必须忍受这种错误。也就是说，事实上无罪的人脱逃的，因缺乏期待可能性，不应作为犯罪处理。

💬 能否认为准许回家探亲而逾期不归的，也成立脱逃罪？

有观点认为，受到监狱（包括劳改农场等监管机构）奖励，节假日受准回家的罪犯，故意不在规定时间返回监狱，采取逃往外地等方式逃避入狱的，也应以脱逃罪论处。①

上述观点存在疑问。脱逃是一种作为犯罪，限于从监管场所积极脱逃的情形。受准回家，不是逃出监狱的，逾期不归这种不作为，明显不符合脱逃罪的构成要件。

💬 被判处死刑立即执行以及终身监禁的人脱逃的，成立犯罪吗？

脱逃本身就是缺乏期待可能性的行为，尤其是被判处死刑立即执行以及被判处终身监禁的人脱逃，更是缺乏期待性，不成立脱逃罪。当然，行为人采取破坏监管设施或者杀害、伤害监管人员的手段脱逃的，可以根据手段行为定罪处罚。

---

① 参见张明楷：《刑法学（第六版）》（下册），法律出版社 2021 年版，第 1456 页。

十七

区分加重构成与量刑规则

要　旨

区分说批评传统加重构成说不当扩大了未遂犯的处罚范围，提出应将法定刑升格条件区分为加重构成与量刑规则，认为前者存在未遂、后者不存在未遂。其中，行为类型标准说认为，行为人意图盗窃数额（特别）巨大的财物而未得逞的，仅成立盗窃数额较大的未遂、适用数额较大的法定刑。这种立场明显与客观未遂论相冲突，亦不利于保护法益，还会形成罪刑失衡的"断崖式"判罚结果，因而不具有合理性。是否成立未遂，只需根据行为是否已经对法益形成了现实、紧迫的危险进行客观判断。

辩 点 分 析

[**案1**]　"售房诈骗案"：被告人王某明通过使用伪造的户口簿、身份证盗卖其父王某芳的房屋，与被害人徐某签订房屋买卖合同约定购房款为100万元，在收到1万元定金及29万元购房首付款后办理房屋过户手续时案发，未获余款70万元。一审法院仅认定被告人犯诈骗罪数额巨大（30万元）的既遂。二审法院改判认为，被告人同时触犯诈骗罪数额巨大（30万元）的既遂与诈骗罪数额特别巨大（70万元）的未遂，从一重处罚。① 对于此案，主张区分加重构成与量刑规则并认为诈骗罪中数额（特别）巨大属于量刑规则的学者会认为，被告人的行为仅成立诈骗罪数额巨大的既遂。

① 参见最高人民法院刑事审判一至五庭主编：《刑事审判参考》（总第100集），法律出版社2015年版，第7页。

　　[**案2**]　"盗窃碰碎国宝案"：甲深夜潜入故宫博物院，拟窃取某价值连城的国宝级文物，准备拿起时不小心掉地摔碎了。对于此案，按照传统加重构成说，甲构成盗窃罪数额特别巨大的未遂，适用10年以上有期徒刑或者无期徒刑的法定刑，并适用刑法总则关于未遂犯从轻减轻处罚的规定。但主张盗窃罪中数额（特别）巨大属于量刑规则的学者会认为，甲仅成立盗窃罪数额较大的未遂，适用数额较大的法定刑（3年以下有期徒刑、拘役或者管制，并处或者单处罚金），同时适用未遂犯从轻减轻处罚的规定，结果至多判处3年有期徒刑。

　　[**案3**]　"盗窃银行金库案"：被告人丁某某多次深夜携带手电筒、蛇皮袋等，使用榔头、凿子、冲击钻等工具，企图从银行外边打通金库外壁窃取银行现金，凿通前案发（当时银行金库内有1000万元现金）。法院以盗窃金融机构数额特别巨大的未遂，判处被告人有期徒刑10年。[①] 对于此案，"量刑规则说"会认为，被告人的行为仅成立盗窃罪数额较大的未遂，只能在盗窃罪数额较大所对应的法定刑幅度内从轻或者减轻处罚。

　　类似上述案例的争议在于：（1）盗窃、诈骗等罪中数额（特别）巨大等法定刑升格条件，有无犯罪未遂形态？（2）行为人意图窃取、骗取数额（特别）巨大的财物，且客观上已经对数额（特别）巨大的财物形成了具体、现实、紧迫的危险，而实际上分文未得或者仅窃取、骗取少量财物的，是仅认定成立盗窃、诈骗数额较大的未遂，适用数额较大所对应的法定刑同时适用未遂犯从轻减轻处罚规定，还是认定成立数额（特别）巨大的未遂，适用数额（特别）巨大所对应的法定刑同时适用未遂犯从轻减轻处罚的规定？（3）行为人意图窃取、骗取数额（特别）巨大的财物，客观上已经对数额（特别）巨大的财物形成了具体、现实、紧迫的危险，而实际仅取得数额较大的财物，即"部分既遂"时，是认定成立盗窃、诈骗数额较大的既遂与盗窃、诈骗数额（特别）巨大的未遂的竞合而从一重处罚，还是仅认定成立盗窃、诈骗数额较大的既遂？（4）行为人有时盗窃既遂，有时盗窃未遂，即"既未遂并存"时，是认定同时成立盗窃罪的既遂与盗窃罪的未遂，进而从一重处罚，还是仅认定成立盗窃罪既遂，同时将未遂的事实作为从重处罚的情节予以考虑？

　　传统观点一直主张加重构成说，认为法定刑升格条件均属于加重的犯罪构成而存在未遂。近年来开始有学者反思这种传统观点，主张区分加重构成与量刑规则。

---

　　① 参见上海市第二中级人民法院（2000）沪二中刑终字第178号刑事判决书。

此外，虽然根据我国《刑法》第 23 条的规定，原则上处罚所有故意犯罪的未遂犯，但司法实践中处罚未遂犯实际上具有例外性，即故意杀人、抢劫、强奸等罪质严重的未遂应当以犯罪未遂论处；盗窃、诈骗等罪质一般的未遂，只有情节严重时，才能以犯罪未遂论处；非法侵入住宅、侵犯通信自由等罪质轻微的未遂，不以犯罪论处。由此，"两高"《关于办理盗窃刑事案件适用法律若干问题的解释》（以下简称《盗窃解释》）第 12 条规定，以数额巨大的财物或者珍贵文物为盗窃目标的盗窃未遂，应当依法追究刑事责任；盗窃既有既遂又有未遂，分别达到不同量刑幅度的依照处罚较重的规定处罚，达到同一量刑幅度的，以盗窃罪既遂处罚。"两高"《关于办理诈骗刑事案件具体应用法律若干问题的解释》（以下简称《诈骗解释》）第 5 条规定，以数额巨大的财物为诈骗目标，或者具有其他严重情节的诈骗未遂，应当定罪处罚；第 6 条规定，诈骗既有既遂又有未遂，分别达到不同量刑幅度的依照处罚较重的规定处罚，达到同一量刑幅度的，以诈骗罪既遂处罚。其中何谓"其他严重情节"，"两高"、公安部《关于办理电信网络诈骗等刑事案件适用法律若干问题的意见》（以下简称《电信网络诈骗意见》）规定，实施电信网络诈骗犯罪，诈骗数额难以查证，如果发送诈骗信息 5000 条以上，或者拨打诈骗电话 500 人次以上，或者在互联网上发布诈骗信息，页面浏览量累计 5000 次以上的，应当认定为诈骗罪中的"其他严重情节"，以诈骗罪（未遂）定罪处罚。具有上述情形，数量达到相应标准 10 倍以上的，应当认定为诈骗罪中的"其他特别严重情节"，以诈骗罪（未遂）定罪处罚。

盗窃等罪中数额（特别）巨大等法定刑升格条件是否存在未遂，以及未遂时如何选择适用法定刑，在理论与实务界存在争议。

（一）行为类型标准说评析

张明楷教授主张"行为类型标准说"，认为侧重于构成要件的加重的犯罪构成，与侧重于法定刑的法定刑升格条件，不应是外延等同的概念。也就是说，传统的加重构成说未能区分真正的加重犯罪构成与单纯的量刑规则。刑法分则条文单纯以数额或者数量（特别）巨大、首要分子、多次、情节（特别）恶劣、情节（特别）严重等作为法定刑升格条件时，只能视为量刑规则，而条文因为行为、对象等构成要件要素的特殊性使得行为类型发生变化，导致违法性增加并加重法定刑的，才属于加重的犯罪构成（即加重构成、加重构成要件），如入户抢劫、持枪抢劫、抢劫军用物资。区分加重构成与量刑规则的意义，突出表现在如何处理犯罪形态以及如何适用法定刑的问题上，即量刑规则只有符合与否的问题，不可能存在未遂，而加重构成存在未遂。以盗窃罪为例，由于盗窃罪中的数额（特别）

巨大属于量刑规则，行为人意图窃取数额（特别）巨大的财物而未得逞的（分文未得或仅得少量财物），不成立盗窃数额（特别）巨大的未遂，不能适用盗窃数额（特别）巨大所对应的法定刑，而只能认为成立盗窃数额较大的未遂，适用数额较大所对应的法定刑，同时适用刑法总则关于未遂犯从轻减轻处罚的规定；行为人意图窃取数额（特别）巨大的财物，实际仅取得数额较大财物的，或者有时盗窃数额较大财物既遂、有时盗窃数额（特别）巨大财物未遂的，行为人仅成立盗窃罪数额较大的既遂，同时将盗窃数额（特别）巨大未遂的事实，作为在数额较大所对应的法定刑幅度内量刑的从重处罚情节。[①]

传统加重构成说将所有的法定刑升格条件均看作加重犯罪构成，进而认为均存在未遂。张明楷教授对此进行了批判性反思，认为并非法定刑升格条件均存在未遂，而应根据法定刑升格条件是否使行为类型发生变化区分为加重构成与量刑规则；区分加重构成与量刑规则的重要意义，"突出表现在如何处理犯罪形态以及如何适用法定刑的问题上"[②]。

应该说，上述行为类型标准说的致命缺陷在于，与其提倡的客观未遂论相矛盾。张明楷教授认为，未遂犯的处罚根据在于发生了法益侵害的客观危险性。[③] 既然如此，就不可否认，当以价值连城的文物为盗窃目标，而且事实上已经接近盗窃目标时，就已经发生了致使数额特别巨大财物被盗的客观危险性。而按照行为类型标准说，即便是以数额特别巨大的财物为盗窃目标，也只能按照盗窃数额较大财物的未遂处理，难道致使价值连城的文物被盗的危险性能够等同于价值3000元的电视机被盗的危险性？质言之，若对行为人"仅以基本犯（数额较大）的未遂论处，便遗漏了对数额特别巨大财物所受现实紧迫危险的评价，导致法益保护不够周全"[④]。另外，按照行为类型标准说的逻辑，行为人出于重伤的故意伤害他人，结果他人未受任何伤害的，也只能认定成立故意伤害（轻伤）罪的未遂，适用故意伤害（轻伤）罪的法定刑（3年以下有期徒刑、拘役或者管制），并适用未遂犯从轻减轻处罚的规定；他人若仅受轻伤的，对行为人也仅认定为故意伤害（轻伤）罪的既遂。但事实上并非如此。盗窃数额较大、巨大到特别巨大，与故意伤害轻伤到故意伤害重伤一样，也只是法益侵害程度上的差别，没有理由肯定故意重伤的未遂，却否认盗窃数额（特别）巨大的未遂的成立。

行为类型标准说之所以主张严格区分所谓加重的犯罪构成与量刑规则，就是

① 参见张明楷：《加重构成与量刑规则的区分》，载《清华法学》2011年第1期；张明楷：《论升格法定刑的适用根据》，载《法律适用》2015年第4期。
② 张明楷：《加重构成与量刑规则的区分》，载《清华法学》2011年第1期。
③ 参见张明楷：《刑法学（第六版）》（上册），法律出版社2021年版，第436—438页。
④ 柏浪涛：《加重构成与量刑规则的实质区分：兼与张明楷教授商榷》，载《法律科学》2016年第6期。

为了建立"加重的犯罪构成存在未遂，量刑规则不存在未遂"这种图式性的对应关系，但事实上未能贯彻到底。例如，张明楷教授也承认，虽然强奸罪中"二人以上轮奸"与绑架罪中"杀害被绑架人"的规定，属于加重的犯罪构成，但是否存在轮奸未遂与杀害被绑架人未遂，则存在争议。① 这充分说明，即便属于所谓加重的犯罪构成，是否存在未遂，还是需要进行具体判断。既如此，是否还有必要费心劳神地区分所谓的加重构成与量刑规则，就不无疑问了。此外，行为类型标准说一方面认为加重构成是因为"行为""对象"等构成要件要素的特殊性使"行为类型"发生了变化，而承认"二人以上轮奸"及"抢劫军用物资或者抢险、救灾、救济物资"属于加重的犯罪构成，另一方面又认为"多次抢劫""强奸妇女多人"属于量刑规则，而非加重的犯罪构成。② 由此看来，所谓"行为类型"也似是而非，没有让人信服的明确标准。所以说，行为类型标准说"将数额（特别）巨大视为量刑规则的理由，或者缺乏理论的一贯性，或者有自相矛盾、循环论证等嫌疑"③。

综上，行为类型标准说虽然旨在避免传统加重构成说可能不当扩大法定刑升格条件的未遂犯的处罚范围，而提出区分加重构成与量刑规则，却使得"是否存在未遂"既是区分的结果，又成为区分的标准，而有循环论证之嫌；既然对数额（特别）巨大的财物形成了具体、现实、紧迫的危险，却不承认盗窃数额（特别）巨大财物的未遂，而有悖自己所提倡的客观未遂论，亦不利于保护法益，还会形成"断崖式"判罚结果，因而不值得提倡。

（二）司法解释解读

不同于国外立法例（如日本），我国关于未遂犯的处罚仅限于《刑法》第23条的原则性规定，而未在刑法分则中明确未遂犯的处罚范围，致使理论与实务界关于未遂犯处罚范围的把握没有统一的尺度。司法解释试图明确未遂犯的处罚范围，对盗窃罪、诈骗罪未遂的处罚范围进行界定。但问题是，除盗窃罪与诈骗罪等个别犯罪外，同样是财产犯罪或者具有财产犯罪性质的其他大量的经济犯罪，并未明确未遂犯的处罚范围，如抢夺罪、敲诈勒索罪、贪污罪、挪用公款罪，致使理论界产生有关《盗窃解释》与《诈骗解释》中未遂犯处罚范围的规定，是注意规定还是特殊规定的困惑。不仅如此，关于这两个司法解释中未遂犯规定本身

① 参见张明楷：《加重构成与量刑规则的区分》，载《清华法学》2011年第1期。
② 同上。
③ 王彦强：《区分加重构成与量刑规则：罪量加重构成概念之提倡》，载《现代法学》2013年第3期。

的理解，也存在严重分歧。因此，准确解读这两个司法解释中的未遂犯规定，不仅关系到盗窃、诈骗罪未遂的妥当处理，还关系到我国未遂犯处罚范围的整体把握。

对于上述有关未遂犯处罚范围的司法解释，存在两种截然对立的解读：一是认为只有以数额（特别）巨大的财物为盗窃、诈骗目标，以及情节严重的盗窃、诈骗的未遂，才值得以未遂犯处罚，也就是说，仅存在盗窃、诈骗数额（特别）巨大或者情节严重的未遂，而不存在盗窃、诈骗罪基本犯的未遂；二是认为上述司法解释只是注意性规定，并没有排除盗窃、诈骗罪基本犯未遂成立的可能，即不仅能够成立盗窃、诈骗罪数额（特别）巨大的未遂，而且可以成立盗窃、诈骗罪数额较大的未遂。而在成立未遂时的法定刑选择适用上，也存在两种对立的立场：一是认为即便成立盗窃、诈骗罪数额（特别）巨大、情节严重的未遂，也只能选择适用盗窃、诈骗罪基本犯的法定刑，同时适用刑法总则关于未遂犯从轻减轻处罚的规定，也就是"数额（特别）巨大未遂，适用数额较大未遂"，行为类型标准说持此立场；二是不仅能够成立数额（特别）巨大的未遂，而且应当选择适用数额（特别）巨大所对应的法定刑，也就是"数额（特别）巨大未遂，适用数额（特别）巨大未遂"，通说即持此立场。

笔者认为，上述司法解释只是注意性规定（司法解释没有进行特殊规定或法律拟制的权限），因而并未排除盗窃、诈骗罪基本犯未遂成立和处罚的可能性，此其一；其二，只是以数额较大的普通财物为盗窃目标时，如盗窃他人汽车后备厢中的财物而未遂的，可以认为属于《刑法》第 13 条"情节显著轻微危害不大的，不认为是犯罪"的情形，但如果属于情节严重的情形，如盗窃残疾人、孤寡老人、丧失劳动能力人的财物，在医院盗窃病人或者其亲友财物，盗窃救灾、抢险、防汛、优抚、扶贫、移民、救济款物，即便只是以数额较大的财物为盗窃目标，也值得以未遂犯处罚；其三，无论成立盗窃、诈骗罪数额较大的未遂，还是数额（特别）巨大的未遂，均应选择适用所对应的法定刑，而不应虽成立数额（特别）巨大的未遂，却选择适用数额较大（基本犯）未遂的法定刑。理由如下：

第一，由于我国犯罪定性又定量，犯罪圈本就明显窄于其他国家，致使我国刑法难以有效发挥防微杜渐的作用，倘若还严格限制财产犯等常见犯罪的未遂犯成立范围，只会进一步加剧我国刑事法网"厉而不严"的局面。

第二，制定司法解释的初衷在于，改变我国司法实践长期以来忽视对未遂犯打击的局面，强调对于情节严重的未遂，必须依法追究刑事责任，而非无视刑法总则未遂犯的原则规定，限制未遂犯的处罚范围。况且，倘若要限制未遂犯的处罚范围，就应在所有可能限制未遂犯处罚范围的司法解释中进行类似规定，如抢夺罪、敲诈勒索罪、金融诈骗罪、贪污罪、挪用公款罪，但事实上并未如此。这说明，《盗窃解释》与《诈骗解释》中的未遂犯规定，旨在提醒、强调，而非限制未遂犯的处罚范围。

第三，根据客观未遂论，已经对数额（特别）巨大的财物形成具体、现实、紧迫危险的，如行为人已经接近价值连城的文物，但因警笛突然响起而被迫放弃的，没有理由一方面认定成立盗窃数额（特别）巨大的未遂，另一方面却选择适用盗窃数额较大（基本犯）的法定刑，致使名实不副。《电信网络诈骗意见》也强调成立的是诈骗罪中"其他严重情节"或者"其他特别严重情节"的诈骗未遂。既然如此，就没有理由一方面认定成立诈骗罪中"其他严重情节"或者"其他特别严重情节"的未遂，另一方面却适用诈骗罪数额较大（基本犯）的法定刑。

第四，即便认为若肯定成立数额（特别）巨大的未遂而适用所对应的法定刑，处罚可能过重，也完全可以根据刑法总则关于未遂犯的处罚规定减轻处罚，而判处罪刑相适应的刑罚。例如，行为人成立盗窃数额特别巨大的未遂，减轻处罚的结果完全可能判处3年以下有期徒刑，甚至可能适用缓刑。

需要说明的是，《盗窃解释》与《诈骗解释》中均存在"既有既遂，又有未遂"的处理规定。对此，笔者认为，应将这里的"既有既遂，又有未遂"理解为仅实施了一个行为"部分既遂"的情形，如行为人企图窃取价值连城的文物，但因为不识货或者手忙脚乱，而错拿了真品旁边的赝品，或者如前文所述的"售房诈骗案"仅部分得逞的情形。由于行为人仅实施了一个行为，同时造成了实害结果和危险结果，正如开一枪击穿一人后的子弹从另一人耳边飞过，成立想象竞合犯，本就应该从一重处罚。换言之，上述司法解释的规定属于注意性规定。倘若行为人一次盗窃既遂、另一次盗窃未遂，则因为存在两个行为，两次符合盗窃罪犯罪构成，根据一罪一刑原理，没有理由不以同种数罪并罚。因为只有这样，甲一次盗窃既遂、另一次盗窃未遂，乙一次盗窃既遂、另一次诈骗未遂，对于二者的处罚才可能协调。

------ 疑 难 问 题 ------

1. 《刑法》第114条、第115条放火罪、失火罪
《刑法》第114条与第115条第1款之间是什么关系？

关于《刑法》第114条与第115条第1款之间的关系，张明楷教授认为同时存在两种关系：第一，当把第115条第1款规定的犯罪作为普通的结果犯，即行为人对造成不特定多数人的伤亡实害结果具有认识并持希望或者放任态度时，第114条规定的犯罪就是未遂犯。第二，当把第114条规定的犯罪作为基本犯，即既

遂的具体危险犯，则第 115 条第 1 款规定的犯罪就是结果加重犯。例如，行为人实施爆炸行为时只是对发生具体的公共危险具有故意，而对发生的伤亡实害结果只具有过失，那就属于典型的结果加重犯。即发生了"致人重伤、死亡或者使公私财产遭受重大损失"的结果时，适用第 115 条第 1 款的规定，没有发生这种实害结果时，也只适用基本犯第 114 条的规定。此外，第 115 条第 1 款也是一个量刑规则，即只有发生了致人重伤、死亡或者使公私财产遭受重大损失的结果时，才能适用该法条。①

上述观点的核心有三点：一是只有实际发生"致人重伤、死亡或者使公私财产遭受重大损失"的严重实害结果时，才能适用第 115 条第 1 款；二是只要没有发生"致人重伤、死亡或者使公私财产遭受重大损失"的严重实害结果，就只能适用第 114 条，并且不再适用刑法总则关于未遂犯从轻减轻处罚的规定；三是行为人只需对发生具体的公共危险具有故意，而对发生的伤亡实害结果可以只有过失，也就是行为人可以只有危险的故意，而不追求或放任严重实害结果的发生。

应该说，前两点是正确的，即《刑法》第 115 条第 1 款的规定相当于量刑规则，只有实际发生了严重的伤亡实害结果时才有适用第 115 条第 1 款的余地，没有发生这种严重实害结果时，只能适用第 114 条，且不再适用刑法总则关于未遂犯的处罚规定。但第三点存在疑问。很难想象，一个人实施放火、爆炸行为，只具有追求所谓危险的故意（欣赏焰火），而不追求或者放任伤亡实害结果的发生。应该认为，认识到具体公共危险的行为人对伤亡实害结果至少持放任态度。正如认识到自己的杀人行为具有致人死亡危险的行为人，不可能对死亡结果持过失态度。所以，《刑法》第 114 条与第 115 条第 1 款之间就是一种结果犯的关系：只有行为人主观上对伤亡实害结果具有认识并持希望或者放任态度，客观上发生了致人重伤、死亡或者使公私财产遭受重大损失的实害结果时，才能适用第 115 条第 1 款；行为人没有认识到会发生伤亡实害结果的，不成立放火罪。

🔹 放火未得逞的，是适用第 114 条，还是适用第 115 条第 1 款同时适用未遂犯的处罚规定？

虽然从理论上讲，放火、爆炸等罪具有未遂形态，犯罪未遂时应当比照《刑法》第 115 条第 1 款既遂犯的规定从轻减轻处罚。但是，由于《刑法》第 114 条相当于未遂犯的既遂化，也就是《刑法》已经就放火、爆炸等罪的未遂形态专门规定了法定刑。所以，实施放火、爆炸等行为未得逞的，无须适用第 115 条第 1 款并同时适用未遂犯从轻减轻处罚的规定，而是直接适用第 114 条的规定定罪处罚。

---

① 参见张明楷：《张明楷刑法学讲义》，新星出版社 2021 年版，第 463 页。

只要行为人认识到自己实施的放火、爆炸等行为具有侵害不特定多数人的生命、身体安全的具体危险，并且实际上产生了具体的公共危险，就已经成立第114条规定的犯罪；如果行为致人重伤、死亡或者使公私财产遭受重大损失，进而成立第115条第1款规定的犯罪。也就是说，只要行为人着手实行了具有具体公共危险的放火等行为，没有造成任何人的死伤或者财产损失的，以及造成了他人的轻伤或者一定的财产损失，就只需适用第114条的规定定罪处罚，无须同时适用刑法总则关于未遂犯的处罚规定。只有当行为人不仅实施了具有具体公共危险的放火等行为，而且致人重伤、死亡或者使公私财产遭受重大损失，才能适用第115条第1款的规定定罪处罚。

💬 如何区分放火罪与失火罪？

失火罪是指由于行为人的过失行为引起火灾，致人重伤、死亡或者使公私财产遭受重大损失，危害公共安全的行为。在主观方面表现为过失，即行为人没有预见自己的放火行为会引起火灾，或持轻信能够避免的心理态度。失火一般发生在日常生活中，如吸烟、取暖、清明上坟以及在田里烧草、烧田坎等不慎用火引发火灾，致人重伤、死亡或者使公私财产遭受重大损失，危害公共安全的，构成失火罪。而放火罪，是行为人有意实施放火行为，对放火形成的具体公共危险存在认识，对可能造成他人人身财产损失的结果持希望或者放任态度。普通人在加油站吸烟引起火灾，可能只是成立失火罪，但加油站工作人员在加油站吸烟引发火灾，可能成立的就是放火罪。阳历一月份在东北大兴安岭烧烤引发火灾，可能成立放火罪，但在六月份的南方梅雨季节在杭州郊外树林烧烤引发火灾，可能只是成立失火罪。大兴安岭管护工人管护时吸烟引发火灾，可能成立放火罪，但南方游客在雪乡旅游时吸烟引发火灾，可能仅成立失火罪。所以，是放火还是失火，要综合行为人的认知能力、时间、地点、天气、周围环境、事件起因、事后态度等方面进行判断。

💬 如何判断失火罪中的因果关系与结果归属？

失火罪是过失犯，通常是由日常生活行为所引起，而且往往是多因一果。事故原因是一种回溯性查证，由于人的认知具有局限性，在不能排除是其他原因所引起的情况下，不应肯定因果关系和客观归属。即便根据共同侵权原则判其承担一定的民事赔偿责任，也不能肯定刑法上的因果关系和犯罪的成立。

💬 应否将"3年以下有期徒刑或者拘役"作为失火罪的基本刑？

《刑法》第115条第2款规定，过失犯前款罪（放火、决水、爆炸、投放危险物质、以危险方法危害公共安全）的，处3年以上7年以下有期徒刑；情节较轻的，处3年以下有期徒刑或者拘役。

按照上述规定，失火的，首先考虑判处的是3年以上7年以下有期徒刑。如此判处显然与重大责任事故罪等犯罪的处罚不协调。事实上，失火罪的常态案件是导致一两个人的死亡。为了使失火罪的量刑符合常态案件和罪刑相适应的要求，应当将"3 年以下有期徒刑或者拘役"作为失火罪的基本刑，"3 年以上 7 年以下有期徒刑"作为失火罪的加重刑。这样，失火致人重伤、死亡或者使公私财产遭受重大损失的，首先考虑判处 3 年以下有期徒刑或者拘役，致多人死亡、重伤或者使公私财产遭受特别重大损失的，才可以考虑判处 3 年以上 7 年以下有期徒刑。

2.《刑法》第 170 条伪造货币罪

有关"制造货币版样的成立本罪"的司法解释规定，有无疑问？

制造货币版样，只是伪造货币罪的预备行为。但司法解释的规定给人的感觉是，制造货币版样就成立伪造货币罪的未遂甚至既遂了，这明显不妥。

有无成立"伪造货币数额特别巨大"未遂的余地？

按照张明楷教授的观点，刑法分则中的"数额特别巨大"是量刑规则，没有未遂成立的余地。[①] 应认为，"伪造货币数额特别巨大"作为伪造货币罪的加重犯，所侵害的法益还是货币的公共信用。不能认为，行为人本打算伪造数额特别巨大的货币，但因为意志以外的原因在未达数额特别巨大而案发时，就已经对加重犯所保护的法益形成了具体、现实、紧迫的危险。也就是说，所伪造的货币作为犯罪产生之物，不同于作为犯罪所得的盗窃数额特别巨大的财物。所以，在这个意义上说，认为"伪造货币数额特别巨大"是所谓的量刑规则而没有未遂成立的余地，是有道理的。

3.《刑法》第 264 条盗窃罪

需要认识到所盗财物数额较大、巨大、特别巨大吗？

只有认识到所盗财物数额较大时，才可能成立盗窃罪。

首先，构成要件的客观要素，原则上是故意的认识内容。数额较大是盗窃罪的重要客观要素，也是区别罪与非罪的关键因素，行为人对此必须有认识，否则不符合主客观相统一的原则。其次，行为人明知所盗财物价值微薄，与行为人明知所盗窃财物数额较大，明显反映出其可谴责性不同；前者的可谴责性小，后者的可谴责性大。再次，如果不要求行为人明知所盗财物数额较大，就会导致由行为人不能预见的事由或某种机遇左右盗窃罪的成立与否的结果，这也不合适。最后，或许有人认为，如果要求行为人明知所盗财物数额较大，那么，盗窃犯都会声称不明知所盗财物数额较大，因而不能以盗窃罪论处，从而导致放纵犯罪。其实并非如此。行为人是否明知所盗财物数额较大，除了根据证据能判断外，还需要根据事实进行推定。

基于上述理由，司法实务中发生的"天价葡萄案"和"太空豆角案"等案例中的行为人不成立盗窃罪，因为行为人缺乏盗窃故意的认识要素。

虽然行为人认识到所盗财物数额较大，但如果财物的真实价值为数额巨大甚至特别巨大，而行为人根本没有认识到数额巨大与特别巨大时，只能选择数额较大的法定刑，而不能选择数额巨大与特别巨大的法定刑。行为人事前、事中一般不可能准确判断所盗财物的数额，只要行为人认识到自己所盗的数额很大、特别大、非常多，就可以认定行为人对数额巨大、特别巨大具有认识。这也是"外行人领域的平行评价"理论在盗窃罪的故意内容中的运用。

综上，财产犯罪的对象不包括价值微薄的财物。根据责任主义的要求，没有认识到所盗财物数额较大时，不成立盗窃罪；没有认识到所盗财物数额可能巨大甚至特别巨大时，不能适用盗窃罪的升格法定刑。

☺ 特殊盗窃属于所谓行为犯、举动犯吗？

特殊盗窃不过是在普通盗窃的基础上增添了行为情状的要求。如多次盗窃，增加了行为次数的要求；入户盗窃强调了犯罪的空间是"户"内；携带凶器盗窃突出了盗窃行为的伴随状况是"携带凶器"；而扒窃，强调盗窃的空间是公共场所，对象是他人随身携带的财物。因此，所谓特殊盗窃，实行行为仍是盗窃行为，侵害的法益还是他人的财产权；虽然没有数额的要求，但根据《刑法》第13条"情节显著轻微危害不大的，不认为是犯罪"的但书规定，不可能将多次盗窃几支铅笔、入户盗窃一块肥皂、携带凶器盗窃一个苹果、扒窃几张餐巾纸作为盗窃罪处理。这说明，与普通盗窃相比，特殊盗窃不是不要求盗得财物，而是不要求盗得数额较大的财物；没有盗得财物的，仍然属于盗窃未遂，而不是盗窃既遂；盗得的财物客观价值和主观价值均极为低廉的，不成立盗窃罪；若以盗窃一定数额的财物为目标，因意志以外的原因而未盗得财物的，仍然只是成立盗窃未遂。因此，特殊盗窃并没有改变盗窃罪的犯罪类型，特殊盗窃不是行为犯、举动犯，也不是危险犯（抽象危险犯），仍属于结果犯范畴。

☺ 受过刑事、行政处罚的数额较大标准按 50% 确定的司法解释规定，合理吗？

《盗窃解释》第2、6条规定，曾因盗窃受过刑事处罚以及1年内曾因盗窃受过行政处罚的，数额较大、巨大、特别巨大的标准可以按照规定标准的50%确定。

上述司法解释规定显然不合理。一则，行为人曾经受过刑事处罚、行政处罚，只是表明行为人再犯罪可能性较大的要素，将其再犯罪可能性较大作为不法内容看待，明显不当。因为数额较大、巨大、特别巨大，是客观方面的反映不法程度的要素。二则，曾因盗窃受过刑事处罚、行政处罚的数额标准按照50%确定，而曾因抢劫、杀人等其他更为严重的犯罪受过刑事处罚的，数额较大、巨大、特别巨大的标准还是按照通常的标准确定，这也明显不协调。

⚫ 取走死者身上的财物，是构成盗窃还是侵占？

刑法不承认占有继承，人一旦死亡，就不可能还具有继续支配财物的意思与能力，因而无论对于杀人者还是第三者，只要死者财物不是处于其他人的支配范围内，均属于脱离占有物；在我国，既可以将脱离占有物解释为遗忘物，也可以解释为"代为保管的他人财物"（可以认为对于脱离占有物存在推定的承诺，第三人具有保管占有权），因而取走死者身上财物的成立侵占罪，而不是盗窃罪；即便杀死在被害人家里，如果没有其他的空间管理人（如独居的老人），也可能属于脱离占有物，即便存在继承人也不受影响，所以，不能认为死在家中，就当然属于他人占有的财物。

4.《刑法》第385条受贿罪

⚫ 收受"价值连城"的赝品字画，构成受贿罪加重犯的未遂吗？

受贿罪不是财产犯罪，虽然《刑法》也将受贿数额（特别）巨大规定为法定刑升格的条件，但由于受贿罪是侵害职务行为的不可收买性的典型的渎职罪，数额大小并不能反映行为的法益侵害程度，所以不妨将受贿罪中的数额（特别）巨大看作是客观处罚条件，相当于张明楷教授所称的"量刑规则"，即只有客观上收受了数额（特别）巨大的财物的，才能适用加重法定刑。有观点认为，可以将收受"价值连城"的赝品字画案件，认定为受贿罪中的（特别）严重情节的既遂。应该说，由于刑法分则中的（特别）严重情节，只能是客观方面的反映法益侵害程度的要素，而不可能因为国家工作人员自以为收到数额特别巨大的财物，就对受贿罪所保护的法益——职务行为的不可收买性造成了特别严重的侵害。受贿罪中的法益侵害，只能是体现违背职责的程度。所以，将自以为收到价值连城的赝品字画案件评价为受贿罪加重犯的（特别）严重情节的既遂或者未遂，都不合适。只能认定为受贿罪的基本犯。

⚫ 如何认定受贿罪的共犯？

对于受贿罪的共犯，也只能根据共同犯罪的成立条件，即有无共同的受贿故意和共同的受贿行为进行认定。具体而言：（1）一般公民或者国家工作人员的家属教唆或者帮助国家工作人员受贿的，成立受贿罪的共犯。（2）国家工作人员的家属事前接受请托人的财物后，将实情告知国家工作人员，国家工作人员不要求家属及时退还或者上交的，国家工作人员与其家属成立受贿罪的共同犯罪；国家工作人员要求家属及时退还或者上交的，家属隐瞒真相没有退还或者上交的，国家工作人员不构成受贿罪，对家属不能以受贿罪的共犯论处，家属可能单独成立利用影响力受贿罪。（3）在请托人有求于国家工作人员的职务行为时，国家工作人员要求请托人将财物交付给第三者时，如果第三者知情并接收财物的，第三者应以受贿罪的共犯论处。（4）国家工作人员将收受的房屋、汽车等登记在第三人名下时，第三人在登记前或者登记时知情并提供相关证件等帮助的，对第三人应以受贿罪的共犯论处；第三人事后才知情，不能认定为受贿罪的共犯。（5）国家工作人员索取、收受储蓄卡、购物卡、现金支票以及其他债权凭证后，第三者帮助国家工作人员将债权凭证转换为现金或者其他财物的，由于国家工作人员的受贿行为已经既遂，故第三者的行为不成立受贿罪的共犯；如果第三者知情，则应以洗钱罪或者掩饰、隐瞒犯罪所得罪论处。（6）国家工作人员与公司、企业等单位的工作人员（非国家工作人员）通谋，利用国家工作人员或者公司、企业人员的职务便利，或者同时利用双方的职务便利，索取或者收受贿赂的，分别以受贿罪和非国家工作人员受贿罪定罪处罚。

十八

区分责任刑情节与预防刑情节

要　旨

　　刑罚的正当化根据是报应的正当性与预防犯罪目的的合理性。其中的报应是指责任报应，即犯罪人基于自己的意志选择了犯罪行为，刑罚作为对其责任的清算具有正当性。责任报应以行为人具有责任为前提，而且由责任划定刑罚的上限。所以，报应刑就是责任刑。基于预防犯罪目的所裁量的刑罚，属于预防刑。责任刑与预防刑可能存在冲突。例如，罪行重大但预防的必要性小，或者罪行轻微但预防的必要性大时，应当如何确定刑罚？这便是刑罚根据的二律背反问题。

辩点分析

　　根据处理二律背反问题的点的理论，与责任相适应的刑罚是正确确定的某个特定刑罚（点），在确定了与责任相适应的具体刑罚（点）之后，只能在这个点之下考虑预防犯罪的需要。例如，就法定刑为 5 年以下有期徒刑的犯罪而言，倘若责任刑为 3 年有期徒刑，那么，各种影响预防刑的从重与从轻情节就只能在 6 个月至 3 年的区间内发生作用。即使被告人具有多个从重处罚的预防刑情节，最多也只能判处 3 年有期徒刑，超出 3 年的有期徒刑，就违反了责任主义。

　　显然，并合主义与点的理论，要求区分责任刑与预防刑。在正确选择了法定刑和确定了量刑起点后，必须根据影响责任刑的情节裁量责任刑，然后，在责任刑之下，根据影响预防刑的情节，确定宣告刑。因此，需要明确哪些情节是决定责任刑的情节，哪些情节是决定预防刑的情节。

　　众所周知，量刑情节是指在某种行为已经构成犯罪的前提下，法院对犯罪人裁量刑罚时应当考虑的、据以决定量刑轻重或者免除刑罚处罚的各种情况。量刑情节繁多，可以根据不同标准从不同角度对其进行不同分类。我国刑法理论一般将量刑情节分为法定情节与酌定情节、从宽情节与从严情节、案中情节与案外情节、单功能情节与多功能情节。这样的区分虽然具有一定意义，但存在局限性。

联系刑罚的正当化根据，以情节与责任刑、预防刑的关系为标准，将量刑情节分为影响责任刑的情节（责任刑情节）与影响预防刑的情节（预防刑情节），具有特别重要的意义。表明责任轻重的情节，是影响责任刑的情节；表明特殊预防必要性大小的情节，是影响预防刑的情节。例如，行为已经造成的、且行为人认识到或者应当预见到的、构成要件结果之外的法益侵害结果，是影响责任刑的情节；自首、坦白、累犯，是影响预防刑的情节。

法定情节与酌定情节，都既可能是影响责任刑的情节，也可能是影响预防刑的情节。例如，累犯是法定情节，但属于影响预防刑的情节；构成要件外的结果一般是酌定情节，却属于影响责任刑的情节。一般来说，案外情节不可能成为影响责任刑的情节，但案中情节并不都是影响责任的情节。所以，案中情节与影响责任刑的情节不是等同含义，案外情节与影响预防刑的情节也不是等同概念。

裁量责任刑以正确处理影响责任刑的情节与影响预防刑的情节之间的关系为前提。首先，由于责任刑与预防刑的地位不同，即只能在责任刑之下考虑预防刑，所以，必须合理区分为责任刑提供根据的量刑情节与为预防刑提供根据的量刑情节。其次，对影响责任刑的情节与影响预防刑的情节不能等量齐观，也不能将二者合并考虑。影响责任刑的情节是确定责任刑的根据。在确定责任刑时，不得考虑预防的必要性大小。一旦确定了责任刑（点），那么影响预防刑的情节就只能在责任刑的点之下起作用。所以，影响预防刑的情节的作用受责任刑的制约。

不难看出，确定哪些情节属于影响责任刑的情节（责任刑情节），哪些情节属于影响预防刑的情节（预防刑情节），对于合理量刑具有重要意义。[①]

（一）影响责任刑情节的基本内容

犯罪的实体是不法与责任。根据责任主义的观点，影响责任刑的量刑情节，包括两个方面的内容：一是不法事实（法益侵害事实）；二是表明责任程度的事实（非难可能性）。

[①] 参见张明楷：《责任刑与预防刑》，北京大学出版社 2015 年版，第 239—324 页；张明楷：《论影响责任刑的情节》，载《清华法学》2015 年第 2 期。

1. 不法

（1）增加责任刑的情节必须是有责的不法事实

刑法的任务是保护法益，犯罪的本质是侵害法益，不法事实是指法益侵害事实。所以，法益侵害事实说明罪行轻重程度。例如，构成要件外的法益侵害结果，能够说明罪行程度。如绑架罪、非法拘禁罪所造成的轻伤结果，能够说明罪行程度，从而增加责任刑。同样，当 5 万元至 50 万元属于盗窃罪的数额巨大时，多于 5 万元的盗窃数额，也会增加责任刑。

增加责任刑的结果，必须是罪刑规范所欲阻止的结果。否则，就会形成间接处罚，违反罪刑法定原则。但是，地方法院关于量刑规范化的实施细则通常规定，即使行为造成的结果并不被罪刑规范所禁止，也成为增加刑罚量的情节。例如，在我国，故意造成他人轻微伤的，并不成立任何犯罪。但是，江苏省高级人民法院、江苏省人民检察院发布的《〈关于常见犯罪的量刑指导意见（试行）〉实施细则（试行）》却规定，行为造成轻微伤的，可以作为增加非法拘禁、抢劫等罪的基准刑的依据。如在抢劫过程中造成被害人轻微伤的，可以增加 3 个月至 6 个月的刑期。于是，单独故意造成轻微伤的行为不构成犯罪，但在抢劫中造成轻微伤却增加 3 个月至 6 个月的刑期。这便形成了间接处罚，为笔者所不取。

没有责任的不法事实，既不能成为定罪的根据，也不能成为增加责任刑的情节。道理很简单。当行为人的某个行为意外造成他人死亡时，不可能对其定罪量刑。既然如此，当行为人实施 A 罪时意外造成他人死亡的，也只能就 A 罪定罪量刑，而不可能因为其意外造成他人死亡就对之从重处罚，否则就是典型的间接处罚。所以，增加责任刑的不法事实，应以行为人对之具有责任为前提。例如，卡车司机甲从广州开车到北京，X 在广州偷偷将 2 公斤冰毒夹在货物中，并告知甲"途经武汉时，Y 会从卡车上取点东西"。甲并不知道 X 在货物中藏匿了冰毒。到了武汉后，Y 从货车上取东西时，甲发现 Y 取出 1 公斤冰毒。甲明知货车上还剩下 1 公斤冰毒，仍然将该冰毒运至北京。作为定罪根据的是甲将 1 公斤冰毒从武汉运输至北京的事实。甲将 2 公斤冰毒从广州运输至武汉的不法事实，不能成为增加责任刑的情节，因为甲对此没有责任。

（2）减少责任刑的情节可以是降低不法的纯客观事实

客观事实使不法程度降低或者减少的，即使行为人对此没有认识，或者不是基于自己的意思减少不法程度，也成为减少责任刑的情节。例如，已经着手实行犯罪，由于犯罪分子意志以外的原因没有造成法益侵害结果的，是减少责任刑的情节。同样，已经开始实施预备行为，由于犯罪分子意志以外的原因没有着手实行的，也是减少责任刑的情节。这是因为，责任是对不法的责任，当不法程度减少时，行为人的责任便是对程度已经减少的不法的责任。

当法益侵害结果应当部分归责于被害人时，或者法益侵害结果由被告人与被害人共同引起时，因为被害人对结果的发生起到了作用，或者说结果的发生不是完全由被告人的行为所引起，故被告人所犯之罪的不法程度降低，成为减轻责任刑的情节。例如，在被告人的行为构成交通肇事罪的情况下，如果被害人对自己的伤亡结果应当承担部分责任，就必须减少被告人的责任刑。

不言而喻，如果行为人基于自己的意志降低了不法程度，则是使责任刑更为减少的情节，中止犯便是如此。

2. 责任

责任程度不仅是由有责的不法程度决定的，同时也是由责任要素本身决定的，所以，增加或者减少责任程度的事实都是影响责任刑的情节。责任要素包括故意、过失、目的、动机、责任年龄与责任能力、违法性认识的可能性、期待可能性。由于作为定罪根据评价的事实，不能成为影响责任刑的情节，所以，哪些责任因素的何种内容成为影响责任刑的情节，不可一概而论，需要具体分析。

故意作为定罪的根据，不能再次评价为增加责任刑的情节。但是，故意也有不同的种类，应当进一步研究。应该说，故意中的直接故意是常态，所以，直接故意不是增加责任刑的情节。反之，虽然间接故意与直接故意的法律地位相同，但一般来说，间接故意的非难可能性小于直接故意，因此，间接故意可以成为略微减少责任刑的情节。直接故意中的预谋故意也是常态，不能成为增加责任刑的情节，但突发故意有可能成为略微减少责任刑的情节。司法实践将预谋作为从重处罚根据的做法，并不可取。

不管是在业务过失中还是在普通过失中，轻过失是减少责任刑的情节，重过失则是增加责任刑的情节，因为轻过失与重过失的非难可能性程度分别低于和高于常态过失的非难可能性。

目的与动机作为犯罪的主观构成要件要素或者必备的责任要素起作用后，不能成为影响责任刑的情节。但是，目的与动机如果不是主观的构成要件要素或者必备的责任要素，便能成为影响责任刑的情节，不宜归入影响预防刑的情节。当被告人的目的与动机值得宽恕时，该目的与动机应当成为减少责任刑的情节。例如，为了给亲属治病筹措资金而盗窃财物的，其非难可能性减少，因而是减少责任刑的情节。再如，为了救济穷人而盗窃贪官财物的，也是减少责任刑的情节。在各种犯罪中，目的非法或者目的不当、动机卑鄙或者动机不良，是犯罪的常态，一般不应作为增加责任刑的情节。

责任年龄与责任能力是影响责任刑的情节，但只能成为减少责任刑的情节。亦即，没有达到完全责任年龄（已满 14 周岁不满 18 周岁）、已满 75 周岁，以及仅具有限制责任能力，又聋又哑或者盲人，是减少责任刑的情节。具有完全责任能力的成年人这一事实，不能成为增加责任刑的情节，因为这是常态；更不能因为被告人具有充分的辨认控制能力或者智商高等原因，而增加责任刑。

成立犯罪不要求行为人认识到行为的违法性，但要求有违法性认识的可能性。违法性认识的可能性既是故意犯的责任要素，也是过失犯的责任要素。在违法性认识方面，大体存在四种情形：第一，行为人没有认识到自己行为的违法性，并且认为自己的行为不违法（存在违法性的错误），也不具有违法性认识的可能性（违法性的错误不可避免）；第二，行为人没有认识到自己行为的违法性，并且认为自己的行为不违法（存在违法性的错误），但具有违法性认识的可能性（违法性的错误可以避免）；第三，行为人没有认识到自己行为的违法性，但具有违法性认识的可能性，也没有误以为自己的行为不违法（行为人没有思考行为的违法性）；第四，行为人已经认识到自己行为的违法性。

第一种情形不成立犯罪，所以，也不可能成为影响责任刑的情节。第二种情形是减少责任刑的情节，因为行为人误以为自己的行为不违法，所以，非难可能性减少。第三种情形虽然不一定存在违法性的错误，但也可以成为减少责任刑的情节。其中，还需要进一步判断违法性的错误的回避可能性的程度，越是难以避免违法性错误的，非难可能性就越小。

第四种情形属于知法犯法或者明知故犯，显然存在于故意犯罪。我国司法实践中一般将明知故犯、知法犯法作为从重处罚的酌定情节。例如，某判决指出，被告人李某沙、李某金为谋取不正当利益，向国家工作人员及依法从事公务的人员赊送财物，情节严重，其行为构成行贿罪，应当追究刑事责任；被告人李某沙、李某金以牟利为目的，违反土地管理法规，非法转让、倒卖土地使用权，情节特别严重，其行为构成非法转让、倒卖土地使用权罪，应当追究刑事责任。公诉机关对被告人李某沙、李某金指控的犯罪事实及罪名成立。被告人李某沙、李某金犯行贿罪及非法转让、倒卖土地使用权罪，应当实行数罪并罚。被告人李某沙身为国家公务员，知法犯法，应酌情从重处罚。

可是，将知法犯法作为增加责任刑的情节，存在疑问。首先，就故意的自然犯而言，知法犯法实际上是常态。因为一般人虽然不知道具体的刑法条文，但通常知道哪些行为是刑法所禁止的犯罪。例如，杀人犯、放火犯、强奸犯、抢劫犯、盗窃犯、诈骗犯、贿赂犯等都是明知故犯，都是知法犯法。如果因此而增加责任刑或者从重处罚，就意味着对所有的自然犯都要从重处罚，这显然不妥当。其次，就故意的行政犯或者法定犯而言，如果将明知故犯、知法犯法作为增加责任刑的情节，实际上是因为行为人知法而受到较重处罚，不知法却可以受到较轻的处罚。这显然难以被人接受。所以，对于知法犯法、明知故犯的第四种情形，只能作为故意犯的常态，而不能成为增加责任刑的情节。

具有期待可能性，是成立犯罪的责任要素，不可能成为增加责任刑的情节。在笔者看来，也不能以所谓"被告人的期待可能性大"为由增加责任刑。但是，期待可能性减少，是减少责任刑的情节。

被害人的过错，既可能导致被告人的动机值得宽恕，也可能导致被告人的期待可能性减少，因而成为减少责任刑的情节。被害人的过错有不同的类型，其中，被害人的挑拨（或者挑衅）是减少责任刑的重要情节。被害人的过错具有程度差别，所以，对责任刑的影响不可一概而论。

综上，可以得出如下结论：（1）不法程度减少时，即使行为人对减少不法的事实缺乏认识，也能成为减少责任刑的情节；（2）不法程度增加时，只有当行为人对增加不法的事实具有认识或者认识可能性时，才可能成为增加责任刑的情节；（3）增加责任或者减少责任的情节，属于影响责任刑的情节。

（二）影响责任刑情节的争议问题

1. 余罪

这里的余罪，是指在刑事审判中没有被起诉但得到证实的犯罪事实。需要研究的是如下情形：甲的行为原本构成数罪，但公诉机关仅起诉了其中的部分犯罪，剩下的没有被起诉的犯罪事实能否作为增加已被起诉之罪的责任刑的情节？

例如，从 2008 年 8 月开始，被告人都某组织韦某、李某、杨某三名妇女在四川省简阳市某大街招揽嫖客，然后带至都某事先布置好的出租房内从事卖淫嫖娼活动，都某则趁机潜入室内用假币调换嫖客衣服内的现金。都某用此手段组织上述卖淫妇女多次进行卖淫活动，调换嫖客真币 5000 余元，与上述卖淫妇女将赃款平分。2009 年 3 月 24 日，公安机关将都某抓获归案，在其驾驶的奥拓车内查获假人民币 171 张共计 1.5 万元。四川省简阳市人民检察院指控被告人都某组织卖淫罪、持有假币罪，而没有起诉盗窃罪。人民法院也仅宣告了组织卖淫罪与持有假币罪的成立。

首先，所谓的余罪，必须是在审理被起诉的犯罪的过程中，已经查明、证实的犯罪事实。其次，余罪的事实如果表现为被起诉事实的手段、结果，因而使被起诉之罪的不法程度增加，或者表现为被起诉事实的动机、目的，因而使被起诉之罪的责任程度增加，则可以成为增加责任刑的事实。例如，在上述都某案中，都某调换假币的事实，虽然是盗窃行为，但同时也是使用假币的行为。这种使用假币的行为，也是使都某持有假币罪的不法程度增加的事实，因而可以成为增加持有假币罪的责任刑的情节。再次，倘若余罪的事实是表明被告人特殊预防必要性大的事实，则不能作为增加责任刑的情节，只能作为影响预防刑的情节。但必须注意的是，并不是任何余罪都表明被告人特殊预防的必要性大，只有当余罪能够说明被告人再犯罪的危险性大时，才能作为影响预防刑的情节。例如，行为人 6 次盗窃，但检察机关只起诉了 4 次盗窃时，作为余罪的 2 次盗窃，可以成为表明被告人特殊预防必要性大的事实（被告人盗窃的常习性严重），因而成为影响预防刑的情节。最后，余罪的事实对量刑的影响，应当控制在较小的范围内。如果让余罪对责任刑与预防刑产生较大的影响，实际上就会相当于实质处罚类型，因而不当。

2. 疑罪

这里所称的疑罪，是指认定成立犯罪的证据不足的情形。需要讨论的情形是：被告人成立 A 罪的行为被起诉，该行为有成立更重犯罪的嫌疑，但现有证据不能证明其行为成立更重的犯罪。法官在对 A 罪量刑时，能否将可能触犯的更重的疑罪作为增加责任刑的情节？

笔者持否定回答。前述余罪是已经被证明的犯罪，只不过检察机关没有提起诉讼。而疑罪是没有得到证明的事实。根据认定犯罪的证据标准，以及事实存疑时有利于被告人的原则，只能否认疑罪的存在。疑罪不仅包括类型不同的疑罪，而且包括类型相同的疑罪。

3. 社会影响

我国的司法实践在量刑时普遍考虑犯罪行为造成的社会影响。第一种情形是，将行为造成的恶劣社会影响作为法定刑升格的条件之一。第二种情形是，将行为造成的恶劣社会影响作为在法定刑内裁量刑罚的情节。这类司法解释内容相当多。

应该说，第一，司法解释所规定的"造成恶劣社会影响"，显然是指行为造成的结果或者后果。在法益侵害结果之外考虑恶劣社会影响，必然超出了具体犯罪的保护法益，违反了刑法的法益保护目的。

第二，倘若认为社会影响是一种法益侵害结果，那么，这种结果应当包含在构成要件结果中，因而已经被法定刑所考虑，不应当再作为增加责任刑的情节。显然，这种社会影响已经作为定罪的根据被考虑，不能在量刑时重复评价，故不能作为增加责任刑的情节。

第三，当某种犯罪的社会影响不属于构成要件结果时，不应当作为构成要件外的法益侵害结果来考虑。

第四，常态犯罪所造成的社会影响，更不可能成为增加责任刑的情节。例如，通常的故意杀人行为、故意伤害行为，即使引起了社会公众的心理恐慌，也不能作为增加责任刑的情节。因为常态犯罪所造成的社会影响，已经被法定刑所考虑。

第五，虽然他人容易模仿的犯罪属于一般预防必要性较大的犯罪，但不应以一般预防必要性大为由加重刑罚。

第六，一般意义上的社会影响，是难以甚至不可能评估和测量的。于是，司法实践只能根据媒体是否报道、如何报道进行判断。某些地方的做法是，如果案件事实被省级以上媒体报道，就认定为造成了恶劣社会影响。然而，媒体是否报道以及何种媒体报道、何时报道，都具有相当大的随意性。同样的犯罪，经过媒体大量报道后会产生重大社会影响，但没有经过媒体报道的则不会产生社会影响。根据这样的标准认定为恶劣社会影响，必然导致量刑的恣意性。另外，媒体的报道也可能不真实，夸大或者缩小的现象相当普遍。如果将社会影响作为增加责任刑的情节，不仅会造成处罚不公平，而且容易导致媒体左右量刑。

综上，司法解释大量将社会影响作为量刑情节的做法并不可取。至于将社会影响作为法定刑升格的条件，则更缺乏根据。

与社会影响有联系的一个词是"民愤"。耳熟能详的"不杀不足以平民愤"，似乎表明了量刑时应当考虑民愤。但笔者不赞成实践中的这种做法。

首先，从罪刑均衡的角度来说，刑罚应当与罪行相适应。对罪行轻重必须进行规范评价，即必须以不法和责任为根据，以法律为准绳。如果一般人的评价与规范评价相一致，结论是罪行严重，那么，此时并不是因为民愤大而导致罪行重。如若一般人的评价与规范评价不一致，就不能由一般人的评价影响规范评价。

其次，为了威慑一般人而将民愤作为从重量刑情节，显然是将被告人作为预防他人犯罪的工具，而且必然导致量刑过重，侵害了被告人的尊严。

最后，民愤是一个以感情成分表现出来的公众舆论，与理性产物的法律是有区别的；民愤属于感性认识，容易受到错误导向，尤其是在少数人别有用心去歪曲事实、刻意煽动的情况下；在现代社会中，民愤容易受到媒体的影响甚至误导。以药家鑫案为例，媒体有三个关注点：药家鑫据传为官二代、富二代；被害人为女性、农民工；药家鑫在撞人后又连捅8刀。事实上，药家鑫并不是所谓官二代、富二代，但这一点对民愤的产生却起了重大作用。女性与农民工作为故意杀人罪的对象，并无特别之处；就故意杀人罪而言，连捅8刀也不是罕见现象，但媒体的渲染使得对药家鑫的民愤极大。从药家鑫的罪行与事后态度以及当时的刑事政策来看，本案的判决在相当程度上受到了民愤的影响。

4. 被害感情

被害感情，一般是指被害人及其家属因犯罪所遭受的精神损害以及由此产生的处罚感情或科刑意见。

（1）精神损害

笔者不赞成将精神损害作为增加责任刑的情节。

首先，犯罪行为给被害人造成的通常的精神损害，已经被法定刑所考虑。其次，从罪刑法定原则的保障机能来看，对不法程度的评价，必然以符合构成要件的事实为根据。故意杀人罪的构成要件，决定了其结果限于被害人死亡（未遂时包括伤害）。如果将被害人亲属的精神痛苦也作为故意杀人罪的一种结果，必然导致结果漫无边际。再次，被害感情因人而异，不同的被害人对相同的犯罪行为产生的被害感情不可能完全相同；法官对被害感情也难以进行客观判断，将被害感情作为增加责任刑的情节，必然导致量刑的不公平。最后，将精神损害作为增加责任刑的情节，也有违反责任主义之嫌。

（2）处罚感情

处罚感情存在两个相反的方向：一是要求严厉处罚；二是希望宽大处罚。

首先，在我国的量刑实践中，被害人及其家属的严厉处罚要求，事实上成为增加责任刑的情节。不仅如此，就故意杀人等案件而言，如果没有取得被害方的谅解，就可能判处被告人死刑立即执行。

应该说，将被害人及其亲属的严厉处罚要求作为增加责任刑的情节，明显不当。被害人及其家属要求严厉处罚被告人，主要是因为他们是被害人及其亲属，而不是因为犯罪本身的不法程度重或者责任程度重。因为被害程度与处罚要求并不表现为正比关系，不同的被害人对相同的犯罪会产生不同的处罚要求。有的被害人愿意宽恕他人，有的被害人则怀恨在心；有的被害人对轻微犯罪也要求严厉处罚，有的被害人对严重犯罪却希望宽大处理。

由于犯罪的不法、责任程度与被害人的处罚要求并不一致，以及被害人在被害之后的要求不同（如有的要求报复，有的要求得到安慰，有的要求得到补偿），如果将被害人及其家属的严厉处罚要求，作为增加责任刑的情节，必然导致对被告人的量刑取决于十分偶然的因素，进而导致量刑的不公正。将被害人及其家属的严厉处罚要求，作为增加责任刑的情节，只能强化国民的报复感情，使量刑私事化，导致量刑与私人的复仇相混淆，陷入绝对的被害报应刑论。这样的量刑显然缺乏刑罚的正当化根据。

不可否认，我国的一些个案表明，判处重刑就是基于被害人及其家属的强烈要求（尤其以上访相要挟）。但是，一个完全或主要由被害人及其家属左右的刑事司法，是十分令人担忧的。

其次，在我国的量刑实践中，被害人及其家属的谅解（希望宽大处罚），成为从宽处罚的重要理由。

应该说，被害人及其亲属的谅解是表明一般预防必要性减少的情节。被害人及其亲属的谅解表明其报复性倾向减少，不会通过犯罪手段实现报复目的。一般预防必要性大虽然不能成为加重量刑的理由，但一般预防必要性小却可以成为从宽量刑的理由。

（三）预防刑的裁量

刑罚的正当化根据是报应的正当性与预防犯罪目的的合理性，其中的报应是指责任报应：犯罪人基于自己的意志选择了犯罪行为，刑罚作为对其责任的清算具有正当性。责任报应以行为人有责任为前提，而且由责任划定刑罚的上限。所以，报应刑就是责任刑。基于预防犯罪目的所裁量的刑罚，属于预防刑。

根据并合主义与责任主义的要求，在正确选择了法定刑后，首先根据影响责任刑的情节裁量责任刑，然后，在责任刑之下，根据影响预防刑的情节确定宣告刑。在责任刑之下，对预防刑的裁量是实现刑罚目的的关键。如果确定了责任刑之后不进行预防刑的裁量，就意味着采取了绝对报应刑论，因而不符合并合主义原理。如果在责任刑之上裁量预防刑，则意味着仅采取预防刑论，同样违背并合主义原理，也违反责任主义原理。倘若在责任刑之下对预防刑的裁量不当，就不利于预防目的的实现，同样缺乏刑罚的正当化根据。

裁量预防刑时应当重点考虑特殊预防。可以说，所谓预防刑的裁量，实际上是被告人再犯罪危险性的判断以及再犯罪危险性与责任刑之下的刑罚的对应关系的裁量。

裁量预防刑时难以考虑积极的一般预防。积极的一般预防虽然是量刑所期待的效果，事实上也会产生这样的效果，但它不是决定量刑内容的原理。量刑时，应当注重特殊预防，而不能使积极的一般预防优于特殊预防。

裁量预防刑时不能考虑消极的一般预防。所谓量刑时不能考虑消极的一般预防，是指量刑时不能为了威慑一般人，而对犯罪人从重处罚。这是因为，在其他人可能实施相同犯罪行为的情况下，通过对犯罪人科处重刑，以便威慑其他人，完全是将犯罪人当作工具对待，违反了宪法有关"国家尊重和保障人权"的规定。

裁量预防刑时可以因为一般预防必要性小而从宽处罚。问题是，一般预防必要性小而特殊预防必要性大时，应当如何处理？笔者坚持特殊预防优先的立场，因为法定刑的确定大体上考虑了一般预防必要性，量刑原本就是在责任刑之下实现具体案件的刑罚个别化。换言之，刑法规定的法定刑，已经考虑了一般预防的需要，而特殊预防只能由法官在量刑时、执行机关在行刑时考虑。如果法官在量刑时不考虑特殊预防必要性的事实，就不可能发挥刑罚的特殊预防机能。所以，当法官根据量刑资料，确信特殊预防的必要性大时，就可以在责任刑之下从重处罚。

如果一般预防必要性大而特殊预防必要性小时，应当如何处理？在笔者看来，既然量刑时不能因为一般预防必要性大而增加预防刑，就意味着只能将特殊预防必要性小作为减少预防刑的情节。

根据并合主义与责任主义原理，应当在确定了责任刑的点之后，再考虑影响预防刑的情节，进而确定预防刑。如果特殊预防必要性大，就在责任刑的点之下从重处罚；如果特殊预防必要性小，则在责任刑的点之下从宽处罚。例如，甲以暴力抢劫他人价值 7000 元的财物，并且致人轻伤。假定量刑起点为 4 年，根据抢劫的数额与致人轻伤的情节，将责任刑确定为 6 年，那么，在甲具有坦白、悔罪、退赃等减少预防刑的情节时，就必须在 3 年以上 6 年以下的幅度内从宽处罚。再如，乙出于报复动机故意杀害 2 人，假定其责任刑是死刑立即执行，但乙具有坦白、悔罪等减少预防刑的情节，就必须从宽处罚，宣告刑不得为死刑立即执行。由此可见，不管罪行与责任刑的轻重，只要被告人具有减少预防刑的情节，就必须从宽处罚。①

----------- 疑 难 问 题 -----------

1. 《刑法》第 232 条故意杀人罪

● 误认尸体为活人加以"杀害"的，成立故意杀人罪吗？

我国传统观点一直认为，只要行为人主观上想杀人，其实施的就是杀人行为，就能构成故意杀人罪；即使因为行为人意志以外的原因而未得逞的，也至少能成立故意杀人未遂。例如，误把白糖当砒霜用于毒死人（不是糖尿病人），用空枪杀人，误认尸体为活人而进行杀害，误把藏獒当藏獒的主人而开枪射杀（藏獒周围没有人）等等，均成立故意杀人未遂，应以故意杀人罪追究行为人的刑事责任。②很显然，这是主观未遂犯论的观点。

根据客观的未遂犯论，只有具有侵害法益危险性的行为，才是犯罪行为。就故意杀人罪而言，只有具有类型性的致人死亡的危险性的行为，才是故意杀人罪的实行行为，并非主观上想杀人，其行为就是故意杀人行为。劝他人乘坐高铁、飞机，希望他人死于高铁、飞行事故，即便最终如其所愿，也不能认为行为人实施了杀人行为而成立杀人罪。所以，误认尸体为活人而杀害，误把白糖当砒霜用于毒死人，误以为枪中有子弹而开枪杀人，误把藏獒当藏獒的主人而射杀，都因为没有致人死亡的危险性，没有实施故意杀人罪的实行行为，不能成立故意杀人未遂，属于故意杀人的不能犯，不成立故意杀人罪。

---

① 参见张明楷：《论预防刑的裁量》，载《现代法学》2015 年第 1 期；张明楷：《责任刑与预防刑》，北京大学出版社 2015 年版，第 325—374 页。

② 参见高铭暄、马克昌主编：《刑法学（第十版）》，北京大学出版社 2022 年版，第 460 页；刘宪权主编：《刑法学（第六版）》，上海人民出版社 2022 年版，第 555 页。

💬 如何处理"受虐妇女反杀案"？

所谓"受虐妇女反杀案"，是指丈夫长期对妻子（及其他家庭成员）实施虐待乃至严重暴力行为，妻子趁丈夫处于熟睡或其他不能抵抗的状态时杀害丈夫的案件。实践中，对于此类案件，基本上都以故意杀人罪追究了受虐者的刑事责任。

"受虐妇女反杀案"存在三个特点：第一，丈夫长期对家庭成员实施严重暴力，且一般在被杀前的几十分钟、几小时内曾对家庭成员实施过严重暴力（存在事前的暴力）。在绝大多数案件中，施虐者只是对受虐者实施虐待行为或者造成轻伤，一般没有对受虐者造成重伤。第二，妇女在实施杀害行为时，丈夫处于睡眠或者其他不能抵抗的状态（被害人不能抵抗）。第三，如若不杀害丈夫，丈夫清醒或者消除不能抵抗的状态后，仍然会对家庭成员实施暴力，但何时实施并不确定（再次实施暴力的盖然性）。很显然，由于被害人处于不能抵抗的状态，不法侵害已经结束或者尚未开始，不能肯定不法侵害"正在进行"，故难以认定受虐妇女的反杀行为成立正当防卫。基于同样的理由，也难以认为存在正在发生的危险，况且也不一定符合不得已（补充性）要件，所以，难以认定受虐妇女的反杀行为属于紧急避险。

应该认为，对于非对峙型的"受虐妇女反杀案"，不能作为违法阻却事由处理，也不能作为免责的紧急避险处理，只能认定为超法规的责任阻却事由。即在少数案件中，受虐妇女确实缺乏期待可能性的，应当宣告无罪；在此外的案件中，受虐妇女并不完全缺乏期待可能性时，可以承认不可避免的期待可能性的积极错误，因而没有责任，否认犯罪的成立。的确，倘若认为"受虐妇女反杀案"只是阻却责任，就可能导致对受虐妇女的反杀行为可以进行正当防卫。一方面，警察与邻居等人当然可以制止受虐妇女的反杀行为；另一方面，虽然对超法规的责任阻却事由原则上可以实施正当防卫，但正当防卫会受到一定的限制，尤其是要对防卫限度作出限制。①

💬 实施安乐死行为，成立故意杀人罪吗？

理论上一般将安乐死分为积极的直接安乐死、积极的间接安乐死和消极的安乐死三种情形。积极的直接安乐死又简称为积极安乐死，是指为了减轻患者的痛苦刻意终结其生命或者加速其死亡的情形。积极的间接安乐死可简称为间接安乐死，是指为了减轻患者的痛苦，采用虽然符合医疗行业规范，但可能具有缩短生命之副作用的药物为之进行医疗镇痛。此时行为人的目的和动机在于缓解患者的痛楚，只是以间接故意的心态容忍了加速患者死亡的后果。普遍认为间接安乐死为法律所允许。消极安乐死是指基于无望康复的患者所确实表达了或者推定的意志，

---

① 参见张明楷：《受虐妇女反杀案的出罪事由》，载《法学评论》2022年第2期。

放弃或者中断可以延长其生命的治疗措施，从而致使其有尊严地自然死亡的情形。

应该说，不能因为自身没有深受病痛煎熬折磨，就空谈实施安乐死因不合法而应以故意杀人罪追究刑事责任。每个人如果能深入地想想自己也可能会有遭遇病痛折磨的一天，就有可能抱持同情心，从而对安乐死合法化有比较积极的看法。即便目前安乐死在我国尚未合法化，也能以病人的家属缺乏期待可能性，或者存在不可避免的期待可能性的积极错误为由，认定阻却责任，而不以故意杀人罪追究其刑事责任。至于中断治疗的消极安乐死、尊严死，由于并未积极实施缩短患者生命的行为，同样应当得到支持。

😊 基于报复动机杀人、奸情杀人的，应从重处罚吗？

除了杀人狂魔或者恐怖分子，人都不会无缘无故地杀人。基于报复动机杀人和奸情杀人，都只不过是故意杀人的常态，并不会因此增加故意杀人的违法性与有责性。我国理论和实务长期以来都将基于报复动机杀人和奸情杀人，看作是危害严重的故意杀人而从重处罚，显然是错误的。

😊 实践中将杀人后的碎尸行为作为判处死刑根据的做法，合理吗？

杀人后的碎尸行为，只是可能反映出行为人再犯罪的可能性较大，并未因此增加杀人行为本身的违法性和有责性。而责任刑轻重是由违法性与有责性决定的，与再犯罪可能性大小即特殊预防必要性的大小无关。责任刑决定了刑罚的上限。因此，实践中将杀人后的碎尸行为作为判处死刑根据的做法，具有严重的不合理性。对于杀人后碎尸的行为，只能以故意杀人罪和侮辱尸体罪进行数罪并罚。

😊 已满 12 周岁不满 14 周岁的人应对拟制的故意杀人罪承担刑事责任吗？

《刑法修正案（十一）》在《刑法》第 17 条中增加第 3 款规定，已满 12 周岁不满 14 周岁的人，犯故意杀人、故意伤害罪，致人死亡或者以特别残忍手段致人重伤造成严重残疾，情节恶劣，经最高人民检察院核准追诉的，应当负刑事责任。问题是，已满 12 周岁不满 14 周岁的人实施五个条文（《刑法》第 238、247、248、289、292 条）中拟制的故意杀人罪应否承担刑事责任？

理论上有观点认为，已满 12 周岁不满 14 周岁的人不仅要对《刑法》第 232 条规定的故意杀人罪承担刑事责任，还应对其他被评价为"犯故意杀人罪"的情形即拟制的故意杀人罪承担刑事责任。[①] 但笔者认为，由于实施上述拟制的杀人行为，虽然是以故意杀人罪定罪处罚，但毕竟行为人只有非法拘禁、刑讯逼供、暴力取证、聚众"打砸抢"和聚众斗殴的故意，而无杀人的故意，即行为人对拟制杀人的死亡结果没有认识并持希望或者放任的态度，所以拟制的故意杀人罪和具有杀人故意的典型的故意杀人罪还是存在明显区别的。也就是说，已满 12 周岁不

---

① 参见冯军等主编：《中国刑法评注》（第 2 卷），北京大学出版社 2023 年版，第 2006 页。

满 14 周岁的人难以认识到拟制的杀人行为的性质，所以不应要求其对拟制的杀人行为承担故意杀人罪的刑事责任。

💬 已满 12 周岁不满 14 周岁的人应对故意杀人未遂承担刑事责任吗？

从《刑法》第 17 条第 3 款 "已满十二周岁不满十四周岁的人，犯故意杀人、故意伤害罪，致人死亡或者以特别残忍手段致人重伤造成严重残疾" 的表述看，虽然可以理解为 "致人死亡" 是就故意伤害罪而言的，但也可以理解为无论故意杀人还是故意伤害，都必须已经致人死亡或者以特别残忍手段致人重伤造成严重残疾，才能追究其故意杀人罪、故意伤害罪的刑事责任。笔者认为，为了限制已满 12 周岁不满 14 周岁的人承担刑事责任的范围和统一司法，应要求故意杀人的也必须是已经造成死亡结果即故意杀人既遂，或者以特别残忍手段杀人，但因为意志以外的原因或者基于自己的意志中止犯罪，不过还是致人重伤造成严重残疾的，可以故意伤害罪追究其刑事责任。质言之，已满 12 周岁不满 14 周岁的人仅对故意杀人既遂、故意伤害致人死亡、出于杀人或者伤害故意以特别残忍手段致人重伤造成严重残疾的行为承担刑事责任，而不对故意杀人未遂承担刑事责任。

💬 相约自杀，构成故意杀人罪吗？

所谓相约自杀，是指与他人约定一起实施自杀行为，行为人不仅认识到自己在自杀，而且认识到在与同伴一起自杀。对于相约自杀，只要一方没有亲自实施杀害对方的行为，即便实施了相当于教唆、帮助自杀的行为，对自杀未遂的一方也不宜以故意杀人罪定罪处罚。但如果行为人实施了杀人的实行行为，则属于国外刑法理论所称的嘱托杀人或者得承诺杀人（即同意杀人罪）的行为，由于生命的承诺在法律上是无效的，因而完全符合故意杀人罪的构成要件，只是可以考虑作为情节较轻的故意杀人罪处理。

💬 能否将被害人自杀的结果归属于行为人？

应该说，在法定刑不重，引起被害人自杀也并非异常的犯罪中，将引起他人自杀认定为基本犯成立条件的 "情节严重" "情节恶劣" "后果严重" 或者个别加重犯的 "致人死亡"，或者在基本犯法定刑幅度内从重处罚，都是可以接受的。例如，将引起被害人自杀认定为虐待致人死亡、暴力干涉婚姻自由 "致人死亡" 以及侮辱、诽谤 "情节严重"，或者作为强奸罪的基本犯从重处罚的情节。

但如果法定刑过重（如超过 10 年），就不应将引起他人自杀认定为 "致人死亡" 或者 "其他严重后果"，如引起被害人自杀不应被认定为强奸 "致人死亡" 和拐卖妇女、儿童造成 "其他严重后果" 而适用加重法定刑，只能在基本犯法定刑幅度内从重处罚。如果实施某种犯罪通常不会引起被害人自杀，也就是说，出现被害人自杀十分异常，也不应将引起被害人自杀认定为情节严重或者情节特别严重。例如，不应将引起被害人自杀认定为盗窃、诈骗、抢夺、抢劫等财产犯罪的"严重情节"和"特别严重情节"而从重或者加重处罚。至于能否将引起被害人自杀认定为法定刑中等（5年至15年有期徒刑）的罪名中加重处罚的情形，理论上可能存在争议。例如，能否将引起被害人自杀认定为非法拘禁"致人死亡"和组织、领导传销活动"情节严重"而适用加重法定刑，理论上可能存在争议，但笔者倾向于持肯定回答。

💬 **教唆、帮助自杀的，构成故意杀人罪吗？**

对于教唆、帮助自杀的行为应否作为犯罪处理，笔者持否定回答。众所周知，自杀行为本身不构成犯罪，根据共犯的限制从属性说，被教唆、帮助的行为不具有违法性的，教唆、帮助行为也不具有违法性，正如指使他人实施正当防卫的不可能构成犯罪一样。关于自杀的不处罚根据，国外刑法理论上有阻却违法性说、阻却有责性说与阻却可罚的违法性说的分歧。由于有的国家刑法明文规定了教唆、帮助自杀罪，如日本，为了维持共犯从属性理论，理论上认为自杀行为仅属于阻却有责性或者阻却可罚的违法性的行为。没有规定教唆、帮助自杀罪的国家，如德国与中国，宜坚持认为自杀是阻却违法性的行为，参与阻却违法性的行为，也不具有违法性，不构成犯罪。

需要指出的是，我国虽然没有规定教唆、帮助自杀罪，但《刑法》第300条第2款已明文规定，组织和利用会道门、邪教组织或者利用迷信蒙骗他人致人死亡的，构成组织、利用会道门、邪教组织、利用迷信致人死亡罪，这在一定意义上规制的就是教唆、帮助自杀行为。可是，1999年"两高"发布的《关于办理组织和利用邪教组织犯罪案件具体应用法律若干问题的解释》[①]第4条规定，组织、利用邪教组织，制造、散布迷信邪说，教唆、帮助其成员或者他人实施自杀的，以故意杀人罪定罪处罚。事实上，在该司法解释出台以前，教唆、帮助邪教组织成员自杀的行为都是以组织、利用邪教组织致人死亡罪定罪处罚。原因众所周知，1999年前后邪教活动十分猖獗，党中央要求严厉打击邪教犯罪活动，"两高"顺势颁行了上述司法解释。但应当认为，上述关于组织、利用邪教组织教唆、帮助其成员自杀的以故意杀人罪论处的司法解释规定，违反了罪刑法定原则。对这种行为应当只能以《刑法》第300条第2款组织、利用邪教组织致人死亡罪定罪处罚。

2.《刑法》第234条故意伤害罪

💬 **为何我国故意伤害罪的入罪门槛不低但定罪率却特别高？**

近年来，我国故意伤害罪（主要是轻伤害）的司法现状相当诡异：故意伤害

---

① 该司法解释已被2017年"两高"发布的《关于办理组织、利用邪教组织破坏法律实施等刑事案件适用法律若干问题的解释》所废止，但后者第11条仍对上述行为规定以故意杀人罪定罪处罚。

罪的成立条件也就是入罪门槛远高于国外很多国家，但定罪率却特别高。所谓定罪率高，一方面是指发案率高，另一方面是指司法机关对客观上造成伤害结果的行为认定为故意伤害罪的比例高。[①]

应该说，之所以我国故意伤害罪出现上述十分诡异的司法现状，原因可能出在三个方面：一是将正当防卫认定为故意伤害罪；二是将被害人承诺了轻伤结果的互殴中致轻伤的情形认定为故意伤害罪；三是将缺乏伤害故意和伤害行为的情形认定为故意伤害罪。

● 如何区分正当防卫与相互斗殴型故意伤害罪？

我国出现故意伤害罪入罪门槛不低却定罪率特别高这种吊诡现象的原因之一就是，司法实践中普遍将正当防卫认定为故意伤害罪。其中主要表现为两种情形。

（1）将典型的正当防卫认定为相互斗殴，进而认定为故意伤害罪

在我国基本见不到对故意伤害进行正当防卫的案件。也就是说，在司法实践中，对故意伤害的正当防卫，几乎全部被认定为相互斗殴，进而被认定为故意伤害罪。这是我国故意伤害罪发生率高的一个重要原因。实践中存在以下几种情形：

第一类也是最典型的情形是：甲与乙基于某种原因发生争吵，甲先对乙实施暴力，乙还手将甲打成轻伤。对于这样的案件，司法机关基本上都认定乙与甲是相互斗殴，进而认定乙的行为构成故意伤害罪。

第二类情形是：甲与乙发生争吵时，甲试图对乙实施暴力，乙警告甲说："你不要动手，否则我对你不客气"，但甲仍然先动手对乙实施暴力，乙反击造成甲轻伤。这样的案件，基本上都被司法机关认定为相互斗殴型的故意伤害罪。

第三类情形是，甲与乙发生争吵或者矛盾，乙得知甲将要对自己实施不法侵害后做了适当准备，在甲对乙实施侵害时，乙反击造成甲轻伤。这样的案件，也大多被司法机关认定为相互斗殴型的故意伤害罪。

第四类情形是，甲与乙长期存在矛盾，某日，甲对乙实施暴力，乙反击致甲轻伤。这样的案件，也大多被司法机关认定为相互斗殴型的故意伤害罪。

针对我国司法实践将正当防卫认定为相互斗殴进而认定为故意伤害罪的普遍现象，为了纠偏，可以考虑确立如下规则：在一般性争吵过程中，先动手对他人实施殴打等暴力行为的，属于不法侵害，后动手反击（殴打）者造成前者伤害的，应认定为正当防卫，而不应认定为相互斗殴，更不应认定后动手反击者的行为构成故意伤害罪；另外，在一般性争吵中，先动手殴打者造成对方轻伤的，则应当认定为故意伤害罪。这一规则体现了正不得向不正让步的法律精神，既有利于保

---

① 参见张明楷：《故意伤害罪司法现状的刑法学分析》，载《清华法学》2013年第1期。

护公民的法益，也有利于预防故意伤害案件的发生。①

（2）将正当防卫认定为防卫过当，进而认定为故意伤害罪

我国司法实践中确实存在着大量将正当防卫认定为防卫过当进而科处故意伤害罪的判决。从司法判例看，有以下几种情形：

第一类：过分要求手段相适应，导致将正当防卫认定为防卫过当，进而认定为故意伤害罪。特别明显的是，只要不法侵害者没有使用刀具等凶器，而防卫人使用了刀具等工具，造成不法侵害者伤害的，就以防卫过当为由认定为故意伤害罪。

第二类：误解《刑法》第20条第1款与第3款的关系，认为只要不法侵害不属于《刑法》第20条第3款规定的情形，防卫行为造成了不法侵害者伤亡的，就认为属于防卫过当，进而认定为故意伤害罪。

第三类：忽视抓捕过程中新的暴力侵害，仅将防卫行为及其造成的损害与不法侵害人先前的不法侵害进行对比，导致将正当防卫认定为防卫过当而认定为故意伤害罪。

鉴于我国司法实践较多将正当防卫认定为防卫过当的现实情况，笔者建议，各级检委会、审委会在讨论防卫是否过当的问题时，即使只有少数人主张正当防卫，多数人主张防卫过当，也需要倾听乃至采纳少数人的意见。因为《刑法》第20条第2款明文规定："正当防卫明显超过必要限度造成重大损害的，应当负刑事责任。"既然有少数人主张没有超过必要限度，就大体表明并不"明显"。此外，对于防卫行为造成不法侵害者轻伤的，无论如何都不应当认定为防卫过当，因为轻伤并不属于"重大损害"。②

⚫ 相互斗殴致人轻伤的，成立故意伤害罪吗？

我国司法实践的基本态度与做法是，相互斗殴是非法的，其中一方造成另一方轻伤害的，成立故意伤害罪。我国刑法理论与实务界认定相互斗殴非法，实际上是以道德评判替代了法律判断。诚然，相互约架、相互斗殴或许违反道德，但这只是道德判断，而不是法律判断。在刑法上，只要被害人承诺了轻伤害，即使被害人没有动手殴打对方，对方对其实施轻伤害的行为也是合法的。既然如此，在被害人不仅承诺了轻伤害，而且动手殴打对方时，对方对其实施轻伤的行为自然也是合法的。在相互斗殴中，由于相互同意他人的殴打，因而对方的殴打行为是基于承诺的行为，不具有侵害对方人身法益的违法性，故任何一方都不是针对不法侵害所实施的正当防卫。换言之，相互斗殴不成立正当防卫，并非因为双方

---

① 参见张明楷：《故意伤害罪司法现状的刑法学分析》，载《清华法学》2013年第1期。
② 同上。

缺乏防卫意识，也不是因为双方都是非法的，而是因为斗殴时双方都承诺了轻伤害，放弃了法的保护，故斗殴的双方都是合法的。由于对合法行为不可能存在防卫，所以从这个意义上讲，"斗殴无防卫"。

综上，对于相互斗殴致人轻伤的案件，公安机关不必作为案件处理：既不要当刑事案件处理，也不要当治安案件、民事纠纷处理。如果相互斗殴的一方或者双方要求司法机关处理，司法机关只需要说服各自回家。①

● **轻微暴力或者一般殴打致人轻伤的，能构成故意伤害罪吗？**

在一些司法人员看来，任何不当行为（如轻微暴力或者一般殴打）都可能致人轻伤，行为人实施行为时都明知自己的行为会发生伤害结果。既然如此，行为人却仍然实施不当行为，表明行为人希望或者放任伤害结果发生。于是，只要某种行为致人轻伤，行为人就负故意伤害罪的刑事责任。然而，从观念上说，这种做法是结果责任的残余，即只要被害人身体受轻伤，即使行为人没有故意乃至没有过失，也要追究行为人故意伤害罪的刑事责任。从一般社会经验来看，绝大多数的轻微暴力或者一般殴打都难以致人轻伤。也就是说，轻微暴力和一般殴打行为，并不是具有类型性地导致他人生理机能受侵害的危险性的伤害行为。在行为人对特定对象实施轻微暴力或者一般殴打，特别是行为没有持续性、连续性，只是推一掌或者打一下的情况下，即使造成了轻伤，也不应当认定行为人具有伤害故意。质言之，没有实施伤害行为，不具有伤害故意的，不能构成故意伤害罪。

● **如何区分故意伤害致死与过失致人死亡罪？**

虽然故意伤害致死与过失致人死亡罪，都是导致了被害人死亡的结果，客观行为都可谓杀人行为，但故意伤害致死的法定刑是 10 年以上有期徒刑、无期徒刑或者死刑，而过失致人死亡罪只有 3 年以上 7 年以下有期徒刑，说明区分二者很有必要。故意伤害致死，只能是行为人主观上具有伤害的故意，客观上实施了可能导致他人生理机能侵害的伤害行为，由于伤害行为所包含的致人死亡的危险现实化为死亡结果。也就是说，故意伤害致死，必须是伤害行为本身所包含的致人死亡危险的直接现实化，行为人对伤害结果是故意，对死亡结果是过失。而过失致人死亡罪，行为人主观上既没有杀人的故意，也没有伤害的故意，只是对死亡结果具有预见可能性，行为人客观上实施的通常属于日常生活行为或者一般违法行为，不能被评价为杀人行为或者伤害行为，如擦枪、殴打行为，只是偶然、意外地导致他人死亡结果的发生，如擦枪走火、殴打倒地后脑勺碰触坚硬物体死亡。总之，二者的关键区别在于，行为人主观上有无伤害的故意，客观上实施的是否为伤害行为，死亡结果是否为伤害行为所包含的致人死亡危险的直接现实化。

---

① 参见张明楷：《故意伤害罪司法现状的刑法学分析》，载《清华法学》2013 年第 1 期。

🗨 伤害的承诺有效吗？

应该说，除了生命的承诺是无效的外，包括重伤在内的伤害的承诺都是有效的，这是对公民自己决定权的尊重。如果认为重伤的承诺是无效的，也很难为医疗行为和竞技体育活动造成重伤结果找到出罪根据。只有承认重伤的承诺是有效的，才能阻却医疗行为和竞技体育活动的违法性。

🗨 如何处理所谓"同时伤害"的案件？

所谓"同时伤害"，是指多人没有伤害的共谋，同时对被害人实施伤害，不能查明是谁的行为导致被害人受伤的情形。《日本刑法典》第207条规定："二人以上实施暴行伤害他人的，在不能辨别各人暴行所造成的伤害的轻重或者不能辨认何人造成了伤害时，即使不是共同实行的，也依照共犯的规定处断。"对此规定，有人认为是因果关系的拟制，有人主张是共犯关系的拟制。不管怎么说，这都是同时伤害按照共犯适用"部分实行全部责任原则"的拟制规定。我国刑法没有这种规定，对于同时伤害，因为不是共犯，不能适用"部分实行全部责任原则"，在不能查明是谁的行为造成伤害结果时，各方均只能成立故意伤害罪未遂。

十九
禁止重复评价

要　旨

所谓禁止重复评价，也叫禁止双重评价，就是对一个情节或者事实不能评价两次。量刑时禁止重复评价，意味着量刑情节只能是法定刑基础之外的情节。对于属于基本罪状内容的情节，在量刑时不得重复考虑。对于属于加重、减轻罪状内容的结果，在选择了相应的加重或者减轻的法定刑之后，量刑时不得重复考虑。将仅造成了一个法益侵害结果的事实认定为成立想象竞合，也违反了禁止重复评价原则。

辩 点 分 析

（一）对于属于基本罪状内容的情节，在量刑时不得重复考虑

因为刑法在根据基本罪状规定法定刑时，就已经考虑了属于基本罪状内容的情节。易言之，基本法定刑的确定，以基本罪状的综合因素为根据，因此基本法定刑的确定，已经考虑了属于基本罪状内容的情节。如果在量刑时再次考虑这种情节，则意味着对这种情节进行了重复评价。也就是说，对于立法者在确定法定刑时已经考虑的事由，于法定刑的范围内量刑时重新考虑的做法，便赋予该事由不相当的比重。

正因如此，《德国刑法典》第46条第3项明文规定，已经属于法律的构成要件的标志的情况，在量刑时不允许加以考虑。例如，由于公务员属于受贿罪构成要件的内容，所以，在对受贿罪量刑时，不能以行为人为公务员为由从重处罚。再如，利用被绑架人的亲情、友爱关系勒索财物，是绑架罪的共通情形，立法者

在为绑架罪确定法定刑时，已经考虑了该情形。所以，在量刑时不能以此为由从重处罚。

以我国刑法为例。《刑法》第275条规定：故意毁坏公私财物，数额较大或者有其他严重情节的，处3年以下有期徒刑、拘役或者罚金；数额巨大或者有其他特别严重情节的，处3年以上7年以下有期徒刑。其中的"数额较大或者有其他严重情节"是构成要件，属于基本罪状的内容，故符合这种构成要件的事实作为认定犯罪的依据起了作用后，不能再作为量刑情节进行重复评价。

或许有人认为，将数额较大的损害作为认定犯罪的依据后，可以再作为量刑情节考虑，因为前者是作为定罪因素考虑的，后者是作为量刑情节考虑的。笔者不赞成这种观点。因为就基本犯而言，定罪就意味着确定了法定刑。易言之，倘若法官以数额较大的损害为根据认定成立故意毁坏财物罪，便同时确定了"3年以下有期徒刑、拘役或者罚金"。而这一法定刑的根据便包含了数额较大的损害，或者说，在认定犯罪时，实际上已经作为刑罚的根据考虑过。所以，如果在上述法定刑幅度内，以故意毁坏财物数额较大为由从重处罚，则明显属于重复评价。

（二）对于属于加重、减轻罪状内容的结果，在选择了相应的加重或者减轻的法定刑之后，量刑时不得重复考虑

因为加重、减轻罪状所包含的结果，是加重或者减轻法定刑的根据，在根据加重、减轻结果选择了加重或者减轻的法定刑之后，便意味着已经评价或考虑了该加重、减轻结果，如果在法定刑内量刑时再次考虑这种加重或者减轻结果，则属于对该结果的重复评价，从而导致罪刑失衡。

例如，《刑法》第274条规定：敲诈勒索公私财物，数额较大或者多次敲诈勒索的，处3年以下有期徒刑、拘役或者管制，并处或者单处罚金；数额巨大或者有其他严重情节的，处3年以上10年以下有期徒刑，并处罚金；数额特别巨大或者有其他特别严重情节的，处10年以上有期徒刑，并处罚金。假如数额较大的起点为2000元，数额巨大的起点为3万元，当行为人敲诈勒索3万元时，该情节便成为法定刑升格的根据；法院根据这一情节选择了"3年以上10年以下有期徒刑，并处罚金"的法定刑后，不得再以敲诈勒索3万元作为在该法定刑内从重处罚的根据。又如，行为人故意伤害他人致人死亡的，在选择了"10年以上有期徒刑、无期徒刑或者死刑"的法定刑后，不能再以被害人死亡为由从重处罚。因为如果被害人没有死亡，便只能选择"3年以上10年以下有期徒刑"的法定刑（"以特别残忍手段致人重伤造成严重残疾"的除外），所以，如果将致人死亡作为从重处罚的根据，则意味着该结果不仅是法定刑升格的根据，而且是在升格后的法定刑

内从重处罚的根据，显然并不妥当。现在，许多司法机关对故意伤害致死一律判处死刑，其中一个重要原因便是对死亡结果进行了重复评价，从而导致量刑过重。

需要指出的是，上述作为法定刑基础的结果是指最低要求的结果。如果犯罪行为在造成法定刑基础的结果外，还造成了相同性质的结果，或者造成了重于最低要求的结果，则该结果是影响量刑的因素。例如，行为人的一个故意杀人行为导致二人死亡。从观念上说，其中的一人死亡属于法定刑基础的结果或最低要求的结果，另一人的死亡虽非结果加重犯中的加重结果，但属重于最低要求的结果。所以，在选择了"死刑、无期徒刑或者10年以上有期徒刑"的法定刑之后，另一人的死亡应是影响量刑的结果。再如，行为人敲诈勒索公私财物，仍假定3万元属于数额巨大，应在"3年以上10年以下有期徒刑，并处罚金"的法定刑内处罚，可是行为人敲诈勒索了20万，远远超出了数额巨大的起点标准，故可以将超过3万元的数额部分作为从重处罚的情节。虽然在情节不可能量化与分割的情况下，区分法定刑升格的结果与在升格的法定刑内从重处罚的结果，只能是观念的或者抽象的，但仍应牢记禁止重复评价的原则。

由于作为法定刑基础的结果，是适用该法定刑的最低要求的结果，所以，量刑时必须分清罪状所并列规定的各种要素之间的关系。如果罪状并列规定了两种以上的要素，只要具备其中一个要素（即选择要素），便可以适用相应的法定刑，那么，被告人具备两种以上的要素时，其中一个要素可以作为法定刑基础而不能作为量刑情节时，其他要素则可以作为超过法定刑最低要求的要素，成为量刑情节。例如，《刑法》第158条第1款规定：申请公司登记使用虚假证明文件或者采取其他欺诈手段虚报注册资本，欺骗公司登记主管部门，取得公司登记，虚报注册资本数额巨大、后果严重或者有其他严重情节的，处3年以下有期徒刑或者拘役，并处或者单处虚报注册资本金额1%以上5%以下罚金。显然，本条除规定了基本行为之外，出于限制处罚范围的目的，并列规定了虚报注册资本数额巨大、后果严重与其他严重情节三种要素。这三种要素是并列的选择要素，只要具备其中之一即可。因此，如果行为人虚报注册资本数额巨大，同时造成了严重后果，那么，在将虚报注册资本数额巨大作为法定刑基础的同时，可以将严重后果作为从重量刑情节。相反，如果两种以上的要素是必须同时具备的要素，即两种以上的要素都是法定刑基础的要素，那么，就不得将其中之一作为量刑情节。

由于作为法定刑基础的结果，是适用该法定刑的最低要求的结果，所以，当一个行为触犯数个罪名时，罪名的确定直接涉及结果能否影响量刑的问题。反过来说，从结果能否影响量刑的角度，也可以反映出定罪是否妥当。例如，以放火方法故意杀人时，如果认定为放火罪，那么，危害公共安全与致人死亡的结果，都属于法定刑基础的结果，而不是量刑应当考虑的情节；如果认定为故意杀人罪，致人死亡的结果属于法定刑基础的结果，而危害公共安全的结果则不是法定刑基础的结果（因为故意杀人罪的法定刑基础不包含危害公共安全的结果），因而是量刑时应当考虑的结果。考察以下案例能够说明这一点：

被告人李某因为被害人秦某在其与别人打架中拉偏架，致使其被别人打伤而对秦某怀恨在心。2001 年 9 月 29 日凌晨 3 时许，李某携带事先准备好的汽油、煤油、打火机、刀具等作案工具到某玻璃马赛克厂外宿舍区，将装有汽油、煤油的塑料桶放置在秦某所住的 9 号房门口，在房门浇上汽油，又割断 10 号房的煤气软管，将该煤气瓶搬到 9 号房门口，并打开煤气瓶阀门放出煤气。随后，李某将一个以棉花塞口、装有汽油的玻璃瓶点燃掷至 9 号房门口，致使煤气瓶发生爆炸，引发火灾。由于火势猛烈，住在 9 号房内的被害人秦某、成某夫妇被烧死，8 号宿舍的范某被烧致轻微伤。后经厂内人员和消防人员奋力扑救才将大火扑灭。案发后，被告人李某投案自首。

某市人民检察院以被告人李某犯放火罪，向某市中级人民法院提起公诉。某市中级人民法院认为，被告人李某为泄愤，以放火的手段非法剥夺他人生命，致二人死亡、一人轻微伤，其行为已构成故意杀人罪。但鉴于其能主动投案自首，依法可以从轻处罚。依照《刑法》第 232 条、第 48 条第 1 款、第 57 条第 1 款、第 67 条第 1 款之规定，以故意杀人罪判处被告人李某死刑，缓期 2 年执行，剥夺政治权利终身。

宣判后，某市人民检察院以一审定罪错误、量刑畸轻为由提出抗诉。某省高级人民法院于 2003 年 6 月 26 日认定被告人李某犯故意杀人罪，判处死刑，剥夺政治权利终身，并依法报请最高人民法院核准。最高人民法院于 2003 年 11 月 25 日撤销某省高级人民法院对被告人李某的量刑部分；认定某市中级人民法院一审中对该案的定罪量刑是正确的。

类似这样的案件，表面上只涉及定罪问题，实际上还涉及量刑问题。因为如果认定李某的行为构成放火罪，由于《刑法》第 115 条所规定的放火罪的法定刑，不仅以危害公共安全为根据，而且以致人死亡为根据，所以，危害公共安全与致人死亡的结果，都应当作为法定刑基础的结果，在量刑时不得再次评价，否则便违反了禁止重复评价的原则。如果认定李某的行为构成故意杀人罪，那么在量刑时就不得考虑作为法定刑基础的死亡结果；由于危害公共安全的结果并不是故意杀人罪的法定刑基础的结果，因而属于量刑时应当考虑的情节。从全面考察案件情节的角度来考虑，将采取放火等危险方法故意杀人的行为认定为故意杀人罪是妥当的。①

（三）将仅造成了一个法益侵害结果的事实认定成立想象竞合，也违反了禁止重复评价原则

众所周知，法条竞合与想象竞合的区别在于，法条竞合时只侵害了一个罪名所保护的法益，造成了一个法益侵害结果，所以法条竞合所禁止的是重复评价。例如，如果认为盗伐林木罪与盗窃罪之间是想象竞合关系，② 则意味着行为人的一个盗伐林木的行为造成了两个财产损失结果，应当被两次追缴返还。这显然有违禁止重复评价原理。所以，盗伐林木罪与盗窃罪之间是法条竞合关系，而非想象竞合关系。想象竞合时是侵害了数个罪名所保护的法益，造成了数个法益侵害结果，能够提起数个刑事附带民事诉讼，所以想象竞合有所谓明示机能，所禁止的是遗漏评价，而不是重复评价。但如果只造成一个法益侵害结果，却认为成立想象竞合，就违反了禁止重复评价原则。例如，一种很流行的观点认为，放火烧死一个人的，成立放火致人死亡与故意杀人罪的想象竞合；抢劫杀人的，成立抢劫致人死亡与故意杀人罪的想象竞合。③

应该说，认定放火烧死一个人成立《刑法》第115条第1款的放火致人死亡与《刑法》第232条的故意杀人的想象竞合，其实是对一个死亡结果评价了两次，而违反了禁止重复评价原则。因为不可能有两个被害人的家属提起刑事附带民事赔偿诉讼。所以应认为成立《刑法》第114条放火罪与故意杀人罪的想象竞合。认定抢劫杀死一个人成立《刑法》第263条第5项的抢劫致人死亡与《刑法》第232条故意杀人罪的想象竞合，也是对一个死亡结果进行了两次评价，而违反了禁止重复评价原则。因为不可能有两个死亡者的家属提起刑事附带民事赔偿诉讼。所以应认为抢劫杀死一个人的，成立抢劫罪的基本犯与故意杀人罪的想象竞合，而不是抢劫罪的加重犯与故意杀人罪的想象竞合。

概言之，将法条竞合认定为想象竞合，会违反禁止重复评价原则，将想象竞合认定为法条竞合，会违反全面评价原则；将仅侵害一个罪名所保护的法益、造成一个法益侵害结果的行为认定成立想象竞合，是对一个法益侵害结果评价了两次，而有违禁止重复评价原则。

---

① 参见张明楷：《结果与量刑——结果责任、双重评价、间接处罚之禁止》，载《清华大学学报（哲学社会科学版）》2004年第6期。
② 参见张明楷：《刑法学（第六版）》（下册），法律出版社2021年版，第1501页。
③ 同上书，第884、1293页。

疑 难 问 题

1.《刑法》第193条贷款诈骗罪

💬 行为人合法取得贷款后产生犯罪意图，并实施转移、隐匿贷款、担保物等行为的，如何处理？

既然是"合法取得贷款"，说明行为人贷款时并无非法占有的目的，贷款不是其通过欺骗手段取得的。即便行为人取得贷款后产生不归还贷款本息的意图，也不能反推当初其具有非法占有的目的。笔者不承认所谓"事后故意"与"事后非法占有目的"。易言之，正常取得贷款后产生不归还贷款本息的意图，实施转移、隐匿担保物及携带贷款潜逃等行为的，由于不符合贷款诈骗罪的构造，不成立贷款诈骗罪。因金钱是"占有即所有"，借款人取得贷款后对贷款占有并所有，所以事后产生不归还贷款本息的意图，实施隐匿、携带贷款潜逃行为的，也不符合"变占有为所有"的侵占罪构成要件，不能成立侵占罪。如果行为人事后实施欺骗行为，使银行免除了其还本付息的义务，由于行为人因此获得了免除债务这种财产性利益，所以可以成立财产性利益的普通诈骗罪。

💬 何谓"以其他方法诈骗贷款"？

这里的"其他方法"，以行为符合贷款诈骗罪的构造为前提。即行为人以非法占有为目的，使用《刑法》第193条规定的编造引进资金、项目等虚假理由等四项以外的欺骗方法取得贷款的，才成立贷款诈骗罪。如果行为人正常取得贷款后产生了不还本付息的意图，转移担保物或者携款潜逃的，不能认为是使用"其他方法"而构成贷款诈骗罪。

💬 借款人与金融机构的信贷员、部门审核人员或者分管领导等人员勾结，以非法占有为目的，采取冒名贷款或者其他欺骗手段，从金融机构非法取得"贷款"的，应当如何处理？

首先，借款人与金融机构负责贷款的所有人员串通，非法获取贷款的，由于不存在受骗的自然人，不存在诈骗问题，不成立贷款诈骗罪，只能与金融机构工作人员成立贪污罪或者职务侵占罪的共犯，金融机构工作人员成立贪污罪或者职务侵占罪与违法发放贷款罪。

其次，借款人与金融机构的贷款最终决定者（处分权限人）串通的，虽然可能欺骗了信贷员与部门审核人员，但作出处分行为的人并没有陷入认识错误，不存在诈骗的问题，不成立贷款诈骗罪，只能与金融机构的贷款最终决定者成立贪污罪或者职务侵占罪的共犯。

最后，借款人与金融机构的信贷员或者部门审核人员串通，共同欺骗分管领导，或者借款人与金融机构的信贷员串通，共同欺骗审核人员与分管领导，后者陷入了认识错误并处分了财产（核准贷款）的，借款人成立贷款诈骗罪，受串通的信贷员和部门审核人员成立贷款诈骗罪共犯和违法发放贷款罪、贪污罪或者职务侵占罪（肯定骗取是职务侵占罪行为方式的通说）。

💬 **行为人能否就同一笔贷款资金既构成贷款诈骗罪，又构成高利转贷罪？**

如果行为人在套取金融机构的信贷资金时就具有非法占有目的，无论事后是否高利转贷牟利，都成立贷款诈骗罪。但如果行为人在套取金融机构的信贷资金时没有非法占有目的（即有还本付息的意思），在套取金融机构贷款后才产生不归还金融机构贷款本息的意思，则根据行为与责任同时存在原理，不能成立贷款诈骗罪。由于金钱占有即所有，所以事后占有贷款不还的，也不能成立"变占有为所有"的侵占罪，只能成立高利转贷罪。所以，就同一笔贷款资金而言，要么构成贷款诈骗罪（套取贷款时就具有非法占有目的），要么构成高利转贷罪（套取贷款时不具有非法占有目的），而不可能既构成贷款诈骗罪，又构成高利转贷罪。

2.《刑法》第198条保险诈骗罪

💬 **仅实施了制造保险事故的犯罪行为，而没有向保险人索赔时，应否认定为数罪？**①

应认为，行为人为了骗取保险金而制造保险事故，如放火烧毁投保的财产或者杀害被保险人，成立放火罪或者故意杀人罪的既遂。但由于行为人尚未向保险公司索赔，所以就保险诈骗罪而言只是犯罪预备。由于只有一个行为，所以成立放火罪或者故意杀人罪的既遂与保险诈骗罪预备的想象竞合，从一重处罚，最终仅以放火罪或者故意杀人罪定罪处罚。

---

① 参见王新：《刑法分论精解》，北京大学出版社 2023 年版，第 173—174 页。

二十
情节严重与情节特别严重

CRIMINAL LAW

要　旨

　　"情节严重"在阶层犯罪构成体系中应属于违法性要素，不应包括有责性以及反映特殊预防必要性大小的预防性要素。应从个罪所保护的法益、所属的犯罪类型以及罪刑是否相适应等方面，准确认定"情节严重"。"数额+情节"模式，可能是未来刑法立法的方向；应根据数额与情节在个罪法益侵害程度评价意义上的差异，具体确定数额与情节的关系，避免一刀切以及罪刑失衡的结果。

辩点分析

　　具有中国特色的作为定罪或者加重要素的"情节（特别）严重（恶劣）""其他（特别）严重情节"的规定，几乎占了刑法分则条文数量的1/3以上，而且从《刑法修正案（九）》有关贪污、受贿罪处罚条款的修改中对"情节"的强调可以看出，今后我国刑法分则条文中"情节严重"的规定还会有不断增加的趋势。虽然"情节严重"的规定可使刑法条文表述更为简洁，并对刑法处罚范围进行提示和限制，使立法和司法活动之间保持一定的张力，但因其表述过于模糊，有违反刑法明确性原则，甚至违反罪刑法定原则之嫌。我国刑法分则规定的法定刑重与法定刑档次多的特点，决定了司法人员必须慎重选择法定刑，尤其是要慎重选择升格法定刑或者加重法定刑。而"情节严重"中的"情节"，是选择法定刑尤其是升格法定刑的重要因素之一，对于定罪量刑影响巨大。如果认定情节严重的标准模糊不清，会导致司法操作五花八门，甚至司法恣意。因此，正确把握"情节"在定罪量刑中的意义，显得尤为重要。

　　需要指出的是，我国刑事司法实践总是过分依赖司法解释。所谓依法量刑，更多的直接表现为依司法解释量刑，对"情节严重"的理解也不例外。从法理上分析，司法解释只能解释刑法条文，不能随意增添犯罪成立条件，但实践中并非如此。有关"情节严重"的司法解释，未能秉持慎重、克制的态度，反而给"情节严重"的理解和适用造成了混乱。

（一）定位：仅限于客观方面的表明法益侵害程度的情节

我国刑法理论的传统观点一直认为，"情节严重"中的"情节"，是一个涉及客体、客观方面、主体、主观方面内容的综合性概念，系反映行为的社会危害性及行为人的人身危险性的各种主客观要素的总和。不过，近年来开始有学者反思关于"情节"的性质或者说"情节"在犯罪构成体系中的定位。例如，张明楷教授明确指出，"一旦采取以违法与责任为支柱的三阶层或者两阶层体系，就会认为，作为整体的评价要素的'情节严重'中的'情节'，并不是指任何情节，只能是指客观方面的表明法益侵害程度的情节"[1]。有学者对张明楷教授将"情节严重"中的"情节"限于"客观方面的表明法益侵害程度的情节"的观点提出疑问："既然考虑法益侵害程度，为何却把法益侵害方式的评价排除在外？如果考虑法益侵害方式，对于主观方面的情节也无法撇开不论"。例如，以残忍手段致人重伤与普通重伤相比，行为人的故意内容自然不同，前者主观方面的恶性自然要大于后者，即无法将这种情形下的"情节严重"仅限于客观方面，所以，"即使在行为不法中，主观情节的考虑也是必要的"。[2]

笔者认为，所谓法益侵害方式的评价，如盗窃与诈骗，在法益侵害的程度上的确没有本质性差异（法定刑相同就是明证），但区别规定盗窃与诈骗，基本上是出于犯罪类型化以及罪刑法定原则的明确性要求的考虑，并非因为主观方面的差异；强调法益侵害方式的差异，往往是行为无价值论的立场，不为结果无价值论所接受，此其一。其二，所谓以残忍手段致人重伤，不过意味着让被害人承受了更多、更大、更为持久的身体疼痛，其与普通重伤的差异仍然在于法益侵害程度，而非所谓故意内容、主观恶性方面。其三，"主观恶性这一概念并没有确定的内涵与评价标准"，而且司法实践中"动辄以主观恶性深、人身危险性严重为由从重处罚，是导致我国量刑过重的一个原因"，所以"法官们不要使用主观恶性这一概念。即便使用这一概念，也必须明确在什么意义上使用这一概念"。[3]

此外，从刑法分则对情节以外的定罪量刑因素的规定中也可以得出，"情节严

① 张明楷：《犯罪构成体系与构成要件要素》，北京大学出版社 2010 年版，第 241 页。
② 参见王莹：《情节犯之情节的犯罪论体系性定位》，载《法学研究》2012 年第 3 期。
③ 参见张明楷：《责任刑与预防刑》，北京大学出版社 2015 年版，第 371—372 页。

重"中的"情节","只能是指客观方面的表明法益侵害程度的情节",即"情节"在犯罪构成体系中,只能定位为关于违法性要素的结论。例如,《刑法》第140条,以"销售金额5万元以上不满20万元""销售金额20万元以上不满50万元""销售金额50万元以上不满200万元""销售金额200万元以上"为根据,为生产、销售伪劣产品罪设置了四个档次的法定刑幅度,而"销售金额"正是体现法益侵害程度的违法性要素。又如,《刑法》第234条,根据致人轻伤、致人重伤、致人死亡或者残忍手段致人重伤造成严重残疾的不同结果,为故意伤害罪设置了三个档次的法定刑幅度,而程度不同的伤害结果,正是体现法益侵害程度的违法性要素,而与有责性无关。再如,《刑法》第166条,根据"使国家利益遭受重大损失"和"致使国家利益遭受特别重大损失"的不同结果,将为亲友非法牟利罪的法定刑设置为两个幅度,而使国家利益遭受重大损失,显然属于客观方面的表明法益侵害程度的违法性要素。

固然,在定罪因素(情节)中少不了对有责性因素及程度的评价,如故意与过失、直接故意与间接故意、重大过失与轻过失。有的条文甚至强调动机或者目的对定罪的决定性作用,如《刑法》第276条规定,只有"由于泄愤报复或者其他个人目的",才成立破坏生产经营罪,但这里对动机或者目的的强调,纯粹是为了限制处罚范围,而且这种对动机或者目的等主观方面的强调,仅限于影响犯罪成立或者定罪的要素,而未见作为影响法定刑升格条件的要素进行规定的刑法条文。此外,有的犯罪,如盗窃、诈骗罪,虽然条文没有明文规定"非法占有目的",但刑法理论上仍然认为,为了区分罪与非罪(如盗窃、诈骗罪与不可罚的使用盗窃、骗用行为)、此罪与彼罪(如盗窃、诈骗罪与故意毁坏财物罪),"非法占有目的"这一主观性要素,属于盗窃、诈骗罪的不成文的构成要件要素。

应该说,之所以认为有责性因素虽然影响犯罪成立或者定罪,但不宜在未明文规定的罪名中作为影响定罪或者量刑的因素,还有一个重要的原因,就是因为主观因素难以把握,若允许将难以查明的动机、目的、主观恶性等主观因素作为影响犯罪成立或者法定刑升格的因素,则可能导致任意出入人罪。当然,从刑法的谦抑精神考虑,基于可以宽恕的动机实施犯罪等减轻有责性程度的因素,可以成为出罪和从宽处罚的理由。

既然根据犯罪阶层理论,应按照构成要件符合性、违法性、有责性的顺序认定犯罪,既然"情节严重"中的"情节",限于客观方面的影响法益侵害程度的违法性要素,就应当认为,行为人是否累犯,以前是否受过刑事处罚或者行政处罚,有无自首立功表现等所谓反映人身危险性大小即特殊预防必要性大小的因素,"都只是在成立犯罪以后的量刑阶段才能考虑的预防要素,而不应当颠倒顺序。所以，不能将预防要素提升为作为犯罪条件的责任要素"①。此外，由于刑罚的正当化根据是报应的正当性与预防犯罪目的的合理性，而报应刑就是责任刑，"根据点的理论，只能在责任刑（点）之下考虑预防犯罪的需要，所以，必须严格区分影响责任刑的情节与影响预防刑的情节"②。

综上，"情节严重"中的"情节"，只能是犯罪客观方面的表明法益侵害程度的违法性要素，不仅不应包括故意、过失、动机、目的等表明有责性有无及其程度的有责性要素，而且不应包括有无犯罪前科、是否曾受过行政处罚等表明特殊预防必要性大小的预防要素或者说影响预防刑裁量的要素。以此作为评判标准，一些关于"情节严重"的司法解释，就大有商榷的余地。

（二）"情节严重"司法解释的类型化检讨

1. 曾受过刑事处罚、行政处罚又实施犯罪

这是关于"情节严重"的司法解释中一种非常流行的表述。应该说，这种因素只能反映行为人再犯罪可能性即特殊预防必要性较大，丝毫不能说明案件本身的违法性程度；将这类因素认定为"情节严重"，明显混淆了责任要素与预防要素，没有区分影响责任刑的情节与影响预防刑的情节。根据并合主义和责任主义原理，对预防刑的裁量不得超出责任刑的限度，也就是说，在确定责任刑时，不得考虑预防的必要性大小；一旦确定了责任刑，影响预防刑的情节就只能在责任刑的点之下起作用。上述司法解释还有一个致命性的缺陷在于，会导致连累犯都不能成立的情节，即"一个连从重处罚都谈不上的情节，却因《解释》的规定而成为定罪或法定刑升格的条件，明显不符合罪刑法定原则"③。

2. 引起他人自残、自杀、精神失常

司法解释多将上述事实解释为"情节严重"。应该说，引起他人自残、自杀、精神失常的，能否认定为"情节严重"，不能一概而论，具体取决于规范的保护目的、发生的概率、法定刑的轻重等因素。一般而言，因被抢夺、诈骗而遭受财产损失，被害人或者其近亲属不至于自残、自杀、精神失常，加之抢夺、诈骗罪中的"其他严重情节"与"其他特别严重情节"，分别对应的是第二、三档次的法定刑，即"3年以上10年以下有期徒刑，并处罚金"与"10年以上有期徒刑或者

---

① 张明楷：《阶层论的司法运用》，载《清华法学》2017年第5期。
② 张明楷：《论影响责任刑的情节》，载《清华法学》2015年第2期。
③ 段阳伟：《受贿罪非数额情节"降格升档"之功能与重构》，载《江西社会科学》2018年第1期。引文中的《解释》是指"两高"发布的《关于办理贪污贿赂刑事案件适用法律若干问题的解释》，以下简称《贪贿解释》。

无期徒刑"，因而将极为异常的导致他人自杀、精神失常的情节认定为抢夺、诈骗罪中的"其他严重情节"或"其他特别严重情节"，会导致量刑畸重、罪刑失衡。此外，将引起被害人及其近亲属自残、自杀、精神失常认定为"情节严重"，还可能有违规范的保护目的。例如，最高人民检察院《关于渎职侵权犯罪案件立案标准的规定》认为，"导致被搜查人或者其近亲属自杀、自残造成重伤、死亡，或者精神失常的"，属于"非法搜查，情节严重"。但是，"非法搜查罪的保护目的是被搜查人的人身权利和住宅权利，被搜查人的近亲属的权利不在本罪的保护范围内"，因而"不能将被搜查人近亲属自杀归责于非法搜查行为"①。

如果某种行为引起他人自残、自杀、精神失常并非异常，而且"情节严重"或者"情节恶劣"只是基本犯的成立条件，所对应的法定刑也不高，就有可能将引起他人自残、自杀、精神失常认定为"情节严重""情节恶劣"。例如，由于被虐待的家庭成员往往处于无力反抗的弱势地位，被害人不堪忍受而选择自残、自杀或者导致被害人精神失常，并非异常，而且"情节恶劣"只是虐待罪基本犯的成立条件（处2年以下有期徒刑、拘役或者管制），因而虐待导致家庭成员自残、自杀、精神失常，不仅能够认定为适用虐待罪第一档次法定刑的"情节恶劣"，而且"因虐待致使被害人不堪忍受而自残、自杀，导致重伤、死亡的"，还能认定为《刑法》第260条第2款规定的虐待"致使被害人重伤、死亡"，进而处2年以上7年以下有期徒刑。实践中，由于组织、领导非法传销活动，通常伴随着非法拘禁、虐待等严重侵犯参与传销活动人员的人身自由、人格尊严、身体健康的行为，虽然"情节严重"是组织、领导传销活动罪法定刑升格的条件（处5年以上有期徒刑，并处罚金），但由于组织、领导非法传销活动造成参与传销活动人员精神失常、自杀等严重后果，并非异常，而且组织、领导非法传销活动，严重危及社会的稳定，因而"两高"、公安部《关于办理组织领导传销活动刑事案件适用法律若干问题的意见》将"造成参与传销活动人员精神失常、自杀等严重后果的"，认定为组织、领导传销活动罪中的"情节严重"，应该说还是可以接受的。

3. 将犯罪所得用于非法活动、违法所得用于行贿以及收受贿赂后实施犯罪

多个司法解释将犯罪的来源、去向、起因等评价为本来犯罪的"情节严重"。例如，《贪贿解释》第1条规定，"赃款赃物用于非法活动的"，属于贪污、受贿罪处罚条款中的"其他较重情节"。又如，2022年修订后的最高人民检察院、公安部《关于公安机关管辖的刑事案件立案追诉标准的规定（二）》第39条规定，"接受贿赂违规出具信用证或者其他保函、票据、存单、资信证明的"，属于《刑法》第188条违规出具金融票证罪中的"情节严重"。

---

① 柏浪涛：《构成要件符合性与客观处罚条件的判断》，载《法学研究》2012年第6期。

应该说，犯罪的来源、起因或者去向如果不能为犯罪构成要件本身所评价，将犯罪的来源、起因或者去向纳入本罪进行评价，就超出了构成要件的保护范围或者说规范的保护目的，侵入了其他犯罪构成要件的领域，形成间接处罚、过度评价或者越界评价，也与罪数原理相冲突。另外，司法解释的立场也不可能贯彻到底。例如，司法解释并未规定，将盗窃所得用于赌博的，仅评价为盗窃罪一罪，将诈骗所得用于贩毒的，仅认定为诈骗罪一罪，或者将抢夺所得用于行贿的，仅认定为行贿罪一罪，收受贿赂后私放在押人员的，仅认定为受贿罪或者私放在押人员罪一罪，而是均应数罪并罚。此外，若将犯罪所得用于非法活动，评价为"情节严重"，还可能形成间接处罚。例如，官员将受贿所得用于包养情妇（未达重婚的程度），因为违反婚姻法上的"忠诚义务"而可谓非法活动，但包养情妇并非罪刑规范所阻止的结果，但根据《贪贿解释》关于"赃款赃物用于非法活动的"规定，则可能认定为受贿罪处罚条款中的"情节严重"，从而形成间接处罚。之所以《贪贿解释》将"为他人谋取不正当利益，致使公共财产、国家和人民利益遭受重大损失"，认定为受贿罪处罚中的"情节严重"，是因为《刑法》第385条受贿罪罪状中存在"非法收受他人财物，为他人谋取利益"的表述，因而将受贿后的渎职行为，评价为受贿罪处罚条款中的"情节严重"，并未超出受贿罪构成要件的保护范围（相当于国外刑法的加重受贿罪）。

总之，只要不能为本来的犯罪构成要件所涵摄，就不能想当然地将犯罪的来源、起因或者去向，一并纳入本来犯罪构成要件评价的范畴，否则就是越俎代庖，而与规范保护目的及罪数原理相冲突。

4. 毁灭、伪造证据，转移财产，拒不交代赃款赃物去向，拒不配合追缴工作

司法解释为了达到追究行为人刑事责任的目的，将行为人事后毁灭、伪造证据等可能影响特殊预防必要性大小评价的事实，作为责任刑要素，评价为"情节严重"，这既违反了并合主义和责任主义，未能区分影响责任刑的情节与影响预防刑的情节，也与期待可能性以及宪法所赋予公民的自我防御权相冲突。刑法将本犯排除在伪证罪，帮助毁灭、伪造证据罪，窝藏、包庇罪，以及掩饰、隐瞒犯罪所得、犯罪所得收益罪等犯罪主体之外，也说明了这一点。另外，按照司法解释的逻辑，似乎所有犯罪的上述事后行为都应从重甚至加重处罚，但事实上司法解释并未如此规定，司法实践也未如此操作。这说明，司法解释将缺乏期待可能性的事后行为纳入本罪构成要件的评价范畴，认定为"情节严重"，是不可能贯彻到底的。易言之，毁灭、伪造证据等事后行为，不能作为责任刑情节进行评价，至多待责任刑确定后作为影响预防刑的情节进行评价。

5. 违法所得

多个司法解释将违法所得数额大认定为"情节严重"。例如，"两高"《关于

办理侵犯公民个人信息刑事案件适用法律若干问题的解释》第 5 条规定，"违法所得 5000 元以上的"，属于《刑法》第 253 条之一侵犯公民个人信息罪中的"情节严重"。由于犯罪的本质是侵犯法益，刑法的目的是保护法益，而"违法所得数额未必能够体现并区分侵犯公民个人信息罪的法益侵害程度"。同时，一旦将违法所得数额作为认定"情节严重"的标准之一，容易导致司法机关避难就易，放弃搜集有关信息类型、数量的证据，转而搜集更易认定的违法所得数额的证据，而不利于保护法益。①

事实上，在 1997 年全面修订刑法之前，全国人大常委会通过的单行刑法《关于惩治生产、销售伪劣商品犯罪的决定》，曾将"违法所得数额"作为生产、销售伪劣产品罪的定罪和法定刑升格的根据，结果导致生产、销售伪劣产品金额很大，但因违法所得数额很小或者难以实际查明的案件，只能从轻甚至作无罪处理，而放纵犯罪。因此，在理论与实务界的强烈呼吁下，1997 年全面修订刑法时，将生产、销售伪劣产品罪的定罪量刑标准由"违法所得数额"修改为"销售金额"。固然现行刑法中仍然存在以"违法所得数额"作为定罪量刑标准的罪名，如侵犯著作权罪，但"合理的应当扩展，不合理的应当限制"，为准确反映行为的法益侵害程度，不宜以"违法所得数额"作为认定"情节严重"的标准。

6. 国家工作人员等特殊身份

多个司法解释中都有将国家工作人员实施相关犯罪作为认定"情节严重"的根据的规定。例如，最高人民法院《关于审理毒品犯罪案件适用法律若干问题的解释》第 5 条规定，国家工作人员非法持有毒品的，属于《刑法》第 348 条非法持有毒品罪中的"情节严重"。虽然国家工作人员身份可能为违法性提供根据而成为违法身份，如受贿罪、滥用职权罪，也可能成为增加违法性的根据，如国家机关工作人员利用职权非法拘禁他人的，而成为加重身份（《刑法》第 238 条第 4款），但是应当认识到，除非刑法明文规定，否则，"对于公务员仅仅以职业关系的本身而认为对于任何犯罪都具有较高的可非难性，这样的说法是欠缺说服力的"，因为"毕竟公务员是每一个人在各种可能职业选择当中的一种，实在看不出来，为什么选择公务员为职业，就在任何犯罪的免疫上有比较高的期待可能性"②。换言之，只要不存在刑法明文规定，就不能以行为人具有国家工作人员等特殊身份为由，认定为"情节严重"，否则有违《刑法》第 4 条确立的平等适用刑法原则。

---

① 参见石聚航：《侵犯公民个人信息罪"情节严重"的法理重述》，载《法学研究》2018 年第 2期。

② 黄荣坚：《基础刑法学（第三版）》，中国人民大学出版社 2009 年版，第 511 页。

7. 造成恶劣社会影响

将造成恶劣社会影响作为认定"情节严重"的因素之一，这在我国司法解释中非常普遍。同样的案情，若碰巧被新闻媒体关注，就会因造成了所谓恶劣社会影响而认定为"情节严重"，进而从重甚至加重处罚。

应该说，司法解释的类似规定以及司法实践中的类似做法并不具有合理性。因为，"每个犯罪类型所预想的社会影响，已经完全纳入法定刑中了，应当认为不是量刑的问题"①；"社会影响的大小受媒体的影响特别大，因而具有偶然性与不确定性"，所以"将行为造成的社会影响作为增加责任刑的情节，也属于间接处罚"②；由于一般意义上的社会影响难以甚至不可能评估和测量，对所谓"恶劣社会影响"的判断难免具有随意性，以此作为增加责任刑的情节，不可避免地导致量刑的恣意性。

8. 行为规模

固然盗窃、诈骗罪等财产犯罪的数额即行为规模，能够反映行为的法益侵害程度，但对于其他经济犯罪，行为规模未必能够反映法益侵害程度，未必契合个罪所保护的法益以及所属的犯罪类型。例如，《刑法》第141条生产、销售、提供假药罪规定，适用升格法定刑的条件分别是"对人体健康造成严重危害或者其他严重情节""致人死亡或者有其他特别严重情节"，但"两高"《关于办理危害药品安全刑事案件适用法律若干问题的解释》第3、4条简单地将生产、销售、提供假药达到一定金额，即认定为生产、销售、提供假药罪升格法定刑中的"其他严重情节"或者"其他特别严重情节"。这一规定也明显存在疑问。一则，虽然生产、销售、提供假药罪的基本犯属于抽象危险犯，但从"对人体健康造成严重危害"以及"致人死亡"的表述来看，加重犯明显属于实害犯，而生产、销售、提供假药金额大，只是意味着抽象性危险大，并不意味着已经造成实害；二则，若只是生产、销售、提供假药的金额大，也明显与并列规定的实害结果"对人体健康造成严重危害"与"致人死亡"不相当。

（三）厘定"情节严重"的理念、路径与方法

1. 法益对"情节严重"认定的指导作用

"刑法的目的是保护法益，刑法分则条文都是为了保护特定的法益"③，因而

① 〔日〕浅田和茂：《刑法总论（补正版）》，成文堂2007年版，第514页。
② 张明楷：《责任刑与预防刑》，北京大学出版社2015年版，第298—299页。
③ 张明楷：《论升格法定刑的适用根据》，载《法律适用》2015年第4期。

"法益具有作为犯罪构成要件解释目标的机能"①。"情节严重"作为一种违法性构成要件要素,法益对其的确定当然具有指导性作用。由于规定"情节严重"的罪名繁多,只能举例说明个罪法益对"情节严重"认定的指导作用。

例如,贪污罪与受贿罪法益不同,前者本质上是一种财产性犯罪,其所侵害的主要法益应为公共财产权,而受贿罪本质上是一种渎职性犯罪,其所侵害的法益为公职人员职务行为的不可收买性,所以,主张改变目前受贿罪与贪污罪共用一个处罚条款的现状,即单独设置受贿罪的处罚条款,应该说早已成为刑法学界的共识。在立法者不肯改变受贿罪与贪污罪共用一个处罚条款的现状下,最高司法机关理应作出"补正解释",对贿赂犯罪的数额与情节作出区别于贪污罪的规定。

也就是说,既然贪污罪的本质是侵害公共财产权,贪污公共财产的数额、公共财产的性质,对于贪污罪的认定具有重要意义,而受贿罪的本质是亵渎职务,是对职务行为不可收买性的侵害,因而收受贿赂后为他人谋取不正当利益的性质及违背职务的程度,相对于受贿数额而言,更能体现受贿行为的法益侵害程度。然而,《贪贿解释》对于受贿罪与贪污罪几乎确定了同样的数额和情节标准,这就明显忽视了法益对"情节严重"认定的指导与制约作用。正确的做法应该是,贪污罪的定罪量刑应强调贪污数额的大小、贪污对象的性质,而受贿罪的定罪量刑,应强调为他人谋取不正当利益的性质、违背职责的程度、因收受贿赂为他人谋取不正当利益而给国家和人民利益造成损失的程度。

综上,法益是构成要件解释的重要指针,而"情节严重"作为一种违法性要素,是重要的构成要件要素,必须在正确把握具体个罪所保护法益的基础上,合理确定"情节严重"的内容或者范围,以有效保护法益。

2. 犯罪类型对"情节严重"认定的意义

犯罪类型不同,"情节严重"的内容或者范围也会不同,但情节犯无法被简单划归为抽象危险犯、具体危险犯或者实害犯,或者说情节犯的概念与这一犯罪分类没有必然关联。因此,在确定"情节严重"的内容或者范围以前,必须准确厘定具体个罪所属的犯罪类型。

基本犯与加重犯的犯罪类型未必完全一样,有时需要分别确定犯罪类型,并在此基础上确定"情节严重"的内容或者范围。例如,虽然《刑法》第144条生产、销售有毒、有害食品罪的基本犯可谓抽象危险犯,但由于法定刑升格条件为"对人体健康造成严重危害或者有其他严重情节""致人死亡或者有其他特别严重情节",因而应当认为该罪的加重犯属于实害犯。然而,相关司法解释规定,"生

① 张明楷:《法益初论(修订版)》,中国政法大学出版社2003年版,第216页。

产、销售金额 20 万元以上不满 50 万元"以及"生产、销售金额 50 万元以上"分别为生产、销售有毒、有害食品罪法定刑升格条件中的"其他严重情节"与"其他特别严重情节"。可是，生产、销售有毒、有害食品金额大，也只是表明行为对人体健康具有抽象性危险，并不意味着已经形成实害。再说，单纯的生产、销售金额大，也与"对人体健康造成严重危害"以及"致人死亡"的实害结果明显不相当。总之，司法解释依然将生产、销售有毒、有害食品罪的加重犯解释成了抽象危险犯，从而不当扩大了该罪加重犯的处罚范围，而且对抽象危险犯与实害犯适用同样的刑罚，还会导致罪刑不相适应。正确的做法应该是，有与"对人体健康造成严重危害"相当的实害结果时，才能认定为该罪的"其他严重情节"；有与"致人死亡"相当的实害结果时，才能认定为该罪的"其他特别严重情节"。

同样，虽然《刑法》第 141 条生产、销售、提供假药罪的基本犯可谓抽象危险犯，但该罪的加重犯也应属于实害犯，然而"两高"《关于办理危害药品安全刑事案件适用法律若干问题的解释》仍将"生产、销售、提供假药的金额 20 万元以上不满 50 万元"以及"生产、销售、提供假药的金额 50 万元以上"，分别解释为生产、销售、提供假药罪中作为法定刑升格条件的"其他严重情节"与"其他特别严重情节"，也是误将属于实害犯的加重犯解释成了抽象危险犯，而不当扩大了处罚范围。也就是说，只有危害公民身体与生命方面的事实或者结果，才能认定为"其他严重情节"与"其他特别严重情节"。

综上，犯罪类型不同，"情节严重"的内容或者范围也会存在差异，通常只有在准确厘定具体个罪所属犯罪类型后，才能准确认定"情节严重"的内容或者范围，否则可能导致不当扩大处罚范围以及罪刑不相适应等后果。

3."数额+情节"立法模式的理解适用

从《刑法修正案（九）》对贪污、受贿罪处罚条款的修改可以看出，"数额+情节"立法模式是一种日益受到学界追捧和立法者青睐的未来刑法立法方向。事实上，现行刑法中除贪污、受贿罪以外，已经有为数众多的财产及经济犯罪采用了"数额+情节"立法模式。因此，如何准确把握"数额+情节"立法模式，直接关系到量刑与司法公正的有效实现，值得认真研究。

目前司法解释基本上规定"数额+情节"标准中的"数额"，较之单纯"数额"标准的"数额"大体减半，如《贪贿解释》，而并未考虑具体犯罪所保护的法益，即从数额与情节对于具体犯罪法益侵害程度评价的意义出发进行区别对待，也没有顾及罪刑是否相适应。

例如，《贪贿解释》对贪污罪与受贿罪规定了同样的数额标准以及五种共同的情节，"未能充分考虑同一情节在不同罪名评价中可能存在的差异"①，忽视了二罪罪质或者说所保护的主要法益上的根本性差异。贪污罪本质上属于一种财产性犯罪，因而贪污数额是衡量贪污罪法益侵害程度的主要因素，其他严重情节在贪污罪法益侵害程度的评价体系中所占权重相对较小。而受贿罪本质上是一种侵害职务行为的不可收买性的亵渎职务的犯罪，并未侵犯合法的财产权。易言之，"刑法设立受贿罪的目的主要并不是为了保护财产法益，而是为了保障国家立法、司法等公务行为的正常进行和各项公权力的正当行使"②，因此，"数额对贪污罪的定罪量刑影响较大，但对受贿罪的定罪量刑影响相对较小"③，即"受贿罪定罪量刑的核心评价要素在于国家工作人员收受贿赂后实施的职务违背行为的程度以及由此产生的后果"④。正因如此，有学者才建言，"贿赂犯罪的数额与情节应当与贪污罪区别规定"⑤，而且"鉴于受贿罪的社会危害性一般大于贪污罪，并且犯罪黑数更高，其量刑的数额标准应当比贪污罪更低"⑥。

简言之，受贿罪相对于贪污罪而言，数额标准需相应降低，而情节的权重需相应增加，在具有相应情节时，其数额在本来数额标准中的占比，也应相应降低。例如，如果贪污罪的相应标准是3万元、20万元、300万元，则受贿罪应低于相应标准，如确定为1万元、10万元、100万元。具有相应情节的，贪污罪的数额标准大致掌握在本来数额标准的1/2，而因为受贿罪的情节的权重高于贪污罪，因而在具有受贿罪的相应严重情节时，数额标准可以控制在本来数额标准的1/3。总之，应根据具体个罪的法益衡量数额和情节对于法益侵害程度评价的意义确定合理的数额标准，以及具有相应情节时数额应达到本来数额标准的合理比例。

由于情节相对于数额而言具有模糊性，为避免司法恣意，目前司法解释采用的数额减半式的"数额+情节"立法模式的适用方案，应该说，除受贿罪等个别的情节意义大于数额的罪名外，对于大多数具有财产性质的罪名是合理的。不过，理论上有观点误读了《贪贿解释》，认为"在数额较大，但犯罪情节特别严重的情况下，必须要被判处10年以上有期徒刑或无期徒刑"，甚至"在数额没有达到较大标准，但情节特别严重的，需要在10年以上量刑"⑦。然而，《贪贿解释》第3条明确规定，只有贪污受贿数额达到150万元以上，同时具有第1条规定的"其

① 钱小平：《贿赂犯罪情节与数额配置关系矫正之辨析》，载《法学》2016年第11期。
② 王刚：《我国受贿罪处罚标准立法评析》，载《环球法律评论》2016年第1期。
③ 陈兴良：《贪污贿赂犯罪司法解释：刑法教义学的阐释》，载《法学》2016年第5期。
④ 段阳伟：《受贿罪非数额情节"降格升档"之功能与重构》，载《江西社会科学》2018年第1期。
⑤ 钱小平：《贿赂犯罪情节与数额配置关系矫正之辨析》，载《法学》2016年第11期。
⑥ 王刚：《我国受贿罪处罚标准立法评析》，载《环球法律评论》2016年第1期。
⑦ 姜涛：《贪污受贿犯罪之量刑标准的再界定》，载《比较法研究》2017年第1期。

他较重情节"，方能认定为具有"其他特别严重情节"。换言之，认定具有"其他特别严重情节"进而适用第三档次法定刑幅度的前提，是数额达到"数额特别巨大"的 300 万元的一半即 150 万元以上。应该说，《贪贿解释》的上述处理，是谨慎、妥当的。不过，也仍然有个别司法解释忽视了数额对"情节严重"认定和法定刑幅度选择的制约作用，而导致了罪刑明显失衡的结果。

综上，在适用"数额+情节"立法模式时，应该根据具体个罪法益的不同，合理评估数额与情节对于法益侵害程度衡量的意义；对于财产犯罪（如盗窃、诈骗、抢夺罪）以及主要导致财产损失的经济犯罪（如贷款诈骗罪等金融诈骗罪、贪污罪），应当以数额作为主要的定罪量刑标准，数额以外的情节仅起辅助评价作用；对于数额以外的情节在法益侵害程度评价中所占权重较大的犯罪（如受贿罪、利用影响力受贿罪），应适当降低数额标准，增加情节在定罪量刑中的权重；对于"情节严重"的评价及法定刑幅度的选择，应始终注意贯彻罪刑相适应原则，不应出现罪刑失衡的结果。

❧—————— 疑 难 问 题 ——————❧

1. 《刑法》第 166 条为亲友非法牟利罪

💬 **何谓"使国家利益遭受重大损失"？**

"国家利益"不应是虚无缥缈的东西。就本罪而言，所谓"使国家利益遭受重大损失"，其实就是使行为人所任职的国有公司、企业、事业单位遭受财产损失。

2. 《刑法》第 168 条国有公司、企业、事业单位人员失职罪，国有公司、企业、事业单位人员滥用职权罪

💬 **如何评价"致使国家利益遭受重大损失"？**

本罪虽然属于"妨害对公司、企业的管理秩序罪"的罪名，但还是应认为本罪是保护或者避免国有公司、企业、事业单位遭受财产损失的犯罪。所以，应将"致使国家利益遭受重大损失"，限定为财产、经济利益方面的损失，而不包括造成恶劣社会影响之类的非财产损失。

虽然国有公司、企业和事业单位的投资主体是国家，但具体国有公司、企业、事业单位的利益与所谓国家利益并非一体，而是存在自己独有的利益。国有企业负责人因失职未及时缴纳税款，企业被税务局责令缴纳巨额滞纳金的，虽然"国家利益"可谓没有遭受损失，但行为人所在的国有企业却实实在在地遭受了经济利益的损失，所以应认定该行为"致使国家利益遭受重大损失"，而构成国有公司、企业、事业单位人员失职罪。

💬 关于"国家出资企业的国家工作人员在公司、企业改制或者国有资产处置过程中严重不负责任或者滥用职权，致使国家利益遭受重大损失，依照该罪定罪处罚"的司法解释规定，有无疑问？

司法解释其实有意偷换了概念。"国家出资企业"不一定是"国有公司、企业"，所谓"国家出资企业中的国家工作人员"，也并不一定属于"国有公司、企业的工作人员"。所以，上述司法解释规定存在疑问，应予废除。

3.《刑法》第223条串通投标罪

💬 **串通拍卖、挂牌竞价的，构成串通投标罪吗？**

由于立法上将串通投标罪的行为类型明确限定在"招标、投标"过程中的串通，在拍卖、挂牌竞价过程中的串通行为，就不可能符合本罪的客观构成要件。以拍卖、挂牌竞价与招投标具有实质的相似性为由，将拍卖、挂牌竞价中的串通行为认定为本罪，属于类推解释。

💬 **能否认为第2款规定的投标人与招标人串通投标成立本罪不以"情节严重"为要件？**

张明楷教授认为，由于这一种行为的法益侵害重于投标人之间的串通投标行为，故其成立犯罪不以情节严重为要件。[①] 不过，最高人民检察院、公安部《关于公安机关管辖的刑事案件立案追诉标准的规定（二）》规定，"投标人相互串通投标报价，或者投标人与招标人串通投标，涉嫌下列情形之一的，应予立案追诉"。可见司法实践中，对于两种行为类型确定了同样的立案追诉标准，或者说"投标人与招标人串通投标"成立犯罪也要求情节严重。

应该说，司法实践的做法是正确的。的确，"依照前款的规定定罪处罚"存在两种可能的理解：一种认为只是援引前款的法定刑，前款规定的情节严重、严重后果等犯罪成立条件，不适用后款规定的行为类型；另一种认为不仅援引法定刑，还同时援引前款规定的情节严重等犯罪成立条件。具体应如何理解，只能根据条文表述、法益保护、罪刑均衡等方面进行实质性判断。笔者认为得不出投标人与招标人串通的法益侵害性重于投标人相互串通投标的结论。同时，所谓"损害国家、集体、公民的合法利益"与"损害招标人或者其他投标人利益"，只是表述不同，实质是一样的。从实质违法性角度看，投标人与招标人串通投标，也只有达到情节严重的程度，才值得科处刑罚。所以，投保人与招标人串通投标，也需要情节严重，才成立本罪。

---

① 参见张明楷：《刑法学（第六版）》（下册），法律出版社2021年版，第1082页。

4. 《刑法》第 291 条聚众扰乱公共场所秩序、交通秩序罪

💬 **"抗拒、阻碍国家治安管理工作人员依法执行职务"，是独立的第三种行为类型，还是前两种行为类型成立犯罪的进一步要求？**

张明楷教授认为，"抗拒、阻碍国家治安管理工作人员依法执行职务"是独立的第三种行为类型。[①]

笔者认为，"抗拒、阻碍国家治安管理工作人员依法执行职务"是对前两种行为类型成立犯罪的进一步要求。因为前两种行为类型都是聚众扰乱公共场所秩序或者交通秩序，规定一种妨害公务的行为作为并列的第三种行为类型显得突兀。同时，维护交通秩序的交警也属于广义的维护治安管理工作人员。再说，认为实施抗拒、阻碍国家治安管理工作人员依法执行职务，不以暴力、胁迫手段为要件，却可以处 5 年以下有期徒刑，这与法定最高刑仅为 3 年有期徒刑，使用暴力、威胁方法阻碍国家机关工作人员依法执行职务的妨害公务罪的处罚明显不协调。所以说，"抗拒、阻碍国家治安管理工作人员依法执行职务"，根本就不是独立的第三种行为类型；聚众扰乱公共场所秩序，或者聚众堵塞交通或者破坏交通秩序的，只有进一步"抗拒、阻碍国家治安管理工作人员依法执行职务"，而且"情节严重"，才成立本罪。

💬 **聚众扰乱公共场所秩序，是否要求"情节严重"才成立犯罪？**

本条规定了两种行为类型：聚众扰乱公共场所秩序和聚众堵塞交通或者破坏交通秩序。由于第一种行为类型描述完后没有"的"的表述，而且两种行为的范围都比较宽泛，法条缺乏对行为类型的具体描述，如果不以"情节严重"加以限制，可能不当扩大处罚范围。所以说，"情节严重"不仅是对后一种行为类型成立犯罪的要求，也是对前一种行为类型成立犯罪的要求，即聚众扰乱公共场所秩序，也只有情节严重的，才能成立犯罪。

💬 **对所谓"跳楼秀""跳桥秀"，应当如何处理？**

实践中认为，实施跳河、跳楼、跳桥以及攀爬建筑物、铁塔、烟囱、树木，或者其他自伤、自残、自杀行为，制造了社会影响的，应当积极组织营救。符合《刑法》第 290 条第 1 款规定的，对首要分子和其他积极参加者以聚众扰乱社会秩序罪追究刑事责任；符合《刑法》第 291 条规定的，对首要分子以聚众扰乱公共场所秩序罪追究刑事责任。[②]

应该说，上述做法与看法存在疑问。行为人实施"跳楼秀""跳桥秀"，或者

---

① 参见张明楷：《刑法学（第六版）》（下册），法律出版社 2021 年版，第 1389—1390 页。
② 参见公安部《关于公安机关处置信访活动中违法犯罪行为适用法律的指导意见》；"两高"、公安部《关于依法处理信访活动中违法犯罪行为的指导意见》。

以自伤、自残、自杀相威胁，只要围观的人不是其主动聚集起来的，就不能追究行为人聚众犯罪的刑事责任。

5.《刑法》第291条之一第1款投放虚假危险物质罪
💬 成立投放虚假危险物质罪，是否需要"严重扰乱社会秩序"？

本条规定中"或者"前面没有"的"，说明"严重扰乱社会秩序"也是"或者"前面行为类型成立犯罪的要求。所以，成立投放虚假危险物质罪，也要求达到"严重扰乱社会秩序"的程度，才能作为犯罪处理。

💬 "严重扰乱社会秩序"，是对行为性质还是对实害结果的要求？

投放虚假危险物质的行为，只有严重扰乱了社会秩序，才成立犯罪。"严重扰乱社会秩序"，不仅表明行为的性质，而且是对实害结果的要求。正因为此，"投放虚假的爆炸性、毒害性、放射性、传染病病原体等物质"，必须在外形上让一般人感觉到行为人投放了这些物质。或者说，必须以邮寄、放置、丢弃等方式，将外观上类似于这些物质的物品置于他人能够发现的场所。对此，应从投放物质的内容、形态，投放的场所、时间，以及投放时的口头表述等附随情况作出合理判断。行为是否严重扰乱了社会秩序，要从行为所引起的大众恐慌程度、所导致的社会秩序混乱程度等方面进行判断。

6.《刑法》第348条非法持有毒品罪
💬 如何区分运输毒品罪与非法持有毒品罪？

运输毒品的行为也表现为非法持有毒品。持有包括携带行为，而携带行为便可能表现为运输。实践中行为人利用自己的身体、衣服等将毒品从一个地方运到另一个地方，一方面实施了运输行为，另一方面也表现为非法持有的行为。但在这种情况下，不能将转移毒品的行为均认定为运输毒品罪。因为运输毒品是与走私、贩卖、制造毒品罪并列规定并适用相同法定刑的，只有查明行为与走私、贩卖、制造毒品有关联，行为的法益侵害性与走私、贩卖、制造毒品相当，才能认定为运输毒品罪。

💬 吸毒者与代购毒品者在运输毒品过程中被查获的以运输毒品罪定罪处罚的准司法解释规定有无疑问？

最高人民法院《全国法院毒品案件审判工作会议纪要》指出，吸毒者因运输毒品被查获，没有证据证明其有实施贩卖毒品等其他犯罪的故意，毒品数量达到较大以上的，一般以运输毒品罪定罪处罚。行为人为吸毒者代购毒品，在运输过程中被查获，没有证据证明代购者明知他人实施毒品犯罪而为其代购毒品，代购者亦未从中牟利，代购毒品数量达到较大以上的，一般以运输毒品罪定罪处罚。

💬 **误将头痛粉当作毒品持有的，构成本罪未遂吗？**

持有假毒品，不可能威胁公众健康，所以应是不能犯，而不是未遂犯。

💬 **成立本罪，是否要求行为人明知是毒品？**

非法持有毒品罪是故意犯罪，毒品又是客观要素，根据责任主义的要求，行为人主观上必须明知是毒品而持有，才能成立非法持有毒品罪。

💬 **购毒者、代收者明知是贩毒者通过物流寄递的毒品包裹而接收的，如何处理？**

段某受托在物流货运站内领取装有毒品的邮件时被当场抓获，检察院指控其构成运输毒品罪。一审法院认为构成非法持有毒品罪，二审法院改判为运输毒品罪，同时驳回关于成立未遂的上诉意见。①

本案中，段某只是受托领取邮件，并没有"运输"毒品，所以不能认定成立运输毒品罪，一审法院认定构成非法持有毒品罪是基本正确的，二审改判为运输毒品罪是错误的。严格说来，由于刚领取邮件就被抓获，控制毒品的时间极短，可以认定成立非法持有毒品罪的未遂，通常不值得科处刑罚。

💬 **如何认定非法持有毒品罪的自首？**

非法持有毒品罪也存在自首。只要行为人主动交代自己还持有毒品，就能认定为非法持有毒品罪的自首。

💬 **对于吸毒者与非吸毒者，在入罪和量刑标准上应否区别对待？**

理论与实务界均认为，即便是吸毒者，持有一定数量的毒品，也能构成非法持有毒品罪。可是，非法持有毒品罪本来就是在不能查明来源和去向时才认定的罪名。既然来源很清楚（购买不构成犯罪），去向很明白（吸毒不构成犯罪），为什么还要定罪呢？这恐怕存在疑问。

可以说，处罚吸毒者的非法持有毒品行为，其实是在变相处罚购买毒品的行为。笔者认为，如果来源与去向很清楚，就只能根据来源和去向进行评价，而不能认定为非法持有毒品罪。即便认定为非法持有毒品罪，对于吸毒者与非吸毒者也应在定罪量刑标准上区别对待，对吸毒者持有毒品的定罪量刑标准应相对高些。

7.《刑法》第351条非法种植毒品原植物罪

💬 **非法种植罂粟200平方米以上尚未出苗的应认定为"数量较大"的司法解释规定，有无疑问？**

最高人民法院《关于审理毒品犯罪案件适用法律若干问题的解释》第9条规定，非法种植罂粟200平方米以上不满1200平方米、大麻2000平方米以上不满

---

① 参见北京市朝阳区人民法院（2006）朝刑初字第01392号刑事判决书、北京市第二中级人民法院（2006）二中刑终字第01509号刑事裁定书。

12000 平方米，尚未出苗的，应当认定为《刑法》第 351 条第 1 款第 1 项规定的
"数量较大"。

上述司法解释规定显然存在疑问。刑法明文规定种植罂粟 500 株以上的才构
成犯罪。即便非法种植罂粟的面积达到 200 平方米以上，也未必就能长出罂粟 500
株以上。同时，"尚未出苗"意味着尚未长出罂粟，又怎么能认为非法种植罂粟
500 株以上呢？所以说，司法解释是偷换概念，明显违反罪刑法定原则。其实，行
为人在种植之前的行为，肯定符合非法买卖、运输、携带、持有毒品原植物种子、
幼苗罪构成要件，因而以该罪论处即可。即使认定为非法种植毒品原植物罪，也
只能认定成立未遂或者预备犯。

● "经公安机关处理后又种植"，包括"被依法追究刑事责任，又再次种植毒
品原植物"吗？

《刑法》第 351 条第 1 款第 2 项规定"经公安机关处理后又种植的"是成立本
罪的一种情形。有观点认为，"经公安机关处理后又种植的……也包括被依法追究
刑事责任，又再次种植毒品原植物的"[1]。

虽然从当然解释的原理来看，这一观点似乎有道理。但是，由于行政处理
（不一定是处罚）与刑事处罚性质不同，故经过行政处理的行为也完全可能再作刑
事处理。换言之，"经公安机关处理后又种植的"实际上是将两次种植行为作为一
个整体评价为犯罪。但是，已经刑事处罚的不得再作刑事处罚。换言之，已经受
到刑事处罚，只是判断行为人再犯罪可能性大小的资料，而不可能成为新犯罪的
不法根据。所以，被依法追究刑事责任后再次种植的，只有再次种植的行为本身
完全符合本罪的犯罪构成，才能以本罪论处，并同时判断是否成立累犯。上述观
点明显与刑法关于累犯的规定相抵触，也违反了禁止重复评价的原则，因而不
可取。

---

① 郎胜主编：《中华人民共和国刑法释义（第六版）》，法律出版社 2015 年版，第 616 页。

二十一
死刑控制的解释论路径

要　旨

如今从立法上大规模取消死刑罪名的空间已非常有限，可行的方案是从解释论路径严控死刑的适用。死刑只能适用于最严重的故意剥夺他人生命的犯罪；对于"罪行极其严重"的案件，应坚持以判处死缓为原则、判处死刑立即执行为例外的基本立场；从务实的角度，应将死缓、死缓限制减刑与死刑立即执行看作三个准刑种；对于因"罪行极其严重"而进入"死刑圈"的犯罪分子，应采取"普通死缓→死缓限制减刑→死刑立即执行"的思考顺序来适用死刑。

辩点分析

1979 年《刑法》规定了 27 个死刑罪名，随着经济、社会的不断革新，犯罪活动日益增多，国家先后出台了一系列的单行刑法，其中增加了 44 个死刑罪名，以至于死刑罪名总数达到 71 个。本着"对现行法律规定的死刑，原则上不减也不增加"的精神，我国 1997 年《刑法》规定了 68 个死刑罪名。由于学者们的不懈努力，2011 年《刑法修正案（八）》和 2015 年《刑法修正案（九）》先后取消了共计 22 个死刑罪名。之后，2017 年《刑法修正案（十）》和 2020 年《刑法修正案（十一）》均不再取消死刑罪名。至此，我国现行刑法中仍然保留了 46 个死刑罪名。

可以认为，在今后相当长的一段时间内，立法上大规模、成批量取消死刑罪名的空间已经非常有限，今后可行的是从解释论路径控制死刑的适用。

（一）死刑适用的基本理念

一方面，国家禁止杀人，将杀人作为最为凶恶的犯罪加以对待；另一方面，国家自身却又通过刑法规定制度性地杀人，这本身就是一个悖论或者矛盾。如今，保留死刑的国家也是极力控制死刑的适用，死刑的适用范围基本被限制在罪行最为严重的故意杀人罪。1984 年联合国《关于保护面临死刑的人的权利的保障措施》第 1 条规定："在未废除死刑的国家，判处死刑只能是作为对最严重的罪行的惩罚，应当理解为其适用范围不应超过致命的或其他极度严重后果的故意犯罪。"1998 年我国签署的《公民权利和政治权利国际公约》第 6 条第 2 款也规定："在未废除死刑的国家，判处死刑只能是作为对最严重的犯罪的惩罚。"而根据联合国经济及社会事务理事会的解释，所谓"最严重的犯罪"是指"导致死亡或其他特别严重后果之故意犯罪"。因此，"死刑应当集中配置在有可能故意致人死亡的相关罪名上"[①]。质言之，死刑只能适用于最严重的故意剥夺他人生命的犯罪。

从我国现行刑法分则的规定来看，除"渎职罪"一章外，其余 9 章均分布着死刑罪名，共计 46 个。不过，由于罪名并不完全等于犯罪构成，死刑罪名可能远远不止 46 个。例如，《刑法》第 125 条第 1 款规定的死刑罪名非法制造、买卖、运输、邮寄、储存枪支、弹药、爆炸物罪，虽然人们在统计死刑罪名时将其作为一个罪名对待，但该条规定了 5 种选择性行为和 3 种选择性对象。由于 5 种行为方式和 3 种对象之间存在多种组合，"在实践中，随着行为人实施的选择性行为或对象的不同，可能出现多达 217 个选择性罪名"[②]。由于行为选择型、对象选择型以及行为与对象同时选择型罪名普遍被刑法学界所承认，可以认为，为境外窃取、刺探、收买、非法提供国家秘密罪，非法制造、买卖、运输、储存危险物质罪，盗窃、抢夺枪支、弹药、爆炸物、危险物质罪，抢劫枪支、弹药、爆炸物、危险物质罪，生产、销售、提供假药罪，生产、销售有毒、有害食品罪，拐卖妇女、儿童罪，走私、贩卖、运输、制造毒品罪，以及为境外窃取、刺探、收买、非法提供军事秘密罪等均属于选择性罪名。如此一来，所谓 46 个死刑罪名，完全可能分解出上千个具体死刑罪名。因此，从解释论路径探讨严控死刑的适用，刻不容缓！

[①] 胡云腾：《论中国特色死刑制度的"三个坚持"》，载《中国法律评论》2023 年第 4 期。

[②] 胡云腾：《刑法罪名确定研究》，载《中国应用法学》2022 年第 3 期。

（二）总则死刑条款的限缩解释

《刑法》在第48、49、50、51条就死刑的适用作出了规定，应在严控死刑适用的理念指导下准确把握这几个死刑总则条款，进而将削减死刑的理念具体化为削减死刑的解释结论。

1. 是应以死刑立即执行为原则、死缓为例外，还是以死缓为原则、死刑立即执行为例外？

传统观点和司法实务从《刑法》第48条第1款中"对于应当判处死刑的犯罪分子，如果不是必须立即执行的，可以判处死刑同时宣告缓期二年执行"的表述，得出了对于"罪行极其严重的犯罪分子"，应当以死刑立即执行为原则、死缓为例外的结论。但是，《刑法》第48条第1款的表述方式并不意味着刑法以死刑立即执行为基本立场。判处死缓也必须达到"罪行极其严重"的要求，换言之，"罪行极其严重"只是达到了进入"死刑圈"的门槛，属于适用死刑的必要条件而非充分条件。从严控死刑适用的角度考虑，以适用死缓为原则、适用死刑立即执行为例外才是对《刑法》第48条第1款的正解。① 也就是说，虽然条文的表述不变，但从削减死刑适用的理念出发，对于"罪行极其严重"的案件应坚持以判处死缓为原则、判处死刑立即执行为例外的基本司法立场。

2. 死缓、死缓限制减刑与死刑立即执行是死刑的三种执行方式，还是三个准刑种？

《刑法》第33条规定的主刑种类只有"管制、拘役、有期徒刑、无期徒刑、死刑"五种，所以传统观点一直将死缓、死缓限制减刑和死刑立即执行看作死刑的三种执行方式。但是，这种理解既增加了案件处理的复杂性，又可能导致罪刑失衡。例如，一个案件中同时存在从轻情节如自首和罪行极其严重情节如杀害多人，最终是因前者因素认定为无期徒刑或有期徒刑，还是依据后者因素判处死刑，恐怕会让司法人员左右为难。又如，虽然《刑法》第121条为劫持航空器罪设定了绝对的死刑条款，意即"致人重伤、死亡或者使航空器遭受严重破坏的，处死刑"，但致人重伤以及单纯使航空器遭受严重破坏，明显与劫持航空器致人死亡的违法性不相当。此种情况下，毫无例外地适用死刑，明显罪刑失衡。故而，从务实和削减死刑的角度考虑，应当将死缓、死缓限制减刑和死刑立即执行视为三个准刑种。对于因"罪行极其严重"而进入"死刑圈"的犯罪分子，应采取"普通

① 参见劳东燕：《死刑适用标准的体系化构造》，载《法学研究》2015年第1期。

死缓→死缓限制减刑→死刑立即执行"的思考顺序来适用死刑。①

值得一提的是，《刑法修正案（九）》在刑法分则中对贪污受贿罪增设了终身监禁刑罚制度。应该说，如果将贪污受贿罪中的终身监禁看作是死刑的替代措施，则终身监禁这一刑罚措施无疑是对官员的优待，显然与国家高调反腐、严惩腐败的刑事政策相抵触。所以只能认为，为了严惩腐败，在死缓和普通无期徒刑之间增设了一种针对官员的主刑种类。也就是说，对于犯贪污罪、受贿罪且罪行极其严重的，应当判处死刑立即执行；对于"不是必须立即执行"的，可以判处死缓；根据犯罪情节等情况认为判处死缓 2 年期满后减为普通无期徒刑不能做到罪刑相适应的，可以同时决定在其死刑缓期执行 2 年期满依法减为无期徒刑后，终身监禁，不得减刑假释。

3. "罪行极其严重"仅指客观危害，还是同时包括主观恶性与人身危险性？

《刑法》第 48 条规定，死刑只适用于罪行极其严重的犯罪分子，而对罪行极其严重的理解却存在多种学术观点。

应该说，只有将"罪行极其严重"解释为客观危害或者说违法性极其严重，才具有一般化的不因人而异的客观标准。强调客观危害并不意味着结果责任，而是肯定作为犯罪成立或者加重条件的不法，此种不法具有有责性。所以，不能认为强调客观危害违反了责任主义，也不能认为由"罪大恶极"修改为"罪行极其严重"是降低了死刑适用标准，更不能认为过失犯罪也能达到"罪行极其严重"的要求。刑法分则中，无论是作为基本犯的"情节严重"，还是作为加重犯的"情节严重"，都是指客观方面的法益侵害程度严重，即违法性严重。作为死刑适用标准的"罪行极其严重"，也只能是客观方面的法益侵害程度严重，即违法性严重。其实，理论通说所称的"主观恶性"，并不完全等同于三阶层意义上的"有责性"，而是包含了动机卑鄙、主观恶性深等人身危险性内容。如果将这些人身危险性内容强行添入作为进入"死刑圈"门槛条件的"罪行极其严重"，适用死刑的标准就失去了客观性，死刑的适用范围也会随之扩大化，进而与削减死刑适用的理念相抵触。必须知晓，动机卑鄙、主观恶性深、人身危险性大等均属于进入"犯罪圈"之后的考量要素。换言之，在进入"死刑圈"之后，需要根据这些要素决定是判处死刑立即执行、死缓限制减刑还是死缓。

概言之，为了给死刑适用确定一个明确、客观的标准，应当将主观恶性和人身危险性内容排除在"罪行极其严重"的含义范围之外。所谓"罪行极其严重"，是指客观危害，即违法性极其严重。

---

① 参见劳东燕：《死刑适用标准的体系化构造》，载《法学研究》2015 年第 1 期。

4．何谓"不是必须立即执行"？

《刑法》第48条规定，对于应当判处死刑的犯罪分子，如果不是必须立即执行的，可以判处死刑同时宣告缓期2年执行。问题是，何谓"不是必须立即执行"？

虽然死缓改为死刑立即执行的条件是犯了情节恶劣的故意犯罪，但不能以此反推，行为人是否适用死刑立即执行，要看其是否又犯下另一情节恶劣的故意犯罪。这是因为，犯下另一情节恶劣的故意犯罪只能以数罪并罚进行评价，不能成为前罪本身是否应当判处死刑立即执行的条件，否则，犯死罪后又犯罪的，都有可能判处死刑立即执行，这显然不符合严控死刑适用的精神。此外，既然死缓属于一个准刑种，相应地，死缓应适用于相对于判处死刑立即执行的违法性较轻的情形。也就是说，是否适用死缓，除考虑行为人的主观恶性和人身危险性外，也可以考虑违法性是否达到判处死刑立即执行的程度。例如，假定杀3人以上才能达到判处死刑立即执行的程度，杀2人应判处死缓限制减刑，那么杀1人就可以考虑判处死缓。

总之，是否属于"不是必须立即执行"而判处死缓，除考虑行为人的主观恶性是否特别深、人身危险性是否特别大，以及再实施"罪行极其严重"犯罪的可能性是否特别大外，还可以考虑行为本身的违法性是否达到判处死刑立即执行的程度。

5．死缓期间故意犯罪的也必须等2年期满后再执行死刑吗？

《刑法》第50条规定，判处死刑缓期执行的，在死刑缓期执行期间，如果故意犯罪，情节恶劣的，报请最高人民法院核准后执行死刑。问题是，死缓期间故意犯罪的，是否必须等到2年期满后再执行死刑？

应该说，死缓期间故意犯罪，等2年期满以后再执行死刑具有合理性。这是因为，倘若承认在故意犯罪后等2年期满执行死刑，那么犯人就有可能通过重大立功免除死刑的执行，这正好可以实现减少死刑执行的理念与目的。①

（三）分则死刑条款的限制解释

应然绝非实然。尽管我国刑法分则规定了46个死刑罪名，但死刑的刑法规定并不意味着事实上的死刑判处，"如果法官认为死刑应当废止，就可以不判处死刑"②。如今从立法上大规模废除死刑的空间已经非常逼仄，以严控死刑的理念对

① 参见张明楷：《刑法学者如何为削减死刑作贡献》，载《当代法学》2005年第1期。
② 张明楷：《死刑问题上学者与法官的距离》，载《中外法学》2005年第5期。

分则死刑条款进行限制解释，是目前可行的路径。下面按照章节顺序进行讨论。

1. 危害国家安全罪

《刑法》在分则第一章"危害国家安全罪"规定了 7 个死刑罪名：（1）第 102 条背叛国家罪；（2）第 103 条第 1 款分裂国家罪；（3）第 104 条武装叛乱、暴乱罪；（4）第 108 条投敌叛变罪；（5）第 110 条间谍罪；（6）第 111 条为境外窃取、刺探、收买、非法提供国家秘密罪；（7）第 112 条资敌罪。《刑法》第 113 条规定，行为人实施这些犯罪，如果对国家和人民危害特别严重，情节特别恶劣的，可以判处死刑。不过，法条并没有提供明确的死刑适用标准。判断行为人是否达到判处死刑的标准，只能在削减死刑的理念下，结合具体个罪的行为方式、危害后果进行具体把握。

首先，危害国家安全罪基本上属于政治性犯罪，对行为人通常不应判处死刑。本章之罪通常都是以预备或者未遂而告终（可谓预防行为的实行行为化、预备犯的既遂化、未遂犯的既遂化），否则行为人就不是被告而是审判者了，所以对本章之罪原则上不应适用死刑。

其次，死刑只能留给最严重的故意剥夺他人生命的犯罪，这也符合目前国际公认的死刑配置理念。因此，行为人单纯实施配置死刑的危害国家安全罪行为，如分裂国家罪、间谍罪、资敌罪等犯罪行为，不能直接对其适用死刑。只有在这些犯罪中故意杀害他人的，才能对行为人适用死刑。从目前司法实务的做法来看，单纯的从事间谍活动，而没有对他人造成实际生命损害或者危险的，法院均未判处死刑，有期徒刑已成为规制此类行为的主要刑种。从这个角度讲，本章的死刑罪名完全可以取消，取而代之的则是"犯本章之罪，同时构成其他犯罪的，依照处罚较重的规定定罪处罚"，也就是说，在实施危害国家安全罪行为过程中故意杀害他人的，只要以故意杀人罪定罪处罚，就能做到罪刑相适应。

最后，对于仅具有预备性质以及不具有致人死亡危险性的具体行为方式，绝对不能判处死刑。例如，《刑法》第 110 条间谍罪规定的行为方式之一是"参加间谍组织或者接受间谍组织及其代理人任务"，显然只具有预备性质，仅具有抽象危险性，对此绝对不能判处死刑。又如，《刑法》第 111 条为境外窃取、刺探、收买、非法提供国家秘密、情报罪，规定了"窃取、刺探、收买、非法提供"四种行为方式，其中窃取、刺探、收买国家秘密或者情报，属于预备性质的行为，对国家安全只具有抽象性危险，对这三种行为方式绝对不可以判处死刑。只有为境外的机构、组织、人员非法提供了国家秘密或者情报的行为，才实际危害到国家安全，才可能适用死刑。再如，对于《刑法》第 112 条资敌罪，只有战时提供给敌人的武器装备、军用物资实际被用于作战并导致我方人员死亡的，才可能判处死刑。

总之，对于"危害国家安全罪"一章的 7 个死刑罪名，只有实际故意造成他人死亡的，才可能判处死刑；对于仅具有预备性质以及不具有致人死亡危险性的行为，绝对不可以判处死刑。

2. 危害公共安全罪

《刑法》在分则第二章"危害公共安全罪"规定了 14 个死刑罪名：（1）第 115 条放火罪、决水罪、爆炸罪、投放危险物质罪、以危险方法危害公共安全罪；（2）第 119 条破坏交通工具罪、破坏交通设施罪、破坏电力设备罪、破坏易燃易爆设备罪；（3）第 121 条劫持航空器罪；（4）第 125 条第 1 款非法制造、买卖、运输、邮寄、储存枪支、弹药、爆炸物罪；（5）第 125 条第 2 款非法制造、买卖、运输、储存危险物质罪；（6）第 127 条第 1 款盗窃、抢夺枪支、弹药、爆炸物、危险物质罪；（7）第 127 条第 2 款抢劫枪支、弹药、爆炸物、危险物质罪。

应该说，对《刑法》第 115 条和第 119 条的 9 个罪名，完全没有必要规定死刑，只需规定"有前款行为，同时构成其他犯罪的，依照处罚较重的规定定罪处罚"即可。因为以放火、爆炸、决水、投放危险物质等方式故意杀人的，完全可以故意杀人罪定罪处罚，从而达到大幅减少死刑罪名、与国际死刑配置理念接轨的目标。对死亡结果没有认识的放火等犯罪，不应判处死刑。

虽然《刑法》第 115 条第 1 款规定，实施放火等犯罪致人重伤、死亡或者使公私财产遭受重大损失的，可以处 10 年以上有期徒刑、无期徒刑或者死刑，但不能认为致人重伤或者使公私财产遭受重大损失以及对死亡结果没有认识的过失致人死亡的，也能判处死刑。相反，应认为除以放火等方式故意杀人的可以判处死刑以外，其他情形均只能判处 10 年以上有期徒刑或者无期徒刑。《刑法》第 119 条第 1 款规定，实施破坏交通工具等犯罪造成严重后果的，处 10 年以上有期徒刑、无期徒刑或者死刑。对此也应认为，只有行为人认识到死亡结果，符合故意杀人罪构成要件，才可以判处死刑，除此之外，均只能判处 10 年以上有期徒刑或者无期徒刑。

《刑法》第 121 条劫持航空器罪历来被认为是绝对确定死刑的典型罪名。对此，需要进行限缩解释。如前所述，笔者主张将死缓、死缓限制减刑和死刑立即执行看作三个准刑种。所以完全可以认为，只有劫持航空器故意杀人的，才能判处死刑立即执行，对于劫持航空器致人重伤、过失致人死亡以及使航空器遭受严重破坏的，只能判处死缓或者死缓限制减刑。从这个意义上讲，劫持航空器故意杀人的，以故意杀人罪论处即可，劫持航空器罪自然无须配置死刑。

我国对具有相当杀伤力的枪支实行严格管制，所以现阶段对涉枪犯罪配置死刑具有一定的合理性。但不可否认的是，除卖枪之外，制造、购买、运输、邮寄、储存枪支、弹药、爆炸物的行为，对公共安全只具有抽象性危险，而从法益保护角度考虑，抽象危险犯是无论如何不能判处极刑的。所以，除出卖枪支、弹药、爆炸物的行为可以判处死刑外，其他行为，如制造、购买枪支、弹药、爆炸物等均不能判处死刑，最多以无期徒刑或有期徒刑予以归责。

为了限制处罚范围，《刑法》第125条第2款非法制造、买卖、运输、储存危险物质罪的成立条件必须是危害公共安全。一般来说，危险物质的杀伤力不及枪支、弹药、爆炸物，所以对于危险物质犯罪，只有实际故意造成他人死亡的，才能适用死刑。从这个意义上讲，非法制造、买卖、运输、储存危险物质罪的死刑规定完全没有必要。在有死刑规定的情况下，也应认为因为制造、购买、运输、储存危险物质仅具有抽象性危险，无论如何不能判处死刑。只有出卖危险物质且实际故意造成他人死亡的，才能判处死刑。

虽然《刑法》第127条对盗窃、抢夺枪支、弹药、爆炸物、危险物质罪、抢劫枪支、弹药、爆炸物、危险物质罪规定了死刑，但应认为，盗窃、抢夺、抢劫枪支、弹药、爆炸物、危险物质的行为，对公共安全仅具有抽象性危险，不宜判处死刑。只有盗窃、抢夺、抢劫枪支、弹药、爆炸物、危险物质实际造成他人死亡的，才能判处死刑。在条文规定了死刑的现状下，对于单纯盗窃、抢夺、抢劫枪支、弹药、爆炸物、危险物质的，也应认为不宜判处死刑立即执行，至多判处死缓或者死缓限制减刑。

3. 破坏社会主义市场经济秩序罪

《刑法》在分则第三章"破坏社会主义市场经济秩序罪"规定了2个死刑罪名，即《刑法》第141条生产、销售、提供假药罪与第144条生产、销售有毒、有害食品罪。其中，第144条生产、销售有毒、有害食品罪的死刑规定，属于援引《刑法》第141条的相关规定。但是，这种方法并不会实质性减少死刑罪名。其实，要想真正减少死刑罪名，只需规定"有前款行为，同时构成其他犯罪的，依照处罚较重的规定定罪处罚"。也就是说，对于生产、销售、提供假药或生产、销售有毒、有害食品犯罪，行为人认识到死亡结果的，以故意杀人罪定罪处罚即可，故这两个罪名根本无须配置死刑。如此一来，就可以彻底废除经济犯罪的死刑。

由于单纯的生产假药、有毒、有害食品的行为，对患者的健康损害只具有抽象性危险，所以无论如何不能判处死刑。也就是说，在有死刑规定的情况下，对假药、食品犯罪，也只可能对销售、提供假药或者销售有毒、有害食品的行为适用死刑。

4. 侵犯公民人身权利、民主权利罪

《刑法》在分则第四章"侵犯公民人身权利、民主权利罪"规定了5个死刑罪名：（1）第232条故意杀人罪；（2）第234条故意伤害罪；（3）第236条强奸罪；（4）第 239 条绑架罪；（5）第 240 条拐卖妇女、儿童罪。应该说，本章规定的死刑罪名是死刑适用的大户，要实际削减死刑，就必须严格控制人身犯罪死刑的适用。

由于故意杀人罪的最高法定刑为死刑，理论上对该罪死刑适用的探讨较多。整体而言，为实现罪刑均衡，可以确定一个相对可行的标准：故意杀死 3 人以上，才能判处死刑立即执行；对于杀死一两个人的，不能判处死刑立即执行，至多判处死缓或者死缓限制减刑。甚至可以这样认为，由于故意杀人罪是刑法中唯一将死刑作为首选刑种的罪名，为控制死刑的适用范围，完全可以按照 10 年以上有期徒刑、无期徒刑或者死刑的顺序来适用法定刑，也就是说，故意杀人的，先考虑判处 10 年以上有期徒刑或者无期徒刑，最后考虑的才是适用死刑，而不是首先考虑适用死刑。其实，既然要严格控制死刑，在合适的时候，完全可以将"处 3 年以上 10 年以下有期徒刑"作为故意杀人罪的基本刑，将"处死刑、无期徒刑或者 10 年以上有期徒刑"作为加重刑对待。也就是说，在未来条件成熟的时候，对于故意杀人的，首先考虑的就是判处 10 年以下有期徒刑，只有在杀害多人情节严重的，才考虑判处 10 年以上有期徒刑、无期徒刑或者死刑。

对于故意伤害罪，刑法条文也对其规定了死刑。应该认识到，故意伤害罪毕竟不是故意剥夺他人生命的犯罪，对于故意伤害罪配置死刑，明显违反了公认的死刑只能适用于最严重的故意剥夺他人生命的犯罪的基本原理。可以确定一条适用规则：既然故意伤害罪不应配置死刑，就可以认为，对于故意伤害致死以及以特别残忍手段致人重伤造成严重残疾的，不能判处死刑立即执行，至多判处死缓或者死缓限制减刑。

结果加重犯本就是结果责任的残余，所以应严格限制故意伤害致死的成立范围。在我国，成立故意伤害致死，必须满足以下条件：其一，既然是伤害致死，当然应将死亡者限定为伤害的对象，即只有导致伤害的对象死亡时才能认定为故意伤害致死。其二，要求伤害行为与死亡结果之间必须具有直接性因果关系。也就是说，要么伤害行为直接造成死亡结果，要么是伤害行为造成了伤害结果，进而由伤害结果引起死亡。这两个条件都必须是伤害行为所包含的致人死亡危险的直接现实化。

《刑法》第 236 条第 3 款规定了强奸罪死刑适用的 6 种情形。应该说，强奸罪只是侵犯妇女的性自主权的犯罪，不会直接剥夺被害人的生命，所以对强奸罪配置死刑，明显不符合死刑只能配置给最严重的故意剥夺他人生命的犯罪的原理。对于强奸罪，原则上不能判处死刑，对于强奸致使被害人死亡的，至多考虑判处死缓或者死缓限制减刑；对于其他加重情形，不能判处死刑，只能判处 10 年以上有期徒刑或者无期徒刑。

《刑法》第 239 条第 2 款规定，杀害被绑架人，或者故意伤害被绑架人，致人重伤、死亡的，处无期徒刑或者死刑。应该说，绑架罪属于侵犯被害人在本来的生活状态下的行动自由与身体安全的犯罪，而不是直接故意剥夺他人生命的犯罪。因此，为减少绑架罪死刑的适用，进而与故意杀人罪、故意伤害罪的死刑适用相协调，应当认为，只有实际杀死被绑架人，故意伤害致被绑架人死亡，以及以特别残忍手段致使被绑架人重伤并造成严重残疾的，才可能判处死刑。对于不是以特别残忍手段重伤被绑架人的，不能判处死刑，只能判处无期徒刑。

针对拐卖妇女、儿童罪的死刑适用，有学者依据《刑法》第 240 条的规定，认为该罪属于配置了绝对确定死刑的个罪。① 其实，本罪并未规定绝对确定的死刑。拐卖妇女、儿童罪的这种表述与"有下列情形之一的，处 10 年以上有期徒刑、无期徒刑或者死刑"的规定并无本质区别。

可以肯定的是，本罪是侵犯被拐卖妇女、儿童的人格尊严和身体安全的犯罪，不是直接剥夺他人生命的犯罪，所以对于本罪原则上不能判处死刑。只有故意伤害致被拐卖的妇女、儿童或者亲属死亡，以及以特别残忍手段致被拐卖的妇女、儿童或者其亲属重伤并造成严重残疾的，才能考虑判处死缓或者死缓限制减刑。由于强迫卖淫罪已被废除死刑，所以对于诱骗、强迫被拐卖的妇女卖淫或者将被拐卖的妇女卖给他人迫使其卖淫的，无论如何不能判处死刑。对其他加重情节，也不能判处死刑，只能判处 10 年以上有期徒刑或者无期徒刑。

5. 侵犯财产罪

《刑法》在分则第五章"侵犯财产罪"规定了 1 个死刑罪名，就是抢劫罪。抢劫罪侵犯的主要法益是财产，而非直接剥夺他人生命的犯罪，所以对抢劫罪配置死刑本身，违背了死刑只能分配给最严重的故意剥夺他人生命的犯罪的原理。因此，在抢劫罪加重犯配置死刑的现状下，也应认为只有抢劫故意杀人的，才能判处死刑立即执行。为了和故意伤害罪的死刑规定相协调，可以认为对于抢劫故意重伤致人死亡或者以特别残忍手段致人重伤造成严重残疾的，可以判处死缓或者死缓限制减刑。其余抢劫罪加重犯如"入户抢劫""持枪抢劫"等，绝对不能判处死刑。不能认为配置有死刑的加重犯，死刑就可以适用于每一种加重情形。

对于抢劫故意杀人的，应定故意杀人罪。所以，对于主要侵犯财产的抢劫罪，完全没有必要配置死刑。只需明确，实施抢劫犯罪"同时构成其他犯罪的，依照处罚较重的规定定罪处罚"即可。如此一来，我国就可以完全废除财产犯罪的死刑，进而避免因我国财产犯罪配置了死刑而被诟病。

① 参见冯军：《死刑适用的规范论标准》，载《中国法学》2018 年第 2 期。

6. 妨害社会管理秩序罪

《刑法》分则第六章"妨害社会管理秩序罪"的保护法益与其他侵犯个人法益的犯罪并不相同，这就决定了该章只有较少的死刑罪名，分别是《刑法》第317条暴动越狱罪、聚众持械劫狱罪与第347条走私、贩卖、运输、制造毒品罪。

对于《刑法》第317条第2款，有学者认为该款规定了绝对确定的死刑。[1] 其实，这种法条表述跟"暴动越狱或者聚众持械劫狱的首要分子和积极参加的，处10年以上有期徒刑、无期徒刑或者死刑"的规定，根本没有什么本质区别。在国外，单纯脱逃之所以不构成犯罪，是因为被羁押的罪犯选择脱逃不具有期待可能性。同理，被关押的罪犯选择越狱的期待可能性较低，而暴动越狱的犯罪主体就是被关押的罪犯，所以对于单纯暴动越狱的罪犯，绝对不能判处死刑。至于以杀人的方式暴动越狱的，也只能以故意杀人罪定罪处罚，而不是以本罪定罪处罚。而聚众持械劫狱的主体是狱外的非被关押的行为人，期待可能性并不低，所以对于聚众持械劫狱的，可能判处死刑。不过，根据死刑只能分配给最严重的故意剥夺他人生命的犯罪的原理，单纯聚众持械劫狱的，由于仅侵害了国家的羁押改造犯人的司法活动，原则上不应判处死刑，即便判处死刑，也只能判处死缓或者死缓限制减刑。换言之，只有以杀人的方式聚众持械劫狱的，才能判处死刑。当然，以杀人方式聚众持械劫狱的，完全可以故意杀人罪定罪处罚。从这个角度讲，对于暴动越狱和聚众持械劫狱，均不应配置死刑。

《刑法》第347条为走私、贩卖、运输、制造毒品罪规定了死刑。由于中国人民曾经深受鸦片之苦，在国家严厉打击毒品犯罪的政策高压下，"目前毒品犯罪是死刑适用'大户'"[2]。然而，对毒品犯罪大量适用死刑的结果却是形成一种恶性循环：以死刑遏制毒品犯罪的蔓延，不但收效甚微，而且使得毒品治理更加依赖于死刑。必须承认，"与毒品犯罪相关的行为不应属于联合国《公民权利和政治权利国际公约》第6条第2款规定死刑只能适用于最严重的罪行的范畴"[3]。

应当说，所谓选择罪名，其实也存在几个犯罪构成，即使《刑法》对选择罪名配置有死刑，也应认为并非任何一种行为都能适用死刑。例如，对于走私、贩卖、运输、制造毒品罪，死刑就只能适用于贩卖毒品的行为。制造、运输毒品，只是贩卖毒品的预备行为，不宜判处死刑。走私毒品的危害性不可能重于走私武器、假币、核材料，而对于走私武器、假币、核材料的，最重也就判处无期徒刑。所以，对于单纯走私毒品的行为也不能适用死刑。

---

① 参见胡云腾：《论中国特色死刑制度的"三个坚持"》，载《中国法律评论》2023年第4期。

② 黎宏：《死刑案件审理不宜片面强调从快》，载《中外法学》2015年第3期。

③ 林维：《中国死刑七十年：性质、政策及追问》，载《中国法律评论》2019年第5期。

7. 危害国防利益罪

《刑法》在分则第七章"危害国防利益罪"规定了 2 个死刑罪名，具体是《刑法》第 369 条破坏武器装备、军事设施、军事通信罪和第 370 条故意提供不合格武器装备、军事设施罪。

应该说，破坏武器装备、军事设施、军事通信和故意提供不合格武器装备、军事设施的行为，一般不会直接导致他人死亡，对两罪规定死刑有违死刑只能分配给最严重的故意剥夺他人生命的犯罪的基本原理。所以从立法论上讲，对两罪不应配置死刑；从解释论讲，只有破坏武器装备、军事设施、军事通信和故意提供不合格武器装备、军事设施的行为导致他人死亡并且行为人对死亡结果存在认识时，才能适用死刑，否则只能判处 10 年以上有期徒刑或者无期徒刑。

8. 贪污贿赂罪

《刑法》在分则第八章"贪污贿赂罪"规定了贪污罪和受贿罪两个死刑罪名。应该说，贪污、受贿行为通常不会直接导致他人死亡，对贪污罪和受贿罪配置死刑，有违国际公认的死刑只能分配给最严重的故意剥夺他人生命的犯罪的原理。因此，从立法论上讲，不能对贪污贿赂罪配置死刑。

虽然贪污罪与受贿罪同属于贪污贿赂罪，但应认为，贪污罪侵犯的主要法益是财产，罪质是财产犯罪。而对侵财犯罪无论如何是不能配置死刑的，所以对于侵犯财产的贪污罪，无论如何不能适用死刑。在对贪污罪设定死刑的现状下，对犯贪污罪的，至多判处死缓、死缓限制减刑或者终身监禁，而绝对不能判处死刑立即执行。考虑到我国相关制度还不够健全、权力制约尚待完善，受贿犯罪十分猖獗，对于严重危及国家社稷安全的受贿犯罪，始终是刑法打击的重点。也就是说，考虑到中国的国情，最后废除的两个死刑罪名应该就是故意杀人罪与受贿罪。受贿犯罪危害极大，百姓极其痛恨，所以现阶段对受贿罪可以适用死刑。对于受贿数额特别巨大，并且给国家和人民利益造成特别重大损失的，可以判处死刑。

9. 军人违反职责罪

《刑法》在分则第十章"军人违反职责罪"规定了 10 个死刑罪名：（1）第 421 条战时违抗命令罪；（2）第 422 条隐瞒、谎报军情罪；（3）第 422 条拒传、假传军令罪；（4）第 423 条投降罪；（5）第 424 条战时临阵脱逃罪；（6）第 430 条军人叛逃罪；（7）第 431 条第 2 款为境外窃取、刺探、收买、非法提供军事秘密罪；（8）第 438 条盗窃、抢夺武器装备、军用物资罪；（9）第 439 条非法出卖、转让武器装备罪；（10）第 446 条战时残害居民、掠夺居民财物罪。

可以认为，根据公认的死刑只能分配给最严重的故意剥夺他人生命的犯罪的基本原理，立法者完全没有必要为军人违反职责罪配置死刑，只需规定，实施上述犯罪"同时构成其他犯罪的，依照处罚较重的规定定罪处罚"。从解释论上讲，军人违反职责实施上述犯罪行为的，只有实际造成他人死亡并且行为人对死亡结果具有认识，才能适用死刑，否则只能判处 10 年以上有期徒刑或者无期徒刑；对于仅具有预备性质的行为，如为境外窃取、刺探、收买军事秘密的行为，无论如何不能判处死刑。

---------◆ 疑 难 问 题 ◆---------

1.《刑法》第 317 条第 2 款暴动越狱罪

"暴动"等于"暴力"吗？

"暴动"不等于"暴力"，只有多人大规模的暴力，才能评价为暴动。数人采取非暴动的暴力方式越狱、脱逃的，只能成立组织越狱罪或者脱逃罪。

参加暴动越狱的，均成立暴动越狱罪吗？

虽然暴动越狱罪同时处罚首要分子、积极参加者和其他参加者，但对于没有实施暴动，只是趁乱脱逃的被关押人员而言，其期待可能性较低，不宜评价为法定刑偏重的暴动越狱罪，而应认定成立脱逃罪。

2.《刑法》第 317 条第 2 款聚众持械劫狱罪

携带器械就是"持械"吗？

本罪的持械是指对监管人员等使用器械，而不是指单纯地携带器械。也就是说，携带器械而不现实地使用器械（包括用械进行威胁）的，不能认定为本罪中的"持械"。

聚众持械从看守所劫走被关押人员的，能构成本罪吗？

有观点认为，本罪中的"狱"并不限于狭义的监狱，而是包括看守所等依法关押罪犯、被告人、犯罪嫌疑人的场所。[①]

虽然刑期不满 1 年的可在看守所服刑，但在人们的观念中，监狱不同于看守所。所以，认为本罪中的"狱"包括看守所，恐怕超出了一般人的预测可能性，系不当地扩大解释。

3.《刑法》第 347 条走私、贩卖、运输、制造毒品罪

毒品犯罪的保护法益是所谓国家对毒品的管理制度吗？

刑法理论通说将"国家对毒品的管理制度"确定为毒品犯罪的法益是毫无意义的。应当认为，毒品犯罪的保护法益是公众健康。

---

① 参见张明楷：《刑法学（第六版）》（下册），法律出版社 2021 年版，第 1458 页。

💬 吸毒者从境外网购毒品，属于购买毒品还是走私毒品？

倘若认为从国外购买毒品的行为也能构成走私毒品罪，则向境内异地卖主购买毒品，境内卖主通过邮寄方式向其发货的，购毒者也能构成运输毒品罪。但这显然是不可能的。简单地讲，无论出资向国外卖主购买毒品，还是向境内异地卖主购买毒品，始终只是购买物品。而在我国，购买毒品是不构成犯罪的。

虽然贩卖毒品罪所保护的法益是公众健康这一社会法益，但具体的吸毒者才是真正的受害者。吸毒者是法律保护的对象，所以刑法没有将为了自己吸食而购买毒品的行为规定为犯罪，否则就是"双重受害"。

💬 购买毒品者能成立贩卖毒品罪的共犯吗？

自己购买毒品吸食是自害行为，按照片面对向犯原理，对于购买毒品自己吸食的，无论如何都不能作为贩卖毒品罪的共犯处理。但如果购买毒品不是用于自己吸食，则可能成立贩卖毒品罪的共犯。具体而言，只有当行为超出了购买行为的范畴，或者说对贩毒的正犯起到了超出购买范围的促进作用，才可能构成贩卖毒品罪的共犯。行为超出购买范围的促进作用包括成立贩卖毒品罪的教唆犯与帮助犯。大致而言，在对方没有出卖毒品的故意时，购毒者使他人产生出卖毒品的故意进而出卖毒品的，成立贩卖毒品罪的教唆犯；在贩毒者已有出卖毒品的犯意的情况下，购毒者的行为对贩毒起到了超出购买范围的帮助作用时，成立贩卖毒品罪的帮助犯。

💬 认为贩卖是指明知是毒品而非法销售或者以贩卖为目的而非法收买的行为的司法解释规定，有无疑问？

司法实践中，之所以认为为了贩卖而购买毒品就成立贩卖毒品罪的既遂，应该是因为司法解释一直秉持这种立场。例如，最高人民检察院、公安部《关于公安机关管辖的刑事案件立案追诉标准的规定（三）》就《刑法》第347条的立案追诉标准规定，本条规定的"贩卖"是指明知是毒品而非法销售或者以贩卖为目的而非法收买的行为。又如，根据最高人民检察院指导性案例第151号"马某某走私、贩卖毒品案"，行为人出于非法用途，以贩卖为目的非法购买国家管制的麻醉药品、精神药品的，应当认定为贩卖毒品罪既遂。

如果认为购买就是贩卖，或者说购买毒品也构成犯罪，那么立法者就应该像规定非法买卖枪支罪那样规定非法买卖毒品罪。但立法者并没有这样规定。这说明，贩卖毒品的实行行为就是出卖，为了贩卖而购买毒品的行为就只是贩卖毒品罪的预备行为（同时可能成立非法持有毒品罪），而不可能成立贩卖毒品罪的既遂。认为贩卖就是购买，从语法上也说不通，就如为了销售假药而购买假药的行为，不可能被评价为销售假药罪的既遂。当我们说"贩卖包括购买与出售"时，显然是指贩卖由购买与出售两个行为构成，而不是说只要有购买或者出卖就属于贩卖。

可是，一方面，如果说贩卖由购买与出售两个行为构成，那么，行为人出卖祖传的鸦片或者捡拾的毒品，就因为缺乏购买行为而不成立贩卖毒品罪了，这显然是行不通的。另一方面，如果说贩卖是购买或者出卖，就是直接将购买评价为贩卖了，这显然是违背生活常识的。另外，我国刑法显然不处罚购买毒品的行为。因此，贩卖毒品就是出卖毒品，为了贩卖而购买的，只能是贩卖毒品罪的预备行为。当然，购买了毒品后，也就持有了毒品，所以成立贩卖毒品罪的预备与非法持有毒品罪，从一重处罚。同时，还可能构成运输毒品罪的既遂犯。

💬 **如何评价所谓"诱惑侦查""陷阱教唆""犯意引诱""双套引诱""数量引诱"？**

笔者认为，首先，国家不能直接制造罪犯这一原则应当得到坚持。其次，可以参考片面对向犯的立法者意思说，如果对向犯的行为没有超出定型性的参与或者说最小限度的参与，对向犯的行为就不成立犯罪。就毒品犯罪的"诱惑侦查"而言，只有在对方已有贩卖毒品的意图，警察或者线人只是单纯提供机会的，警察和线人的行为不成立犯罪，贩毒者按照其实际贩卖的毒品数量承担贩卖毒品罪的刑事责任。如果对方没有贩卖毒品的意图，本来就不贩毒，或者虽然曾经贩毒但已打算"金盆洗手"，因为警察或者线人的极力引诱才又"重操旧业"的，则警察和线人成立贩卖毒品罪的教唆犯，贩毒者成立贩卖毒品罪。如果不追究警察和线人贩卖毒品罪教唆犯的刑事责任，则也不能追究贩毒者的刑事责任。最后，对于数量引诱的，相当于行为人本打算仅实施伤害，因他人怂恿其杀人而实施杀人行为，所以，除非同时追究警察和线人对所引诱数量的贩毒共犯的刑事责任，否则不能追究贩毒者超出本来意图贩卖数量的贩卖毒品罪的刑事责任，只能追究行为人本来意图贩卖数量的贩卖毒品罪的刑事责任。

💬 **将从贩毒人员住所、车辆等处查获的毒品计入贩毒既遂数量的实践做法，有无疑问？**

最高人民法院《全国法院毒品案件审判工作会议纪要》指出，对于从贩毒人员住所、车辆等处查获的毒品，一般应认定为其贩卖的毒品。确有证据证明查获的毒品并非贩卖人员用于贩卖，其行为另构成非法持有毒品罪、窝藏毒品罪等其他犯罪的，依法定罪处罚。这个规定明显存在疑问。

💬 **购买、运输、携带、寄递麻黄碱类复方制剂进出境的就成立制造毒品罪的司法解释规定，有无疑问？**

"两高"、公安部《关于办理走私、非法买卖麻黄碱类复方制剂等刑事案件适用法律若干问题的意见》指出，以加工、提炼制毒物品和制造毒品为目的，购买麻黄碱类复方制剂，或者运输、携带、寄递麻黄碱类复方制剂进出境的，依照

《刑法》第 347 条的规定，以制造毒品罪定罪处罚。

这种行为只能评价为制造毒品罪的预备。如果上述司法解释所称的"以制造毒品罪定罪处罚"，是指以制造毒品罪的预备定罪处罚，则没有疑问，若以制造毒品罪的未遂或者既遂处罚，就存在问题了。

● 将毒品作为有偿服务（包括卖淫等性服务）的对价交付给对方的，构成贩卖毒品罪吗？

张明楷教授认为，将毒品作为有偿服务（包括卖淫等性服务）的对价交付给对方的，宜认定为贩卖毒品罪。[①]

笔者认为，因为性服务没有对价，不能用来交换，将毒品作为嫖资支付的行为评价为贩卖毒品罪可能存在疑问。如果这种观点成立，那么将毒品作为彩礼送给丈母娘，用毒品行贿，用毒品买官，雇凶者用毒品支付杀人酬金的，都可能被评价为贩卖毒品罪了。这恐怕不合适。

● 二人以上同行运输毒品的，当然成立运输毒品罪的共犯吗？

二人以上同行运输毒品，即便知道有人与其同行带有毒品，只要没有实施配合、掩护他人运输毒品的行为，都不能认定为运输毒品罪的共犯，不能将同行人携带的毒品数量计入其运输毒品的数量。

● 对输入毒品和输出毒品，在入罪和量刑标准上应否区别对待？

输入毒品和输出毒品的危害性是不一样的。有的国家如日本，就区别规定了输入毒品与输出毒品，输出毒品犯罪的法定刑低于输入毒品犯罪的法定刑。即便我国刑法没有区别规定输入毒品与输出毒品，在具体定罪量刑上也应区别对待，即对于输出毒品的定罪量刑应适当轻于输入毒品。

● 如何限制运输毒品罪的处罚范围？

运输毒品是与走私、制造、贩卖毒品并列规定的罪名，适用同样的法定刑。所以，只有与走私、贩卖、制造具有关联性，因而使运输毒品的行为对国民健康造成了与走私、贩卖、制造毒品相当的抽象危险时，才宜认定为运输，否则会导致罪刑之间的不协调。换句话说，运输与走私、贩卖、制造毒品的行为只是内部的分工不同而已，都是犯罪的有机组成部分。不能查明与走私、贩卖、制造毒品相关联的，即使转移了毒品，也不能认定成立运输毒品罪，只能认定为非法持有（动态持有）毒品罪。

● 提纯、分装毒品，是制造毒品吗？

张明楷教授认为，"去除其他非毒品物质"的行为，应属于制造毒品；应对

---

① 参见张明楷：《刑法学（第六版）》（下册），法律出版社 2021 年版，第 1507 页。

"制造"作广义解释，将分装毒品的行为包括在制造毒品之中，是比较合适的。①笔者认为，去除非毒品物质，就是提纯，的确能提高毒品的"口感"，会助推毒品的扩散，将其评价为制造毒品还是可行的。但分装毒品（就是将毒品进行分割，并装入一定的容器，即所谓量的精制），并没有改变毒品的成分，对其评价为制造毒品可能有点牵强。

🔘 贩卖、运输假毒品，能成立贩卖、运输毒品罪的未遂吗？

根据客观的未遂犯论，只有行为具有侵害法益的具体危险，才能成立未遂犯。贩卖、运输假毒品，显然不具有侵害公众健康的危险性，所以不能成立贩卖、运输毒品罪的未遂犯，只能成立不能犯，不值得科处刑罚。

🔘 误以为 400 克海洛因是氯胺酮而贩卖的，能判处死刑吗？

通常认为，对毒品种类的认识错误，不阻却故意，不影响犯罪既遂的成立。但是，如果误以为是毒性较低的毒品而贩卖，实则达到判处死刑的标准，如误以为贩卖的是 400 克氯胺酮，实际贩卖的是 400 克海洛因。由于实践中对贩卖海洛因 400 克可能判处死刑，而贩卖氯胺酮必须达到 500 克以上才可能判处死刑。虽然行为的违法性是贩卖 400 克海洛因，但其有责性即非难可能性仅是贩卖 400 克氯胺酮，正如行为人误以为是普通财物而盗窃，但实际盗窃的是枪支，不能认定为盗窃枪支罪而判处死刑一样。所以，误以为是 400 克氯胺酮实则是 400 克海洛因的，不能判处死刑。也就是说，虽然一般而言毒品种类的认识错误，不阻却故意，不影响毒品犯罪的认定，但如果关涉死刑的判处，则毒品种类的认识错误对量刑还是会产生影响，即不能超出责任的程度判处刑罚，这是责任主义和保障人权的要求。

🔘 行为人制造了大量氯胺酮，仅销售了少量即案发，能以制造、贩卖毒品罪判处死刑吗？

例如，被告人王某俊伙同他人制造氯胺酮 15320 克（其中查获 8320 克）后，贩卖氯胺酮 260 余克，法院认定犯罪人王某俊制造、贩卖毒品氯胺酮 15580 余克，以制造、贩卖毒品罪判处其死刑。②

应该说，这是一起因为罪名适用错误而错判死刑的典型判例。根据最高人民法院《关于审理毒品犯罪案件适用法律若干问题的解释》规定，贩卖氯胺酮 500 克以上才属于"其他毒品数量大"而可能判处 15 年以上有期徒刑、无期徒刑或者死刑。本案中，行为人虽然制造了 15320 克氯胺酮，但其实际贩卖的氯胺酮只有 260 余克。虽然"两高"将《刑法》第 347 条规定之罪命名为"走私、贩卖、运

---

① 参见张明楷：《刑法学（第六版）》（下册），法律出版社 2021 年版，第 1509 页。
② 参见最高人民法院刑事审判一至五庭主编：《刑事审判参考》（总第 67 集），法律出版社 2009 年版，第 43—49 页。

输、制造毒品罪"，但应当认识到，"以贩卖为目的而制造毒品的，是贩卖毒品罪的预备行为，其社会危害性相对较轻，不能将制造毒品的数额计入贩卖毒品的数额"①。法条虽然将制造与贩卖并列规定，但由于制造毒品的行为对于公众健康只具有抽象性危险，因而属于贩卖毒品的预备行为，对预备行为无论如何是不能判处死刑的。制造毒品的危害性不可能重于伪造货币，而伪造货币罪已经废除死刑。所以说，即便该条规定了死刑，也应认为死刑只能适用于贩卖毒品的行为，而不能适用于走私、制造、运输毒品的行为。所以正确的做法是，将被告人王某俊的行为认定为制造毒品罪（数额为 15320 克）和贩卖毒品罪（数额为 260 克），进行数罪并罚，不应判处死刑。

对于不满 18 周岁的人实施毒品犯罪的，能适用毒品再犯规定从重处罚吗？

本着对未成年人教育挽救的刑事政策精神，对于不满 18 周岁的人，既不得适用累犯规定从重处罚，也不得适用再犯规定从重处罚。

《刑法》第 29 条规定"教唆不满 18 周岁的人犯罪的，应当从重处罚"，第 347 条规定"教唆未成年人走私、贩卖、运输、制造毒品，从重处罚"，是否意味着教唆不满 18 周岁的人走私、贩卖、运输、制造毒品的犯罪分子具有两个从重处罚的情节？

不是。《刑法》第 347 条规定只是对第 29 条规定的重申，而不是说在第 29 条从重处罚的基础上再根据规定从重处罚。

贩卖毒品的行为人主动交代"上家"的，是否构成立功？

毒品犯罪中，毒品来源是否查明不影响本罪的认定。单纯交代自己贩毒的事实是自首与坦白的要求，而所谓"交代上家"，实际上属于揭发"上家"贩卖毒品的犯罪事实，当然属于立功。

"利用、教唆未成年人走私、贩卖、运输、制造毒品，或者向未成年人出售毒品的，从重处罚"中的"未成年人"，是指不满 18 周岁的人吗？

理论上一般认为，这里的"未成年人"是指未满 18 周岁的人。其中的利用未成年人走私、贩卖、运输、制造毒品，大体指间接正犯，其中的教唆未成年人走私、贩卖、运输、制造毒品，是指教唆犯。②

上述认为这里的"未成年人"一概指未满 18 周岁的人的通说观点存在疑问。因为，根据《刑法》第 17 条的规定，贩卖毒品罪的刑事责任年龄是 14 周岁，走私、运输、制造毒品罪的刑事责任年龄是 16 周岁。也就是说，已满 14 周岁的人贩卖毒品和已满 16 周岁的人走私、运输、制造毒品本来就应独立承担刑事责任，

---

① 李运才：《论毒品犯罪的死刑立法控制——以走私、贩卖、运输、制造毒品罪的罪名调整为切入点》，载《贵州师范大学学报（社会科学版）》2010 年第 6 期。

② 参见张明楷：《刑法学（第六版）》（下册），法律出版社 2021 年版，第 1517 页。

不存在被利用的问题。所以，利用、教唆已满 14 周岁的人贩卖毒品和已满 16 周岁的人走私、运输、制造毒品，不能成为从重处罚的理由，只应作为普通的共同犯罪处理。当然，由于为了自己吸食、注射毒品而购买毒品的行为因本身就是被害人而没有被刑法规定为犯罪，所以可以认为"向未成年人出售毒品"中的"未成年人"，是不满 18 周岁的人。

4.《刑法》第 382 条贪污罪

💬 何谓贪污罪中的"侵吞"？

所谓贪污罪中的"侵吞"，就是国家工作人员将自己事先占有支配下的公共财物占为己有。也就是说，所"侵吞"的公共财物，必须事先在其占有支配之下。《刑法》第 394 条中所规定的"国家工作人员在国内公务活动或者对外交往中接受礼物，依照国家规定应当交公而不交公"，其实就是将自己合法占有的财物非法占为己有，因而属于"侵吞"。基于职务（公务）而能够独立支配、控制、占有的本单位财物，属于侵吞的对象，否则只能是窃取或者骗取的对象。

💬 何谓贪污罪中的"窃取"？

贪污罪中的"窃取"，既非监守自盗，亦非秘密窃取，而是将自己基于职务而与其他人共同占有的财物非法占为己有，其中"利用职务上的便利"，体现为共同占有本单位财物。

💬 何谓贪污罪中的"骗取"？

为了在贪污罪与诈骗罪之间保持处罚的协调，应当严格限制贪污罪中"骗取"的成立范围。只要行为人事先并不占有支配公共财物，而是通过欺骗占有支配公共财物的人，让其基于认识错误处分公共财物的，应认定为诈骗罪。

💬 通过职务行为套取补偿款的，一定构成贪污罪吗？

在通过国家工作人员的职务行为套骗补偿款的案件中，只有对补偿款具有处分权限的国家工作人员才能成立贪污罪的正犯；不具有处分权限的国家工作人员帮助他人骗取补偿款的，仅成立诈骗罪共犯与滥用职权罪的想象竞合。贪污罪、诈骗罪中的非法占有目的包括使第三者（含单位）非法占有，具有处分权限的国家工作人员故意将补偿款违规发放给他人的，即使没有分赃，也构成贪污罪；不具有处分权限的国家工作人员滥用职权故意帮助他人骗取补偿款的，即使没有与正犯通谋、没有分赃，也成立诈骗罪。具有处分权限的国家工作人员明知一般主体骗取补偿款或者与之通谋，违规将补偿款发放给一般主体的，国家工作人员的行为成立贪污罪，一般主体成立诈骗未遂（无通谋时）或者贪污罪的共犯（有通谋时）。在这种情形下，既不能对一般主体认定为诈骗既遂，也不能对国家工作人员仅认定为滥用职权罪。具有处分权限的国家工作人员违规决定将补偿款发放给他人，进而收受贿赂的，也应按贪污罪定罪处罚，收受贿赂的情节可谓共同贪污后的分赃行为，不必另行评价为受贿罪；不具有处分权限的国家工作人员帮助他人骗取补偿款的，不管是否分赃，均构成滥用职权罪与诈骗罪的想象竞合，从一重罪处罚；同时索取、收受贿赂的，可视为共同诈骗后的分赃行为，不必另行评价为受贿罪。

💬 贪污罪与滥用职权罪之间是什么关系？

既然贪污罪是利用职务上的便利将基于职务占有支配下的公共财物非法占为己有，因此贪污也可谓滥用职权。当然，如果国家工作人员的行为构成贪污罪，则可能没有必要认定其行为属于滥用职权罪与贪污罪的想象竞合，因为贪污罪原本包括利用职务上的便利这一滥用职权的行为，对贪污罪的评价包括了对滥用职权罪的评价。但如果国家工作人员构成的是诈骗罪或者受贿罪，则诈骗罪与滥用职权罪之间应认定为想象竞合，受贿罪与滥用职权罪应当数罪并罚。

💬 如何认定贪污罪的既遂？

理论上认为，贪污罪是一种以非法占有为目的的财产性职务犯罪，与盗窃、诈骗、抢夺等侵犯财产罪一样，应当以行为人是否实际控制（取得）财物作为区分贪污罪既遂与未遂的标准。对于行为人利用职务上的便利，实施了虚假平账等行为，但公共财物尚未实际转移，或者尚未被行为人控制（取得）就被查获的，应当认定为贪污未遂。行为人控制（取得）公共财物后，是否将财物据为己有，不影响贪污既遂的认定。

💬 在共同贪污中，贪污数额泛指整个共同犯罪的数额吗？

在共同贪污案件中，贪污数额不是泛指整个共同犯罪的数额，也不是指分赃数额，而是指个人应当承担责任的数额。哪怕是贪污集团的首要分子，也只是对其所组织、指挥、策划、参与实施的犯罪数额负责，而无须对贪污集团全体成员所贪污的数额负责。总之，共同贪污的犯罪分子都只对与其行为具有物理或者心理因果性的犯罪结果（数额）负责。

国家工作人员出于贪污的故意，非法占有公共财物之后，将赃款赃物用于单位公务支出或者社会捐赠的，不影响贪污罪的认定，但量刑时可以酌情考虑。

二十二
严格限制加重犯的适用

要　旨

我国刑法中的结果加重犯数量繁多，是适用死刑最多的犯罪类型；但是，结果加重犯是结果责任的残余，缺乏加重刑罚的合理根据。因此，一方面，要严格限制结果加重犯的成立范围：加重结果必须是成立条件之外的、具体罪刑规范阻止的加重结果；被害对象必须限于基本行为的对象；基本行为必须具有发生加重结果的特别危险性；因果关系必须符合"直接性要件"；行为人对加重结果至少有过失，而且对人身伤亡、公共危险之外的加重结果必须具有故意。另一方面，也要从量刑上限制结果加重犯的刑罚。

辩 点 分 析

结果加重犯，是指刑法规定的一个犯罪行为（基本犯），由于发生了严重结果而加重法定刑的犯罪类型。

我国刑法对结果加重犯的规定存在五种方式：一是明确将死亡、重伤规定为加重结果；二是将"严重后果""特别严重后果"规定为加重结果；三是将"重大损失"作为加重结果内容；四是将"数额巨大""数额特别巨大"作为加重结果内容；五是"情节严重""情节特别严重"的规定，由于"情节"并不限于结果，刑法理论常以"情节加重犯"来指称这类现象，但不可否认的是，"情节"包含结果，故情节加重犯中包含了结果加重犯。显然，除了第一种类型以外，后四种类型中的加重结果内容并不确定。我国刑法中的结果加重犯呈现出与外国刑法中的结果加重犯相反的三个特点：一是数量较多；二是形式特征不明显，难以识别；三是加重结果的内容缺乏限定，除了伤害与死亡之外，还包括财产损失等结果。因此，我们不能照搬国外的结果加重犯理论，而应根据我国刑法的目的、原则与立法例对结果加重犯展开研究，尤其需要对结果加重犯确立严格的成立条件。否则，将会导致结果加重犯的范围漫无边际，背离刑法的目的与原则。

结果加重犯的法定刑过重，是全世界范围内的普遍现象。过重的表现为，虽然结果加重犯通常表现为基本犯罪的故意犯与加重结果的过失犯的复合形态，但其法定刑却远远重于基本犯的法定刑与过失犯的法定刑之和。例如，抢劫罪基本犯的法定刑为 3 年以上 10 年以下有期徒刑，过失致人死亡罪的最高法定刑为 7 年有期徒刑，而抢劫（过失）致人死亡的法定刑为 10 年以上有期徒刑、无期徒刑或者死刑。强奸、破坏交通工具罪等诸多犯罪都是如此。外国刑法也不例外。

为何结果加重犯的法定刑如此之重？如果结果加重犯的加重法定刑缺乏合理根据，那么，就只能认为它是结果责任的残余，必须限制其成立范围与刑罚程度。

结果加重犯因法定刑过重而成为适用死刑最多的犯罪类型，所以，它与死刑的增减、存废具有直接关联。在现行刑法之内，刑法学者首先要做的是，将削减死刑的理念具体化为削减死刑的解释结论，从而达成削减死刑的目标。不要以为，只有刑事立法削减了死刑条款，才可以削减死刑判决。其实，从解释论上说，即使对现行刑法不作任何修改，也可以做到不判处一例死刑。由于刑法规定的死刑大多集中在结果加重犯，现实中适用死刑的也大多为结果加重犯，所以，如果限制了结果加重犯的成立，将必然限制死刑的适用。易言之，如果在解释论上严格限制结果加重犯的成立范围与刑罚程度，便可以大量减少死刑判决。

各国刑法所规定的结果加重犯的法定刑都远远重于基本犯与过失犯的法定刑之和。但迄今为止的各种学说，几乎都不能圆满说明结果加重犯的加重根据。所以不能不承认，结果加重犯的加重法定刑，是结果责任在各国刑法中的残余。

（一）结果加重犯的范围限制

既然结果加重犯的加重刑罚缺乏合理根据，就应当限制其成立范围。但是，我国刑法理论只是从行为人对加重结果必须具有过失的角度进行限制，显然，这一限制并不充分，而且效果并不明显。应当根据刑法目的、刑法原则与规范内容，全方位地对结果加重犯的成立范围进行严格限制。

1. 加重结果的限制

在刑法条文明文规定了死亡、伤害等加重结果内容时，容易确定加重结果内容。但是，当刑法只是规定"造成严重后果""造成重大损失"等概括性的加重结果时，不能轻易地将任何严重后果都评价为加重结果。

（1）加重结果必须是犯罪成立条件之外的结果

在定罪量刑时，不得对犯罪事实进行双重评价，否则，一个犯罪事实便演变为多个犯罪事实，而且有悖法治原则。禁止双重评价的内容之一，是禁止将犯罪成立条件的结果作为结果加重犯的加重结果。换言之，对属于基本罪状内容的结果，不能作为加重结果重复考虑。如果在认定结果加重犯时再次将基本罪状的结果评价为加重结果，则不仅违反禁止重复评价的原则，而且违背立法机关与司法机关分工的法治原则。

例如，《刑法》第169条规定："国有公司、企业或者其上级主管部门直接负责的主管人员，徇私舞弊，将国有资产低价折股或者低价出售，致使国家利益遭受重大损失的，处3年以下有期徒刑或者拘役；致使国家利益遭受特别重大损失的，处3年以上7年以下有期徒刑。"其中的"致使国家利益遭受重大损失"是构成要件，属于基本罪状的内容，故符合该构成要件的事实作为认定犯罪的依据起了作用后，不能再作为"致使国家利益遭受特别重大损失"的内容进行重复评价。根据司法实践，行为致使国有公司、企业停产或者破产的，属于本罪的"致使国家利益遭受重大损失"。因此，不能再将该结果作为"致使国家利益遭受特别重大损失"的内容，选择加重的法定刑。

（2）加重结果必须是基本犯结果的加重

既然是结果加重犯，那么，其结果必须是基本犯结果的加重。我国刑法中"基本犯结果的加重"主要表现为以下几种情形：其一，基本犯为抽象的危险犯，而行为导致抽象的危险发展为侵害结果时，该结果可能成为基本犯结果的加重。销售、提供假药对人体健康造成严重危害及致人死亡，属于这种情形。其二，基本犯为具体的危险犯，而行为导致具体的危险发展为侵害结果时，该结果是基本犯结果的加重，可能被认定为加重结果。放火行为致人死亡的，属于这种情形。其三，基本犯为实害犯，行为导致性质相同且更为严重的实害时，该严重的实害是基本犯结果的加重。故意伤害行为造成重伤或者死亡的，抢劫数额（特别）巨大财物的，属于这种情形。其四，基本犯为实害犯，行为造成了性质更为严重的结果（对更重要的法益造成了侵害）时，该严重结果可能属于基本犯结果的加重。暴力干涉婚姻自由致人死亡的，抢劫致人重伤、死亡的，属于这种情形。

与此相反，下列情形不能认定为基本犯结果的加重。第一，当基本犯为抽象危险犯时，行为发生的具体危险不能作为加重结果。例如，《刑法》第144条生产、销售有毒、有害食品罪属于抽象危险犯。如果行为没有造成严重食物中毒事故与其他严重食源性疾病，但造成了具体危险，那么，法官在选择"5年以下有期徒刑或者拘役，并处罚金"法定刑的前提下，可以将具体危险作为量刑情节，但不能作为选择加重法定刑的依据。第二，基本犯为具体的危险犯，行为造成的结果并非具体危险的实害化，而是其他结果时，不能认定为该罪的加重结果。例如，行为人生产、销售不符合安全标准的食品，虽然足以造成严重食物中毒事故或者其他严重食源性疾病，但是没有造成危害人体健康的严重结果，只是造成了他人的重大财产损失。显然，重大财产损失不是本罪具体危险的实害化，因而不是基本犯结果的加重。所以，不能将"造成重大财产损失"认定为《刑法》第143条的"后果特别严重"。第三，基本犯为实害犯，但行为所造成的结果的程度与性质并不重于基本犯结果的，不属于加重结果。例如，强奸行为导致被害妇女与其丈夫离婚的，不能认定为《刑法》第236条的"其他严重后果"。

由此可见，所谓"基本犯结果的加重"，并不是泛指不同于基本犯结果的任何结果，而是在程度与性质上重于基本犯结果（危险）的结果。

（3）加重结果必须是具体罪刑规范阻止的结果

结果加重犯由刑法分则明文规定，罪刑规范阻止加重结果；如果某种结果既不为行为触犯的罪刑规范所阻止，也不为其他罪刑规范所阻止，那么，这种结果不应当被认定为加重结果。例如，A在抢夺B的数额较大的财物时，过失导致B身体轻伤。对此，不能认定A犯抢夺罪情节严重，因而不能选择"3年以上10年以下有期徒刑"的法定刑。

首先，刑法的目的是保护法益，刑法分则条文都是为了保护特定的法益。如果某种事实并不表现为对刑法所保护的法益的侵害，就不能说明违法性的程度，不能作为犯罪结果。

其次，某种事实是否属于对刑法所保护的法益的具体侵害，必须将主客观结合起来具体判断。换言之，某种结果是否属于罪刑规范所阻止的结果，不能仅从客观方面考察，还要联系行为人的主观方面判断。过失造成的财产损害，不是对刑法所保护的法益造成的侵害。同样，刑法并不处罚过失致人轻伤的行为（具有公共危险与职务过失的除外），即刑法没有设立过失轻伤罪。所以，过失造成的身体轻伤，不是对刑法所保护的法益造成的侵害。既然如此，就不能将该结果认定为加重结果。

再次，将罪刑规范并不阻止的结果作为加重结果，违反了罪刑法定原则。一个犯罪构成只是保护特定的法益，而不可能保护所有的法益。将罪刑规范并不阻止的结果作为加重结果，意味着一个犯罪构成所保护的法益无边无际，这便导致犯罪构成丧失罪刑法定主义的机能。

复次，如果将过失轻伤作为加重结果或者法定刑加重的情节，则形成了间接处罚。过失致人轻伤的行为，原本并不成立犯罪，不受刑罚处罚。如果抢夺财物的行为同时过失致人轻伤，进而选择加重的法定刑，便间接地处罚了过失轻伤的行为。

最后，将罪刑规范并不阻止的结果作为加重结果，有悖刑法的性质。故意造成的轻微伤、过失造成的轻伤、过失造成的名誉毁损、过失造成的财产损害等结果，只是民法规制的对象，而不是罪刑规范禁止的结果，所以，行为人的相关犯罪行为造成这类结果时，对这类结果也只能通过刑事附带民事等方式处理，而不能作为犯罪的加重结果。如果仅因行为人的相关行为成立犯罪，便将原本只能通过民事赔偿方式处理的现象（结果）提升为犯罪的加重结果，便混淆了刑法与民法的关系，导致刑法不当地介入民法领域。

综上，构成结果加重犯的加重结果必须具备三个条件：其一，必须是基本犯成立条件之外的结果；其二，必须是在程度与性质上重于基本犯结果的结果；其三，必须是具体罪刑规范阻止的结果。

2. 被害对象的限制

既然结果加重犯是因实施基本犯造成了加重结果，那么，只有对基本犯的行为对象造成了加重结果时，才能认定为结果加重犯。例如，既然是故意伤害致死，当然必须将死亡者限定为伤害的对象，即只有导致伤害的对象死亡时才能认定为故意伤害致死。如果死亡者并非伤害行为对象，则不能认定为故意伤害致死。再如，既然是强奸致人死亡，当然必须将死亡者限定为强奸的行为对象。

拐卖行为造成被拐卖的妇女、儿童重伤、死亡的，显然是对基本犯的行为对象造成加重结果。但是，如果被拐卖妇女、儿童的亲属的重伤、死亡，根本不是拐卖行为造成，而是自伤、自杀等原因形成的，则不能适用《刑法》第240条第1款第7项；行为人在实施拐卖行为的过程中，由于被拐卖妇女、儿童的亲属的阻止、反抗等原因，行为人对其实施暴力、胁迫，造成亲属重伤、死亡的，才宜适用《刑法》第240条第1款第7项。但在这种情况下，被拐卖妇女、儿童的亲属已是基本犯的行为对象。

当然，对于基本犯的行为对象不能作机械理解。以故意伤害致死为例，在伤害对象与死亡者不是同一人的情况下，应根据行为人对死亡者的死亡是否具有预见可能性以及有关事实认识错误的处理原则予以认定。首先，如果行为人甲对被害人乙实施伤害行为，虽然没有发生打击错误与对象错误，但明知自己的行为会同时伤害丙却仍然实施伤害行为，因而造成丙死亡的，应认定为故意伤害致死。其次，如果行为人 A 本欲对被害人 B 实施伤害行为，但由于对象错误或者打击错误，事实上对 C 实施伤害行为，导致 C 死亡的，应认定为故意伤害致死。

3. 基本行为的限制

结果加重犯的加重结果必须由基本行为造成，所以，并非只要发生了所谓加重结果就必然成立结果加重犯。

第一，加重结果必须由基本行为造成。如强奸罪的加重结果，既可能由暴力、胁迫等手段行为造成，也可能由奸淫的目的行为造成。抢劫罪的加重结果，既可以由暴力、胁迫等手段行为造成，也可能由强取行为造成。基本行为以外的行为造成所谓严重结果的，不成立结果加重犯。例如，行为人夜间入户抢劫，在劫得财物后仓皇出逃时，过失将被害人家中睡在地下的婴儿踩死。由于婴儿死亡不是由抢劫罪的基本行为造成，所以，不应认定为抢劫致人死亡，只能认定为抢劫罪与过失致人死亡罪。也就是说，只有抢劫行为本身（包含手段行为与目的行为）造成了伤亡结果的，才能评价为结果加重犯。

第二，造成加重结果的基本行为本身必须具有发生加重结果的特别危险性。如果基本行为没有发生加重结果的特别危险，只是由于偶然原因导致所谓加重结果时，不应认定为结果加重犯。例如，黄某与王某分别驾驶汽车、三轮农用车往某地收购点运送甜菜，因争抢车位双方发生争执，继而在王某的车棚顶上相互厮打起来。在厮打过程中二人从车棚顶部坠下，造成王某颈椎脱位并骨折、颈部脊髓受损导致呼吸循环衰竭，在送往医院的途中死亡。从因果关系的角度来考虑，王某的死亡结果是由于双方厮打导致从农用车上坠下造成的，厮打是导致王某坠车的原因。但王某坠地不是黄某一人的行为造成，黄某的殴打行为本身并不具有造成王某死亡的特别危险。因此，不宜认定黄某的行为成立故意伤害致死。

4. 因果关系的限制

既然应当对结果加重犯的成立范围进行限制，也就有必要对基本行为与加重结果之间的因果关系进行限制。换言之，如果采取条件说，就应当积极运用中断论或禁止溯及理论，从而限制结果加重犯的成立。同样，如果采取相当因果关系说与客观归责理论，也不能随意扩张相当性的范围、降低归责标准。

笔者主张有限制的条件说，在结果加重犯问题上主张积极运用中断论。因此，笔者赞成德国刑法理论所提倡的"直接性"（Unmittelbarkeit）要件，即只有当具有造成加重结果高度危险的基本行为直接造成了加重结果时，或者说，只有当基本犯与加重结果之间具有"直接性关联"时，才能认定为结果加重犯。就致死类型的结果加重犯而言，要以致命性的实现的有无为标准进行判断。因此，如果是后行为或者其他因素导致基本行为与加重结果之间的因果关系中断的，不能认定为结果加重犯。换言之，在因果关系的发展进程中，如果介入了第三者的行为、被害人的行为或特殊自然事实，则应通过考察基本行为导致加重结果发生的危险性大小、介入情况对加重结果发生的作用大小、介入情况的异常性大小等，判断基本行为与加重结果之间是否存在因果关系。

例如，在同样是介入了医生的重大过失引起被害人死亡的案件中，如果基本（伤害）行为只是导致被害人轻伤，则应认定基本行为与死亡结果的因果关系中断；如果基本行为导致被害人濒临死亡的重伤，则宜认定基本行为与被害人死亡之间的因果关系。但是，在被害人受伤后数小时，他人故意开枪杀死被害人的，则应否认基本行为与死亡结果之间的因果关系。再如，如果 A 的行为已经导致 B 濒临死亡的重伤，C 后来对 B 实施殴打，只是导致 B 的死亡时期略微提前的，应肯定 A 的行为与 B 的死亡之间具有因果关系。但是，如果 C 开枪射杀已经受伤的 B，则应认定 A 的行为与 B 的死亡之间因果关系已中断。介入情况的异常与否，对判断是否中断也具有积极意义。基本行为必然导致介入情况、基本行为通常导致介入情况、基本行为很少导致介入情况、基本行为与介入情况无关这四种情形，对认定因果关系的中断所起的作用依次递增。

根据上述分析，可以就常见情形得出以下具体结论：第一，行为人在实施基本行为之后或之时，被害人自杀、自残、自身过失等造成严重结果的，因缺乏直接性要件，不宜认定为结果加重犯。例如，行为人实施强奸行为后，被害人自杀身亡的，不应认定为强奸致人死亡。再如，行为人对被害人实施轻伤行为，被害人在逃跑中不慎从二楼窗户掉下摔死的，不成立故意伤害致死。第二，基本行为结束后，行为人的其他行为导致严重结果发生的，不应认定为结果加重犯。例如，行为人对他人实施暴力造成重伤后，随手将烟头扔在地下引起火灾将被害人烧死。基本行为与被害人的死亡之间不存在因果关系，不能认定为故意伤害致死，只能认定为故意伤害罪与失火罪（或过失致人死亡罪）。第三，在故意伤害等暴力案件中，行为人的伤害行为只是造成轻伤，但由于医生的重大过失行为导致死亡的，或者虽然行为人的伤害行为造成了重伤，但由第三者的故意或者过失行为直接造成被害人死亡的，不能认定前行为与加重结果之间具有因果关系。例如，甲重伤乙后潜逃，没有通谋的甲的亲属阻止乙的亲属救助乙，导致乙流血过多而死亡的，甲的行为不成立故意伤害致死。第四，绑架、非法拘禁、拐卖妇女或儿童等行为，必然引起警方的解救行为，故正常的解救行为造成被害人伤亡的，具备直接性要件，应将伤亡结果归责于犯罪人。但是，如果警方由于判断失误，导致其解救行为造成人质死亡的（如误将人质当作犯罪人而射击），则不能认定犯罪人的行为成立绑架致人死亡。

5. 主观罪过的限制

结果加重犯的成立要求行为人对加重结果至少有过失，几乎成为各国刑法理论的通说，并已被一些国家立法化。这是限制结果加重犯的重要一环。

当刑法将财产损失或者数额巨大等严重后果作为法定刑加重的根据时，如果基本犯是故意，那么，行为人对该犯罪的加重结果也应限于故意。因为过失造成的财产损失（危害公共安全和职务行为除外）并不具有可罚性，如果将过失造成财产重大损失的情形也认定为结果加重犯，实际上会导致前述间接处罚现象，违反罪刑法定与责任主义原则。

概言之，应根据加重结果的性质及其与罪过的关系、罪刑规范的内容等来判断行为人对加重结果必须具有何种罪过。如果罪刑规范阻止过失造成结果，过失造成加重结果的，成立结果加重犯；如果罪刑规范只是阻止故意造成结果，那么，只有故意造成加重结果的，才成立结果加重犯。

（二）结果加重犯的量刑限制

由于我国刑法规定的结果加重犯的加重结果内容比较宽泛，甚至对重大财产损失与被害人死亡规定了同一加重法定刑，所以，即使限制了结果加重犯的成立范围，也还需要对结果加重犯的量刑进行严格限制。法官应当明确意识到，并不是对罪状中的任何情形都可以适用法定刑中的任何刑罚。应当认为，法定刑中的最重刑，只是分配给罪状所描述的最严重的犯罪类型；反之，法定刑中的最轻刑，便分配给罪状所描述的最轻微的犯罪类型。绝不是说，对罪状所描述的最轻微的犯罪类型，也可以适用法定刑中的最重刑。否则，便违反了罪刑相适应原则。就结果加重犯的量刑而言，以下几点特别值得注意：

首先，严格区分故意的结果加重犯与过失的结果加重犯，对于过失的结果加重犯，不宜判处法定最高刑。刑法只是为了简短，才将过失的结果加重犯与故意的结果加重犯规定于一个法定刑中，判处死刑时应领会法律的精神。因此，对于抢劫、强奸等行为过失致人死亡的案件，如果没有其他从重处罚情节，不能选择最高刑（死刑）。

其次，区别对待结果加重犯中的致人重伤与致人死亡。我国刑法的不少条文针对重伤与死亡的加重结果规定了同一法定刑。这在表面上形成了对致人重伤与死亡都可以处相同刑罚的局面。但是，生命法益与身体法益存在质的区别，刑法对故意杀人罪与故意伤害罪规定不同的法定刑，便说明了这一点。因此，在对致人重伤与致人死亡的结果加重犯量刑时，不能以法定刑相同为由判处相同刑罚。

再次，区别对待结果加重犯中的致使公私财产遭受重大损失与致人重伤、死亡。刑法分则有的条款将"致人重伤、死亡或者使公私财产遭受重大损失"作为加重结果进而规定同一加重法定刑（如《刑法》第 115 条第 1 款）。应当将致人伤亡与致使财产遭受重大损失相区别。即使故意造成财产损失的加重结果的，也不能分配结果加重犯的中间线以上的法定刑。与普通过失毁坏财物的不处罚相比较，对过失造成财产损失的加重结果，只宜适用加重法定刑中的较低刑或最低刑。

最后，在刑法对加重结果的内容没有明文规定的情况下，量刑时应与加重结果触犯的法条所规定的法定刑相比较，确定均衡的刑罚。例如，法官在面对抢夺数额较大财物过失致人重伤时，即使适用的是"3 年以上 10 年以下有期徒刑"的法定刑，也应认为对这种情形原则上只能在 3 年以上（法定最低刑）6 年以下（抢夺数额较大与过失致人重伤的最高刑之和）有期徒刑的幅度内量刑。

此外，对于构成结果加重犯的加重结果，不得另作为从重处罚的情节考虑。量刑时禁止双重评价，意味着量刑情节只能是法定刑基础之外的情节。就结果加重犯而言，根据加重结果选择了相应的加重法定刑之后，量刑时不得重复考虑该加重结果。因为加重罪状所包含的结果，是加重法定刑的根据，在根据加重结果选择了加重法定刑之后，便意味着已经评价了该加重结果，如果在法定刑内量刑时再次评价这种加重结果，则是对该结果的重复评价，必然导致刑罚的不合理性。例如，行为人故意伤害他人致人死亡的，在选择了"10 年以上有期徒刑、无期徒刑或者死刑"的法定刑后，不能再以被害人死亡为由从重处罚。因为如果被害人没有死亡，便只能选择"3 年以上 10 年以下有期徒刑"的法定刑（"以特别残忍手段致人重伤造成严重残疾"的除外）。所以，倘若将致人死亡作为从重处罚的根据，则意味着该结果不仅是法定刑升格的根据，而且成为在升格后的法定刑内从重处罚的根据。这明显违反了禁止重复评价的原则。现在，一些司法机关对故意伤害致死一律判处死刑，其中一个重要原因便是对死亡结果进行了双重评价，显属不当。

综上，我国刑法中的结果加重犯数量繁多，是适用死刑最多的犯罪类型；但是，结果加重犯是结果责任的残余，缺乏加重刑罚的合理根据。因此，一方面，要严格限制结果加重犯的成立范围：加重结果必须是成立条件之外的、具体罪刑规范阻止的加重结果；被害对象必须限于基本行为的对象；基本行为必须具有发生加重结果的特别危险性；因果关系必须符合"直接性要件"；行为人对加重结果至少有过失，而且对人身伤亡、公共危害之外的加重结果必须具有故意。另一方面，也要从量刑上限制结果加重犯的刑罚。①

（三）法定刑升格条件的认识

根据责任主义原理，故意犯的成立，要求行为人对客观构成要件的事实具有认识。国外刑法理论公认，就致人伤亡的结果加重犯而言，行为人对加重结果不必认识，但需要具有认识可能性。但是，我国刑法规定的法定刑升格条件不等于结果加重犯。所以，除了致人伤亡的结果加重犯外，哪些法定刑升格条件是不需要认识的内容，就成为需要讨论的问题。

---

① 参见张明楷：《严格限制结果加重犯的范围与刑罚》，载《法学研究》2005 年第 1 期。

应该说，首要分子、多次以及作为犯罪行为孳生之物或者报酬的违法所得数额（特别）巨大，不需要认识。

当刑法将严重财产损失作为法定刑升格条件时，如果基本犯是故意，那么，行为人对该犯罪的加重结果也应限于故意。当行为人没有认识到所盗财物数额（特别）巨大时，就不能适用数额（特别）巨大的法定刑。因为责任主义的机能不仅体现在定罪中，而且体现在量刑中。即刑罚的程度必须控制在责任的范围内，刑罚的程度不能超过责任的上限；作为量刑根据的事实必须是可以归责于行为人的事实。

只有当行为人对具体升格条件具有认识时，才能适用与具体升格条件相应的加重法定刑。虽然客观上符合具体升格条件，但行为人对此没有认识的，只能适用基本犯罪的法定刑。所以，当行为人误以为自己是进入商店抢劫，但事实上是进入住宅抢劫的，不能适用入户抢劫的规定，只能认定为普通抢劫；当行为人误将军用物资或者抢险、救灾、救济物资当作普通财物实施抢劫时，不应适用抢劫军用物资或者抢险、救灾、救济物资的规定，只能适用普通抢劫的法定刑。

关于情节（特别）严重这一抽象升格条件的认识，存在两个方面的问题：其一，对被评价为（特别）严重情节的事实即"情节"，行为人是否必须具有认识？其二，行为人是否必须认识到情节"（特别）严重"？换言之，原本属于情节（特别）严重，但行为人误以为情节一般或者情节较轻时，能否适用情节（特别）严重的法定刑？

第一，由于是抽象升格条件，因而可能包含性质不同的各种具体内容，故不可一概而论，需要根据具体案件的事实分清不同情形：一则，当具体案件中属于（特别）严重情节的事实，是首要分子、多次、作为犯罪行为孳生之物或者犯罪行为的报酬数额（特别）巨大时，只要客观上存在（特别）严重情节，就应适用加重的法定刑。二则，当具体案件中属于（特别）严重情节的事实，是致人重伤或者死亡时，完全应当按结果加重犯的原理处理，即只要行为人对致人重伤、死亡的事实具有过失即可。三则，当具体案件中属于（特别）严重情节的事实，是对财产造成的严重损失时，只有当行为人对加重财产损失具有认识时，才能适用加重的法定刑。四则，当具体案件中属于（特别）严重情节的事实，是加重结果以外其他客观事实时，只有当行为人对该客观事实具有认识时，才能适用加重的法定刑。

第二，当行为人认识到了属于（特别）严重情节的客观事实，但同时认为该情节并不（特别）严重时，应当如何处理？一则，行为人的犯罪行为本身情节（特别）严重，但行为人误以为情节并不（特别）严重的，显然不能认为这种错误属于事实的认识错误。倘若将这种错误认定为构成要件的错误，那么，对于这种情形的处罚轻重，就完全取决于行为人主观上的（不合理）评价，这会严重损害刑法的正义性与安定性。二则，行为人误以为情节并不（特别）严重的错误，是在具有违法性认识（可能性）的前提下产生的认识错误。既然如此，这种错误就不再是违法性的认识错误，而是一种单纯的评价错误。但这种评价错误，并非规范的评价错误，而是对事实的评价错误，充其量属于涵摄的错误，甚至是没有任何意义的认识错误，因而不影响加重法定刑的适用。

在行为人误将抢险物资当作军用物资，或者误将军用物资当作金融机构资金抢劫时，不管是将其作为同一构成要件内的具体的对象错误，还是作为不同构成要件间的抽象的对象错误，都不影响加重法定刑的适用。

综上，法定刑升格条件中的首要分子、多次、作为犯罪行为孳生之物或者报酬的违法所得数额，是不需要认识的内容；在法定刑升格条件为致人重伤、死亡的情形下，只要行为人对重伤、死亡结果具有预见可能性，就可以适用加重法定刑；在法定刑升格条件为严重财产损失（公共危险犯与职务犯罪除外）与其他具体违法事实（具体升格条件）的情形下，只有当行为人对之有认识时，才能适用加重法定刑，否则只能适用基本犯的法定刑；在法定刑升格条件是"情节（特别）严重"的情形下，对构成情节（特别）严重的事实，应当具体区分为不需要认识、需要有预见可能性和需要有认识三种情形，但行为人对（特别）严重与否的评价错误，不影响加重法定刑的适用；行为人对同一法条中的法定刑升格条件的事实认识错误（如误将抢险物资当作军用物资实施抢劫），也不影响加重法定刑的适用。①

（四）加重犯未遂

我国刑法分则规定的法定刑普遍很重，加重犯法定刑尤其重，有的法官为显示自己清正廉洁、刚正不阿还倾向于判处重刑。判处重刑，无论如何都与当今人类社会的人道主义的滚滚潮流相悖。限制重刑首先应从限制加重犯的处罚范围入手。结果加重犯是结果责任的残余，应从直接性要件限制结果加重犯的成立范围。其他加重犯应从既未遂的限定和法定刑的选择限制加重犯法定刑的适用。

例如，对加重结果持故意态度的加重犯，如抢劫杀人，加重结果没有发生的成立加重犯的未遂，这可谓加重犯的未遂。加重犯未遂时虽然适用加重犯的法定刑，但必须同时适用刑法总则关于未遂犯从轻减轻处罚的规定。如果基本结果也未遂，如抢劫杀人未遂，也未劫得财物，则应考虑减轻处罚。当然也应肯定抢劫

---

① 参见张明楷：《法定刑升格条件的认识》，载《政法论坛》2009 年第 5 期。

杀人未遂的，成立抢劫致人死亡未遂与故意杀人未遂的想象竞合，从一重处罚。如果对加重结果持过失态度，如抢劫过失致人死亡，就只有成立未遂的加重犯的可能，即抢劫过失致人死亡但未劫得财物，虽然成立抢劫致人死亡适用加重法定刑，但同时适用未遂犯从轻减轻处罚规定。

又如，刑法分则将多次抢劫，强奸妇女、奸淫幼女多人，以及拐卖妇女、儿童三人以上规定为抢劫罪、强奸罪及拐卖妇女、儿童罪的加重犯，配置了10年以上有期徒刑、无期徒刑或者死刑的刑罚，因此从罪刑相适应角度，应将每次限定为既遂，抢劫、强奸、拐卖未遂、中止、预备的，都不能认定为多"次"抢劫，强奸妇女、奸淫幼女多人，以及拐卖妇女、儿童三人以上，只能以同种数罪并罚，至多判处20年有期徒刑。

再如，"猥亵儿童多人或者多次"是猥亵儿童罪的加重情节，为实现罪刑相适应，要求每次必须构成猥亵儿童罪而且既遂，不能只是违反《治安管理处罚法》的一般违法行为，如隔着衣服触摸女童胸部或者臀部。对于多次隔着衣服触摸女童胸部或者臀部的，只能变更评价为猥亵儿童罪的基本犯。

还如，"强奸妇女、奸淫幼女情节恶劣的"是强奸罪的加重情节，为做到罪刑相适应，应当限定为强奸妇女、奸淫幼女既遂。也就是说，强奸妇女、奸淫幼女未遂的，不能评价为"强奸妇女、奸淫幼女情节恶劣"。从这个角度讲，该加重情节没有未遂。

$$\sim\!\!-\!\!-\!\!-\!\!-\ 疑\ 难\ 问\ 题\ -\!\!-\!\!-\!\!-\!\!\sim$$

1.《刑法》第263条抢劫罪
💬 实施暴力且取得财物就一概成立抢劫罪的既遂吗？

抢劫罪的暴力、胁迫与后面的取得财产之间必须具备何种关联，才能成立抢劫罪的既遂，存在主观的关联性说与客观的关联性说的对立。笔者认为，客观的关联性说具有合理性。抢劫罪是侵害财产和意思活动自由的犯罪。从客观上说，行为人的暴力、胁迫必须足以压制被害人的反抗，压制反抗就是一个中间结果，这个结果与意思活动的自由相对应，也就是与抢劫罪保护法益中的人身法益相对应，压制反抗后取得财物，是另一个结果或者叫最终结果，这个结果与抢劫罪中的财产法益相对应。如果说刑法保护的是双重法益或者复杂客体，那么，构成要件结果一定也是双重结果。否则，说双重法益就没有意义了。主观的关联性说导致抢劫既遂的范围过大，也不符合客观归责原理。这是因为，只有压制了被害人反抗而取得财物时，才能将财产损失的结果归属于暴力、胁迫行为，从而使暴力、胁迫与取得财物产生机能性关联。总之，抢劫罪既遂的构造是，行为人的暴力、胁迫等强制手段压制被害人的反抗而取得财物。

😐 压制反抗后才产生取财意思而取走财物的，能构成抢劫罪吗？

抢劫罪中的暴力、胁迫和其他方法，只能限定于作为，不作为不能构成抢劫罪。对于行为人出于其他目的使用暴力、胁迫或者其他方法压制被害人反抗后产生取得财物的意思而取走财物的案件，大致可以按照以下规则进行处理：

第一，为了取得财物实施了新的暴力、胁迫行为的，认定为抢劫罪。

第二，在共同实施强奸、强制猥亵的过程中，二人的暴力、胁迫行为压制被害人反抗后，一人正在实施奸淫、猥亵行为，另一人取走财物的，对取走财物的行为要认定为抢劫罪。

第三，行为人在被害人被捆绑的过程中产生犯意取走财物的，应当认定为抢劫罪。

第四，在暴力行为已经压制反抗，且仍能评价为暴力处于持续状态，此时行为人取走财物的，能够认定为抢劫罪。

第五，行为人在持续实施暴力行为的过程中，被害人提出给钱，行为人才停止的，只要能够评价为存在"如果不给钱就继续实施暴力"的胁迫，就应认定为抢劫罪。

第六，暴力行为已经压制反抗后，行为人对被害人存在任何可以评价为暴力的行为的，只要符合抢劫罪的构造，就应认定为抢劫罪。

第七，暴力行为已经压制反抗后，行为人产生取得财物的意思，然后存在任何语言威胁的，都可以评价为抢劫罪中的胁迫，而成立抢劫罪。

第八，暴力行为已经压制反抗后，行为人产生取得财物的意思，要求被害人将财物给自己的，一般也能评价为新的胁迫，因而应当认定为抢劫罪。

第九，暴力行为已经压制反抗后，行为人产生取得财物的意思，被害人恳求不要取走财物，而行为人仍然取走的，能够认定为抢劫罪。

第十，暴力、胁迫行为已经压制反抗，但暴力、胁迫并没有持续时，被害人主动提出给钱，而行为人提出了数额要求的，可以评价为有新的胁迫行为，因而构成抢劫罪。

第十一，暴力行为已经压制反抗，暴力威胁并没有持续，被害人主动提出给钱，行为人单纯拿走被害人所提供的现金的，不宜认定为抢劫罪。

第十二，暴力、胁迫行为已经压制反抗后，行为人产生取得财物的意思，单纯在被害人意识到的情况下取走了被害人的财物，不宜认定为抢劫罪。

第十三，暴力、胁迫行为已经压制反抗后，行为人产生取得财物的意思，在误以为被害人没有意识到的情况下取走了被害人的财物，不应认定为抢劫罪。

第十四，暴力、胁迫行为已经压制反抗后，行为人产生取得财物的意思，在被害人没有意识到的情况下取走了被害人的财物，不能认定为抢劫罪。

🌀 司法解释有关抢劫罪的人身财产择一既遂标准，合理吗？

最高人民法院《关于审理抢劫、抢夺刑事案件适用法律若干问题的意见》规定："抢劫罪侵犯的是复杂客体，既侵犯财产权利又侵犯人身权利，具备劫取财物或者造成他人轻伤以上后果两者之一的，均属抢劫既遂；既未劫取财物，又未造成他人人身伤害后果的，属抢劫未遂。"这可谓"择一标准说"。

笔者认为，上述"择一标准说"存在疑问。虽然抢劫罪所保护的法益是所谓人身和财产双重法益，但抢劫罪毕竟是侵犯财产的犯罪，其所保护的主要法益还是财产，理应以行为人取得（控制）被害人财物为既遂标准；仅造成轻伤但未取得财物的，依然属于抢劫未遂。

🌀 成立抢劫罪的加重犯，需要认识到"户""金融机构""军用物资"吗？

根据责任主义的要求，只要是客观要素，原则上都是行为人主观上必须认识的对象或者内容。法定刑升格条件作为客观要素，也是需要行为人主观上认识的内容。因此，误以为是营业场所而闯入进行抢劫的，不能认定为"入户抢劫"；没有认识到是金融机构而进行抢劫的，不成立"抢劫金融机构"；误以为是普通财物而实际上是军用物资进行抢劫的，不能认定为"抢劫军用物资"。当然，误以为是抢险物资，而实际上是军用物资，或者相反，属于同一构成要件内的具体的事实认识错误，不影响加重犯既遂的认定。

🌀 进入学生宿舍、宾馆房间抢劫，属于入户抢劫吗？

集体宿舍、旅店宾馆、办公场所之所以不称其为"户"，是因为客观上存在多人出入的可能性，并有宿管阿姨、服务员等看守，一旦发生人身伤害，不至于陷入孤立无援的境地，不属于非法侵入住宅罪的对象，因而不宜作为"户"加以特殊保护。而人行天桥下乞丐用硬纸盒、木板等简单搭建的栖身之所，以及北京"井下人"的居所，虽然简陋，甚至属于"违章建筑"，但仍属于未经允许不得入内的受宪法保障的公民住宅，因而属于《刑法》中的"户"。总之，对于《刑法》中的"户"，应从宪法所保障的住宅权角度出发，与非法侵入住宅罪的对象在同一意义上进行把握。

需要指出的是，由于入户抢劫是加重处罚情节，法定刑很重，而入户盗窃只是入罪的情节，法定刑要轻得多，因而相对于入户抢劫，入户盗窃中"户"的范围可以适当放宽。合租一套三居室的住户，窜到另一个房客房间盗窃的，可以认定为"入户盗窃"，但闯入另一个房客房间抢劫的，不宜认定为"入户抢劫"。进入家中赌场盗窃的，可以认定为"入户盗窃"，但闯入进行抢劫的，不宜认定为"入户抢劫"。

💬 如何限制"入户抢劫"的成立范围？

入户抢劫作为抢劫罪的加重情节，要处 10 年以上有期徒刑、无期徒刑或者死刑，法定刑很重，因此应严格限制入户抢劫的成立范围。具体而言，可从以下五个方面进行限制：（1）对家庭成员不宜认定为"入户抢劫"的犯罪主体；（2）行为人必须认识到自己侵入的是"户"；（3）入户时必须有抢劫的故意或者目的；（4）必须以暴力、胁迫方式或携带凶器入户；（5）暴力、胁迫等强制行为必须发生在户内。

概言之，由于"入户抢劫"的法定刑很重，应对其成立范围进行限制。具体可从"户"的范围、入"户"的认识、犯罪主体、入户的目的、入户的方式、暴力胁迫的地点等方面进行限制。

💬 在职工班车、校车、包车上抢劫，成立"在公共交通工具上抢劫"吗？

应该说，之所以加重处罚"在公共交通工具上抢劫"的行为，是因为公共交通工具上的乘客是临时聚集起来的陌生、冷漠的群体。如今，"聪明"的人们往往会选择多一事不如少一事。但接送职工的单位班车，接送师生的校车，以及学校等单位春游、秋游的包车上的人员并非陌生群体，即便相互未必认识，但因为是一个单位，可谓一个共同体，人员组成和关系与长途大巴、城市公交车、地铁、高铁上的乘客完全不同。因此，在职工班车、校车、单位包车上抢劫的，不宜评价为"在公共交通工具上抢劫"。此外，之所以加重处罚"在公共交通工具上抢劫"，是为了保护公共交通工具上的乘客的人身财产安全，而非司售、乘务人员的人身财产安全。因此，凌晨 2 点在没有其他乘客的无人售票的城市夜班车上抢劫司机财物的，不宜评价为"在公共交通工具上抢劫"。

💬 抢劫运钞车本身，属于"抢劫银行或者其他金融机构"吗？

很显然，立法之所以加重处罚抢劫银行或者其他金融机构的行为，是因为抢劫银行的经营资金、有价证券和客户的资金会危及国家金融系统的安全。虽然抢劫运钞车上的现金，可以评价为"抢劫金融机构"，但抢劫运钞车本身不会危及国家的金融安全，所以不能评价为"抢劫银行或者其他金融机构"。

💬 多次抢劫价值微薄的财物，能评价为"多次抢劫"吗？

对"多次抢劫"加重处罚，主要基于两点：一是多次抢劫相当于连续犯，比单次抢劫的违法性即法益侵害性重；二是多次实施表明行为人的特殊预防必要性大。多次抢劫作为抢劫罪的加重情节，处 10 年以上有期徒刑、无期徒刑或者死刑，处刑很重，因此应严格限制多次抢劫的成立范围。笔者考虑从如下三个方面进行限制：（1）必须每次均以一定价值的财物为抢劫目标，对于以价值微薄的财物为抢劫目标的中小学生霸凌等行为，即便多次，也不宜认定为多次抢劫；（2）必须每次均既遂，只有每次均既遂，才值得科处 10 年以上有期徒刑，若认为包括未遂、中止和预备，即便从轻处罚也很重，而且到底是从轻、减轻还是免除处罚，裁量难免流于恣意；（3）必须实际上抢劫了三次以上，才能认定为多次抢劫。

💬 何谓抢劫"致人"重伤、死亡？

"抢劫致人重伤、死亡"，必须是与抢劫行为具有密切关联性的、按照社会的一般观念系抢劫过程中所通常伴随发生的死伤结果。

💬 对抢劫罪的八种加重情节都能适用死刑吗？

众所周知，即便刑法中保留死刑，死刑也只应配置给最严重的故意剥夺他人生命的犯罪。抢劫罪是公认的主要侵害财产的财产犯罪，从立法论上讲是不应配置死刑的。尽管几乎所有国家都规定了抢劫致死伤罪，但都是单独设置了构成要件和法定刑。我国立法显得很粗糙，将抢劫致死伤杂糅在抢劫罪的加重情节中，未设置单独的法定刑。但是，从死刑配置原理和控制死刑适用的国际潮流来看，也应认为，抢劫罪中的死刑，只能适用于"抢劫（故意）致人死亡"的情形。因为结果加重犯本来就是结果责任的残余，抢劫致人死亡比抢劫罪与过失致人死亡罪数罪并罚的法定刑还要重。另外，抢劫罪的其他七种加重情节都是侵犯财产，没有严重侵害他人的生命健康，所以，从罪刑相适应的角度讲，判处 10 年以上有期徒刑和无期徒刑足矣。相反，若适用死刑就明显不符合报应刑理念，有失罪刑均衡。

虽然抢劫罪规定了死刑，但将死刑限定于抢劫故意杀人的情形，就可以在事实上对抢劫罪不再适用死刑；将抢劫杀人的认定为故意杀人罪，可以顺应一般人杀人偿命的观念，维护我国尊重生命的国际形象，也为将来彻底废除财产犯罪的死刑铺平道路。

💬 持假枪抢劫，构成"持枪抢劫"吗？

有观点认为，持假枪抢劫也能构成持枪抢劫。理由是，持假枪抢劫也能让人误以为是真枪而感到恐惧。如果这种观点成立，则持树枝、手指等所谓枪状物抢劫，都可能评价为"持枪抢劫"，因为也能让被害人相信受到真枪威胁。应该说，刑法中的概念都具有定型性，除虚开发票犯罪和买卖国家机关公文、证件、印章罪外，都应该限于真实的而不包括伪造的、假的。贩卖假毒品、枪杀稻草人等，都不能评价为贩卖"毒品"罪和故意杀"人"罪（包括未遂）。

"持枪抢劫"中的"枪"，应该限于能发射子弹的真枪，不包括不能发射子弹的仿真手枪与其他假枪，但不要求枪中装有子弹。

💬 如何认定抢劫罪加重犯的着手？

从理论上讲，加重犯的着手不同于基本犯的着手。所谓加重犯的着手，也必须已经对加重犯所保护的法益形成了具体、现实、紧迫的危险性的行为。抢劫罪是典型的复行为犯、复法益犯。具体而言，入户不是抢劫罪的实行行为，只有入户后开始对人实施暴力、胁迫，才是入户抢劫的着手；只有开始对公共交通工具上的人实施暴力、胁迫，才是在公共交通工具上抢劫的着手；只有开始对保护银行或者其他金融机构的经营资金、有价证券和客户资金的人实施暴力、胁迫行为时，才是抢劫银行或者其他金融机构的着手；只有冒充军警人员实施暴力、胁迫行为时，才是冒充军警人员抢劫的着手；只有使用枪支或显示枪支进行胁迫时，才是持枪抢劫的着手，等等。

💬 **事后抢劫中的"犯盗窃、诈骗、抢夺罪"，包括犯罪预备吗？**

在笔者看来，出于事后抢劫的意思，与出于抢劫的意思准备工具、制造条件的不同在于，前者只是具有使用暴力的可能性，而后者一旦着手实施就必然使用暴力，因而前者对被害人人身安全的危险更为抽象，若处罚事后抢劫的预备，就变相处罚了盗窃预备（在盗窃着手之前被发现），或者对盗窃未遂或者既遂行为进行了重复评价（在着手盗窃之后被发现）。前者不值得作为犯罪处罚，后者认定为盗窃未遂（情节严重时可以作为犯罪处罚）或者盗窃既遂即可，无须评价为抢劫预备。

总之，即便一开始就具有事后抢劫的意思进行盗窃，只要还未着手实施暴力、胁迫行为，就不宜认定为（事后）抢劫的预备。

💬 **赃物最终被夺回的，还成立事后抢劫的既遂吗？**

笔者赞成最终取财说，即不管盗窃、诈骗、抢夺行为是否既遂，只要赃物最终被夺回，就仍属于事后抢劫的未遂。

💬 **他人盗窃后，参与阻止被害人追赶的，成立事后抢劫的共犯吗？**

未参与盗窃行为的人，因为缺乏盗窃行为的不法要素，不符合事后抢劫的构成要件，不应承担事后抢劫的共犯的刑事责任。

2.《刑法》第 293 条寻衅滋事罪

💬 **在非公共场所殴打、辱骂他人、毁损他人财物，能构成寻衅滋事罪吗？**

本罪是破坏社会秩序的犯罪，在非公共场所（如单独办公室、他人家里）殴打、辱骂他人或毁损他人财物的，只是侵害了他人的人身、财产权，没有扰乱社会秩序，不能认定为寻衅滋事罪。

💬 **网上造谣系"在公共场所起哄闹事，造成公共场所秩序严重混乱"吗？**

网络空间可以是公共场所。比如，故意在网络空间，以焚烧、毁损、涂划、践踏等方式侮辱国旗、国徽，或者故意篡改国歌歌词、曲谱，以歪曲、贬损方式奏唱国歌的，无疑属于在"公共场合"侮辱国旗、国徽、国歌，而构成侮辱国旗、国徽、国歌罪。通过网络直播私密空间的强奸过程，也能评价为"在公共场所当众强奸妇女、奸淫幼女"。但是笔者认为，在网络发布虚假信息不能构成寻衅滋事罪,这是因为,为了保护公民的网络言论自由,应将寻衅滋事罪中的"公共场所"限定为物理空间的公共场所,不包括网络空间。微信群和朋友圈属于公共场所,但在微信群、朋友圈发言的,无论如何不能评价为"在公共场所起哄闹事",不能构成寻衅滋事罪。

● **认定"纠集他人多次",是否需要每次均构成寻衅滋事罪?**

《刑法》第293条第2款规定,纠集他人多次实施第1款行为,严重破坏社会秩序的,处5年以上10年以下有期徒刑,可以并处罚金。本款规定了寻衅滋事罪的加重犯。

我国法定刑偏重,有的法官还倾向于适用重刑,所以解释论上应严格限制加重犯的成立范围。就寻衅滋事罪的加重犯而言,应要求每次均构成寻衅滋事罪,才能认定为"纠集他人多次"而肯定加重犯的成立。

二十三
刑法分则司法解释批判

要 旨

综观我国现行刑法分则司法解释，存在违反罪刑法定、法益保护、责任主义、罪刑相适应、平等、罪数、犯罪形态、共犯、禁止重复评价等原则和原理的问题，不利于刑法司法的统一适用。

辩 点 分 析

（一）违反罪刑法定原则

我国《刑法》第 3 条明确规定了罪刑法定原则。罪刑法定原则是刑法的铁则，当然也是刑法分则解释不可逾越的红线。司法解释不是立法，而是解释。既然只是解释，解释者不能超越罪刑法定之界限，越俎代庖进行创设性解释。概观我国近年来"两高"发布的刑法分则司法解释，可以发现存在一些违反罪刑法定原则的规定。

众所周知，1997 年《刑法》颁布以来，除了 4 个立法罪名（贪污罪、挪用公款罪、行贿罪、挪用公款罪）外，罪名都是由"两高"统一确定的所谓司法罪名。罪名始终是司法适用的重要根据，可是，罪名如同一个人的名字只是个符号，并不完全等于犯罪构成。实务中，如果司法部门不是按照罪状和犯罪构成来适用刑法，而是按照"两高"确定的罪名来机械理解适用刑法，这可能引发错案或冤案。

司法解释中，"两高"对罪名的确定存在一些不当之处，违反了罪刑法定原则。例如：

（1）《刑法》第120条之一第1款罪状表述的是"资助恐怖活动组织"，而"两高"将其罪名确定为"帮助恐怖活动罪"。帮助的范围显然大于资助的范围，正确命名应该是"资助恐怖活动罪"，同时将第2款规定单独命名为"招募、运送恐怖活动人员罪"。

（2）《刑法》第339条第1款罪状表述的是"将境外的固体废物进境倾倒……"，而"两高"将其命名为"非法处置进口的固体废物罪"。"进境"显然不同于"进口"，正确命名应该是"非法处置进境的固体废物罪"。

（3）"两高"将《刑法》第334条第2款命名为"采集、供应血液、制作、供应血液制品事故罪"，但罪状中并无过失犯的文理根据，即缺乏"法律有规定"，根据《刑法》第15条第2款"过失犯罪，法律有规定的才负刑事责任"的规定，该款之罪只能是故意犯罪，但"两高"确定的罪名给人感觉本罪是过失犯罪，这显然违反了罪刑法定原则。对该款的正确命名应该是"违规采集、供应血液、制作、供应血液制品罪"。

（4）根据《刑法》第140、142、146、147、148条规定，成立伪劣产品、劣药、不符合安全标准的产品、伪劣农药、兽药、化肥、种子、不符合卫生标准的化妆品犯罪，必须达到"销售金额5万元以上""对人体健康造成严重危害""造成严重后果""使生产遭受较大损失"的结果要求，但"两高"却将这些条文的罪名分别确定为"生产、销售伪劣产品罪""生产、销售、提供劣药罪""生产、销售不符合安全标准的产品罪""生产、销售伪劣农药、兽药、化肥、种子罪"与"生产、销售不符合卫生标准的化妆品罪"。单纯生产而不销售的，不可能满足成立这些犯罪的结果要件，所以"两高"对这些条文罪名的确定违反了罪刑法定原则。正确命名应该是"销售伪劣产品罪""销售、提供劣药罪""销售不符合安全标准的产品罪""销售伪劣农药、兽药、化肥、种子罪"与"销售不符合卫生标准的化妆品罪"。

（5）《刑法》第181条第1款、第291条之一第1款和第2款规定，成立犯罪的条件是"造成严重后果"与"严重扰乱社会秩序"，但"两高"却将这些条文罪名确定为"编造并传播证券、期货交易虚假信息罪""编造、故意传播虚假恐怖信息罪"与"编造、故意传播虚假信息罪"。可是，单纯编造并不传播的，不可能"造成严重后果"与"严重扰乱社会秩序"。所以说，"编造"并非实行行为，"传播"才是实行行为，正确命名应该是"传播证券、期货交易虚假信息罪""故意传播虚假恐怖信息罪"与"故意传播虚假信息罪"。

（6）有司法解释规定，行为"足以危害公共安全"的，以《刑法》第114条以危险方法危害公共安全罪定罪处罚。而以危险方法危害公共安全罪的成立条件是"危害公共安全"。理论上一般认为，"危害公共安全"是具体危险犯的标志。

司法解释制定者似乎意识到了行为不可能造成具体、现实、紧迫的危险，而有意偷换概念用"足以危害公共安全"取代"危害公共安全"。既然"危害公共安全"是指具体危险，那么"足以危害公共安全"，就是危险的危险，属于抽象性危险。所以说，司法解释的规定违反了罪刑法定原则，不当扩大了以危险方法危害公共安全罪的处罚范围。

（7）《刑法》第 140 条规定，生产、销售伪劣产品罪的成立条件是"销售金额5 万元以上"，但司法解释为了扩大处罚范围，认为"伪劣产品尚未销售，货值金额 15 万元以上的"，也能以生产、销售伪劣产品罪定罪处罚。很显然，"货值金额"不同于"销售金额"，可以说是一个没有法律根据的概念。司法解释使用"货值金额"概念，导致行为人只是生产了或者购买了伪劣产品而尚未销售的，即尚未着手销售，也能以达到一定的"货值金额"为由对其以生产、销售伪劣产品罪（未遂）定罪处罚，这无疑违反了罪刑法定原则，不当扩大了生产、销售伪劣产品罪（准确地讲应是"销售伪劣产品罪"）的处罚范围。

（8）侵犯知识产权罪条文中只有"情节严重""违法所得数额"的表述，司法解释使用了一个"非法经营数额"的概念，甚至认为已经制作但尚未附着（含加贴）或者尚未全部附着（含加贴）假冒注册商标标识的产品，其价值也应计入"非法经营数额"，"非法经营数额"达到 5 万元以上的，属于"情节严重"，应以假冒注册商标罪定罪处罚。应该说，违法所得数额就是销售之后所得的净利润，而"情节严重"应是客观方面的法益侵害程度严重。就假冒注册商标而言，其中的"情节严重"，应是实际销售、展示、显示他人注册商标后给他人注册商标专用权造成的实际损害。他人注册商标标识尚未贴附到商品上，尚未销售，即尚未着手"使用他人注册商标"的，不可能已经给他人注册商标专用权造成损害。所以，"非法经营数额"其实是偷换概念，没有法律根据，以所谓的非法经营数额大为由定罪处罚，违反了罪刑法定原则，不当扩大了处罚范围。

（9）司法解释规定，医疗机构为出售而购买、储存假药的，属于"销售"假药；在出售假币时被抓获的，现场之外在行为人住所或者其他藏匿地查获的假币，也应认定为出售假币的数额；贩卖毒品罪中的"贩卖"，是指明知是毒品而非法销售或者以贩卖为目的而非法收买的行为；对于从贩毒人员住所、车辆等处查获的毒品，一般应认定为其贩卖的毒品数额。很显然，认为购买、储存是销售，从住所查获的假币属于出售假币的数额，以贩卖为目的而非法收买毒品的行为属于贩卖，从住所查获的毒品系贩卖毒品的数额，均系不利于被告人的类推解释。如果购买行为值得科处刑罚，立法者完全应该像非法买卖枪支罪一样规定非法买卖假药罪、非法买卖毒品罪。为了销售假药而购买、储存假药，至多属于销售假药的预备行为。出售假币的金额应该是实际售出假币的金额，在住所查获的假币数额只能认定为持有假币罪的数额。同样，在住所查获的毒品的数额，也只能认定为非法持有毒品罪的数额，而不能认定为贩卖毒品罪的数额。这些司法解释的规定，片面强调对犯罪的打击而不顾及犯罪构成原理，显然违反了罪刑法定原则。

（10）司法解释规定，生产、销售、提供假药金额达到 20 万元和 50 万元以上的，应分别认定为生产、销售、提供假药罪中的"其他严重情节"与"其他特别严重情节"；生产、销售国务院药品监督管理部门禁止使用的药品金额达到 50 万元以上的，属于妨害药品管理罪中的"其他严重情节"；生产、销售不符合食品安全标准的食品金额达到 20 万元以上的，属于生产、销售不符合安全标准的食品罪中的"其他严重情节"；生产、销售有毒、有害食品金额达到 20 万元和 50 万元以上的，应分别认定为生产、销售有毒、有害食品罪中的"其他严重情节"与"其他特别严重情节"；行贿数额在 100 万元和 500 万元以上的，应分别认定为行贿罪中的"情节严重"与"情节特别严重"。

实际上，作为食品药品犯罪加重犯成立条件的"其他严重情节"与"其他特别严重情节"，都是与"对人体健康造成严重危害"或者"致人死亡"并列规定的。也就是说，所谓"其他严重情节"与"其他特别严重情节"只能是与"对人体健康造成严重危害"和"致人死亡"相当的实害结果，食品药品犯罪的加重犯都是自然犯和实害犯。而生产、销售食品药品金额大，只能说明抽象危险性大，而非意味着对消费者的身体健康造成的实际危害程度严重。所以，这种司法解释实际上是以抽象危险取代了对实害结果的判断，违反了罪刑法定原则，不当扩大了加重犯的处罚范围。《刑法》第 390 条规定行贿罪加重犯的成立条件是"因行贿谋取不正当利益，情节严重，或者使国家利益遭受重大损失"与"情节特别严重的，或者使国家利益遭受特别重大损失"。很显然，这里的"情节严重"与"情节特别严重"，应仅限于因行贿谋取不正当利益的情节严重或者特别严重，故根据行贿数额大而认定为情节严重与情节特别严重的司法解释规定不符合罪刑法定原则。

（11）司法解释规定，干扰系统采样，致使监测数据因系统不能正常运行而严重失真的，以破坏计算机信息系统罪定罪处罚。也有指导性案例指出，用棉纱等物品堵塞环境质量监测采样设备，干扰采样，致使监测数据严重失真的，构成破坏计算机信息系统罪。可是，单纯用棉纱堵塞环境质量监测采样设备，干扰采样，只是对需要计算机处理的外部判断资料进行了干扰，既没有对计算机信息系统功能进行删除、修改、增加、干扰，造成计算机信息系统不能正常运行，也没有对计算机信息系统中存储、处理或者传输的数据和应用程序进行删除、修改、增加的操作，也不是制作、传播计算机病毒等破坏性程序，影响计算机信息系统正常运行，所以说，单纯干扰采样的行为完全不符合破坏计算机信息系统罪的构成要件，司法解释的规定有违罪刑法定原则，不当扩大了破坏计算机信息系统罪的成立范围。

（12）司法解释规定，2 年内多次实施不同种类寻衅滋事行为的，应当追究寻衅滋事罪的刑事责任。而《刑法》第 293 条寻衅滋事罪条文明文规定了四种行为类型，而且每一种行为类型均要求"情节恶劣""情节严重""严重混乱"。那么，行为人 2 年内多次实施不同种类的寻衅滋事行为，如一次随意殴打他人情节并不恶劣，一次恐吓他人（没有使用暴力）情节也不恶劣，一次任意损毁（没有对人使用暴力）情节并不严重，由于上述情况不符合任何一种行为类型成立犯罪的要求，综合评价达不到任何一种行为类型成立犯罪的条件。所以说，即便 2 年内多次实施不同种类的寻衅滋事行为，也可能并不符合任何一种行为类型，根据犯罪构成原理和罪刑法定原则，也只能宣告无罪。可以认为，上述司法解释规定存在疑问。

（13）司法解释规定，诱骗未成年人通过网络视频聊天、网络直播方式或者发送视频、照片等方式，暴露身体隐私部位或者实施淫秽行为，以强制猥亵罪或者猥亵儿童罪定罪处罚。一般认为，刑法中的未成年人是指 18 周岁以下，而 14 周岁以上的女性在刑法上属于"成年妇女"（相对于幼女而言）。行为人使用诱骗手段让已满 14 周岁的未成年人实施上述行为，只要没有使用强制手段，就并不违背其意志，不符合强制猥亵罪的构成要件，所以上述司法解释规定违反罪刑法定原则。

（14）司法解释规定，非法买卖含有艾滋病病毒的血液，危害公共安全的，以非法买卖危险物质罪定罪处罚。很显然，司法解释将含有艾滋病病毒的血液看作是与"毒鼠强""氰化钠""砒霜"等相当的危险物质。可是，让人服用这些物质通常能很快让人"毙命"，而让人输入含有艾滋病病毒的血液却通常不会让人很快死亡。正因如此，司法解释才规定，让人感染艾滋病的，以故意伤害罪而不是故意杀人罪定罪处罚。所以，不能将含有艾滋病病毒的血液看作是《刑法》第 125 条第 2 款非法制造、买卖、运输、储存危险物质罪中的危险物质，对于非法买卖含有艾滋病病毒的血液的行为，只能以《刑法》第 334 条第 1 款非法供应血液罪定罪处罚。

（15）司法解释规定，在食用农产品种植过程中，使用禁用农药的，以生产、销售有毒、有害食品罪定罪处罚。可是，"在秧苗还没有抽穗时使用禁用农药的行为，根本不可能属于在'食品'中'掺入''添加'有毒、有害的非食品原料"①。所以，上述司法解释规定有类推解释而违反罪刑法定原则之嫌。

① 张明楷：《简评近年来的刑事司法解释》，载《清华法学》2014 年第 1 期。

（16）司法解释规定，恶意透支数额较大，在提起公诉前全部归还的，可以不起诉，在一审判决前全部归还的，可以免予刑事处罚，但是曾因信用卡诈骗受过两次以上处罚的除外。应该说，《刑法》第196条第2款规定的"经发卡银行催收后仍不归还"是客观处罚条件，而持卡人以前是否因为信用卡诈骗受过处罚，与持卡人是否具备客观处罚条件没有任何关系，所以司法解释规定违反了罪刑法定原则。

（17）司法解释规定，组织、利用邪教组织，教唆、帮助其成员或者他人实施自杀、自伤的，以故意杀人罪、故意伤害罪定罪处罚。众所周知，刑法分则规定的是实行行为。也就是说，所谓教唆、帮助他人自杀的行为，并不符合故意杀人罪、故意伤害罪的构成要件。对于这种行为应以《刑法》第300条第2款组织、利用邪教组织致人重伤、死亡罪定罪处罚。所以，上述规定有违反罪刑法定原则之嫌。

（18）司法解释规定，以不准离开工作场所等方式非法限制医务人员人身自由，符合《刑法》第238条规定的，以非法拘禁罪定罪处罚。而《刑法》第238条规定非法拘禁罪的成立条件是"非法剥夺他人人身自由"。限制他人人身自由显然不同于剥夺他人人身自由，所以上述司法解释规定有违反罪刑法定原则之嫌。虽然司法解释特意强调了"符合《刑法》第238规定的，以非法拘禁罪定罪处罚"，但下级司法机关完全可能对于限制医务人员人身自由的行为径直以非法拘禁罪定罪处罚。

（19）司法解释规定，抢劫信用卡后使用、消费的，其实际使用、消费的数额为抢劫数额；行为人实施伤害、强奸等犯罪行为，在被害人未失去知觉，利用被害人不能反抗、不敢反抗的处境，临时起意劫取他人财物的，应以此前所实施的具体犯罪与抢劫罪实行数罪并罚。众所周知，抢劫罪是强取财物的犯罪，在实施暴力、胁迫行为时必须具有抢劫故意，取得财物必须与暴力、胁迫压制被害人反抗之间存在因果关系。抢劫信用卡后使用消费的不属于强取财物，应以抢劫罪（针对信用卡）与盗窃罪或者信用卡诈骗罪数罪并罚；实施伤害、强奸等犯罪行为压制被害人反抗后，临时起意取走被害人财物的，由于也不符合压制反抗强取财物的抢劫罪的构造，也只能以前面的故意伤害罪、强奸罪与后面的盗窃罪而不是抢劫罪数罪并罚。

（20）司法解释规定，使用以虚假的出入境事由、隐瞒真实身份、冒用他人身份证件等方式骗取的出入境证件出入国（边）境的，应当认定为"偷越国（边）境"行为。应该说，"只要出入境证件形式合法，就不得认定为偷越国（边）

境"①。即便行为人是以虚假的出入境事由、隐瞒真实身份、冒用他人身份证件等方式骗取的出入境证件，也属于形式上合法的证件，持这种证件出入国（边）境，不属于偷越国（边）境。故上述司法解释规定存在疑问。

（21）司法解释规定，《刑法》第 341 条第 3 款非法出售陆生野生动物罪中的"出售"，包括出卖和以营利为目的的加工利用行为。应该说，即便是以营利为目的，对单纯加工利用的行为也不能认定为出售。所以，该司法解释属于类推解释，违反了罪刑法定原则。

（22）司法解释规定，明知他人有具体请托事项而收受其财物的，视为承诺为他人谋取利益。在所谓明知他人有具体请托事项而收受财物的场合，"一切尽在不言中"，即除收受财物外，什么也没说，什么也没做，理论与实务界却都认为行为人实施了"为他人谋取利益"的行为。应该说，既然事实上已经将"为他人谋取利益"要素解释了，还不如借鉴国外刑法规定，将"为他人谋取利益"的表述删掉，直接规定单纯受贿罪，实际为他人谋取了不正当利益的，作为加重犯处罚。

（二）违反法益保护原则

刑法的目的是保护法益，犯罪的本质是侵犯法益。我国《刑法》第 2 条和第 13 条实际上规定了法益保护原则。"刑法的目的是保护法益，刑法分则的每个罪刑规范都是为了保护某种法益"②，但有的司法解释规定却有意无意地违反了法益保护原则。

（1）司法解释规定，不以非法占有为目的，违反森林法规定，造成他人所有的林木毁坏的，以故意毁坏财物罪定罪处罚；盗伐、滥伐风倒、火烧、水毁或者林业有害生物等自然原因死亡或者严重毁损的林木的，成立盗伐、滥伐林木罪；在采伐许可证规定的地点，超过规定的数量采伐国家、集体或者他人所有的林木的，成立滥伐林木罪。的确，长期以来刑法理论通说认为要成立盗伐林木罪，行为人主观上必须具有非法占有的目的。但是，从盗伐林木罪在刑法分则中的体系位置和法定刑高于滥伐林木罪的事实来看，应该认为盗伐林木罪所保护的法益是森林资源及其合理利用与国家、集体和他人对生长中的林木的所有权，所以非法占有目的不应是盗伐林木罪的主观要素；即便出于报复的目的伐倒他人所有的林木，也应认定成立盗伐林木罪。既然树木已经死亡，就不再具有涵养水源、保持水土的生态功能，所以盗伐死亡的林木的只能成立盗窃罪，滥伐死亡的林木的无

---

① 张明楷：《刑法学（第六版）》（下册），法律出版社 2021 年版，第 1462 页。
② 张明楷：《侵犯人身罪与侵犯财产罪》，北京大学出版社 2021 年版，第 1 页。

罪。既然是超过采伐许可证所许可的数量采伐国家、集体或者他人所有的林木，就侵害了他人林木的所有权和森林资源，应当成立盗伐林木罪，而不是滥伐林木罪。所以，上述司法解释规定有违反法益保护原则之嫌。

（2）有的司法解释规定，可以将销赃数额认定为犯罪金额。应该说，根据销赃数额也就是行为人获利的数额认定为盗窃等犯罪金额，实际上是规范违反说的立场。根据法益保护说，不应将销赃数额认定为犯罪金额，因为销赃数额并不能反映行为的法益侵害程度。所以，上述规定存在疑问。

（3）司法解释一直都试图严格区分所谓"持有""私藏"与"储存"。应该说，私藏与储存都可谓持有；私藏只是持有的同位语；储存只是意味着大量的持有；若坚持严格区分持有、私藏与储存，就会得出私藏毒品、假币无罪，持有、私藏危险物质无罪，或者非法持有枪支至多判 7 年有期徒刑，而持有危险物质却可以非法储存危险物质罪最重判处死刑的结论。所以，上述严格区分三者的司法解释规定不利于保护法益和实现罪刑相适应。

（4）司法解释规定，为实施走私犯罪，向国家机关工作人员行贿的，应认定为走私普通货物、物品罪中的"其他严重情节"与"其他特别严重情节"；行为人为虚报注册资本，虽未达到数额标准，但向公司登记主管人员行贿的，应以虚报注册资本罪立案追诉；银行或者其他金融机构及其工作人员接受贿赂违规出具信用证或者其他保函、票据、存单、资信证明的，应以违规出具金融票证罪立案追诉，等等。应该说，走私普通货物、物品罪所保护的法益只是物品进出口管理秩序和国家的关税收益，并不保护职务行为的不可收买性；虚报注册资本罪所保护的法益也只是公司管理秩序，也不保护职务行为的不可收买性；违规出具金融票证罪所保护的法益只是金融管理秩序，也不保护职务行为的不可收买性。所以，将行为人行受贿行为作为这些犯罪入罪和法定刑升格的根据，超出了构成要件的保护范围，违反了法益保护原则。

（5）司法解释规定，医疗机构的医务人员，利用开处方的职务便利，以各种名义非法收受医药产品销售方财物的，以非国家工作人员受贿罪定罪处罚。医生开处方只是一种利用自己的专业技术知识为他人服务的技术行为，而非承办公共性事务的职务行为，其收受医药产品销售方财物的行为，不存在侵害所谓职务行为的不可收买性的问题，即没有侵害法益，所以上述司法解释规定违反了法益保护原则。

（6）司法解释规定，非法吸收或者变相吸收公众存款，给存款人造成直接经济损失数额在 250 万元以上和 2500 万元以上，分别认定为非法吸收公众存款罪中的"其他严重情节"与"其他特别严重情节"。很显然，司法解释将出资人看作非法吸收公众存款罪的被害人。其实，从该罪在刑法分则中所处的体系位置来看，应当认为该罪是侵害社会法益金融管理秩序的犯罪，出资人不仅不能谓之被害人，而且可能成立该罪的共犯。正如不能将给行贿人造成的经济损失作为认定受贿罪成立和法定刑升格的根据一样，司法解释将给不是被害人的存款人造成的直接经济损失作为法定刑升格的根据，违反了法益保护原则。

（7）司法解释规定，行为人仅以其所输赌资或所赢赌债为抢劫对象的，一般不以抢劫罪定罪处罚。应该说，这其实就是传统的所有权说的观点。财产犯罪所保护的法益，不是所有权，而是所有权及其他本权，即合法的占有本身也是一种值得保护的法益。赌徒对所赢的赌资的占有，是一种需要通过正当的法律程序恢复到应有状态的占有，是值得作为财产犯罪保护的法益。所以，只要抛弃所谓的所有权说，只要认为合法占有也是值得刑法保护的法益，就会认为即便行为人仅以其所输赌资或所赢赌债为抢劫对象，也应以抢劫罪论处。故上述司法解释规定违反了法益保护原则。

（8）有批复指出，是否具有法人资格，是私营、独资等公司、企业、事业单位成为职务侵占罪中"单位"的关键。应该说，所谓职务侵占罪其实就是一种业务侵占罪，是业务人员的背信犯罪。职务侵占罪中的"单位"不是犯罪主体，而是被害人，所以不应将其中的"单位"限定为具有法人资格的组织。即便是个体工商户、合伙企业、业主委员会，都可以是这里的"单位"。上述批复规定不利于平等保护市场主体的财产法益，应予废除。

（9）司法解释规定，掩饰、隐瞒犯罪所得及其产生的收益价值总额达到 10 万元以上的，应当认定为掩饰、隐瞒犯罪所得、犯罪所得收益罪中的"情节严重"。按照这一规定，由于集资诈骗罪的立案标准是 10 万元，掩饰、隐瞒集资诈骗所得，要么不构成犯罪，要么就达到法定刑升格的"情节严重"，这显然不合理。上述规定的错误根源在于将妨害司法的掩饰、隐瞒犯罪所得、犯罪所得收益罪看作财产犯罪了。只要认识到该罪是妨害司法的犯罪，就不应该机械地将掩饰、隐瞒犯罪所得、犯罪所得收益的数额作为入罪和法定刑升格的根据，而应该根据行为对司法的妨害程度确定入罪和法定刑升格的标准。

（三）违反责任主义

行为与责任同时存在，没有责任就没有犯罪，因而责任主义是公认的刑法原则之一，恪守责任主义也是人权保障的基本要求。我国《刑法》第 14—18 条规定了责任主义。一些有关刑法分则的司法解释存在违反责任主义的现象。

（1）有司法解释认为"明知"包括知道和应当知道。应该说，根据《刑法》第 15 条关于过失犯罪的定义可知，所谓"应当知道"，是指过失犯罪。所以，认为故意犯罪包括应当知道的情形违反了责任主义。

（2）司法解释规定，交通肇事致1人重伤，负事故全部或者主要责任，为逃避法律追究而逃跑的，以交通肇事罪定罪处罚；"交通运输肇事后逃逸"，是指在发生交通事故后，为逃避法律追究而逃跑的行为；"因逃逸致人死亡"，是指行为人在发生交通肇事后为逃避法律追究而逃跑，致使被害人因得不到救助而死亡的情形。应该说，犯罪之后为逃避法律追究而逃跑，乃人之常情，是缺乏期待可能性的行为。杀人之后逃跑，不可能成为加重处罚的理由，犯作为过失犯的法定刑较低的交通肇事罪之后逃跑，更没有理由成为入罪和加重处罚的理由。所以说，上述司法解释规定有违责任主义。

（3）司法解释规定，走私犯罪嫌疑人主观上具有走私犯罪故意，但对其走私的具体对象不明确的，不影响走私犯罪构成，应当根据实际的走私对象定罪处罚；走私的仿真枪经鉴定为枪支，构成犯罪的，以走私武器罪定罪处罚。《刑法》根据走私对象的不同设置了不同的条款和法定刑，走私对象作为客观要素，是行为人主观上必须认识的对象和内容。不要求对走私对象的性质存在认识，一律按照实际走私的对象定罪处罚，显然违反了责任主义的要求。行为人以为是仿真手枪而走私，主观上只有走私普通货物、物品罪的故意，而没有走私武器的故意，仅因鉴定为枪支而以走私武器罪定罪处罚，显然违反了责任主义的要求。

（4）司法解释规定，赃款赃物用于非法活动，拒不交代赃款赃物去向或者拒不配合追缴工作，致使无法追缴的，应当认定为贪污、受贿罪中的"其他较重情节""其他严重情节"与"其他特别严重情节"。应该说，不能指望行为人将花尽心思贪污受贿得到的赃款赃物捐给希望工程，也不能指望行为人一五一十地交代赃款赃物去向并配合追缴工作。所以说，贪污受贿后将赃款赃物用于非法活动，拒不交代赃款赃物去向，拒不配合追缴工作，是缺乏期待可能性的行为。司法解释将这种缺乏期待可能性的行为评价为情节严重，违反了责任主义。

（5）司法解释规定，"携带挪用的公款潜逃的"，对其携带挪用的公款部分，以贪污罪定罪处罚。这是理论与实务界所称的挪用公款转化为贪污的问题。应该说，只要不能证明行为人在挪出公款时就具有不归还的意思即非法占有目的，即便挪出公款后萌生了不归还的念头进而携带挪用的公款潜逃的，也因为缺乏转移占有的贪污行为（行为人只有挪用行为），根据行为与责任同时存在的责任主义原则，不能肯定贪污罪的成立。理论与实务界所称挪用公款向贪污的转化，其实违反了责任主义而不应该被肯定。

（四）违反罪刑相适应原则

《刑法》第 5 条规定了罪刑相适应原则。罪刑相适应原则本是刑法分则解释的铁则，但我国有关刑法分则的司法解释中存在有违罪刑相适应原则的现象。

（1）一般来说，生产、制作、制造、复制、购买、获取与收买，相对于销售、出售、提供、贩卖、出版、传播行为而言，对法益的侵害或者威胁要小得多，故在定罪量刑的标准上应高于后者。可是，司法解释对二者普遍采用了同样的定罪量刑标准，而导致罪刑不相适应。这种规定显然违反了罪刑相适应原则。即便认为生产、制作、制造、复制、购买、获取、收买等行为构成犯罪，在入罪和法定刑升格的标准上也应该显著高于销售、出售、提供、贩卖、出版、传播等实际侵害法益的行为。

（2）司法解释规定，猥亵未成年人造成被害人轻伤以上后果，同时构成故意伤害、杀人罪的，从一重处罚。严格按照该规定执行可能导致罪刑不相适应。如果将强制猥亵造成已满 14 周岁不满 18 周岁的未成年人轻伤或者普通重伤（非故意伤害致人死亡和以特别残忍手段致人重伤造成严重残疾），认定为《刑法》第 237 条第 2 款的"有其他恶劣情节"，可处 5 年以上有期徒刑，而若以强制猥亵罪基本犯与故意伤害罪从一重处罚，最高可判处 10 年有期徒刑；如果将猥亵造成 14 周岁以下儿童轻伤或者普通重伤（非故意伤害致人死亡和以特别残忍手段致人重伤造成严重残疾），认定为《刑法》第 237 条第 3 款作为猥亵儿童加重犯的"造成儿童伤害"，可处 5 年以上有期徒刑，而若以猥亵儿童罪的基本犯与故意伤害罪从一重处罚，最高可判处 10 年有期徒刑。所以说，猥亵造成未成年人轻伤以上结果，只要不是故意伤害致死和以特别残忍手段致人重伤造成严重残疾，认定为加重犯比从一重处罚更能做到罪刑相适应。

（3）司法解释规定，交通肇事后将被害人带离事故现场隐藏或者遗弃，致使被害人无法得到救助而死亡或者严重残疾的，应以故意杀人、伤害罪定罪处罚。但事实可能是，将被害人带离事故现场未必增加了被害人死亡的风险。所以，除非能够证明将被害人留在事故现场存在被他人救助的现实可能性，否则，只能将"移置逃逸"的情形认定为"因逃逸致人死亡"，处 7 年以上有期徒刑。

（4）司法解释规定，购买假币后使用的，以购买假币罪定罪，从重处罚。应该说，购买假币后自己使用的，与出售假币罪的法益侵害性不相当。虽然购买假币与出售假币并列规定，也应将购买假币限定为为出售而购买，而不包括为自己使用而购买假币的行为。也就是说，为了自己使用而购买假币的，不宜认定为购买假币罪，而应认定为使用假币罪。

（5）司法解释规定，军警人员利用自身的真实身份实施抢劫的，不认定为"冒充军警人员抢劫"，应依法从重处罚。应该说，这种规定会导致罪刑不相适应：不是军警的人冒充军警人员抢劫的，成立抢劫罪的加重犯"冒充军警人员抢劫"，可判处 10 年以上有期徒刑、无期徒刑或者死刑，而真正的军警人员显示自己的真实身份实施抢劫的，认定为抢劫罪的基本犯，最重判处 10 年有期徒刑。可以考虑将"冒充"拆分为"假冒"与"充任"，真正的军警人员抢劫属于充任军警人员抢劫，而适用抢劫罪的加重法定刑。

（6）司法解释规定，拐卖妇女、儿童，又对被拐卖的妇女、儿童实施故意伤害等行为，构成其他犯罪的，依照数罪并罚的规定定罪处罚。这种规定会导致罪刑不相适应：故意伤害被拐卖的妇女、儿童的，以拐卖妇女、儿童罪的基本犯与故意伤害罪（非故意伤害致死和以特别残忍手段致人重伤造成严重残疾）数罪并罚，最重可判处 20 年有期徒刑，而拐卖妇女、儿童过失造成被拐卖的妇女、儿童重伤的，认定为拐卖妇女、儿童罪的加重犯"造成被拐卖的妇女、儿童重伤"，可处 10 年以上有期徒刑、无期徒刑或者死刑。所以，只要不是故意伤害致死和以特别残忍手段致人重伤造成严重残疾的，故意重伤被拐卖的妇女、儿童的，应认定为拐卖妇女、儿童罪"造成被拐卖的妇女、儿童重伤"的加重犯。

（五）其他问题

我国有关刑法分则的司法解释中还存在其他一些问题，下面仅讨论几种典型情形。

1. 混淆违法与量刑责任、责任要素与预防要素、责任刑与预防刑、定罪情节与量刑情节

这种情况可以说比较多。例如，有司法解释规定，曾因盗窃受过刑事处罚，以及 1 年内曾因盗窃受过行政处罚的，盗窃公私财物"数额较大"的标准可以按照规定标准的 50% 确定；曾因侵犯公民个人信息受过刑事处罚或者 2 年内受过行政处罚，又非法获取、出售或者提供公民个人信息的，应认定为侵犯公民个人信息罪中的"情节严重"；曾因贪污、受贿、挪用公款受过党纪、行政处分，以及曾因故意犯罪受过刑事追究的，应认定为贪污、受贿罪中的"其他较重情节""其他严重情节"与"其他特别严重情节"，等等。

应该说，所谓曾经受过刑事处罚、行政处罚，是指反映行为人再犯罪可能性即特殊预防的必要性较大，并不能说明行为本身的法益侵害程度严重。上述规定显然是混淆了违法与量刑责任、责任要素与预防要素、责任刑与预防刑、定罪情节与量刑情节。

2. 违反平等原则

我国《宪法》第33条和《刑法》第4条都规定了平等原则，但在我国有关刑法分则的司法解释中却存在违反平等原则的规定。例如，有司法解释规定，交通肇事造成财产损失，无能力赔偿数额在30万元以上的，以交通肇事罪追究刑事责任，无能力赔偿数额在60万元以上的，应认定"有其他特别恶劣情节"；国家机关工作人员参与生产、销售伪劣商品犯罪的，从重处罚；国家工作人员非法持有毒品的，应认定为非法持有毒品罪中的"情节严重"，等等。

应该说，根据无能力赔偿数额认定交通肇事罪成立与加重处罚与否，给人的错觉是，难道有钱就不用蹲监狱？这明显有违刑法的公平正义性。另外，国家（机关）工作人员其实也只是从事着一种普通职业。只要国家（机关）工作人员不是利用职权实施犯罪而因此增加违法性的，就不应因其国家（机关）工作人员的身份而从重处罚。工商管理工作人员参与制售伪劣商品，因为其本身就负有查禁制售伪劣商品犯罪的责任，所以其参与实施的可以从重处罚，但宗教事务局的普通工作人员参与制售伪劣商品，很难说因此增加了行为的违法性，所以对其从重处罚就有悖平等原则。实在看不出国家工作人员非法持有毒品比非国家工作人员非法持有毒品具有更大的危害性，所以将国家工作人员非法持有毒品认定为"情节严重"也有违平等原则。

3. 违反罪数原理

一罪一刑、数罪数刑是原则，但有的司法解释存在违反罪数原理的规定。例如，盗割电线、在输油管道上打孔盗油，同时构成破坏电力设备罪、破坏易燃易爆设备罪与盗窃罪的，从一重处罚；行为人在绑架过程中，又以暴力、胁迫等手段劫取人质随身携带的财物的，择一重罪处罚；盗窃、诈骗增值税专用发票后又虚开、出售的，按照其中的重罪定罪处罚，不实行数罪并罚；行为人为实施强奸而向他人的饮料、食物中投放麻醉药品、精神药品欺骗他人吸食，同时构成欺骗他人吸毒罪与强奸罪的，从一重处罚；伪造、盗窃、买卖武装部队车辆号牌，同时构成逃税、诈骗等犯罪的，从一重处罚，等等。

应该说，行为人盗割正在使用的电线，在输油管道上打孔盗油，明显存在两个行为，侵害了两个罪名所保护的法益，符合两个犯罪构成，应当以破坏电力设备罪、破坏易燃易爆设备罪与盗窃罪数罪并罚。绑架罪以控制人质为既遂，控制人质后使用暴力、胁迫等手段劫取人质随身携带的财物，明显系另外的行为，侵害了另外的法益，应当以绑架罪与抢劫罪数罪并罚，正如绑架后强奸，应当以绑架罪与强奸罪数罪并罚一样。盗窃、诈骗增值税专用发票构成盗窃、诈骗罪，评价的是增值税专用发票作为财物的性质，之后虚开和出售又侵害了税收管理秩序和国家税收，所以应以盗窃、诈骗罪与虚开增值税专用发票罪、非法出售增值税专用发票罪数罪并罚。行为人向他人饮料、食物中投入麻醉药品、精神药品的行为，构成欺骗他人吸毒罪，之后违背对方意志实施强奸行为，又侵害了新的法益，故应以欺骗他人吸毒罪与强奸罪数罪并罚。伪造、盗窃、买卖武装部队车辆号牌，构成伪造、盗窃、买卖武装部队专用标志罪，之后使用伪造、盗窃、买卖的武装部队车辆号牌实施逃税、诈骗犯罪的，又侵害了新的法益，应当数罪并罚。

总之，只要行为人实施了数个犯罪行为，侵害了数个罪名所保护的法益，符合数个犯罪构成，除包括的一罪外，根据"一罪一刑"的罪数原理，均应数罪并罚，否则会遗漏评价，不利于保护法益。

4. 违反共犯原理

有的司法解释存在有违共犯原理的规定。例如，有司法解释规定，交通肇事后，单位主管人员、乘车人等指使肇事人逃逸，致使被害人因得不到救助而死亡的，以交通肇事罪的共犯论处；明知他人收买被拐卖的妇女、儿童，仍然向其提供户籍证明、出生证明的，以收买被拐卖的妇女、儿童罪的共犯论处；明知是伪造高等院校印章制作的学历、学位证明而贩卖的，以伪造事业单位印章罪的共犯论处，等等。

根据《刑法》第25条规定，共同犯罪只能由故意构成，所以指使逃逸成立交通肇事罪共犯的司法解释规定一直被学者所诟病。不过，如果认为《刑法》第133条实际上规定了交通肇事罪、交通肇事逃逸罪与交通肇事逃逸致死罪三个罪名，明确逃逸系故意所为，则完全可以认定指使逃逸的成立交通肇事逃逸致死罪的共犯。但是，共犯只能在既遂之前参与，既遂之后参与的只能成立赃物、窝藏等犯罪。在他人收买被拐卖的妇女、儿童行为已经完成，之后提供户籍证明、出生证明的，不能成立收买被拐卖的妇女、儿童罪的共犯。在他人伪造高等院校学历、学位证明行为已经完成，之后明知是伪造的学历、学位证明而贩卖的，也不能成立伪造事业单位印章罪的共犯。

5. 重复评价

从人权保障的角度考虑，应禁止进行重复评价，但有的司法解释却存在重复评价的规定。例如，有司法解释规定，曾因盗窃受过刑事处罚的，盗窃公私财物"数额较大"的标准可以按照规定标准的50%确定；曾因抢劫、抢夺或者聚众哄抢受过刑事处罚的，抢夺公私财物"数额较大"的标准可以按照规定标准的50%确定；敲诈勒索公私财物"数额较大"的标准可以按照规定标准的50%确定；以行贿等不正当手段规避干扰的，属于危险作业罪中的"拒不执行"，同时构成行贿罪等犯罪的，依照数罪并罚的规定定罪处罚，等等。

应该说，如果行为人曾因盗窃、抢夺、敲诈勒索受过刑事处罚，在5年内又犯盗窃、抢夺、敲诈勒索罪，则一方面会在入罪数额较大标准上减半，另一方面又会因为累犯而从重处罚。这显然违反了禁止重复评价原则。因为一个犯罪事实作为构成要件事实进行评价后，是绝对不可以再作为从重的量刑情节进行评价的。行为人因为使用行贿手段规避干扰而被认定作为危险作业罪入罪条件的"拒不执行"的事实，又被作为构成行贿罪的事实进行评价，进而数罪并罚，这显然是对行贿事实进行了两次评价，而违反了禁止重复评价原则。

疑 难 问 题

1.《刑法》第114条、第115条第1款（过失）以危险方法危害公共安全罪

💬 **有关盗窃、破坏窨井盖的司法解释规定，有无疑问？**

"两高"、公安部《关于办理涉窨井盖相关刑事案件的指导意见》指出，盗窃、破坏人员密集往来的非机动车道、人行道以及车站、码头等生产生活、人员聚集场所的窨井盖，足以危害公共安全，尚未造成严重后果的，依照《刑法》第114条的规定，以以危险方法危害公共安全罪定罪处罚；致人重伤、死亡或者使公私财产遭受重大损失的，依照《刑法》第115条第1款的规定处罚。

上述司法解释规定明显存在疑问：一是盗窃、破坏非机动车道、人行道以及车站、码头等生产生活、人员聚集场所的窨井盖的行为，不具有与放火、爆炸等行为的危险相当性，不可能产生后果不能控制的公共危险；二是"足以危害公共安全"，可谓危险的危险——抽象危险，故而明显有偷换概念之嫌；三是如果窨井盖是道路设施的一部分，盗窃、破坏窨井盖的行为，可以评价为破坏交通设施罪，不是道路设施的一部分的，完全可以评价为盗窃罪、故意毁坏财物罪（窨井盖也是财物）、故意杀人罪、故意伤害罪或者过失致人死亡罪、过失致人重伤罪。

💬 **以危险方法致"人"重伤、死亡，能包括本人或者同伙重伤、死亡吗？**

放火、决水、爆炸、投放危险物质、以危险方法危害公共安全罪的规范保护目的是保护他人的生命、身体的安全，而不包括本人和同伙的生命、身体的安全。虽然这些犯罪是侵害社会法益——公共安全的犯罪，但社会法益也是个人法益的集合，也就是说，保护所谓社会法益，说到底还是保护个人法益，所以这些犯罪所保护的公共安全，并不包括本人的生命、身体的安全。实施放火、决水、爆炸、投放危险物质、以危险方法危害公共安全碰巧导致本人伤亡的，不能认定为致人重伤、死亡；导致同伙伤亡的，属于偶然防卫，不应追究幸存的其他同伙放火、决水、爆炸、投放危险物质、以危险方法危害公共安全罪的刑事责任。

质言之，《刑法》第115条第1款中致"人"重伤、死亡，不能包括本人和同伙的重伤、死亡。只是导致本人或者同伙重伤、死亡，不能认定为致人重伤、死亡。正如交通肇事致肇事者本人重伤的，不能认定为交通肇事致人重伤；抢劫致同伙重伤、死亡的，因为属于偶然防卫，也不能认定为抢劫致人重伤、死亡。

⦿ 如何限缩（过失）以危险方法危害公共安全罪的适用？

为避免（过失）以危险方法危害公共安全罪"口袋化"，应确定具体的适用规则以限缩本罪的适用。

适用规则之一：把握"其他危险方法"时应当遵循同类解释规则，只有与放火、决水、爆炸、投放危险物质这些行为的危险程度、可能造成的侵害结果具有相当性的行为，才能被归入"其他危险方法"；如果某个行为不像放火、决水、爆炸那样，一旦发生就无法立即控制结果，就不能成立本罪。

适用规则之二：采用放火、决水、爆炸、投放危险物质的行为方式，却又不能构成放火罪、决水罪、爆炸罪、投放危险物质罪的行为，不可能成立以危险方法危害公共安全罪。

适用规则之三：单纯造成多数人心理恐慌或者其他轻微后果，没有造成《刑法》第114条规定的具体公共危险的行为，不得认定为以危险方法危害公共安全罪。

适用规则之四：如果行为只导致少数人伤亡，而不可能随时扩大或者增加被害范围，即使事前不能确定伤亡者是谁，也不能认定为以危险方法危害公共安全罪。

适用规则之五：对于以危险方法杀害他人（包括多人）的行为，应当认定为故意杀人罪与危害公共安全罪的想象竞合，按故意杀人罪的法定刑处罚；对于并非以危险方法杀害或者伤害多人的行为（如持刀刺人），只能认定为故意杀人罪、故意伤害罪。

适用规则之六：在行为完全符合《刑法》分则第二章"危害公共安全罪"规定的其他犯罪的构成要件，法定刑也相同的情形下，不能以本罪罪名更重为由，认定为本罪。

适用规则之七：只要行为符合刑法分则规定的其他犯罪的构成要件，即使就其他犯罪而言存在区分此罪与彼罪的困难，也应当适用其他犯罪，而不能认定为本罪。

适用规则之八：当某种行为不符合性质相同的轻罪（如非法持有枪支、弹药罪）的构成要件时，不应当认定为要求更高的重罪（以危险方法危害公共安全罪）。

2.《刑法》第151条第3款走私国家禁止进出口的货物、物品罪

💬 司法解释规定，未经许可进出口国家限制进出口的货物、物品，应当按照走私国家禁止进出口的货物、物品罪定罪处罚，即将限制进出口的货物、物品等同于禁止进出口的货物、物品，这是扩大解释还是类推解释？

"两高"《关于办理走私刑事案件适用法律若干问题的解释》第5条规定，走私国家禁止或者限制进出口的仿真枪、管制刀具，构成犯罪的，依照《刑法》第151条第3款的规定，以走私国家禁止进出口的货物、物品罪定罪处罚。

这个规定可能存在疑问。因为《刑法》明文规定走私国家禁止进出口的货物、物品罪的对象是"国家禁止进出口的其他货物、物品"，而限制进出口明显不同于禁止进出口。事实上，我国走私犯罪分为走私国家禁止进出口物品（《刑法》第153条以外）和走私国家限制进出口物品（《刑法》第153条）。所以，上述司法解释规定明显属于违反罪刑法定原则的不当的类推解释，应当予以废除。

3.《刑法》第300条第1款组织、利用会道门、邪教组织、利用迷信破坏法律实施罪

💬 持有、携带自己制作的邪教宣传品就成立既遂的司法解释规定，有无疑问？

无论是行为人制作的邪教宣传品，还是他人制作的邪教宣传品，只有实际传播出去，破坏了国家法律、行政法规的实施，才能认定成立本罪的既遂，才值得科处刑罚。

💬 制作邪教宣传品就构成本罪的司法解释规定，有无疑问？

司法解释规定，制作邪教宣传品，达到一定数量的，以本罪处3年以上7年以下有期徒刑，并处罚金。[1]

本罪是实害犯、结果犯。单纯制作邪教宣传品而不传播的，还只是具有抽象性危险，不可能已经破坏国家法律、行政法规的实施，所以不可能构成犯罪。质言之，制作不可能是本罪的实行行为。

💬 "组织"是本罪的实行行为吗？

从《刑法》第300条第1款的条文表述看，似乎组织是本罪的实行行为，组织会道门、组织邪教组织就构成犯罪。但是，单纯组织会道门、邪教组织的行为只具有抽象性危险，不值得科处刑罚。只有组织会道门、邪教组织后利用会道门、邪教组织破坏国家法律、行政法规实施的，才成立犯罪。换言之，"组织"不是本

---

① 参见"两高"《关于办理组织、利用邪教组织破坏法律实施等刑事案件适用法律若干问题的解释》第2条。

罪的实行行为，本罪的实行行为是利用会道门、利用邪教组织、利用迷信破坏国家法律、行政法规实施。

● 《刑法》第300条第3款规定，是注意规定还是法律拟制？

《刑法》第300条第3款规定，犯第1款罪又有奸淫妇女、诈骗财物等犯罪行为的，依照数罪并罚的规定处罚。

只有违背妇女意志，符合强奸罪构成要件的，才能以本罪与强奸罪数罪并罚。实施诈骗财物的行为也是如此。所以本款是注意规定，不是法律拟制。

4. 《刑法》第326条倒卖文物罪

● 将自己合法收藏的文物出售给他人的，能成立倒卖文物罪吗？

根据"两高"《关于办理妨害文物管理等刑事案件适用法律若干问题的解释》（以下简称《办理文物案件解释》）第6条规定，出售《文物保护法》规定的"国家禁止买卖的文物"的，应认定为《刑法》第326条规定的"倒卖国家禁止经营的文物"，构成倒卖文物罪。

可是，根据《文物保护法》的规定，文物收藏单位以外的公民、法人和其他组织出售自己可以收藏的文物，是法律所允许的。所以，上述司法解释的规定明显有悖《文物保护法》的规定，应属无效的规定。文物收藏单位以外的公民、法人和其他组织出售自己合法收藏的文物，不属于倒卖国家禁止经营的文物，不可能构成倒卖文物罪。

● 为出售而收购、运输、储存文物构成倒卖文物罪的司法解释规定，有无疑问

《办理文物案件解释》第6条规定，为出售而收购、运输、储存《文物保护法》规定的"国家禁止买卖的文物"的，应认定为《刑法》第326条规定的"倒卖国家禁止经营的文物"，构成倒卖文物罪。

可是，为出售而收购、运输、储存文物的行为，充其量只是倒卖行为的预备行为，而不应认定为倒卖文物罪的实行行为，更不应当认定为倒卖文物罪的既遂。所以说，上述司法解释规定存在疑问，应予废止。

5. 《刑法》第345条第2款滥伐林木罪

● 滥伐属于自己所有的林木应作为违法所得的财物予以追缴的"批复"规定，有无疑问？

未取得采伐许可证滥伐自己所有的林木，虽然也侵害了国家的森林资源，但并没有侵害他人的财产所有权。也就是说，个人所有的林木虽然是国家森林资源的一部分，但行为人滥伐后的林木已经不再是国家森林资源的一部分，而是其个人所有的财产，不是违法所得，不应予以追缴没收。

6.《刑法》第 384 条挪用公款罪

💬 **何谓挪用公款罪中"利用职务上的便利"？**

挪用犯罪中的"利用职务上的便利"与侵吞型贪污罪中利用职务上的便利相似，即行为人基于职务或者业务已经控制、支配或者占有着单位的资金。对于自己并不控制、支配、占有着的资金采取盗窃、欺骗的手段挪为自己使用的，属于盗用、骗用行为，根据行为人的挪用行为对于被害单位资金的利用可能性的妨碍程度，认定为盗窃、诈骗罪或者不可罚的盗用、骗用行为。

💬 **挪用公款存入银行、购买国债，属于挪用公款进行营利活动吗？**

最高人民法院《关于审理挪用公款案件具体应用法律若干问题的解释》（以下简称《挪用公款案件解释》）规定，挪用公款存入银行、用于集资以及购买股票、国债等，属于挪用公款进行营利活动。

《刑法》第 384 条实际上是按照挪用公款可能导致单位丧失公款的危险（风险）程度规定了三种类型。将公款用于非法活动，如赌博、走私、贩毒、购买假币，因为会被没收而使单位丧失公款的危险程度最高；用于营利活动的，如炒股、炒房，因为投资有风险，有可能导致不能归还公款，其风险次于用于非法活动；用于其他活动的，如用于支付自住房首付，风险最小。这三种类型的犯罪成立条件（数额、挪用时间）依次提高。既然如此，所谓进行营利活动应限于具有一定风险的营利活动，而不是泛指任何营利性活动。将公款存入银行和购买国债，几乎没有任何风险。所以，挪用公款存入银行、购买国债的，不宜认定为进行营利活动，而应认定为进行其他活动。

💬 **挪用公款归还个人欠款的根据产生欠款的原因确定行为类型，妥当吗？**

最高人民法院《全国法院审理经济犯罪案件工作座谈会纪要》指出，挪用公款归还个人欠款的，应当根据产生欠款的原因，分别认定属于挪用公款的何种情形。归还个人进行非法活动或者进行营利活动产生的欠款，应当认定为挪用公款进行非法活动或者进行营利活动。理论上也支持这一实务立场。[①]

如前所述，立法者之所以根据公款用途的不同确定不同的犯罪成立条件，是因为用途不同导致单位公款丧失的危险程度不同。可是，既然欠款已经形成，则无论产生欠款的原因是什么，挪用的用途都是归还欠款。也就是说，不可能因为欠款的原因是赌博，归还赌博产生的欠款导致公款丧失的危险程度就高于归还因炒股等产生的欠款。换言之，挪出公款用于非法活动、营利活动和其他活动，因为风险还不确定，所以人们根据一般的生活经验得出不同用途会导致公款丧失的危险程度不同。一旦欠款已经形成，挪用公款归还欠款导致公款丧失的危险程度

---

① 参见张明楷：《刑法学（第六版）》（下册），法律出版社 2021 年版，第 1567 页。

就没有什么不同。打个比方，无论是把钱借给好人还是坏人，只要是欠款不还，形成的都一样是"呆账"。

所以，只要欠款已经形成，无论产生欠款的原因如何，挪用公款归还欠款导致本单位公款丧失的危险程度就没有什么不同。从法益保护的角度考虑，应当统一认定为挪用公款进行其他活动。

💬 挪用公款罪可以由不作为构成吗？

从期待可能性、罪刑法定和人权保障的角度考虑，刑法以处罚作为犯为原则，处罚不作为犯为例外。只要没有作为义务的根据以及不作为与作为不具有等价性，就不能认为某个罪名既可以由作为构成也可以由不作为构成。从挪用公款罪的罪状表述看，该罪只能由作为构成。国家工作人员未收回单位的应收款的，不符合挪用公款罪的构成要件，不应承认不作为方式的挪用公款罪。当然，国家工作人员收回单位的应收款不及时上交单位而是自己使用的，是将本单位的公款挪归个人使用的作为行为，不是不作为，构成挪用公款罪。

💬 挪用公款必须是使单位现实控制的公款脱离单位控制吗？

挪用公款罪的本质是使行为人基于职务即代表单位占有支配下的公款，脱离单位的控制而非法置于自己的控制之下。很显然，所挪用的公款必须是单位已有的即现实存在的公款，而不可能包括期待取得但尚不存在的公款。

💬 挪用公款罪是继续犯吗？

笔者认为，由于挪用公款罪的本质是将公款非法置于自己的控制支配下，故应属于状态犯。对于其他活动型挪用公款罪而言，"超过3个月未还"固然是成立犯罪的条件，但这种规定是为了限制处罚范围，因而相当于国外刑法理论中的所谓客观处罚条件。若以其属于犯罪成立条件为由，追诉期限就应从挪用3个月之后才开始计算，反而对被告人不利。因此，为与非法活动型及营利活动型相协调，包括其他活动型在内的挪用公款罪，均应以挪用行为完成，即将公款非法置于自己的控制支配下为"犯罪之日"而开始计算追诉期限。

💬 挪用后主观上不想还就是贪污了吗？

《挪用公款案件解释》指出，"挪用公款数额巨大不退还的"，是指"挪用公款数额巨大，因客观原因在一审宣判前不能退还的"。理论上也认为，如果由于某种原因从挪用公款的故意转化为贪污罪的故意，则应认定为贪污罪。即国家工作人员基于不法的职务行为非法占有公共财物之后，将该财物据为己有的，属于将基于职务占有的公共财物据为己有，完全符合贪污罪的犯罪构成。[①]

可见，理论与实务界均认为，所谓"挪用公款数额巨大不退还"，是指主观上

---

① 参见张明楷：《刑法学（第六版）》（下册），法律出版社2021年版，第1575页。

想还而客观上不能还，若主观上不想还，则转化为贪污罪。问题是，出于归还的意图挪用公款，之后萌生了不想还的念头的，行为人什么也没有做，怎么就成了贪污了呢？就侵吞型贪污而言，必须是将自己基于职务占有支配下的财物非法占为己有。而所挪用的公款既然已经在行为人非法占有之下，就算行为人后来萌生了不归还公款的想法，没有也不可能另外实施将自己基于职务合法占有支配下的财物变为自己所有，而形成一个动态的改变控制或者占有的过程。所以说，行为人出于归还的意思挪出公款后就算主观上萌生了不归还的想法，也还是只能评价为挪用。正如出于骗用的目的骗取贷款后即便主观上不想还贷，也不可能转化为贷款诈骗罪一样。事实上，挪用公款数额较大不退还的，不管是主观上不想还，还是客观上不能还，还是只能评价为挪用公款情节严重，处 5 年以上有期徒刑。"两高"《关于办理贪污贿赂刑事案件适用法律若干问题的解释》也规定，挪用公款数额较大不退还的，认定为"情节严重"，处 5 年以上有期徒刑。况且，虽然贪污罪规定了死刑，但事实上极少适用死刑。所以，对于挪用公款数额巨大不退还的，不管是主观上不想还还是客观上不能还，处 10 年以上有期徒刑或者无期徒刑，也完全能够做到罪刑相适应。

💬 "携带挪用的公款潜逃的"，另外成立贪污罪吗？

《挪用公款案件解释》第 6 条规定，携带挪用的公款潜逃的，依照《刑法》第 382 条、第 383 条的规定定罪处罚。

上述认为挪用公款后产生了不归还的想法而携款潜逃另外构成贪污罪的观点，是忽视了根本没有贪污行为这一事实，违背了无行为即无犯罪的刑法基本原理，亦有悖行为与责任同时存在的责任主义，所以是错误的。正确的理解是，根据数额大小分别认定为挪用公款罪的基本犯、"情节严重"和"挪用公款数额巨大不退还"，而判处相应的刑罚。贪污罪虽然配有死刑，但自从配置终身监禁后，事实上很难适用死刑。所以，贪污罪的实际处刑并不比挪用公款罪重，对于挪用公款后无论主观上不想还还是客观上不能还，不管是否携款潜逃，均按照挪用公款罪定罪处罚，就能做到罪刑相适应。